Geschichte und Geschehen

Ludwig Bernlochner
Claus Gigl
Angela Kalks
Sepp Memminger
Michael Salbaum
Ulrike Salbaum
Hans Steidle
Klaus Sturm
Veit Sturm
Dorothee Wege

Ernst Klett Schulbuchverlag Leipzig
Leipzig Stuttgart Düsseldorf

Autoren: Ludwig Bernlochner
Claus Gigl
Angela Kalks
Sepp Memminger
Michael Salbaum
Ulrike Salbaum
Hans Steidle
Klaus Sturm
Veit Sturm
Dorothee Wege

Herausgeber: Ludwig Bernlochner

Layout, Einbandgestaltung und Auftaktdoppelseiten: Krause Büro, Leipzig; SCHRÖDER DESIGN Leipzig, Designerin Karen Engelmann; Adam Silye, Wien

Kartenbearbeitung: Kartografisches Büro Borleis & Weis, Leipzig; Adam Silye, Wien; Studio Scheuner, 1210 Wien

Grafiken: Lutz-Erich Müller, Leipzig; Adam Silye, Wien; Studio Scheuner, 1210 Wien

9 783124 115706

1. Auflage 1 10 9 8 7 6 | 2020 19 18 17 16
Alle Drucke dieser Auflage können im Unterricht nebeneinander benutzt werden, sie sind untereinander unverändert. Die letzte Zahl bezeichnet das Jahr des Druckes.

Internetadresse: http://www.klett.de

Redaktion: Helga Haunschmied, Wien
Satz und Herstellung: Studio Scheuner, 1210 Wien
Druck: Mohn Media Mohndruck GmbH, Gütersloh

978-3-12-411570-6

Liebe Schülerin, lieber Schüler,

nun hast du dein neues Geschichtsbuch aufgeschlagen. Jetzt beginnt für dich eine Entdeckungsreise in die Vergangenheit. Beim Durchblättern fallen dir gleich die vielen Bilder, Karten, Tipps und Texte auf. Es sind ganz schön viele; sie sollen dir helfen, deine Fragen zur Vergangenheit zu beantworten.

Wohin geht deine Entdeckungsreise mit *Geschichte und Geschehen* im kommenden Jahr genau? Du kannst
- die Errungenschaften der Französischen Revolution kennen lernen,
- die technischen Neuerungen und Auswirkungen der Industriellen Revolution erforschen,
- den Weg der Deutschen zu einem Nationalstaat verfolgen,
- den gewaltsamen Eroberungen von Kolonien und kriegerischen Auseinandersetzungen nachgehen,
- erfahren, wie die erste deutsche Republik entstand und warum diese Demokratie unterging.

Ist das alles? Natürlich bietet das Buch noch mehr. Denn dich interessiert sicher auch, wie die Menschen ohne die Technik von heute arbeiteten, wie sie ihre Konflikte lösten, Kriege führten oder wie Mädchen und Jungen, Frauen und Männer ihren Alltag verbrachten.

Auf der Entdeckungsreise durch die Geschichte ist das Buch dein wichtigster und ständiger Begleiter. Wir, die Autorinnen und Autoren deines Buches, bieten darin sehr unterschiedliche und abwechslungsreiche Möglichkeiten an, Vergangenes zu entdecken.
Heute ist für dich der Umgang mit dem Internet und CD-ROMs genauso selbstverständlich wie das Lesen eines Buches. Daher gibt es zu *Geschichte und Geschehen* zusätzliche Materialien, die die Beschäftigung mit der Vergangenheit bereichern und erleichtern.

- Im Internet unter der Adresse „www.klett.de/online“ findest du u. a. Angebote, die zum Bauen historischer Gegenstände, zum Schneidern alter Kleidung oder zum Surfen im Internet anregen.
- Die CD-ROM „Geschichte und Geschehen multimedial“ ist eng auf die Kapitel des Buches abgestimmt. Historische Computerspiele, anschauliche Videos, Spaziergänge durch 3-D-Räume und vieles mehr ermöglichen dir faszinierende Einblicke in die Vergangenheit.

Bei deiner Reise durch die Zeit wünschen wir dir viel Spaß!

Die Autorinnen und Autoren

Inhaltsverzeichnis

REPUBLIK

TAKE UP THE
SWORD OF JUSTICE

DEUTSCHE LUFT HANSA

METHODEN

Wie arbeite ich mit diesem Buch?

Dieses Buch umfasst sieben Themenbereiche. Jeder beginnt mit einer **Auftaktdoppelseite** (ADS). Bilder, Karten, Texte und Grafiken wollen dein Interesse am Thema wecken. Die Auswahl der Materialien gibt dir auch schon einen Hinweis, was in den nachfolgenden Kapiteln behandelt werden wird.

Jeder Themenbereich ist in mehrere **Kapitel** untergliedert, jedes Kapitel ist auf mehreren Seiten dargestellt. Damit dir klar ist, zu welchem Kapitel die jeweilige Seite gehört, findest du am unteren Seitenrand das Symbol, das schon im Inhaltsverzeichnis den Weg zu diesem Themenbereich weist. Die thematischen Kapitel des Buches sind alle weitgehend gleich aufgebaut: Unter der Überschrift kannst du meist in einer Zeittafel die wichtigsten Jahreszahlen und die dazugehörigen Ereignisse ablesen. Sachinformationen findest du im **Verfassertext** (VT). Die **Zusammenfassungen** (Marginalien) in der Randspalte helfen dir, dich schnell zu orientieren.

Wichtige Begriffe werden in einem Kasten ausführlich erklärt. Am Ende jedes Kapitels findest du **Materialien** (Texte, Bilder, Karten usw.), die das im VT Dargestellte veranschaulichen und vertiefen. Die Fragen und Anregungen helfen dir bei der selbstständigen Erarbeitung der Kapitelinhalte oder deren Wiederholung. **Tipps** weisen über das Buch hinaus: Sie regen dich z. B. an, ein Jugendbuch zum Kapitelthema zu lesen, im Internet zu recherchieren oder eine eigene Arbeit zum Thema zu präsentieren.

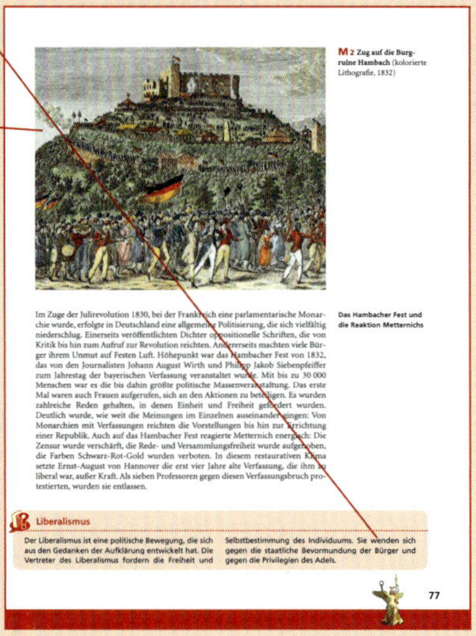

Politische Plakate untersuchen

Am Rand mancher Seiten findest du den Begriff **Methoden**. Auf diesen Seiten lernst du, wie man Textquellen erschließt, Bilder entschlüsselt, Karten auswertet usw. Die Beherrschung dieser Methoden hilft dir, aus geschichtlichen Quellen die richtigen Schlüsse zu ziehen. Auch diese Seite ist mit dem Begriff Methoden überschrieben: Hier kannst du den Umgang mit dem neuen Geschichtsbuch lernen.

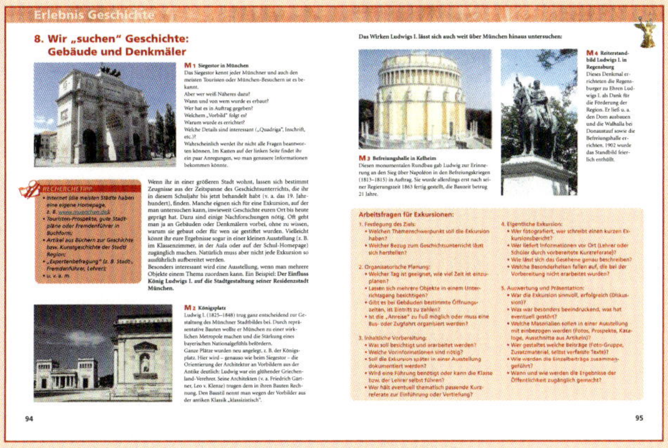
Erlebnis Geschichte

8. Wir „suchen" Geschichte: Gebäude und Denkmäler

Wenn du die Überschrift **Vertiefung** oder **Erlebnis Geschichte** findest, kannst du das, was du bisher gelernt hast, auf neue Lerninhalte anwenden. Dies ermöglicht es dir, Zusammenhänge besser zu verstehen und verschiedene geschichtliche Ereignisse miteinander zu vergleichen. Auf diesen Seiten findest du auch Anregungen zur eigenen kreativen Weiterarbeit an einem Thema.

Auch am Ende dieses Buches findest du **Vertiefungskapitel**. Hier kannst du an besonders interessanten Themen dein Wissen, das du dir in diesem Schuljahr erarbeitet hast, auffrischen und vertiefen.

tKleine Symbole sollen dir helfen, dich in dem Buch leichter zurechtzufinden:

Bis heute streiten sich Menschen über die Geschichte. Mit „kontrovers" sind Texte gekennzeichnet, die sich widersprechen.

Besondere historische Grundbegriffe sind in einem Kasten erklärt. Du findest sie auch, indem du am Ende des Buches im Verzeichnis der Personen, Sachen und Begriffe nachschlägst. Dort sind sie durch fette Buchstaben besonders hervorgehoben.

Das Buch bietet dir Literaturtipps, die Lupe deutet Ideen und Anleitungen für kleine Projekte an.

Zusätzlich gibt es Empfehlungen für die Nutzung des Internets. Auf der Website www.klett.de/online haben wir weitere Angebote für dich aufbereitet. Gib dazu im Feld „Online-Link" die Nummer 411050-0000 ein.

Zu welchen Themen es Module auf der Software gibt, erkennst du an der kleinen CD-ROM bei den „Fragen und Anregungen".

DIE FRANZÖSISCHE REVOLUTION UND NAPOLÉON

Warum faszinieren die Ereignisse und Personen der Französischen Revolution seit über 200 Jahren die Menschen überall in der Welt? „Der Atem der Freiheit" – so lautete der Titel einer mehrteiligen Fernsehsendung anlässlich der Zweihundertjahrfeier der Revolution.
Wer oder was aber hauchte den Personen und Ereignissen diesen Atem der Freiheit ein? Wer oder was bestimmte die Personen in ihrem Handeln, die Ereignisse in ihrer Entwicklung hin zu einem Ergebnis, das nun zur gemeinsamen Erinnerung unzähliger Menschen gehört?

1789: Der Dritte Stand erwacht!
(Karikatur, kol. Radierung, 1789)
Adel und Geistlichkeit müssen um ihre Vorrechte fürchten. Im Hintergrund die Bastille in Paris, königliche Festung und Staatsgefängnis.

Menschenrechte (Tafelbild der Revolutionszeit, 1789)
Die „Erklärung der Rechte des Menschen und des Bürgers" vom August 1789 wird für Europa zur „Bibel der neuen Zeit". Bis in unsere Tage berufen sich Freiheitsbewegungen auf sie.

Terrorherrschaft 1793/94 (Holzschnitt, 1862)
Die Revolution zeigt auch ein schreckliches Gesicht. Nicht nur die Guillotine mordet in Paris und anderen Städten Frankreichs. In Nantes werden etwa 4 000 Menschen in Booten mitten auf der Loire ertränkt.

Napoleone Buonaparte oder Napoléon Bonaparte? Als er 1769 auf Korsika geboren wird, gehört diese Mittelmeerinsel – auf der man damals nicht Französisch, sondern einen italienischen Dialekt spricht – gerade seit einem Jahr zu Frankreich. Schüler an einer französischen Militärschule, dann Offizier in der Armee der Revolution, bald General und im Alter von 35 Jahren Kaiser der Franzosen: Napoléon I.!
Nicht nur die Franzosen bewundern, ja vergöttern ihn. Denn er bringt nach den Wirren der Revolution Ruhm, Ruhe und Ordnung. Und er festigt manche Errungenschaft der Revolution.
Aber auch seine Herrschaft hat ihre dunklen Seiten. Mit der Ausdehnung seiner Herrschaft auf fast ganz Europa wächst die Schar seiner Gegner.

Napoléon Bonaparte
(Ausschnitt aus einem Gemälde von Jacques-Louis David, 1800)
Der Maler David verherrlicht in einigen seiner Gemälde die Taten und die Person Napoléons. So hier seinen Feldzug nach Italien im Jahr 1800, beim Übergang über die Alpen am Großen St. Bernhard (2473 m). Die Inschriften auf den Felsen lauten: Bonaparte, Hannibal, Karolus Magnus (Karl der Große).

Neuverteilung der Welt (Karikatur, kol. Radierung, 1800)
Lange Zeit kann nur England den Eroberungen Napoléons widerstehen. Eine englische Karikatur zeigt den Premierminister Englands, William Pitt, und Napoléon, wie sie die Welt unter sich aufteilen.

Millionen Tote (Zeichnung, 1813)
Den Preis für Ruhm und Macht verdeutlicht diese Zeichnung aus dem Jahr 1813: Fast 1 Million Franzosen bezahlten die Kriege Napoléons mit ihrem Leben. Dazu kommen noch die Opfer der anderen Völker.

1. Eine neue Zeit kündigt sich an

Um 1650 Der Franzose René Descartes begründet den „Rationalismus".

1700–1760 Der Engländer John Locke und die Franzosen Charles de Montesquieu und Jean-Jacques Rousseau beschäftigen sich mit dem Leben der Menschen im Staat. Der Franzose Voltaire wird zum Mittelpunkt der aufklärerischen Bewegung von ganz Europa.

M 1 Ein Kämpfer mit Feder und Papier
Wie der französische Philosoph, Dichter und Historiker Voltaire so kämpften viele Philosophen und Wissenschaftler mit Feder und Papier für die „Aufklärung": für den Gebrauch der Vernunft, gegen Aberglauben und gegen Vorurteile.

Zweifel und Vernunft

Der französische Mathematiker und Philosoph René Descartes stellte um 1630 alles in Frage – bis auf den Satz „Cogito, ergo sum – Ich denke, also bin ich". Allein auf dieser Gewissheit wollte er ein Gedankengebäude errichten, das vor der Vernunft (lat. „ratio") bestehen konnte. Mit ihm begann jene Denkweise, die wir „Rationalismus" nennen. Zur gleichen Zeit nahm von England aus die wissenschaftliche Erforschung der Natur einen ungeheuren Aufschwung. Die Berufung auf Vernunft und Natur führte auch in vielen anderen Bereichen zu einer neuen Einstellung: Die Philosophen, Wissenschaftler und Schriftsteller wandten sich nun ebenso gegen überlieferte Einrichtungen und Gewohnheiten, die sich nicht rational, also mit der Vernunft, oder natürlich erklären ließen. Der richtige Gebrauch der Vernunft und die genaue Beobachtung der Natur sollten die Menschen „aufklären", sie vom Dunkel falscher Vorstellungen befreien und zu einem besseren Leben führen. Die Gelehrten standen miteinander in Kontakt, sodass man von einer Republik des Geistes in Europa sprechen konnte. Aber die Aufklärung beschränkte sich nicht auf die Gelehrten. In den „Salons" – Gesellschaften von Damen und Herren des Adels und des Bürgertums – wurden die neuesten Ideen diskutiert.

Vernunft und geschichtliche Erfahrung

Die Forderung Descartes', dass der Mensch seinen Verstand richtig gebrauchen müsse und dass sich alles vor der Vernunft zu rechtfertigen habe, veränderte allmählich auch das Denken über den Staat. Die Auffassung eines Herrschers wie Ludwigs XIV., der seine absolute Stellung von Gott ableitete und den Staat in seiner Person verkörpert sah (Gottesgnadentum), musste schließlich die Kritik der Aufklärer hervorrufen. Einige Fürsten, wie König Friedrich II. von Preußen und Kaiser Joseph II., versuchten, manche Gedanken der Aufklärung als absolute Herrscher zu verwirklichen; wir bezeichnen ihre Herrschaft deshalb als „aufgeklärten Absolutismus". Die Anhänger der Aufklärung jedoch erklärten den Ursprung menschlichen Zusammenlebens neu und kamen zu einer völlig anderen Vorstellung vom Staat: Der Staat entsteht durch einen Vertrag zwischen den Menschen, durch einen „Gesellschaftsvertrag". Dieser Vertrag wird geschlossen, um Sicherheit und Frieden zu sichern. Durch ihn überträgt jeder einzelne seine Macht auf eine oder mehrere Personen. Wie aber soll in diesem Staat die Ausübung der Macht, die Herrschaft, organisiert werden? Darauf gab es sehr unterschiedliche Antworten, denn die

Staatsdenker hatten es mit unterschiedlichen geschichtlichen Erfahrungen zu tun. John Locke erlebte die Glorreiche Revolution in England, Voltaire und Charles de Montesquieu die Zensur und Verfolgung im absolutistischen Frankreich, Jean-Jacques Rousseau beobachtete vom Stadtstaat Genf aus die Bauernrepubliken in den Kantonen der Schweiz.

John Locke

In der Glorreichen Revolution (1688/89) erlebte John Locke, wie sich die Macht des Parlaments durchsetzte. Seine Gedanken sind vom Vertrauen in einen Staat geprägt, in dem das Bürgertum mitbestimmte und in dem sich eine Trennung der ausführenden Gewalt (König) von der gesetzgebenden Gewalt (Parlament) abzeichnete. Der Staat und seine Gesetze haben dem Wohl des Volkes zu dienen. Deshalb muss sich jeder Bürger dem Beschluss der Mehrheit fügen. Wenn aber der Staat die Freiheit oder das Eigentum der Bürger antastet, dann ist der Gesellschaftsvertrag gebrochen, und die Bürger sind zum Widerstand berechtigt.

Charles de Montesquieu

Schon Voltaire, der England nach der Glorreichen Revolution während einiger Jahre des Exils kennen gelernt hatte, erschien der englische Staat – vor allem wenn er ihn mit dem absolutistischen Frankreich verglich – als ideales Staatswesen. Auch Charles de Montesquieu war fasziniert vom englischen Beispiel. In seinem Buch „Vom Geist der Gesetze“ (De l'esprit des lois) widmete er sich vor allem der Trennung der Gewalten im Staat; wir sprechen heute von der „Gewaltenteilung“. Die Trennung von ausführender und gesetzgebender Gewalt, die er in England zu erkennen glaubte, ergänzte er durch eine dritte Gewalt, die ebenso unabhängig sein sollte wie die beiden anderen: die richterliche Gewalt. Nur die Trennung dieser drei Gewalten – so Montesquieu – kann eine Konzentration der Macht im Staat verhindern und damit die Freiheit der Bürger gewährleisten.

Jean-Jacques Rousseau

Jean-Jacques Rousseau verbrachte seine Kindheit und Jugend in der kalvinistischen Stadtrepublik Genf, als deren Bürger er sich auch später bezeichnete. Dieses „Rom des Protestantismus“, das zugleich Zufluchtsort für viele Flüchtlinge gleichen Glaubens und Ort der Verfolgung für Andersgläubige war, sowie die direkte Demokratie in den benachbarten Kantonen der Schweiz beeinflussten Rousseaus Auffassung vom Gesellschaftsvertrag und vom idealen Staat: Der Staat wird dadurch geschaffen, dass die Bürger freiwillig ihre natürliche, ungeordnete und schrankenlose Freiheit an einen „allgemeinen Willen“ abtreten. Zur Feststellung dieses allgemeinen Willens ist es nötig, dass die Bürger zusammenkommen und unmittelbar (direkt) über die öffentlichen Angelegenheiten entscheiden (Volkssouveränität). Die Regierung hat dann die Aufgabe, den so festgestellten allgemeinen Willen auszuführen.

Bürgertum

Wir bezeichnen mit diesem Begriff einen großen Teil der Bevölkerung der Städte: Kaufleute, Händler, selbstständige Handwerker, Ärzte, Rechtsanwälte. Ihre Lebensweise ist gekennzeichnet durch einen gewissen Wohlstand und durch ihre Beteiligung am technischen und wirtschaftlichen Fortschritt in den Städten. Das Bürgertum tritt als Stand neben Adel und Geistlichkeit und fordert allmählich die Gleichberechtigung mit diesen beiden privilegierten Ständen.

Aufklärung

Es war eine Bewegung, die im 17. und 18. Jahrhundert ganz Europa erfasste und die bis in unsere Zeit weiterwirkt. Als Grundsatz der Aufklärung kann die Aufforderung gelten: „Habe Mut, dich deines eigenen Verstandes zu bedienen!“ Man geht dabei von der Voraussetzung aus, dass jeder Mensch Vernunft besitzt und fähig ist, diese Vernunft selbstständig zu gebrauchen. Die Menschen sollen vernunftbestimmt handeln.

M 2 Wer bestimmt im Staat?

Kurz nach der Glorreichen Revolution veröffentlichte in England John Locke „Zwei Abhandlungen über die Regierung". Darin heißt es:

Die einzige Möglichkeit, die natürliche Freiheit aufzugeben und die Fesseln der Gesellschaft anzulegen, ist die, dass man mit anderen Menschen übereinkommt, sich zusammenzuschließen mit dem Ziel, behaglich, sicher und friedlich miteinander zu leben in dem sicheren Genuss des Eigentums und in größerer Sicherheit gegenüber denen, die dieser Gemeinschaft nicht angehören. Allein die Zustimmung der Individuen, die ihr angehören, kann die Gemeinschaft zum Handeln befähigen. Ein jeder also, der mit anderen übereinkommt, einen einzigen politischen Körper unter einer Regierung zu bilden, verpflichtet sich gegenüber jedem Glied dieser Gesellschaft, sich dem Beschluss der Mehrheit zu unterwerfen und sich ihm zu fügen.

Nach: P. Noack, Was ist Politik? München 1973, S. 59 f.

M 3 Gegen den Missbrauch der Macht

Im Jahre 1748 äußerte sich der französische Adelige Charles de Montesquieu in seinem Buch „Vom Geist der Gesetze" zum Umgang mit der Macht:

Die politische Freiheit besteht keineswegs darin, zu tun, was man will. Freiheit ist das Recht, alles zu tun, was die Gesetze erlauben. Aber es ist eine ewige Erfahrung, dass jeder Mensch, der Macht besitzt, dazu neigt, sie zu missbrauchen. Damit Macht nicht missbraucht werden kann, muss es eine Regelung geben, durch die eine Gewalt die andere im Zaum hält. Wenn die gesetzgebende Gewalt mit der ausführenden in einer Person oder in einer amtlichen Körperschaft vereinigt ist, dann gibt es keine Freiheit; denn man muss befürchten, dass derselbe Herrscher tyrannische Gesetze macht, um sie tyrannisch auszuführen. Es gibt auch keine Freiheit, wenn die richterliche Gewalt nicht von der gesetzgebenden und von der ausführenden Gewalt getrennt ist. Wäre sie mit der gesetzgebenden vereinigt, so würde die Gewalt über Leben und Freiheit der Bürger willkürlich sein; denn der Richter wäre Gesetzgeber. Wäre sie mit der ausführenden Gewalt verbunden, so könnte der Richter die Macht eines Unterdrückers besitzen.

Nach: Ch. Montesquieu, De l'esprit des lois. Genf 1748, Buch XI, 3, 6.

M 4 Alle Macht liegt beim Volk!

1762 formulierte Jean-Jacques Rousseau in seiner Schrift „Vom Gesellschaftsvertrag" (Du contrat social):

Die Staatshoheit besteht wesentlich im allgemeinen Willen, und der allgemeine Wille lässt sich nicht vertreten. Jedes Gesetz, das das Volk nicht persönlich bestätigt hat, ist null und nichtig, es ist kein Gesetz. Das englische Volk glaubt, frei zu sein; es täuscht sich außerordentlich; nur während der Wahlen der Parlamentsmitglieder ist es frei; haben diese stattgefunden, dann lebt es wieder in Knechtschaft, ist es nichts.

Nach: J. Rousseau, Der Gesellschaftsvertrag. Stuttgart 1975, S. 107.

Volkssouveränität

Der Grundsatz der Volkssouveränität leitet alle Macht des Staates aus dem Willen des Volkes ab. Das ist der Sinn des Satzes „Alle Staatsgewalt geht vom Volke aus". Das Volk bestimmt selbst als Zusammenschluss freier Staatsbürger seine Regierungsform und übt auch die Herrschaft aus, meist durch gewählte Vertreter (repräsentative Demokratie).

Gewaltenteilung

Die Trennung der Staatsgewalt in drei Teilgewalten: gesetzgebende Gewalt (Legislative), rechtsprechende Gewalt (Judikative), ausführende Gewalt (Exekutive). Jede dieser Teilgewalten wird einem anderen Staatsorgan zugeteilt: Parlament, Gerichte, Regierung. Diese Staatsorgane sollen voneinander unabhängig sein.
Vgl. in diesem Zusammenhang S. 45, S. 67 und S. 158.

Fragen und Anregungen

1. Erläutere, inwiefern der Rationalismus eine neue Zeit ankündigt. (VT)
2. Stelle in einer Tabelle die wichtigsten Gedanken von Locke, Montesquieu und Rousseau zusammen. (VT, M2–M4)
3. Stelle fest, wodurch sich Rousseau in seinem Denken über den Staat von Locke und Montesquieu unterscheidet.

Textquellen verstehen

Du hast schon erfahren, dass es sehr unterschiedliche Textquellen gibt. Manche Textquellen kann man leicht verstehen, weil sie zum Beispiel einfach von einem Ereignis berichten, eine Person oder deren Handeln beschreiben. Aber auch schwierigere Textquellen kannst du verstehen, wenn du nach einem ersten Lesen sorgsam vorgehst. So bei dem folgenden Text, der im Jahr 1686 veröffentlicht wurde.

1593 verbreitete sich das Gerücht, dass einem siebenjährigen schlesischen Kind, das die Zähne verloren hatte, an der Stelle eines seiner Backenzähne ein Goldzahn gewachsen war. Hortius, Professor für Medizin an der Universität von Helmstedt, schrieb 1595 die Geschichte dieses Zahnes nieder und behauptete, dass er teils natürlichen, teils übernatürlichen Ursprungs sei und dass er diesem Kind von Gott geschickt worden wäre, um die von den Türken bedrängten Christen zu trösten. Im gleichen Jahr, damit es diesem Zahn nicht an Historikern fehle, schreibt noch Rullandus seine Geschichte nieder. Zwei Jahre danach schreibt Ingolsteterus, ein anderer Gelehrter, gegen die Meinung, die Rullandus von dem Goldzahn hatte, und Rullandus verfasst sofort eine schöne und gelehrte Antwort. Ein anderer bedeutender Mann namens Libavius fasst alles zusammen, was über den Zahn gesagt worden war, und fügt seine eigene Meinung hinzu. So vielen schönen Werken fehlte nur, dass der Zahn tatsächlich aus Gold war. Als ein Goldschmied ihn geprüft hatte, kam heraus, dass es sich um ein mit viel Geschick an den Zahn angebrachtes Goldblatt handelte; aber man begann, damit Bücher zu verfassen, und erst danach fragte man den Goldschmied um Rat.

Nichts ist natürlicher als mit allen Arten von Dingen ebenso zu verfahren. Ich bin weniger von unserer Unwissenheit überzeugt durch die Dinge, die es gibt und deren Grund uns unbekannt ist, als durch jene, die es nicht gibt und deren Grund wir finden. Das will heißen, dass uns nicht nur die Grundsätze fehlen, die zum Wahren führen, sondern dass wir andere Grundsätze haben, die sich sehr gut dem Falschen anpassen.

Bedeutende Physiker haben sehr gut herausgefunden, warum die unterirdischen Räume im Winter heiß und im Sommer kalt sind. Bedeutendere Physiker haben seit kurzem herausgefunden, dass es nicht so ist.

Nach: Bernard le Bovier de Fontenelle; in: Lagarde, Michard, XVIIIe siècle. Paris 1962, S. 24 f.

M 1 Eingang eines „unterirdischen Raums"
Erkläre, warum für Fontenelle die einen Physiker bedeutender sind als die anderen. Was haben wohl die einen getan, was die anderen?

Methodische Arbeitsschritte:

Hier sind einige Fragen, durch deren Bearbeitung du diesen und ähnliche Texte besser verstehen kannst:

1. Was kann ich über den Verfasser erfahren? (Lexikon, Internet; siehe auch die Information zum Autor auf dieser Seite.)
2. Um was für eine Art von Text handelt es sich? Zum Beispiel um einen Bericht, einen Brief, einen Vertrag, eine Anekdote, einen Romanauszug?
3. Welche Ausdrucksformen benützt der Verfasser? Zum Beispiel kühl berichtend, beschreibend, ironisch, belehrend?
4. Will der Verfasser mit seinem Text etwas Bestimmtes erreichen?
5. An wen wendet sich der Verfasser?

Zusatzinformation zum Autor:

Bernard le Bovier de Fontenelle (1657–1757) war mehrere Jahrzehnte lang ständiger Sekretär der französischen Akademie der Wissenschaften. Er gilt als der erste bedeutende Vertreter der Aufklärung. Er verfasste eine Reihe von Werken, in denen er die Fortschritte seiner Zeit darstellte.

2. Es gärt in Frankreich

1788 Frankreich ist in eine tiefe Finanzkrise geraten. König Ludwig XVI. beruft deshalb die Versammlung der Stände, die Generalstände, ein.

1789 Von Februar bis April werden in ganz Frankreich die Abgeordneten für die Generalstände gewählt.

M 1 Frankreich vor dem Jahr 1789
(kolorierte Radierung, 1789)
Diese Karikatur zeigt die drei Stände der französischen Bevölkerung: Klerus, Adel und Dritten Stand (Bürger und Bauern). Auf dem Stein steht in Französisch: „Königssteuer, Abgaben, Frondienste“.

Ungleichheit im Wohlstand

Die Gedanken und Forderungen der Aufklärung trafen in Frankreich auf eine besondere Situation. Eigentlich war Frankreich um 1780 ein reiches Land. Seit Beginn des Jahrhunderts hatte sich die Wirtschaft stetig entwickeln können. Tragische Hungersnöte waren ausgeblieben, kein Krieg hatte auf dem Boden Frankreichs stattgefunden. Die Bevölkerung war von zwanzig auf nun etwa 26 Millionen angewachsen, Frankreich war damit nach Russland der volkreichste Staat Europas. Doch von der stetigen Wirtschaftsentwicklung profitierten fast nur die Angehörigen des Klerus und des Adels, der ersten beiden Stände der französischen Gesellschaft. So hatten sich z. B. die Einkünfte aus Grundbesitz im Laufe des Jahrhunderts verdoppelt. Die meisten Angehörigen des Dritten Standes, die vielen Kleinbauern auf dem Land und die Kaufleute, Händler, Handwerker und Arbeiter in den Städten, hatten an dem wachsenden Wohlstand keinen Anteil. Denn die Preise stiegen unaufhörlich, z. B. um 1780 für Fleisch und Getreide bis 60 Prozent, die Löhne aber nur um etwa 20 Prozent. Gleichzeitig waren auch die Lasten sehr ungleich verteilt. Geistliche und Adelige waren weitgehend von Steuern befreit, das Steueraufkommen – und damit die Einnahmen des Staates – war fast allein die Sache des Dritten Standes.

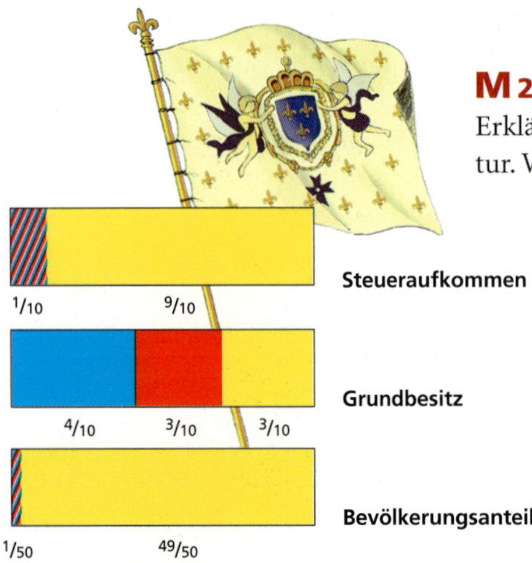

M 2 Steuern, Grundbesitz und Bevölkerung in Frankreich
Erkläre den Zusammenhang zwischen diesem Schaubild und der obigen Karikatur. Welche Folgerung kann sich daraus ergeben?

Klerus (u. a. Bischöfe, Mönche, Pfarrer) ca. 130 000 Personen

Adel (u. a. Hofstaat, Offiziere, Beamte, Schlossherren) ca. 350 000 Personen

Bürger (u. a. Ärzte, Kaufleute, Handwerker, Bauern, Landarbeiter, Dienstboten, Bettler) ca. 25 000 000 Personen

Frankreich in der Krise

Im Jahr 1788 drohte dem französischen Staat der Bankrott. Die Staatsschulden waren ins Unermessliche gewachsen. Die Zinsen dafür verschlangen bereits die Hälfte der Einnahmen, der Staat gab weiter mehr aus, als er einnahm. Schuld daran war nicht nur das aufwändige Leben bei Hofe, sondern auch der Entschluss des Königs, die nordamerikanischen Kolonien in ihrem Unabhängigkeitskampf gegen England zu unterstützen. Diese Kriegskosten rissen ein großes Loch in die Staatskasse.
Turgot, der Finanzminister Ludwigs XVI., hatte vergeblich versucht, die Staatsfinanzen zu verbessern. Er hatte eingesehen, dass Sparmaßnahmen und eine Belebung der Wirtschaft nicht genügten, sondern dass es notwendig war, die Steuerlasten gleichmäßiger zu verteilen. So sollten auch die Angehörigen der privilegierten Stände nach ihrem Einkommen direkt besteuert werden. Die Geistlichen und die Adeligen waren empört. Sie gewannen Königin Marie-Antoinette für sich, die den König dazu veranlasste, seinen Minister zu entlassen. Turgots Nachfolgern ging es nicht besser. Sie scheiterten alle am Widerstand der privilegierten Stände.

Der Dritte Stand erwacht

Die Unzufriedenheit im Dritten Stand wuchs. Bauern, Handwerker und Arbeiter sahen sich immer mehr in ihrer Lebensgrundlage gefährdet, ja ins Elend gedrängt, da auch noch die Ernte des Jahres 1788 nach Dürre und Hagel katastrophal gering ausfiel. In den Städten dachte vor allem die Schicht der wohlhabenden und der gebildeten Bürger über eine Veränderung der politischen und gesellschaftlichen Verhältnisse nach. Diese Bürgerlichen lasen die Schriften von Voltaire, Montesquieu und Rousseau, diskutierten darüber in Klubs und verfassten Broschüren, Traktate, Theaterstücke, um die neuen Ideen zu verbreiten. Sie bewunderten England und begeisterten sich an den Berichten junger Adeliger wie des Marquis de La Fayette, die an dem erfolgreichen Kampf der nordamerikanischen Kolonisten gegen den englischen König teilgenommen hatten. Die eigene rechtlose Lage wurde ihnen immer bewusster. Immer nur zahlen, aber nichts sagen, nichts bestimmen können – so durfte es nicht weitergehen.

Generalstände und Beschwerdehefte

In mehreren Provinzen des Königreichs wurde die Forderung nach einer Einberufung der „Generalstände" laut. Diese Versammlung aus Vertretern der drei Stände hatte im Jahr 1614 zum letzten Mal getagt. Ludwig XVI. weigerte sich zunächst, dann gab er Anfang August 1788 nach: Am 1. Mai 1789 sollten die Generalstände in Versailles zusammentreten. Da es lange Zeit keine Generalstände gegeben hatte, mussten in den drei Ständen jeweils die Vertreter bestimmt werden. Überall in Frankreich fanden nun Wahlen statt – zum ersten Mal waren alle über 25 Jahre alten männlichen Franzosen wahlberechtigt, zum ersten Mal gab es Abgeordnete. Bei den Wahlversammlungen wurden „Beschwerdehefte" verfasst, in denen Klagen, Vorschläge und Forderungen an den König zusammengefasst waren. Heute noch liegen uns Tausende solcher Hefte vor. Sie geben uns Aufschluss über die Stimmung in der Bevölkerung Frankreichs am Vorabend einer Revolution.

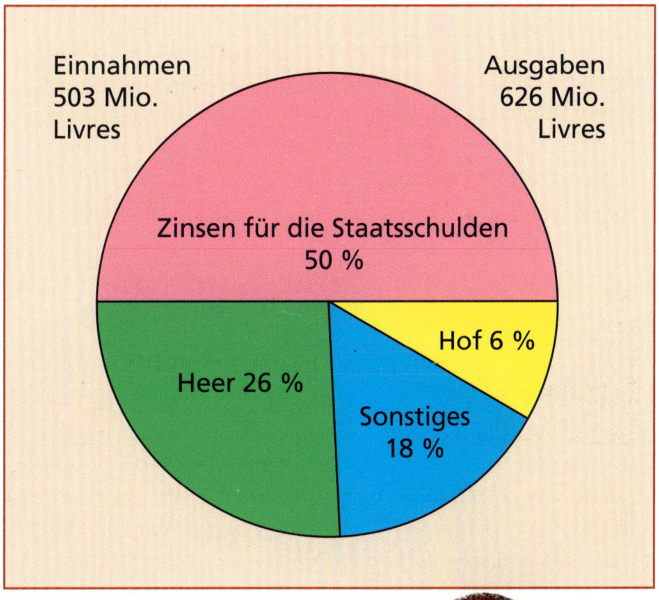

M 3 Der französische Staatshaushalt 1788

M 4 Ein närrischer Tag in Paris

27. April 1784, um die Mittagszeit. Fünf Stunden vor Beginn der Aufführung herrscht Chaos auf dem Gelände vor dem neuen Theater am südlichen Stadtrand. Über 700 Kutschen sind abgestellt, etwa 10 000 Menschen drängen und stoßen sich. Drei Tote gibt es in dem Durcheinander, Türen werden eingedrückt, nur mühsam können die Wachen alle jene Menschen zurückhalten, die keine Karte für die 1900 Plätze haben. Unter großem Jubel beginnt schließlich die Aufführung. Sie dauert fünf Stunden, denn häufig werden die Schauspieler durch Beifallsstürme des Publikums unterbrochen. Am nächsten Tag spricht man in Paris nur noch von dem neuen Theaterstück: „Der närrische Tag oder die Hochzeit des Figaro". Was begeistert die Zuschauer so sehr an diesem Stück? Da ist Figaro, Diener des Grafen Almaviva. Figaro möchte Susanne heiraten, die Dienerin der Gräfin. Doch dazu muss der Graf nach altem Recht seine Erlaubnis geben. Der Graf aber will nicht, denn auch er findet Gefallen an der hübschen Dienerin. Im Bündnis mit der Gräfin siegt schließlich der listige Figaro. Der Graf – und mit ihm der ganze Adel – wird lächerlich gemacht und muss in die Hochzeit des Dieners Figaro einwilligen. Und immer wieder spricht Figaro Gedanken aus, die vom Publikum laut und lange beklatscht werden:

Nein, mein Herr Graf, Sie werden Susanne nicht besitzen! Sie werden sie nicht besitzen! Glauben Sie, weil Sie ein großer Herr sind, wären Sie auch ein großer Geist? Adel, Reichtum, Rang und Würden machen ja so stolz! Was haben Sie denn geleistet, um all das zu verdienen? Sie haben sich die Mühe gegeben, geboren zu werden, weiter nichts. Im Übrigen sind Sie ein ganz gewöhnlicher Mensch. Während ich, zum Donnerwetter, verloren im dunkelsten Gewühl der Menge, mehr Fleiß und Verstand aufwenden musste, um überhaupt weiterleben zu können, als die gesamte Regierung nicht in hundert Jahren verbraucht hat! Und Sie wollen den Kampf mit mir ...!

Nach: J. Petersen, Die Hochzeit des Figaro. Dichtung und Wirklichkeit. Frankfurt am Main 1965, S. 114.

M 5 Ein frischer Wind aus Amerika: Gilbert de La Fayette

Wie viele junge Adelige langweilt sich auch der Marquis Gilbert de La Fayette am Hof zu Versailles. Als sich in Nordamerika die englischen Kolonien gegen ihr Mutterland erheben, begeistert er sich für die Sache der Aufständischen. Gerade erst 20 Jahre alt verlässt er im Juni 1777 heimlich Frankreich und bietet dem amerikanischen Kongress seine Dienste an – ohne Sold, auf eigene Kosten. Man ernennt ihn zum General, stellt ihn an die Spitze einer Heeresabteilung, und er wird der Freund des amerikanischen Oberbefehlshabers George Washington. Als Verwundeter kehrt er für kurze Zeit nach Frankreich zurück, wo er für die Unterstützung der amerikanischen Aufständischen wirbt. So schreibt er im Juli 1779 an den französischen Außenminister Vergennes:

Sie bitten mich, Herr Graf, um einige Gedanken zu einem Eingreifen in Amerika. Die verödeten Küstenstriche, die zerstörten Häfen, der behinderte Handel, die befestigten Plätze, von denen die (englischen) Angriffe ausgehen: Alles scheint nach unserer Hilfe zur See und auf dem Land zu rufen. Ich kann nicht, ohne mein Gewissen zu verraten, aufhören zu wiederholen, dass es für uns sehr wichtig ist, Truppen nach Amerika zu schicken.

Nach: Cl. Manceron, Le vent d'Amérique. Paris 1974, S. 238.

Ein halbes Jahr später kehrt La Fayette an die Seite George Washingtons zurück. Frankreich greift aktiv in den amerikanischen Unabhängigkeitskrieg ein, mit etwa 30 Kriegsschiffen und einem gut ausgerüsteten Heer von 5 000 Mann – es geht ja gegen England. La Fayette und Frankreich verhelfen den Kolonisten zum Sieg, zur Unabhängigkeit. Zurück in Frankreich, wo er als Held empfangen wird, tritt La Fayette, obwohl Abgeordneter des Adels in den Generalständen, für die Forderungen des Dritten Standes ein. Er wird einer der Väter der „Erklärung der Rechte des Menschen und des Bürgers" von 1789.

M 6 Ein Engländer in Frankreich

Der Engländer Arthur Young beobachtete auf drei Reisen 1787 bis 1789 die Zustände in Frankreich. Zum 17. Oktober 1787 schrieb er in sein Reisetagebuch:

Habe heute mit einer Gesellschaft gespeist, deren Unterhaltung sich ausschließlich mit der Politik beschäftigte. Es herrschte die Meinung vor, dass man sich am Vorabend einer großen Umwälzung in der Regierung befinde. Alles weise darauf hin: die große Unordnung in den Finanzen, mit einem Fehlbetrag, der ohne die Generalstände nicht zu decken ist; kein Minister, der über die nötigen Eigenschaften verfügt, um etwas anderes als Linderungsmittel zu finden; auf dem Thron ein Fürst mit den besten Absichten, aber ohne die erforderlichen geistigen Fähigkeiten, um in diesem Augenblick selbst zu regieren; ein Hof, der vergnügt in Saus und Braus lebt und damit das große Elend verschlimmert; eine tiefe Gärung unter den Menschen aller Schichten, die sich begierig nach Veränderungen sehnen, ohne zu wissen, was sie wünschen sollen; ein Verlangen nach Freiheit, das seit der amerikanischen Revolution von Stunde zu Stunde wächst.

Nach: A. Young, Voyages en France. Paris 1988, S. 78 f.

M 7 Beschwerden und Forderungen

Die Bauern eines kleinen Dorfes im Osten Frankreichs schrieben in ihr Beschwerdeheft:

1. Das kostbarste Gut für uns als Franzosen besteht darin, dass wir in regelmäßigen Zeitabständen Generalstände haben. (...)

4. Das kostbarste aller Güter ist die persönliche Freiheit der Bürger; mit allem Nachdruck erheben wir Einspruch gegen die königlichen Verhaftungsbefehle und jegliche willkürliche Einsperrung. (...)

20. Das Wild und die Tauben verzehren unsere Felder. Um dem abzuhelfen, müsste man es den Besitzern oder Pächtern gestatten, das Wild, das ihr Land betritt, zu töten.

Die Bewohner eines Ortes in der Nähe von Versailles forderten:

1. dass alle Steuern von den drei Ständen ohne irgendwelche Ausnahmen bezahlt werden, von jedem Stand gemäß seinen Kräften; (...)

5. dass jegliche Art von Zehnten in Naturalien völlig beseitigt wird; (...)

8. dass die Eigentumsrechte heilig und unverletzlich sind;

9. dass rascher und mit weniger Parteilichkeit Recht gesprochen wird;

10. dass alle Frondienste, welcher Art sie auch sein mögen, beseitigt werden;

11. dass die Einziehung zum Heeresdienst nur in den dringenden Fällen erfolgt und dass alle Stände ohne irgendwelche Ausnahmen oder Befreiung dazu beitragen.

Nach: P Lautzas, Die Französische Revolution. Würzburg 1977, S. 38.

M 8 Die Bäuerin in der Fron
(kolorierter Kupferstich, 1789)

Fragen und Anregungen

1. Erläutere die Situation der Menschen und des Staates in Frankreich vor der Zusammenkunft der Generalstände im Mai 1789. (M1, M2, M3, M5, M6, M8)

2. Fasse die Beschwerden und Forderungen des Dritten Standes zusammen. Gibt es unterschiedliche Interessen innerhalb des Dritten Standes? (M7)

3. Frankreich 1789: Eine Nation entsteht

Das Jahr 1789	
5. Mai	König Ludwig XVI. eröffnet in Versailles die Tagung der Generalstände.
17. Juni	Der Dritte Stand erklärt sich zur Nationalversammlung.
20. Juni	Die Abgeordneten der Nationalversammlung fordern eine Verfassung.
14. Juli	Eine Volksmenge nimmt die Bastille in Paris ein. Dieses Ereignis gilt als Beginn der Französischen Revolution.
4. August	In einer Nachtsitzung der Nationalversammlung verzichten Adel und Geistlichkeit auf ihre Privilegien.
26. August	Die Nationalversammlung verkündet die Menschen- und Bürgerrechte.

M 1 Die Französische Revolution
Briefmarken belegen, dass man 1989 auf der ganzen Welt die Französische Revolution vor 200 Jahren feierte. So in der damaligen DDR (Deutsche Demokratische Republik, die heutigen fünf ostdeutschen Bundesländer) und in den USA.

Die Nationalversammlung

Die Abgeordneten und der König gingen mit unterschiedlichen Erwartungen zur feierlichen Eröffnung der Generalstände. Ludwig XVI. brauchte Geld. Viele der 300 Vertreter des Klerus und der 300 Abgeordneten des Adels wollten seine Geldnot für eine Bestätigung aller ihrer Vorrechte, ja für eine Einschränkung der königlichen Macht nützen. Die Vertreter des Dritten Standes schließlich, die vor allem dem Bürgertum angehörten, waren nicht bereit, noch mehr Steuern zu zahlen. Sie hofften auf eine Verfassung, und sie forderten eine politische Mitwirkung. Schon vor der Eröffnung hatten sie deshalb beim König eine Verdoppelung ihrer Abgeordnetenzahl von 300 auf 600 durchgesetzt. Doch nach altem Brauch sollten die drei Stände getrennt abstimmen und dann jeweils eine Stimme abgeben, entsprechend dem Beschluss in der getrennten Abstimmung. Damit konnte der Dritte Stand weiterhin überstimmt werden. Führende Männer des Dritten Standes drängten den König, in gemeinsame Beratungen aller Stände einzuwilligen, bei denen jeder Abgeordnete eine Stimme haben sollte. In seiner Eröffnungsrede ging Ludwig XVI. mit keinem Wort auf diese entscheidende Forderung des Dritten Standes ein. Und als sich der Streit darüber wochenlang hinzog, entschlossen sich die Abgeordneten des Dritten Standes zum Handeln: Da sie die überwältigende Mehrheit des Volkes vertraten, erklärten sie sich zur Nationalversammlung und forderten die Geistlichen und Adeligen auf, sich dieser Vertretung des Volkes anzuschließen.

M 2 Der Ballhausschwur am 20. Juni 1789 (Gemälde von Jacques-Louis David, 1790/91)
Der Vorsitzende liest den Schwur für eine Verfassung vor, dem sich mit einer einzigen Ausnahme (1) alle Abgeordneten anschließen. Zwei Geistliche und ein Bürgerlicher im Vordergrund symbolisieren die Zusammenarbeit der Stände. Einige Männer des Dritten Standes sind zu erkennen, z. B. Mirabeau (2) und Robespierre (3).

Eine Verfassung für Frankreich

Viele Landpfarrer und Adelige folgten dieser Aufforderung. Aber König, hohe Geistlichkeit und Adel waren nicht gewillt nachzugeben. Wegen angeblich notwendiger Bauarbeiten ließ Ludwig XVI. den Sitzungssaal des Dritten Standes schließen. Die Abgeordneten zogen daher in das nahe gelegene Ballhaus, eine Art Tennishalle. Dort schworen sie, „uns niemals zu trennen und uns überall zu versammeln, wo die Umstände es notwendig machen werden, so lange, bis die Verfassung des Königreiches geschaffen ist". Und als der König von den Abgeordneten verlangte, sich sofort zu trennen, da schleuderte Graf Mirabeau dem Abgesandten des Königs entgegen: „Sagen Sie Ihrem Herrn, dass wir hier durch den Willen des Volkes sind und dass man uns nur mit der Macht der Bajonette von hier vertreiben wird." Vor dieser entschlossenen Haltung wich der König zurück. Er forderte nun selbst die beiden anderen Stände auf, sich an der Nationalversammlung zu beteiligen.

Paris trotzt dem König

Doch bald darauf gab Ludwig XVI. den Befehl, Truppen zusammenzuziehen. Man sprach davon, dass ein militärischer Gewaltstreich gegen die Nationalversammlung bevorstehe. In Paris kam es zu Zusammenstößen zwischen erregten Handwerkern und Arbeitern und den königlichen Truppen, die teilweise aus ausländischen Söldnern bestanden. Räuberbanden machten die Stadt unsicher. Im Rathaus bildete sich deshalb eine Art Nebenregierung, die für jeden Stadtbezirk die Aufstellung einer Bürgerwehr, der „Nationalgarde", anordnete. Am 14. Juli drang eine aufgebrachte Menge in die Bastille, das verhasste Staatsgefängnis, ein. Schon am folgenden Tag befahl der König seinen Truppen, sich zurückzuziehen. Er selbst besuchte am 17. Juli Paris. Im Rathaus nahm er die blau-weiß-rote Kokarde entgegen und heftete sie an seinen Hut – als Zeichen des Bündnisses zwischen König und Volk, in dem das Bürgertum immer mehr die Führung übernahm.

Revolution in Städten und Dörfern

Die Nachricht von den Ereignissen in Paris verbreitete sich wie ein Lauffeuer im ganzen Land. Die Bürger der größeren Städte folgten dem Pariser Beispiel: Sie setzten neue Stadtregierungen ein und stellten Nationalgarden auf. Auch die Bauern sahen darin ein Signal. Zu lange warteten sie schon auf eine Beantwortung ihrer Klagen und Forderungen. Nun bewaffneten sie sich mit Sensen, Dreschflegeln und Mistgabeln und stürmten die Schlösser der Adeligen. Viele Schlösser wurden geplündert und in Brand gesteckt. Die Bauern bemächtigten sich der Urkunden, die die Frondienste und Abgabepflichten festlegten, und verbrannten sie.

M 3 Paris, 14. Juli 1789

Die Bastille, das ist eine Festung am Rande der Stadt, das berüchtigte Gefängnis des Königs. Doch die vielen Menschen sind nicht gekommen, um Häftlinge zu befreien. Die Kaufleute, Händler und Handwerker von Paris wollen selbst für die Verteidigung der Stadt sorgen – gegen unkontrollierte Aufstände, gegen Plünderungen und gegen die Bedrohung durch königliche Truppen. Am Vormittag haben sie etwa 40 000 Gewehre und einige Kanonen erbeutet, aber kaum Kugeln, kaum Pulver. Davon soll es genug in der Bastille geben! Der erfolgreiche „Sturm auf die Bastille“ wird zum Symbol der Revolution. Schon bald beginnt der völlige Abriss der mächtigen Festung. Keine Erinnerung an die Unterdrückung in der Vergangenheit soll bleiben. Die Arbeiter tragen auf ihrer Kopfbedeckung das Erkennungszeichen der Revolutionäre: die blau-weiß-rote Kokarde. Die königliche Farbe Weiß zwischen Blau und Rot, den Farben der Stadt Paris – so entstand die dreifarbige Fahne Frankreichs, die Trikolore.

Ein neues Frankreich

In einer hitzigen Debatte der Nationalversammlung traten viele Abgeordnete zunächst dafür ein, die Bauernaufstände durch königliche Truppen niederwerfen zu lassen. Andere sahen in dieser Absicht einen Rückfall in die alten absolutistischen Regierungsmethoden. Die Entscheidung fiel, als einige Vertreter des Adels am Abend des 4. August völlig unerwartet die Aufhebung aller Privilegien vorschlugen. Bis in die frühen Morgenstunden wurde ein Beschluss nach dem anderen gefasst, der das Leben in Frankreich grundlegend veränderte: Die Gerichtsbarkeit und die Jagdrechte der Grundherren, die Leibeigenschaft, die Steuerbefreiungen und die Ämterkäuflichkeit wurden abgeschafft. Es sollte keine Untertanen mehr, sondern nur noch freie „Bürger“ (citoyens) mit den gleichen Rechten und Pflichten geben. Auch die Vorrechte der Provinzen wurden aufgehoben. Bald darauf wurde Frankreich neu eingeteilt: An die Stelle der alten Provinzen traten 83 „Départements“ (Bezirke), die geographische Namen – oft in Verbindung mit einem Flusslauf – erhielten.

Die Franzosen: Bürger einer Nation

1789

Die Nationalversammlung arbeitete auch, auf Antrag La Fayettes und nach dem Vorbild der Amerikaner, eine „Erklärung der Rechte des Menschen und Bürgers“ aus. Sie wurde am 26. August feierlich verkündet. Die Abschaffung der Privilegien und diese Erklärung der Menschen- und Bürgerrechte erfüllte die Mehrheit der Franzosen mit Begeisterung. So wurde die Grundlage für die moderne französische Nation gelegt: eine Gemeinschaft freier Bürger, die sich zu gemeinsamen Zielen bekennen. Diese Ziele wurden schon bald in drei Worten zusammengefasst: „Freiheit, Gleichheit, Brüderlichkeit“. So lautet auch heute der offizielle Wahlspruch der französischen Republik.

Nation

Wir nennen „Nation“ die Menschen, die auf einem bestimmten Gebiet leben, sich zu einer gemeinsamen Geschichte, zu gemeinsamen Traditionen und Zielen bekennen und auf dieser Grundlage eine politische Gemeinschaft bilden. Zuweilen gilt die gemeinsame Sprache als wichtigstes Merkmal der Nation.

Nationalversammlung

So wird eine Versammlung gewählter Volksvertreter bezeichnet. Sie tritt oft als Folge einer Revolution zusammen, um dem Land eine Verfassung zu geben. Nach dem französischen Vorbild von 1789 gab es auch in Deutschland 1848/49 und 1919 Nationalversammlungen. Auch heute tragen viele Parlamente diese Bezeichnung.

M4 Keine Privilegien mehr!

Die Begeisterung, die die Nationalversammlung in der Nacht des 4. August 1789 ergriff, schildert der Schriftsteller Jules Michelet in seiner „Geschichte der Französischen Revolution" (1847):

Der Herzog von Aiguillion sagte, ihm seien, als er gestern für strenge Maßnahmen gegen jene, die die Schlösser angriffen, gestimmt habe, erhebliche Bedenken gekommen. Er habe sich gefragt, ob diese Menschen wirklich schuldig seien. Hitzig und mit großer Leidenschaft sprach er weiter gegen die adelige Tyrannei, also gegen sich selbst. Es war der 4. August, um 8 Uhr abends. Eine denkwürdige Stunde, in der die Adelsherrschaft nach 1000-jähriger Machtausübung abdankt, abschwört, sich selbst verwünscht. Der Eindruck war groß. Die Begeisterung griff um sich. Herr von Beauharnais schlug vor, dass von nun an die Strafen für alle die gleichen sein, dass die Ämter allen offen stehen sollten. Ein anderer forderte die Aufhebung der grundherrlichen Gerichtsbarkeit. Alles schien beendet. Ein nicht weniger großes Ereignis begann. Nach den Privilegien der Stände ging es um die Privilegien der Provinzen. Jene Provinzen, die besondere Vorrechte hatten, erröteten wegen ihres Egoismus. Sie wollten Frankreich sein. Die Nacht war weit fortgeschritten, es war zwei Uhr. Seit dieser wunderbaren Nacht gab es keine Stände mehr, sondern nur Franzosen, keine Provinzen mehr, sondern nur das eine Frankreich. Es lebe Frankreich!

Nach: J. Michelet, Histoire de la Révolution française 1. Paris 1952, S. 212 ff.

M5 Erklärung der Menschen- und Bürgerrechte

Einige wichtige Artikel lauten:

1. Die Menschen werden frei und gleich an Rechten geboren und bleiben es.
2. Der Zweck jeder politischen Vereinigung ist die Erhaltung der natürlichen und unverjährbaren Menschenrechte. Diese Rechte sind die Freiheit, das Eigentum, die Sicherheit und der Widerstand gegen Unterdrückung. (...)
4. Die Freiheit besteht darin, alles tun zu können, was anderen nicht schadet. Die Grenzen der Freiheit können durch das Gesetz bestimmt werden.
6. Das Gesetz ist der Ausdruck des allgemeinen Willens. Alle Bürger haben das Recht, an seiner Gestaltung persönlich oder durch ihre Vertreter mitzuwirken. Das Gesetz muss für alle dasselbe sein. Da alle Bürger vor den Augen des Gesetzes gleich sind, stehen ihnen auch alle öffentlichen Würden, Ämter und Beschäftigungen offen, gemäß ihrer Befähigung. (...)
11. Die freie Mitteilung der Gedanken und Meinungen ist eines der kostbarsten Menschenrechte, jeder Bürger kann also frei sprechen, schreiben, drucken, mit dem Vorbehalt, dass er verantwortlich ist für den Missbrauch dieser Freiheit in den vom Gesetz festgelegten Fällen. (...)
17. Da das Eigentum ein unverletzliches und geheiligtes Recht ist, kann es niemandem genommen werden, es sei denn, dass die öffentliche, gesetzlich festgestellte Notwendigkeit dies klar erfordert, und unter der Bedingung einer gerechten und vorheriger Entschädigung.

Nach: 1789. Recueil de textes et documents. Paris 1989, S. 76 ff.

Verfassung

In einer Verfassung werden schriftlich vor allem die Grundsätze festgehalten, die die Form (z. B. Monarchie, Demokratie) und den Aufbau (z. B. zentralistisch, föderalistisch) eines Staates, die Art der politischen Willensbildung der Bürger (z. B. Wahl, Parlament) sowie die Rechtsstellung von Regierung und Staatsbürgern bestimmen.

Menschenrechte

Darunter sind jene Rechte zu verstehen, die jedem Einzelnen von Natur aus zustehen und die der Staat zu garantieren hat, so u.a. die Glaubens-, Presse- und Versammlungsfreiheit, die Unverletzlichkeit der Person, der Wohnung und des Eigentums. Ihre Grundlagen bilden die Ideen der Aufklärung. Die Verfassung der USA ist die erste, die die Grund- und Menschenrechte aufgenommen hat.

Fragen und Anregungen

1. Erläutere die in den Abbildungen M2 und M3 dargestellten Ereignisse.
2. Fasse die Veränderungen des Jahres 1789 in Frankreich zusammen. (M4, M5)
3. Entsprachen diese Veränderungen den Forderungen vor Ausbruch der Revolution? (M7, S. 17)
4. Erläutere die Motive der beiden Briefmarken. (M1)

4. Revolution, Krieg und Schreckensherrschaft

14. Juli 1790	Der König und die Abgesandten aus ganz Frankreich feiern in Paris ein großes Fest der Verbrüderung.
3. September 1791	Die neue Verfassung bestimmt Frankreich als konstitutionelle Monarchie.
22. September 1792	Ludwig XVI. wird wegen Zusammenarbeit mit den Landesfeinden abgesetzt; Frankreich ist damit eine Republik.
21. Januar 1793	Der König stirbt unter dem Fallbeil.
Juni 1793	Nach der Verhaftung der gemäßigten Abgeordneten übernehmen die radikalen Jakobiner die Macht im Konvent.
Oktober 1793 – Juli 1794	50 000 Bürger werden Opfer der „Schreckensherrschaft“.
5. April 1794	Danton und andere Jakobiner werden hingerichtet.
27./28. Juli 1794	Die Hinrichtung von Maximilien Robespierre beendet die Schreckensherrschaft.

M 1 Plakat der französischen Republik (Farbdruck, 1793)
„Einheit, Unteilbarkeit der Republik, Freiheit, Gleichheit, Brüderlichkeit oder der Tod“ – auf dem Plakat sind Ziele und Haltungen, die nach 1790 in Frankreich herrschend wurden, ausgedrückt. Auf der linken Fahne steht „Terror der Könige“, auf der rechten „Vereinigung der Republikaner“. Links ein Nationalgardist, rechts ein Sansculotte. Die phrygische Mütze, in der Antike die Kopfbedeckung freigelassener Sklaven, setzte sich ebenso als Revolutionssymbol durch. Die Pike in der Hand wurde zum Sinnbild für die Volkssouveränität.

König und Nation

Die Abschaffung der Privilegien und die Erklärung der Menschenrechte begeisterte die überwiegende Mehrheit der Franzosen. Die Entwicklung schien ja auch die Zustimmung des Königs zu haben, dessen Person vielen Untertanen heilig war. Am 14. Juli 1790 versprachen die Abgesandten ganz Frankreichs und Ludwig XVI. die gemeinsame Unterordnung unter eine künftige Verfassung. Dadurch erstand das Volk sozusagen neu als „Nation“, d. h. als ein Staat freier Bürger. Aber noch sprach man von „König und Nation“ – eine Erinnerung daran, dass der Herrscher einst allein den Staat verkörperte. Die Verfassung selbst wurde erst 1791 verabschiedet. Die Macht des Königs war nun durch die Verfassung (Konstitution) begrenzt und erhielt nach dem Grundsatz der Gewaltenteilung ein Gegengewicht: Die gesetzgebende Gewalt lag bei den Abgeordneten, die ausführende Gewalt bei König und Beamten, die richterliche Gewalt in den Händen gewählter Richter.

Gegner der neuen Ordnung

Aber die neue Ordnung hatte entschiedene Gegner, vor allem unter den Geistlichen und den Adeligen: Die Priester sollten nach der Beschlagnahmung der Kirchengüter vom Staat bezahlt werden – allerdings erst, wenn sie einen Treueid auf die Verfassung geschworen hätten; viele Geistliche verweigerten den Eid und wurden deshalb verfolgt. Etwa 40 000 Adelige waren geflohen, vor allem nach Deutschland. Von dort aus kämpften sie nun gegen das neue Frankreich. Die Monarchien Österreich und Preußen waren bereit, sie dabei mit ihren Armeen zu unterstützen. Die weniger Radikalen, von den Revolutionären Girondisten genannt, da ihre Anführer aus dem Département Gironde stammten, wollten dieser fremden Einmischung mit Krieg begegnen. Vom Kampf gegen den äußeren Feind erhofften sie sich die Festigung der nationalen Einheit der Franzosen.

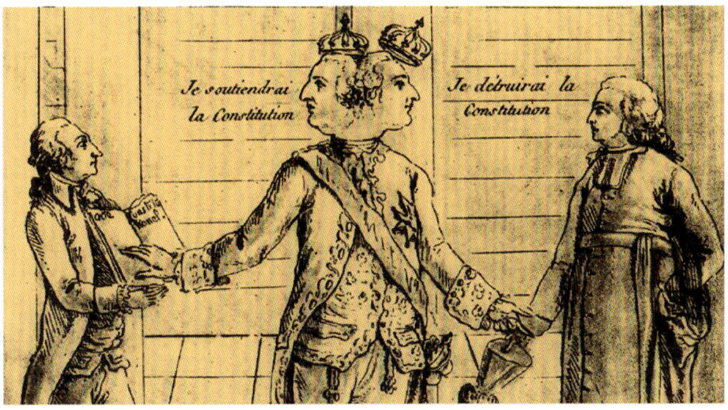

M 2 Die zwei Gesichter des Königs
„Ich werde die Verfassung stützen. – Ich werde die Verfassung zerstören." Ludwig XVI. schien zunächst die neue Freiheit mitzutragen. Dann stellte sich heraus, dass er nur Zeit gewinnen wollte.

M 3 Gericht über den „Bürger Capet"
Obwohl er die Zuständigkeit des Gerichtes ablehnte, erschien der abgesetzte König doch zweimal vor dem Tribunal. Der Prozess blieb umstritten, denn die noch gültige Verfassung von 1791 sah einen solchen Fall nicht vor.

Krieg – Doppelspiel des Königs und seine Hinrichtung

Eine radikalere Gruppe, nach ihrem Versammlungsort, dem ehemaligen Kloster Saint-Jacques in Paris, Jakobiner genannt, wollten unter ihrem Führer Robespierre vor allem die Feinde der Revolution im Lande selbst bekämpfen: Nach dem vollständigen Sieg der Freiheit in Frankreich würden sich die anderen Völker von selbst gegen ihre Herrscher erheben. Ludwig XVI. schien sich auf die Seite der Girondisten zu stellen. Im April 1791 erklärte er Österreich den Krieg. Die ersten Schlachten gingen aber für die Revolutionsarmeen verloren. Man vermutete Verrat vonseiten der Offiziere, die meist noch Adelige waren. Der König war auch nicht ganz ehrlich: Er gebrauchte das ihm von der Verfassung eingeräumte Vetorecht zugunsten der Priester und der geflohenen Adeligen. Dann versuchte die Königsfamilie aus Paris ins Ausland zu fliehen. Und als im September 1792 eine aufgebrachte Menge den königlichen Palast stürmte, fand man den Briefwechsel Ludwigs mit den österreichischen Verwandten seiner Frau. Es wurde nun klar, dass er hoffte, nach einer Niederlage Frankreichs die alte Ordnung wieder aufzurichten. Seine Absetzung und die Ausrufung der Republik waren die Folge. Der König wurde nun als einfacher „Bürger Ludwig Capet" wegen Landesverrat vor Gericht gestellt. Mit einer Stimme Mehrheit wurde er zum Tod verurteilt. Die Leute im Ausland, auch diejenigen, die die Umwälzung in Frankreich begeistert aufgenommen hatten, waren entsetzt.

Eine neue Zeit

Für die Anhänger der Republik aber hatte mit dem 22. September 1792 eine neue Zeit begonnen: das Jahr 1 eines neuen Kalenders. Nicht mehr die Siebentagewoche und christliche Feiertage bestimmten nun den Ablauf der Zeit, sondern eine „vernünftigere" Aufteilung der Monate in drei „Dekaden" (Zehntagewochen) und Gedenktage, die an die Arbeit der Bauern und die Ideale der Republik erinnerten: etwa ein „Tag der Sichel" in der Erntezeit und ein „Tag der Arbeit" am Jahresende. Zum Ausdruck der neuen Freiheit sagte man „Bürger" und „Bürgerin" statt „Herr" und „Frau"; die Gleichheit aller fand ihren Ausdruck im brüderlichen „Du". Anstelle der vielen und unübersichtlichen alten Maßeinheiten sollte das einheitliche und wissenschaftlich abgeleitete Dezimalsystem treten: Meter und Liter wurden nun als Längen- und Hohlmaße eingeführt. Die Schulbildung, die bisher fast ausschließlich in den Händen der Kirche gelegen hatte, wurde nun auf staatlicher Grundlage neu organisiert. Die Absicht, das Wissen allen zugänglich zu machen und es zur Verbesserung der Lebensbedingungen aller Bürger einzusetzen, brachte in vielen Gebieten einen ungeheuren Aufschwung mit sich.

M 4 Die „Volkssuppe“ (Gemälde, 1793)
Der Krieg gegen die äußeren Feinde der Republik, innere Unruhen in Frankreich, vor allem auch die üblen Geschäfte von Leuten, die sich damit bereicherten, führten zu dauernden Versorgungsschwierigkeiten und Hungersnöten.
Besonders in Paris waren viele Menschen auf öffentliche Speisungen angewiesen.
Das stellte die Regierung der Republik vor immer schwierigere Aufgaben.
Die anfängliche Begeisterung für die neue Ordnung wurde durch die Nöte des Alltags aufgerieben. So konnte die Autorität des Staates bald nur noch durch Zuckerbrot und Peitsche aufrechterhalten werden.

Jakobinerherrschaft

Zugleich wurde aber die Auseinandersetzung zwischen den gemäßigten Girondisten und den radikalen Jakobinern immer schärfer. Die Jakobiner strebten eben nicht nur bürgerliche Freiheit im Rahmen einer Verfassung an, sondern die tatsächliche Gleichheit der Lebensbedingungen aller Bürger. Die Jakobiner waren straff organisiert und bildeten so genannte Sektionen im ganzen Land. Besonderen Rückhalt fanden sie bei den Sansculotten, den revolutionär gesinnten kleinen Leuten, die nicht wie Adel und Bürger Kniehosen (culottes) trugen, sondern bis zu den Füßen reichende gestreifte Röhrenhosen, die geschnitten waren wie unsere Hosen. Sansculotten und radikale Jakobiner führten den politischen Kampf immer unerbittlicher. Leute wie der Arzt und Journalist Jean Paul Marat heizten die Stimmung durch aufputschende Artikel und Reden weiter an. So kam es zum Sturz der girondistischen Regierung, zur Verhaftung ihrer Abgeordneten und zur Gewaltherrschaft der Jakobiner.

Eine neue Verfassung und der „Wohlfahrtsausschuss“

Die Verdächtigung politischer Gegner als Feinde der Republik wurde zur wichtigsten, meist tödlichen Waffe im politischen Kampf. Die Errichtung des „Revolutionstribunals“ und das „Gesetz über Verdächtige“ 1794 raubten jeden Schutz gegen eine solche Anklage. Gleichzeitig wuchs die Erbitterung der Bevölkerung über Hunger und Not und ihr Hass auf die Leute, die mit Schiebereien noch daran verdienten. Auch eine staatliche Höchstpreisverordnung änderte da nichts.
Nach der Entmachtung der Girondisten wurde im Juni 1793 vom „Konvent“ – so hieß nun die Versammlung der Abgeordneten – eine neue Verfassung verabschiedet, mit der die soziale Gleichheit aller Bürger verwirklicht werden sollte, die aber nie in Kraft trat. Unter Berufung auf die Notlage der Republik regierten die Jakobiner mit außerordentlichen Vollmachten. Die wichtigen Entscheidungen fielen nun in einem „Wohlfahrtsausschuss“ von neun Abgeordneten.

M 5 Revolutionstribunal 1793
(Holzstich nach Gemälde, 1881)
Der mit Revolutionären besetzte Gerichtshof war ein wichtiges Mittel der Jakobinerherrschaft. Mit der Beseitigung unabhängiger Richter war auch die Gewaltenteilung abgeschafft worden. Angeklagte hatten kaum eine Chance, dieser willkürlichen Justiz zu entkommen. Schon der bloße Verdacht genügte für ein Todesurteil.

M 6 Georges Danton (Gemälde von Constance Charpenier, 1790)
Auch er hatte die Revolution durch Terror vorangetrieben. Seine Zweifel an der Fortführung der Schreckensherrschaft machten ihn zum Gegner Robespierres und kosteten ihm das Leben.

M 7 Maximilien Robespierre (Gemälde, 1790)
Der Rechtsanwalt aus Arras trug den Beinamen „Der Unbestechliche". Unerbittlich ging er im Wohlfahrtsausschuss gegen seine Gegner vor, bis er selbst auf der Guillotine starb.

Die Herrschaft des Terrors

Die hohen Ziele der Revolution sollten mithilfe des Terrors durchgesetzt werden, d. h. der unerbittlichen Vernichtung und Einschüchterung aller Feinde der Republik, die sich nun vor allem auch außerhalb der Hauptstadt zeigten. Aber bald kam es deswegen zur Auseinandersetzung zwischen den Führern der Jakobiner selbst. Der beim Volk beliebte Justizminister Danton war für die „Septembermorde" von 1792 verantwortlich; damals hatte man Tausende von Unschuldigen hingerichtet, um die Feinde der Republik einzuschüchtern oder auch nur um Platz in den überfüllten Gefängnissen zu schaffen. Danton und seinen Freunden kamen aber zunehmend Zweifel, ob die Probleme der Republik mit Terrormaßnahmen gelöst werden könnten. Sie gründeten ein „Komitee für Milde".

Die Revolutionäre vernichten sich selbst

Dadurch gerieten sie aber in scharfen Gegensatz zu dem unnachgiebigen Parteiführer Robespierre. Dieser behauptete: „Man macht keine Republik durch Schonung, sondern durch unerbittliche Strenge gegen die, welche sie verraten haben." Danton und seine Freunde wurden deshalb im April 1794 als Verräter enthauptet. Der Triumph der Radikalen dauerte nicht lange: Wohl auch aus Angst um ihren eigenen Kopf verschworen sich einige Jakobiner gegen ihren Führer. Am 9. Thermidor – dem 28. Juli 1794 – musste auch Robespierre zusammen mit seinen Vertrauten auf der Guillotine sterben. Damit war eine lange Schreckensherrschaft beendet, die im Namen der Republik ausgeübt worden war. Die verzweifelte wirtschaftliche Lage des ausgebluteten Landes drängte die Entwicklung weiter: Man sehnte sich nach Ruhe und Ordnung, und jemanden, der dafür sorgte.

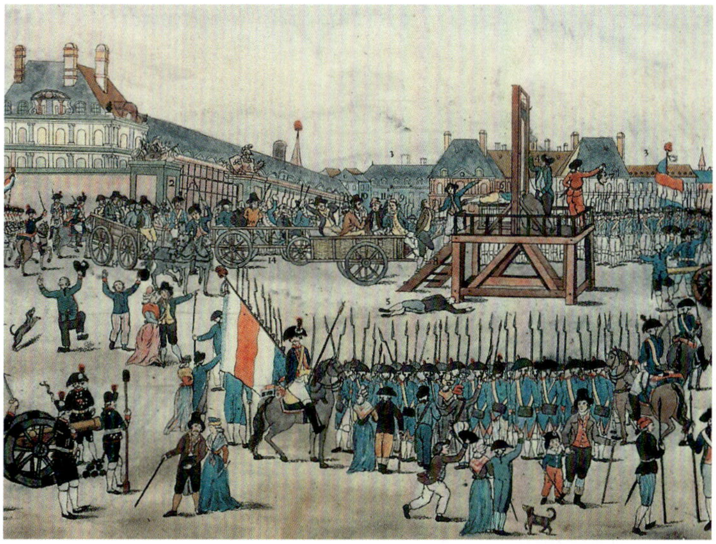

M 8 Die Guillotine (Zeichnung, 1794)
Der Arzt Guillotin hatte das Fallbeil als eine humanere Methode der Hinrichtung empfohlen. Zeitgenossen nannten die Guillotine spöttisch „die große Gleichmacherin", denn Angehörige aller Schichten des Volkes fanden dort den Tod – der König, die Adeligen, die Girondisten, schließlich die radikalen Jakobiner selbst.

M 9 Das Fest der Verbrüderung 1790

Der deutsche Schriftsteller Forster berichtet über die Vorbereitungen zum Fest am 14. Juli 1790 auf dem Champs de Mars – dort, wo heute der Eiffelturm steht:

Ich sah die Zurüstungen zu diesem Fest. Das größte Amphitheater der Welt ward in wenigen Tagen durch die Allmacht des Volkswillens erschaffen. Die Schaufeln auf den Schultern zogen die begeisterten Scharen Arm in Arm zu ihrem Tagewerk: Auch Ludwig der Sechzehnte erschien, ohne Leibwache, ohne Gefolge, allein in der Mitte von zweimal hunderttausend Menschen, seinen Mitbürgern, nicht mehr seinen Untertanen. Er nahm die Schaufel und füllte einen Schubkarren mit Erde, unter lautem Jauchzen und Beifallklatschen der Menge.

G. Forster, Erinnerungen aus dem Jahr 1790. München 1987, S. 233 f.

M 10 Wer kann einen König hinrichten?

Der Journalist Restif de la Bretonne gibt in seinen „Revolutionären Nächten" ein selbst erlebtes Bild der Ereignisse. Nach der Hinrichtung des Königs notiert er zum 21. Januar 1793:

Ludwig war kein gewöhnlicher Tyrann: Er war auf dem Thron geboren. Schon dadurch war er als König schuldig, noch viel schuldiger war er als Privatperson: Man ist nie unschuldig, wenn man dazu beiträgt, seine Nation in Anarchie und Unglück zu stürzen. Er brach seinen Eid gegenüber der Nation; das ist das größte aller Verbrechen. Durfte die Nation ihn verurteilen und dann hinrichten? Diese Frage kann von einem denkenden Wesen nicht gestellt werden. In ihrem Herrschaftsbereich kann die Nation alles (...).

N. Restif de la Bretonne, Les nuits révol. Paris 1978, S. 308.

M 11 Broteinkauf in Paris, Juli 1794

In dem Roman „Die Götter dürsten" aus dem Jahr 1912 zeichnet der französische Autor Anatol France die dürftigen und bedrohlichen Lebensverhältnisse in der letzten Zeit der Schreckensherrschaft genau nach:

Zehn Uhr morgens. Kein Lüftchen regte sich. Es war Juli und heißer denn je. In der engen Rue Jerusalem standen gegen hundert Bürger des Bezirks einer hinter dem andern vor einem Bäckerladen, beaufsichtigt von vier Nationalgardisten, die mit Gewehren bei Fuß ihre Pfeife rauchten. Der Konvent hatte einen Höchstpreis bestimmt, und sofort waren Korn und Mehl verschwunden. Dicht gedrängt standen alle Männer, Weiber und Kinder in der versengenden Glut. Durch eine trübe Erfahrung hatte man gelernt, dass das Brot nicht für alle ausreichte, und so die letzten sich vorzudrängen versuchten; die Zurückgedrängten schimpften und pochten vergebens auf ihr missachtetes Recht.

Ein Plakatankleber erschien mit seiner Leiter und schlug gegenüber vom Bäckerladen eine Preisbestimmung der Kommune für Schlächterwaren an. Passanten blieben stehen und lasen den noch klebrigen Zettel. Plötzlich stieg eine Wolke glühenden Gestanks aus einem Wasserlauf empor, sodass mehreren übel wurde. Eine Frau fiel in Ohnmacht und wurde von einigen Gardisten nach der nächsten Pumpe getragen. Man hielt sich die Nase zu; dumpfes Murren erscholl; Worte flogen hin und her, voller Angst und Schrecken. Man fragte sich, ob da unten irgendein Aas läge, ob jemand aus Bosheit Gift gestreut hätte oder ob einer von den Septembermorden, ein Pfaff oder Junker, in einem Keller verfaulte. – „Hat man denn welche hineingeschmissen?" – „Überall hin!" (...)

Ein Ausrufer kam vorüber: „Veröffentlichung des Revolutionstribunals! (...) Die Liste der Verurteilten!" „Ein Revolutionstribunal reicht gar nicht aus", bemerkte einer. „In jeder Stadt, was sage ich, in jeder Gemeinde, in jedem Kreis sollte eins sein. Alle Familienväter, alle Bürger müssten Richter werden. Wird die Nation von den Kanonen des Feindes, von den Dolchen der Verräter bedroht, so ist Nachsicht ein Verbrechen? Wie? Lyon, Marseille, Bordeaux in Aufruhr, Korsika in Empörung, die Vendée in Flammen, Mainz und Valenciennes in den Klauen der Koalition, Verrat in den Städten und Feldlagern, Verräter auf den Bänken des Konvents (...). Die Guillotine muss das Vaterland retten!"

Nach: A. France, Die Götter dürsten. Reinbek 1987, S. 57 ff.

Fragen und Anregungen

1. Der deutsche Dichter Friedrich Schiller hatte die Entwicklung in Frankreich mit Interesse verfolgt. Er war sogar zum Ehrenbürger der französischen Nation ernannt worden. Als aber König Ludwig XVI. abgesetzt und vor Gericht gestellt wurde, überlegte er sich, ob er nicht nach Paris fahren sollte, um den Königlichen und die Verfassung, die den König schützte, zu verteidigen. Was hätte er zur Verteidigung des Königs vorbringen können? Wie lauteten wohl die Anklagepunkte? (M2, M9, M10)
2. Vor dem Revolutionstribunal: Stellt die Szene nach. Wie gebärden sich die „Richter"? Wie kann ein normaler Bürger in das Räderwerk einer gnadenlosen und ungerechten politischen Justiz geraten? (M3, M5, M11)

5. Napoléon Bonaparte: General, Konsul, Kaiser

1796/97	Unter General Bonaparte erringen die französischen Truppen in Italien zahlreiche Siege gegen Österreich.
1799	Als der Erste von drei Konsuln übernimmt General Bonaparte die Regierungsgewalt in Frankreich.
1804	Der „Code civil" sichert wichtige Ergebnisse der Revolution für die Bürger Frankreichs. Nach einer Volksabstimmung krönt sich Napoléon Bonaparte zum „Kaiser der Franzosen".
1808/09	In Spanien und Tirol kommt es zu Aufständen gegen die französische Herrschaft.
1812	Napoléon bietet eine Armee aus 20 europäischen Staaten gegen Russland auf. Der Feldzug scheitert unter großen Verlusten.

M 1 Napoléon I. in seinem Arbeitszimmer
(Gemälde von Jacques-Louis David, 1812)
Der märchenhafte Aufstieg des Napoléon Bonaparte vom einfachen Offizier zum Kaiser der Franzosen verblüffte die Zeitgenossen in ganz Europa und rief große Bewunderung hervor. Seine strenge Herrschaft brachte den Franzosen Ordnung und Sicherheit, aber auch Unterdrückung und viele Kriege mit etwa einer Million Toten. Auch die Nachbarvölker waren davon betroffen. Und so wird er heute unterschiedlich beurteilt. War er ein Held, der Retter Frankreichs nach der blutigen Revolution? Oder ein rücksichtsloser, in Krieg und Ruhm verliebter Diktator?

Unruhen und Aufstände

Nach der Hinrichtung Robespierres und der Gefangennahme seiner wichtigsten Anhänger kam es zu Unruhen. Wegen Preissteigerungen und einer großen Hungersnot im harten Winter 1794/95 erhoben sich die Sansculotten einiger Pariser Vorstädte gegen die Regierung. Ihr Aufstand wurde niedergeschlagen. Gleichzeitig hatten sich in einigen Provinzen wieder königstreue Banden und Armeen gebildet. Anfang Oktober 1795 versuchten die Königstreuen, die Macht in Paris zu erobern. Im Nationalkonvent erinnerte man sich an einen jungen Mann: Napoléon Bonaparte. Er stammte von der Insel Korsika und war vor zwei Jahren als Artillerieoffizier an der Befreiung der südfranzösischen Stadt Toulon aus den Händen der Engländer maßgeblich beteiligt gewesen. Dafür war er zum General ernannt worden. Bonaparte wurde mit der Verteidigung der Republik beauftragt. Mit einer Reitertruppe und eilig herbeigeschafften Kanonen schlug er den Aufstand der Königstreuen blutig nieder.

General in Italien

Im fortdauernden Krieg mit Österreich wurde Bonaparte der Oberbefehl für die Italienarmee übertragen. Der Feldzug des jungen Generals dauerte nur ein Jahr und verblüffte ganz Europa. Mit nur 36 000 Soldaten schlug er 18 Schlachten und vernichtete fünf österreichische Armeen. Die vielen Siege und die Wagenzüge voller Beute, die Bonaparte nach Hause schickte, machten ihn zum Liebling von Paris. Der erfolgreiche General aber hatte ehrgeizige Pläne für sich selbst. Als er auf einem neuen Feldzug in Ägypten – er kämpfte dort gegen England – davon hörte, dass in Paris wieder große Unruhe herrschte, verließ er heimlich seine Armee.

M 2 Der Staatsstreich des Generals Bonaparte

(Gemälde von François Bouchot, 1840)

Am 10. November 1799 tagten die Abgeordneten im Schloss St. Cloud vor den Toren von Paris. Die Nachricht von einer angeblichen Verschwörung der Jakobiner hatte sie am Vortag veranlasst, sich fluchtartig hierher zurückzuziehen. General Bonaparte war zum Befehlshaber der Truppen in Paris ernannt worden. Als er nun mit 5 000 Soldaten vor dem Schloss auftauchte und mit einigen Grenadieren den Versammlungsraum betrat, kam es zum Tumult. Mit den Rufen „Gesetzesbrecher!" und „Nieder mit dem Diktator!" griffen ihn viele Abgeordnete an. Nur dem Eingreifen seines Bruders Lucien Bonaparte und der Grenadiere hatte es General Bonaparte zu verdanken, dass er ungeschoren entkam. Wieder in Sicherheit, befahl er seinen Soldaten, den Saal zu räumen und die Abgeordneten aus dem Schloss zu vertreiben. Noch in der Nacht verkündete ein Erlass, dass in Frankreich drei Konsuln regierten, deren erster Napoléon Bonaparte hieß.

Erster Konsul

In Paris schienen die Jakobiner wieder an Einfluss zu gewinnen. Um diese Gefahr abzuwenden, übernahmen drei Konsuln durch einen Staatsstreich die Regierungsgewalt. Napoléon Bonaparte wurde als Erster Konsul zum mächtigsten Mann Frankreichs. Die drei Konsuln erklärten die Revolution für beendet. Eine neue Verfassung legte fest: Die drei Konsuln üben ihr Amt zehn Jahre lang aus; der Erste Konsul entscheidet über Krieg und Frieden, er allein verkündet die neuen Gesetze, er vergibt die Ämter in der Verwaltung, in der Rechtsprechung und in der Armee. So konnte Bonaparte die zentrale Verwaltung Frankreichs verstärken: Er ernannte nun die Präfekten, die obersten Beamten in den Bezirken, und deren Stellvertreter, ja sogar die Bürgermeister aller Gemeinden mit über 5 000 Einwohnern. Erneute militärische Siege sowie erfolgreiche Friedensverhandlungen mit dem kriegsmüden England vergrößerten sein Ansehen in der Bevölkerung. In einer Volksabstimmung sprachen sich 3,5 Millionen Franzosen dafür aus, ihn zum Ersten Konsul auf Lebenszeit zu ernennen. Es gab nur etwa 8 000 Gegenstimmen.

Kaiser der Franzosen

Aber Bonaparte wollte mehr. In einer weiteren Volksabstimmung stimmte eine überwältigende Mehrheit der Franzosen für die Umwandlung des Konsulats in ein Kaisertum, das in der Familie Bonaparte erblich sein sollte. Am 8. Dezember 1804 erfolgte die feierliche Krönung in der Kathedrale Notre-Dame. Für dieses Ereignis hatte Bonaparte den Papst gezwungen, nach Paris zu kommen. Denn der Papst sollte ihn krönen, so wie im Jahr 800 Karl den Großen. Aber dann setzte sich Bonaparte selbst die Krone auf. Nur dreizehn Jahre nach dem Ende der Monarchie hatte Frankreich wieder einen Monarchen: Napoléon, „Kaiser der Franzosen". Und als Napoléon sechs Jahre später die Tochter des österreichischen Kaisers heiratete, gehörte der ehemalige Offizier aus dem niederen Adel Korsikas zum kleinen Kreis der großen Fürsten Europas.

Im Jahr der Kaiserkrönung hatte Napoléon für die Franzosen ein neues Gesetzbuch geschaffen, den „Code civil“ (Zivilgesetzbuch). Durch dieses Gesetzbuch wurden wichtige Erfolge der Revolution für immer gesichert: Der Adel besaß keine Vorrechte mehr, alle Franzosen waren vor dem Gesetz gleich; jeder konnte selbst bestimmen, welcher Religion er angehören wollte; niemand konnte gezwungen werden, auf sein Eigentum zu verzichten, ohne vorher angemessen entschädigt zu werden. Der Code civil wurde zum Vorbild in vielen Staaten. Viele Menschen in den von französischen Soldaten eroberten Gebieten oder in den von Frankreich abhängigen Staaten nahmen zunächst den Einfluss und die Vorherrschaft Frankreichs bereitwillig hin. Denn Frankreich schien die Befreiung aus der Unterdrückung durch Fürsten und Adel zu bringen.

M 3 Einband und Titelseite der ersten Ausgabe des Code civil
(1804)

Aufstände in Spanien und Tirol

1808 machte Napoléon seinen Bruder Joseph zum König von Spanien. Das spanische Volk erhob sich. Selbst 250 000 Mann Besatzungsarmee konnten den Widerstand nicht brechen. Es entstand ein zäher Guerillakrieg (span. guerilla = kleiner Krieg). Napoléon stieß erstmals an die Grenzen seiner Möglichkeiten. Auch in Tirol erhoben sich die Bauern unter Andreas Hofer und kämpften gegen die Abtrennung ihres Landes von Österreich, das Napoléon an Bayern übergeben hatte. Aus eigener Kraft befreiten sie ihr Land. Doch als Napoléon erneut Österreich besiegte, entschied er damit auch über den Tiroler Aufstand.

Der Untergang der Großen Armee

1812 bot Napoléon mit 600 000 Mann die bisher größte Armee der Weltgeschichte gegen Russland auf, das sich seinem System der Wirtschaftsblockade gegen England widersetzte. Zwar drang die „Große Armee“ bis Moskau vor, aber die russischen Generäle vermieden eine entscheidende Schlacht und ließen sogar die Hauptstadt niederbrennen, um dem Gegner keinen Unterschlupf zu gewähren. Vor dem hereinbrechenden Winter musste sich Napoléon zurückziehen. Sein Heer löste sich auf. Napoléon erkannte, dass nun seine Herrschaft in Gefahr war. Er verließ heimlich seine Armee und eilte nach Paris. Von der Großen Armee kehrten kaum 100 000 Mann zurück, zerlumpt und von Kälte und Krankheiten gezeichnet, von 33 000 Bayern nur 3 000. Der Untergang der Großen Armee war der Anfang vom Ende des Kaisers Napoléon.

M 4 Tafel in einer bayerischen Kirche
In vielen Dörfern Bayerns wurde mit kleinen Tafeln an die Gefallenen gedacht. Auf dem Karolinenplatz in München erinnert ein Obelisk an die „dreißigtausend Bayern, die im russischen Kriege den Tod fanden“.

Der Code civil der Franzosen

Dieses Bürgerliche Gesetzbuch wird auch Code Napoléon genannt. Es ist noch heute die Grundlage der meisten Gesetze in Frankreich. Mit einigen Abänderungen gilt es auch in Belgien und Luxemburg. Der Code civil diente als Vorbild für die Gesetzgebung in zahlreichen Staaten Südeuropas, Lateinamerikas und Ägyptens.

M 5 Die Kaiserkrönung Napoléons, Paris, 8. 12. 1804
(Skizze und Gemälde von Jacques-Louis David, 1804)
Die Skizze entstand während der Krönung. Sie wurde nicht für das spätere offizielle Gemälde verwendet, auf dem der bereits gekrönte Kaiser seiner Frau Josephine die Krone aufs Haupt setzt. Diese und weitere Änderungen (Papst) gehen auf eine Aufforderung Napoléons zurück.

M 6 Was will Bonaparte?

Im Jahr 1797 sagte Bonaparte vertraulich zu dem französischen Gesandten in der Toskana:

Glauben Sie, dass ich in Italien Siege erfechte, um damit das Ansehen der Regierung in Paris zu erhöhen? Glauben Sie vielleicht, dass ich eine Republik begründen will? Was die Franzosen brauchen, ist Ruhm, die Befriedigung ihrer Eitelkeit, aber von Freiheit verstehen sie nichts. Blicken Sie auf die Armee! Für die französischen Soldaten bin ich alles. Die Nation braucht einen Führer, aber keine Theorien über Regierung. Ich bin am Frieden nicht interessiert. Wenn Frieden geschlossen ist, wenn ich nicht mehr an der Spitze dieses mir ergebenen Heeres stehe, muss ich auf diese Macht verzichten. Ich möchte Italien nur verlassen, um in Frankreich eine Rolle zu spielen, ähnlich der, die ich hier spiele.

Nach: De Melito, Mémoires, Bd. 1. Paris 1858, S. 163.

M 7 Aus dem Code civil

Der Code civil sicherte Ergebnisse der Revolution, schrieb aber auch traditionelle Verhaltensweisen fest. Die Bestimmungen der folgenden Artikel galten in Frankreich bis in die zweite Hälfte des 20. Jahrhunderts.

Art. 213: Der Ehemann schuldet seiner Frau Schutz, die Frau schuldet dem Ehemann Gehorsam. (...)

Art. 371: Das Kind jeglichen Alters schuldet seinen Eltern Ehrerbietung und Respekt.

Art. 372: Es verbleibt unter ihrer Gewalt bis zu seiner Volljährigkeit.

Art. 373: Allein der Vater übt diese Gewalt während der Ehe aus.

Nach: J. M. Lambin, 4e Histoire Géographie. Paris 1998, o. S.

M 8 Mahnende Worte an Napoléon

In der Schlacht bei Essling (1809) wurde der Marschall Jean Lannes, einer der treuesten Generäle Napoléons, tödlich verwundet. Der Sterbende sagte noch zum Kaiser:

Dein unersättlicher Ehrgeiz wird dich verderben. Ohne Notwendigkeit, ohne Schonung, ohne Bedauern opferst du die Männer, die dir am besten dienen. Deine Undankbarkeit entfernt jene von dir, die dich bewundern; du hast nur noch Schmeichler um dich. Ich sehe keinen einzigen Freund, der es wagt, dir die Wahrheit zu sagen.

Man wird dich verraten, man wird dich verlassen; beende schnell diesen Krieg: Das ist der Wunsch deiner Generäle, das ist ohne Zweifel der Wunsch deines Volkes. Verzeih einem Sterbenden diese Wahrheiten, dieser Sterbende liebt dich.

Nach: Dominique de Villepin, Marianne. Paris 2003, Nr. 348/349, S. 72.

M 9 Die Napoléon-Legende

Im Jahr 1833 veröffentlichte der französische Schriftsteller Balzac den Roman „Der Landarzt". Das Buch wurde mit Begeisterung gelesen. Der Landarzt führt eines Abends seinen Gast in eine Scheune. Hier treffen sich die Dorfbewohner um einem ehemaligen Soldaten Napoléons zuzuhören, der aus dem Leben des Kaisers erzählt:

Er sah noch nicht älter aus als dreiundzwanzig Jahre. Und dieses schmächtige Kerlchen kriegen wir als Kommandierenden General der Italienarmee, die kein Brot, keine Munition, keine Stiefel und keine Uniformen mehr hatte, eine Bettelarmee, die nackt war wie ein Wurm. „Meine Freunde", sagte er, „da wären wir also beisammen. Nun schreibt euch hinter die Ohren, dass ihr in vierzehn Tagen die Sieger sein sollt und dass ihr alle Mäntel haben sollt, gute Gamaschen und großartige Stiefel. Aber, Kinder, ihr müsst nach Mailand marschieren, um sie euch zu holen, da gibt's welche." Und wir sind marschiert. Wir waren dreißigtausend Barfüßer gegen achtzigtausend deutsche Eisenfresser, lauter starke, gut ausgerüstete Leute; ich sehe sie noch vor mir. Da bläst uns Napoléon, der damals erst Bonaparte war, was weiß ich in den Bauch. Und wir marschieren bei Nacht, und wir marschieren bei Tag, wir verprügeln sie, wir laufen hinterher und gerben ihnen das Fell. Und das Ende vom Lied? Im Ventôse 96, so hieß damals der Monat März von heute, hatten sie uns in eine Ecke von diesem Land der Murmeltiere getrieben, aber nach dem Feldzug sind wir die Herren von Italien, so wie Napoléon es vorhergesagt hatte. Und im nächsten März, in einem einzigen Jahr, stehen wir vor Wien: Alles war weggefegt. Wir hatten hintereinander drei verschiedene Armeen verputzt und vier österreichische Generäle fertig gemacht. Die Könige haben auf Knien um Gnade gebeten! Hätte ein Mensch das tun können? Nein. Gott hat ihm geholfen, das ist sicher. Er hat sich zerteilt wie die fünf Brote im Evangelium: Am Tag befehligte er die Schlacht, und bei Nacht bereitete er sie vor; die Wachen haben ja gesehen, wie er auf und ab ging und nicht schlief und nicht aß. Deshalb haben ihn die Soldaten, die diese Wunder anerkannten, auch zum Vater genommen. Der Soldat wurde von Napoléon hoch geschätzt: Er behandelte ihn wie sein eigenes Kind und achtete darauf, ob wir Stiefel, Wäsche, Mäntel, Brot und Patronen hatten. Dabei bewahrte er aber doch seine Würde, weil es ja sein Beruf war zu regieren.

Nach: Honoré de Balzac, Napoléon. Seine Lebensgeschichte. München 1960, o. S.

Kaisertum Napoléons

Napoléons Kaisertum wurde möglich durch seine Person und durch das Bedürfnis nach Ordnung in der französischen Bevölkerung nach den Unruhen der Revolutionsjahre. Seine militärischen Siege und die Sicherung von Errungenschaften der Revolution – wie schon sein Titel „Kaiser der Franzosen" zeigt – sicherten ihm lange die Unterstützung, ja die Bewunderung der Franzosen. Er regierte mit einer streng durchorganisierten Verwaltung, aber auch mit einer Verfassung, von der ein Historiker sagte: „Sie schuf eine Militärdiktatur, die absoluter war, als es jemals die monarchische Regierungsform unter Ludwig XIV. war."

Als Kaiser sah sich Napoléon in der unmittelbaren Nachfolge Karls des Großen, weshalb er den Papst zur Kaiserkrönung nach Paris kommen ließ. Er schuf einen neuen französischen Adel, indem er zum Beispiel verdiente Generäle in den Fürstenstand erhob, machte Mitglieder seiner Familie zu Königen in von ihm besetzten oder abhängigen Staaten und andere Fürsten durch Rangerhöhung zu Verbündeten. In den 12 Jahren des Kaisertums Napoléons gab es kaum Frieden für die Franzosen.

Fragen und Anregungen

1. Erkläre den Aufstieg Napoléon Bonapartes zum Kaiser der Franzosen. (VT, M1, M2, M6, M9)
2. Welche Gedanken bestimmten das Handeln Napoléon Bonapartes? (M5, M6, M8)
3. Erläutere, inwiefern der Code civil die Erfolge der Revolution nur teilweise sicherte. (VT, M3, M7)
4. Überlege, warum das Wirken Napoléon Bonapartes unterschiedlich beurteilt wird. (M1, M3, M4, M7, M8, M9)

6. Bayern: Königreich und Reformen von oben

1799 Max IV. Josef, Herzog von Zweibrücken (Pfalz), wird Kurfürst von Bayern. Maximilian von Montgelas beginnt als Minister mit umfangreichen Reformen.

1803 Mediatisierung und Säkularisation bringen für Bayern Entschädigungen für an Frankreich abgetretenes Gebiet links des Rheins.

1806 Ende des Heiligen Römischen Reiches (seit dem Mittelalter der Herrschaftsbereich des abendländischen Kaisers und der damit verbundenen Gebiete, meist von einem Habsburger wahrgenommen): Die Politik Napoléons, der sich seit 1804 selbst als unmittelbarer Nachfolger Karls des Großen sieht, zielt auf die Schwächung des Kaisers und des Reiches. Er erreicht schließlich, dass Kaiser Franz II. 1806 auf die Kaiserkrone verzichtet.
Bayern wird souveränes Königreich.

1808 Montgelas fasst die Reformen in einer ersten bayerischen Verfassung zusammen, die 1818 neu formuliert und erweitert wird.

M 1 Die bayerische Königskrone
Die Entstehung des modernen Bayern ist eng mit Napoléon verbunden. Das zeigt schon die Krone für Max I. Josef, den 1806 vom Kurfürsten zum König erhobenen bayerischen Herrscher. Sie wurde vom Architekten Napoléons entworfen und von einem seiner Goldschmiede angefertigt. Auch die anderen königlichen Zeichen wie Zepter, Schwert und Siegel sowie die Krönungsgewänder wurden in Paris hergestellt.

Neugestaltung im Reich

Im Frieden von Lunéville 1801 erzwang Napoléon von Kaiser und Reich die Anerkennung der Herrschaft Frankreichs über die deutschen Gebiete links des Rheins von Basel bis Holland. Die Fürsten, die dort Gebiete verloren hatten, sollten entschädigt werden. Dies geschah auf zweifache Weise: Zum einen verloren 112 Herrschaften, die dem Reich bzw. dem Kaiser bisher unmittelbar unterstellt waren, d.h. fast alle Reichsstädte und Reichsritterschaften (Herrschaften des niederen Adels), ihre Selbstständigkeit gegenüber dem jeweiligen Landesherrn. Sie waren von nun an dem Landesherrn unterstellt. Diesen Vorgang bezeichnet man als Mediatisierung (Mittelbarmachung). Zum anderen wurden die geistlichen Fürstentümer und das Kirchengut (Klöster u.a.) enteignet und verstaatlicht. Dieser Vorgang wird Säkularisation (Verweltlichung) genannt. Drei Millionen Menschen wechselten so ihre weltliche Obrigkeit. Besonders einschneidend für die Betroffenen war, dass sie nun in den größeren Staaten Heeresdienst leisten mussten, von dem sie bisher meist befreit waren. Für Bayern waren es Gebietserweiterungen vor allem in Franken und Schwaben mit über 800 000 Einwohnern, die die linksrheinischen Verluste mehr als ausglichen. Der Kaiser aber verlor seine wichtigste Stütze, die immer in den vom kaiserlichen Schutz abhängigen Kleinstaaten und der Reichskirche bestanden hatte. Stattdessen entstand eine Reihe von Mittelstaaten, die ihre Interessen tatkräftig vertreten konnten.

Ende des Reiches

Napoléon hatte dafür gesorgt, dass die deutschen Fürsten reichlich entschädigt wurden. Dafür hielten sie jetzt treu zu Frankreich. Nach seinem Sieg belohnte Napoléon dies mit Titelerhöhungen und weiteren territorialen Gewinnen; Bayern wurde Königreich. Im gleichen Jahr 1806 schlossen sich 16 Reichsfürsten zu einem Bund unter Frankreichs Führung zusammen und traten aus dem Reich aus. Zwanzig weitere Territorien folgten. Kaiser Franz II. legte daraufhin die deutsche Kaiserkrone nieder; als Franz I. führte er den bereits 1804 angenommenen Titel eines Kaisers von Österreich weiter. Das Heilige Römische Reich deutscher Nation war untergegangen.

Eine Königskrone für Bayern

Bayern stand seit 1805 offen an der Seite Napoléons. Dessen Siege brachten dem Kurfürstentum große Gewinne. Bayern reichte nun von Oberfranken bis zum Gardasee. Und es wurde Wirklichkeit, was Max Emanuel 100 Jahre vorher vergeblich für die Wittelsbacher erstrebt hatte: Napoléon machte den Kurfürsten zum König und mit dem Ende des Reiches wurde Bayern ein souveräner Staat.

M 2 Deutschland vor und nach der Neuordnung durch Napoléon
Links eingezeichnet auch das Kurfürstentum Bayern am Ende des 18. Jahrhunderts, rechts das Königreich Bayern 1806 nach Mediatisierung und Säkularisation.

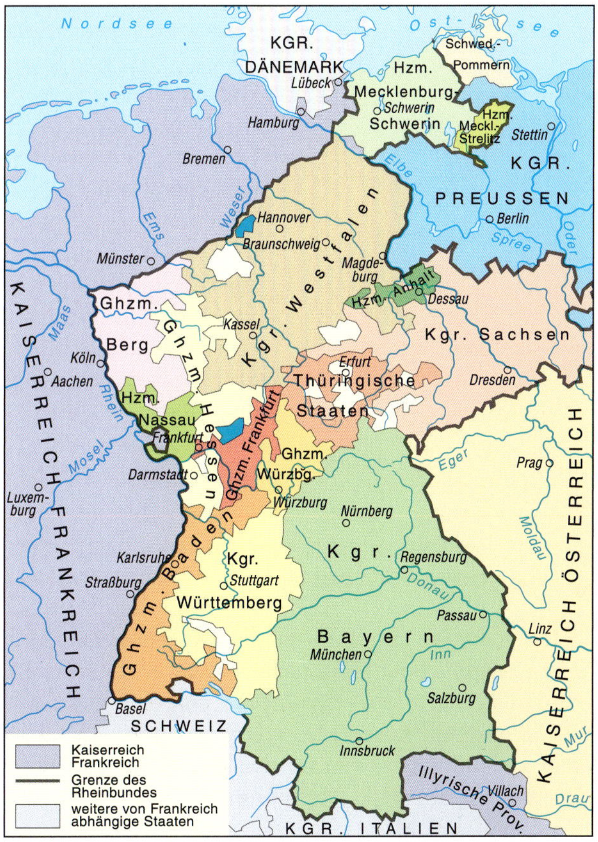

M 3 Montgelas und das von ihm geschaffene Bayern

Auf dem Wiener Kongress 1815 (vgl. S. 54) verlor Bayern wieder einige Gebiete, bekam aber die pfälzischen Gebiete westlich von Mannheim zurück.

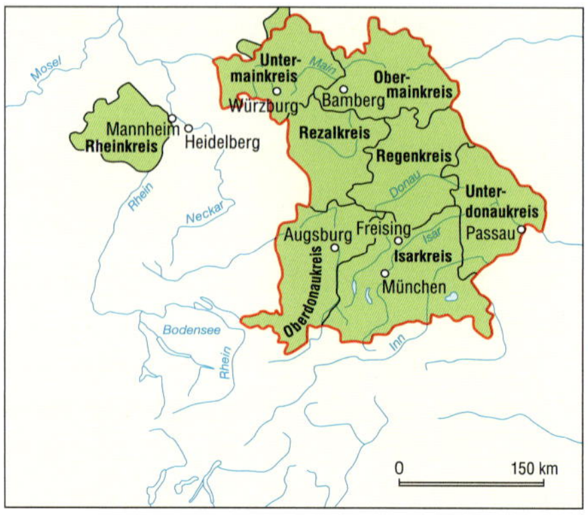

Reformen von oben

Montgelas wollte für Bayern nachholen, was der aufgeklärte Absolutismus in Preußen und Österreich gebracht hatte: einen modernen Staat. Und er wollte aus den Gedanken der Französischen Revolution das verwirklichen, was sich mit einer starken Monarchie vereinbaren ließ. Als Erstes wurde radikal säkularisiert: Die Auflösung der Klöster und die Enteignung ihres Besitzes sollte die Staatskassen füllen. Dann wurde der politische Einfluss der Stände beseitigt und alle Macht in den Händen des Staates konzentriert: Der Adel verlor seine rechtliche Sonderstellung (Privilegien) bei der Steuererhebung, im Staatsdienst und in der Rechtsprechung, die Selbstverwaltung von Städten und Märkten wurde abgeschafft. Nun war der Weg frei für umfassende Reformen, die das neue, größere Bayern zu einem einheitlichen und modernen Staat machen sollten:

- Letzte Reste der Leibeigenschaft wurden abgeschafft.
- Das Verhältnis von Kirche und Staat wurde auf die Grundlage von Toleranz und Parität der Konfessionen gestellt, den Juden wurde Glaubensfreiheit und Staatsbürgerschaft gewährt.
- Die allgemeine Wehrpflicht wurde eingeführt.
- Im Rechtswesen trat ein humaneres Strafgesetzbuch in Kraft.
- Eine liberale Gewerbeordnung und die Abschaffung des Zunftzwangs verhalfen Bayern zu wirtschaftlicher Einheit.
- Allgemeine Schulpflicht, staatliche Lehrerbildungsanstalten, eine beamtete Lehrerschaft und die bis heute bestehende Praxis zentraler Aufgabenstellung bei Abschlussprüfungen schufen ein modernes Schulwesen.
- Als erstes Land führte Bayern 1807 die Pockenschutzimpfung ein.

Getragen wurden alle diese Reformen von einer neuen Verwaltung mit dem Staat verpflichteten Beamten. Anordnungen der fünf Ministerien gelangten über die Kreise (Regierungsbezirke als Mittelbehörde) und Landgerichte (heute Landkreise) bis in jede Gemeinde. 1808 wurden alle Reformen in einer ersten Verfassung zusammengeführt. Nach der Entlassung Montgelas wurde diese Verfassung 1818 neu formuliert und eine z. T. gewählte Volksvertretung eingeführt.

Maximilian Joseph Graf von Montgelas (1759–1838)

Trotz seines französisch klingenden Namens war Montgelas ein gebürtiger Münchner. Sein Vater stammte aus Frankreich, hatte aber als General in der bayerischen Armee gedient. König Max I. Joseph vertraute Montgelas so sehr, dass er ihm zeitweilig drei Ministerämter gleichzeitig übertrug: Außenpolitik, innere Angelegenheiten und Finanzen. König und Minister teilten die Auffassung, dass man den bayerischen Staat nach französischem Vorbild formen müsse. Die französische Staatsverwaltung unter Napoléon wurde damals als sehr fortschrittlich angesehen. Montgelas gilt als der „Vater des modernen Bayerischen Staates".

M4 Mediatisierung und Säkularisation in Bayern

Nach dem Frieden von Lunéville beriet ein Ausschuss des Reichstags über die von Napoléon gewollte Entschädigung der Fürsten, die Gebiete links des Rheins verloren hatten. Aus dem Beschluss des Ausschusses von 1803:

Die Austeilung und endliche Bestimmung der Entschädigungen geschieht wie folgt:

§ 2. Dem Kurfürsten von Pfalz-Baiern: das Bistum Würzburg unter den hernach vorkommenden Ausnahmen; die Bistümer Bamberg, Freising, Augsburg und das von Passau, überdies die geistlichen Rechte, welche von den in der Stadt und Markung Augsburg gelegenen Abteien und Klöstern abhängen, mit Ausnahme jedoch alles dessen, was in besagter Stadt und derselben Markung selbst begriffen ist. (...)

§ 27. Das Kollegium der Reichsstädte besteht in Zukunft aus den freien und unmittelbaren Städten: Augsburg, Lübeck, Nürnberg, Frankfurt, Bremen und Hamburg. Sie genießen in dem ganzen Umfang ihrer jeweiligen Gebiete die volle Landeshoheit und alle Gerichtsbarkeit ohne Ausnahme und Vorbehalte. (...)

§ 35. Alle Güter der Abteien und Klöster, in den alten sowohl als in den neuen Besitzungen, deren Verwendung in den vorhergehenden Anordnungen nicht förmlich festgesetzt worden ist, werden der freien und vollen Verfügung der jeweiligen Landesherren sowohl zum Zweck des Aufwandes für Gottesdienst, Unterrichts- und andere gemeinnützige Einrichtungen als zur Erleichterung ihrer Finanzen überlassen, unter dem bestimmten Vorbehalte der festen und bleibenden Ausstattung der Domkirchen, welche beibehalten werden, und der Pensionen für die aufgehobene Geistlichkeit.

Nach: Altmann/Felsenstein, Zu wessen Nutz und Frommen? Augsburg 2003, S. 12.

M5 Verfassungsurkunde von 1818

Im Vorwort (Präambel) heißt es:

Die gegenwärtige Urkunde ist, nach vorangegangener reifer Beratung und nach Vernehmung Unseres Staatsrates, das Werk Unseres ebenso freien als festen Willens. Unser Volk wird in dem Inhalte desselben die kräftige Gewährleistung Unserer landesväterlichen Gesinnung finden.

Freiheit des Gewissens und eine gewissenhafte Scheidung dessen, was des Staates und der Kirche ist;

Freiheit der Meinungen, mit gesetzlichen Beschränkungen gegen den Missbrauch;

gleiches Recht der Eingeborenen zu allen Graden des Staatsdienstes und zu allen Bezeichnungen des Verdienstes;

Gleichheit der Gesetze und vor dem Gesetz; Unparteilichkeit der Rechtspflege;

eine Vertretung, hervorgehend aus allen Klassen der im Staate ansässigen Staatsbürger, mit dem Rechte des Beirates, der Zustimmung, der Billigung, der Wünsche und der Beschwerdeführung wegen verletzter verfassungsmäßiger Rechte, berufen, um in öffentlichen Versammlungen die Weisheit der Beratung zu verstärken, ohne die Kraft der Regierung zu schwächen;

endlich eine Gewähr der Verfassung, sichernd gegen willkürlichen Wechsel, aber nicht hindernd das Fortschreiten zum Besseren nach geprüften Erfahrungen.

Bayern! Dies sind die Grundzüge der aus Unserm freien Entschlusse euch gegebenen Verfassung. Sehet darin die Grundsätze eines Königs, welcher das Glück seines Herzens und den Ruhm seines Thrones nur vom Glück des Vaterlandes und von der Liebe seines Volkes empfangen will.

Nach: Sammlung der im Gebiete der inneren Staats-Verwaltung des Königreiches Bayern bestehenden Verordnungen, Bd. 1, hg. v. G. Döllinger. München 1835, S. 347.

PROJEKT

Forscht in eurer näheren Umgebung nach von der Mediatisierung oder der Säkularisation betroffenen Gebieten, Einrichtungen oder Gebäuden und ihrer späteren Rolle bzw. Verwendung. Vergleicht eure Ergebnisse und wertet sie gemeinsam aus.

Fragen und Anregungen

1. Vergleiche das Gebiet des bayerischen Staates von 1789 mit dem von 1806, von 1815 und von heute. (M2, M3)
2. Die Säkularisation brachte für den Landesherrn Gewinne, aber auch Verpflichtungen. Erkläre diese Entwicklung. (M4)
3. 1803 wurden nicht alle Reichsstädte Opfer der Mediatisierung. Informiere dich im Internet über das Schicksal der noch „freien und unmittelbaren Städte". (M4)
4. Erläutere, inwiefern die bayerische Verfassung von 1818 Gedanken der Französischen Revolution widerspiegelt bzw. sich dagegen ausspricht. (M5)

7. Nationalidee und „Befreiungskriege"

1804	Bei Jena und Auerstedt kommt es zu einer vernichtenden Niederlage der Preußen.
1807	Tief greifende Reformen werden in Preußen eingeleitet. Bis 1814 wird die preußische Armee zu einem Volksheer umgestaltet (Heeresreform unter Scharnhorst).
1813	Der preußische König ruft zum Widerstand gegen Napoléons Truppen auf. Die verbündeten Truppen siegen über Napoléon in der „Völkerschlacht bei Leipzig".

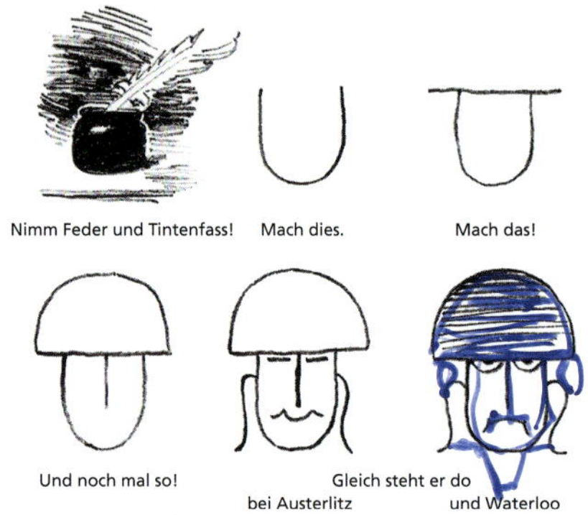

M 1 Der Herr Europas wird zum Spottbild
Die Anleitung zur Verfertigung einer Karikatur zeigt den Kaiser der Franzosen auf dem Höhepunkt seiner Macht und nach seiner endgültigen Niederlage. Sie stammt von Wilhelm Busch, dem Verfasser von „Max und Moritz". Noch am Ende des Jahrhunderts beschäftigte Napoléon die Fantasie der Menschen. In Deutschland war er zum Symbol für eine verhasste Fremdherrschaft geworden – seine Niederlage gab dem Selbstbewusstsein der Deutschen Auftrieb.

Unmut über die napoleonische Fremdherrschaft

Die Macht Napoléons veränderte die Landkarte Europas grundlegend. Einige Staaten wie Bayern profitierten von diesen Veränderungen. Für die Menschen brachte die Vorherrschaft des Franzosen spürbare Fortschritte in der politischen Ordnung. Für viele kamen diese Veränderungen aber auch zu schnell. Nicht nur die Franzosen mussten den Preis für den Ehrgeiz und die hochfliegenden Pläne des Kaisers bezahlen. Von den Verbündeten forderten die Kriege Napoléons, besonders der Russlandfeldzug, ungeheuere Opfer an Gut und Blut. Da der Kaiser im Zweifelsfall dann doch schonender mit seinen eigenen Leuten umging, erschien die französische Vormacht in Deutschland als drückende Fremdherrschaft. Man musste sie abschütteln. In Spanien und in Tirol hatte es schon Volkserhebungen gegen die napoleonische Herrschaft gegeben. Diese waren jedoch vorwiegend aus dem Bedürfnis entstanden, die bisherige Lebensform, vor allem die Religion, gegen die Eingriffe volksfremder Reformer zu verteidigen.

M 2 Ein französischer Soldat im deutschen Wald (Gemälde, 1814)
Das Bild des berühmten Malers Caspar David Friedrich entstand in den Jahren 1812 bis 1814. Gleich bei seiner ersten Ausstellung wurde die politische Aussage verstanden.
Wie mag dem einzelnen Soldaten im winterlichen Wald zumute sein? Worauf deutet die Krähe im Vordergrund? Was wollte der Maler damit wohl ausdrücken? Erinnere dich an das Schicksal der Großen Armee im Jahre 1812.

Widerstand und die Notwendigkeit von Reformen

Preußen hatte 1806 eine vernichtende Niederlage erlitten und war zwangsweise zum Verbündeten Napoléons geworden. Der König erkannte bald, dass ein Wiederaufstieg seines Landes ohne weitreichende Umgestaltung von Staat und Gesellschaft unmöglich war. Ohne die Übernahme vieler Neuerungen, die Napoléon als Erbe der großen Revolution in Frankreich durchsetzte, war kein moderner Staat denkbar. In bedeutenden Staatsmännern, Offizieren und Gelehrten fand er die nötigen Helfer. In ihren persönlichen Belangen freie und an den öffentlichen Dingen anteilnehmende Menschen sollten zu begeisterten Staatsbürgern und Verteidigern des Vaterlandes werden. Als besonders dringlich wurde die Reform des Heeres angesehen. Die angeworbenen oder zum Dienst gepressten Soldaten des alten preußischen Heeres hatten sich 1806 gegenüber den besser motivierten französischen Soldaten unterlegen erwiesen. Ein Neuaufbau der gesamten preußischen Armee war nötig. Diese sollte ab 1807 aus allen Bewohnern des Staates auch dessen Verteidiger machen. Das vorher übliche Spießrutenlaufen und andere entehrende Prügelstrafen wurden abgeschafft. Jeder nichtadelige Soldat erhielt das Recht, Offizier zu werden. Ehemalige Soldaten wurden als Landwehr bzw. Landsturm aufgeboten. 1814 wurde die allgemeine Wehrpflicht eingeführt. Vor allem damit war Preußen ein Vorbild für die anderen deutschen Staaten. Mit den Reformen von oben erschien Preußen nun nicht mehr als rückständiger Verteidiger einer alten Ordnung. Vielmehr galt es als Vorkämpfer einer modernen Ordnung, die besser für das eigene Volk passte als das von Frankreich übernommene System, das oft nur mit der Gewalt französischer Truppen durchgesetzt worden war.

Preußen als Ausgangspunkt der Befreiungskriege

So griff eine ungeheure Begeisterung um sich, als der Preußenkönig nach langem Zögern im März 1813 von Breslau aus sein Volk zum Widerstand aufrief. Da sich der Unmut über Napoléons Herrschaft in ganz Deutschland breit gemacht hatte, wurde Preußen nun mit einem Schlag zum Sammelpunkt für Menschen, die ein freies und einiges Deutschland wollten. In den so genannten Befreiungskriegen gelang es zusammen mit den anderen Verbündeten, das Reich Napoléons zu Fall zu bringen.

Das schlimme Erbe: Feindschaft zwischen Deutschen und Franzosen

Der Feind war der herrschsüchtige Kaiser von Frankreich. Die Franzosen erschienen als Helfershelfer der Unterdrückung. Dieser Umstand hatte ganz schlimme Folgen für die Zukunft. Viele Deutsche unterschieden da wenig und betrachteten die Franzosen überhaupt als Feinde. Wer gut deutsch sein wollte, misstraute allem, was französisch war, und übersah dabei, dass die großen Ziele der französischen Revolution für alle Menschen galten. Damals kam die Rede auf, dass Deutsche und Franzosen schon immer Feinde gewesen seien. Diese Einstellung bildete die Grundlage für weitere blutige Kriege. Erst in der Mitte des 20. Jahrhunderts konnte dieses Fehlurteil auf beiden Seiten überwunden werden.

Nationalismus

Mit der Französischen Revolution war der Begriff der Nation aufgekommen. Nicht die Treue zum Fürsten machte nun den Staatsbürger aus, sondern die Zugehörigkeit zur Nation. Zunächst konnte jeder ein Angehöriger dieser neuen Gemeinschaft sein. Franzosen, Deutsche, Italiener und andere Völker empfanden sich aber vor allem auch durch die gemeinsame Sprache und Kultur als Angehörige einer Gemeinschaft. Diese Auffassung wurde nun bestimmend. Die Kriege führten dazu, dass man die eigene Nation als die höchste bewertete und die anderen gering schätzte. Eine solche vereinfachende Haltung diente oft den Mächtigen. Diese Übertreibung der Nationalidee nennt man Nationalismus: Der Nationalismus hatte im 19. und 20. Jahrhundert einen ungeheuren Einfluss und war schuld an vielen Ungerechtigkeiten und Kriegen.

M 3 Ein menschenverachtender Herrscher

Als Österreich noch zögerte, sich mit Preußen und Russland gegen Napoléon zu verbünden, verhandelte Napoléon mit dem österreichischen Staatskanzler Metternich:

N.: Sie wollen also den Krieg?

M.: Krieg und Frieden liegen in der Hand Eurer Majestät. Heute können Sie noch Frieden schließen, morgen dürfte es zu spät sein.

N.: Nimmermehr! Ich werde zu sterben wissen, aber ich trete keine Handbreit Bodens ab. Eure Herrscher, geboren auf dem Throne, können sich zwanzigmal schlagen lassen und doch immer wieder in ihre Residenzen zurückkehren; das kann ich nicht, ich, der Sohn des Glücks! Meine Herrschaft überdauert den Tag nicht, an dem ich aufgehört habe, stark und folglich gefürchtet zu sein.

M.: In gewöhnlichen Zeiten bilden die Armeen nur einen kleinen Teil der Bevölkerung; heute ist es das ganze Volk, das Sie unter die Waffen rufen. Ich habe Ihre Soldaten gesehen, es sind Kinder. Und wenn diese jugendliche Armee, die Sie heute unter die Waffen gerufen haben, dahingerafft sein wird, was dann?

N.: Ich bin im Felde aufgewachsen, und ein Mann wie ich schert sich wenig um das Leben von einer Million Menschen. Die Franzosen können sich nicht über mich beklagen; um sie zu schonen, habe ich die Deutschen und die Polen geopfert. Ich habe in dem Feldzug von Moskau 300 000 Mann verloren; es waren nicht mehr als 30 000 Franzosen darunter.

Clemens Wenzel von Metternich, Denkwürdigkeiten. Bd. 1, hg. v. Otto H. Brandt. München 1926, S. 246 ff.

M 4 Aus einem „Katechismus der Deutschen"

Im Überschwang des Hasses auf die Herrschaft Napoléons verfasste der Dichter Heinrich von Kleist einen Text, der die fragwürdige Richtung anzeigt, in welche sich das neu erwachte Nationalgefühl der Deutschen entwickeln würde:

Vom Erzfeind

Frage: Wer sind deine Feinde, mein Sohn?

Antwort: Napoléon, und solange er ihr Kaiser ist, die Franzosen.

Frage: Ist sonst niemand, den du hassest?

Antwort: Niemand, auf der ganzen Welt.

Frage: Gleichwohl, als du gestern aus der Schule kamst, hast du dich mit jemand, wenn ich nicht irre, entzweit?

Antwort: Ich, mein Vater? – Mit wem?

Frage: Mit deinem Bruder. Du hast es mir selbst erzählt.

Antwort: Ja, mit meinem Bruder! Er hatte meinen Vogel nicht, wie ich ihm aufgetragen hatte, gefüttert.

Frage: Also ist dein Bruder, wenn er dies getan hat, dein Feind, nicht Napoléon, der Korse, noch die Franzosen, die er beherrscht?

Antwort: Nicht doch, mein Vater! – Was sprichst du da?

Frage: Was ich da spreche?

Antwort: Ich weiß nicht, was ich darauf antworten soll.

Frage: Wozu haben die Deutschen, die erwachsen sind, jetzt allein Zeit?

Antwort: Das Reich, das zertrümmert ward, wiederherzustellen.

Frage: Und die Kinder?

Antwort: Dafür zu beten, dass es ihnen gelingen möge.

Frage: Wenn das Reich wiederhergestellt ist: Was magst du dann mit deinem Bruder, der deinen Vogel nicht fütterte, tun?

Antwort: Ich werde ihn schelten; wenn ich es nicht vergessen habe.

Frage: Noch besser aber ist es, weil er dein Bruder ist?

Antwort: Ihm zu verzeihen. (...)

Heinrich von Kleist, Werke und Briefe in vier Bänden. Bd. 3, hg. von S. Streller u. a. Berlin, Weimar 1978, S. 391 ff.

Schlesische privilegirte Zeitung.

No. 34. Sonnabends den 20. März 1813.

Se. Majestät der König haben mit Sr. Majestät dem Kaiser aller Reußen ein Off- und Defensiv-Bündniß abgeschlossen.

An Mein Volk.

Brandenburger, Preußen, Schlesier, Pommern, Litthauer! Ihr wisst, was Ihr seit sieben Jahren erduldet habt, Ihr wisst, was Euer trauriges Loos ist, wenn wir den beginnenden Kampf nicht ehrenvoll enden. Erinnert Euch an die Vorzeit, an den großen Kurfürsten, den großen Friedrich. Bleibt eingedenk der Güter, die unter ihnen unsere Vorfahren blutig erkämpften: Gewissensfreiheit, Ehre, Unabhängigkeit, Handel, Kunstfleiß und Wissenschaft. Gedenkt des großen Beispiels unserer mächtigen Verbündeten, der Russen, gedenkt der Spanier, der Portugiesen. Selbst kleinere Völker sind gegen mächtigere Feinde in den Kampf gezogen und haben den Sieg errungen. Erinnert Euch an die heldenmüthigen Schweizer und Niederländer.

M 5 Der Aufruf des Preußenkönigs an sein Volk

M 6 Das Eiserne Kreuz

Für den Kampf gegen Napoléon wurde ein eigener Orden gestiftet. In den zwei Weltkriegen des 20. Jahrhunderts (Erster Weltkrieg: 1914 bis 1918, Zweiter Weltkrieg: 1939 bis 1945) wurde der Orden wieder belebt. Das Eiserne Kreuz diente auch zur Kennzeichnung deutscher Flugzeuge und Panzer. Auch die Bundeswehr gebraucht es noch dazu.

M 7 Die Völkerschlacht bei Leipzig

(Kupferstich nach Gemälde von Peter Krafft, 1817)
Im Frühjahr 1813 stand Napoléon bei Leipzig 500 000 Russen, Preußen und Österreichern gegenüber. Auch Bayern war kurz vorher ins feindliche Lager gewechselt. Der Kaiser der Franzosen erlitt eine Niederlage, konnte sich aber den geordneten Rückzug nach Frankreich erkämpfen. Endgültig war erst die Niederlage in der Schlacht von Waterloo im Jahre 1815.

Fragen und Anregungen

1. Wie konnte aus der Ablehnung der napoleonischen Herrschaft eine allgemeinere Feindschaft zwischen Deutschen und Franzosen entstehen (M3, M5)? Was bedeutet in dieser Hinsicht der Vergleich zwischen dem Hass auf Napoléon und dem Zorn auf den Bruder in dem Ausschnitt aus dem „Katechismus" (M4)?
2. Ein Forschungsauftrag: Beschaffe dir Informationen über das Völkerschlachtdenkmal in Leipzig (Internet, Stadtführer zu Leipzig). Versuche dabei zu recherchieren, wie die Befreiungskriege und das Verhältnis zu den Franzosen zur Zeit der Erbauung des Monuments 1913 gesehen wurden.

Bilder als Meinungsmacher

In deiner bisherigen Beschäftigung mit Geschichte, bei der Arbeit mit diesem Buch bist du vielen Bildern begegnet: Bilder als Spuren des Vergangenen bei den Menschen der Frühzeit, Bilder, die Texte ergänzen, erklären oder lebendig machen, wie z. B. bei den Ägyptern und in den Handschriften des Mittelalters. Es gab und es gibt aber auch Bilder, die zum Betrachter direkt sprechen wollen. Diese Art von Bildern erfuhr eine große Verbreitung mit der Erfindung des Buchdrucks am Ende des 15. Jahrhunderts. In zahlreichen Exemplaren wandte sich ein solches Bild nun auch an jene Menschen, die nicht lesen konnten. Das Bild allein sollte zum Betrachter sprechen, also kein begleitender Text oder möglichst wenige Worte. Zu dieser Bilderart gehören gedruckte Stiche, die als Karikatur oder Darstellung wie Augenzeugen von einer Person oder einem Ereignis berichten. Wie jeder Augenzeuge sehen sie aber die Person bzw. das Ereignis in einem bestimmten Blickwinkel und drücken so eine Meinung dazu aus. Zwei Beispiele:

M 1 Le Masque Levé
(Die gelüftete Maske, anonymer Stich, 1791)
Diese Karikatur zur Person des französischen Königs Ludwig XVI. lehnt sich an die seit Ludwig XIV. (unten) übliche Darstellung des Königs an. Am oberen Rand steht: „ah! Le Cruchon“ (Ah! Der Krug).
Vergleiche die Karikatur mit ihrer Vorlage und formuliere die Meinung, die sie verbreiten will.

M 2 Die „Erklärung der Rechte des Menschen und des Bürgers“ (Stich von Niquet Le Jeune, 1789)
Beschreibe den Aufbau und die Bestandteile dieser Darstellung zur französischen Erklärung der Menschen- und Bürgerrechte. Formuliere auch hier die Meinung, die dieser Stich verbreiten will.

Zu den sprechen-wollenden Bildern gehören auch die so genannten Historiengemälde: Gemälde, die von einem wichtigen Ereignis der Geschichte berichten. Noch war ja die Fotografie nicht erfunden. Herrscher wie Napoleon I. beauftragten Maler, wichtige Entscheidungen oder Ereignisse mit dem Zeichenstift festzuhalten und daraus dann ein prächtiges Gemälde zu fertigen. Das Dargestellte sollte natürlich im Sinne des Auftraggebers hilfreich für seine Person oder Pläne sein. So drücken viele dieser Historiengemälde nicht nur eine Meinung zu einer Person oder zu einem Ereignis aus, sondern sind auch Propaganda: Sie werben für eine Person, für bestimmte Ziele und Ideen. Der Maler Jacques-Louis David arbeitete zunächst für die Nationalversammlung (vgl. S. 19, M2), dann im Auftrag Napoléon Bonapartes (vgl. S. 27, M1; S. 30, M5). Sein Schüler Antoine Jean Gros begleitete Napoléon Bonaparte gewissermaßen als Kriegsberichterstatter auf dessen Kriegszügen.

Manche Episode, die er dabei zeichnete und malte, ging auf einen ausdrücklichen Wunsch Napoléons zurück. So auch sein Gemälde zur Schlacht von Eylau in Ostpreußen, wo Napoléon 1807 über eine russische Armee siegte.

M 3 Napoléon auf dem Schlachtfeld von Eylau
(Gemälde von Antoine Jean Gros, 1808)
Das Gemälde zeigt Napoléon (sein Pferd ist mit dem goldenen Adler, dem Zeichen des Kaisers, geschmückt) bei der Besichtigung des Schlachtfeldes nach dem zweifelhaften Sieg.
Zeitgenossen sprachen von einer „schrecklichen Schlächterei“: Etwa 25 000 russische Soldaten, ein Drittel der russischen Armee, starben; Napoléon verlor 10 000 von 50 000 Mann. Napoléon wünschte von seinem Maler ein Gemälde, das sich gegen den Eindruck eines Massakers und einer Fast-Niederlage stellte.
Erläutere, inwiefern das Historiengemälde M3 zwar die Wirklichkeit einer Schlacht nicht leugnet, aber vor allem Propaganda für Napoléon ist.

Methodische Arbeitsschritte:

1. Informiere dich über das Entstehungsjahr des Bildes, über damalige Ereignisse, über die dargestellten Personen oder Gruppen (Bildlegende, Lexikon, Internet).
2. Verwendete der Zeichner bzw. der Maler eine Vorlage? Wenn ja, veränderte er sie? Was übernahm er?
3. Ist ein Bildteil oder ein Detail besonders wichtig? Wie drückt der Zeichner bzw. der Maler dies aus?
4. Welche Aussage will das Bild machen?

Anregung:

In den Kapiteln zur Französischen Revolution und zu Napoléon findest du weitere Bilder als Meinungsmacher. Formuliere ihre Aussage.

8. Ein König des Geistes: Voltaire

M 1 **François Marie Arouet**, weltbekannt als **Voltaire**, lebte von 1694–1778 (Gemälde, 1775). Im Laufe seines langen, oft turbulenten Lebens wurde er zum Mittelpunkt Europas für all jene, die sich der Aufklärung durch die Vernunft verschrieben.

Der Häftling der Bastille

François Marie Arouet lernt in seiner Familie vor allem den Ehrgeiz, es den Adeligen gleich zu tun. Der Vater, ein Notar, schickt den Zehnjährigen zu den Jesuiten auf die angesehene höhere Schule Louis-le-Grand, wo er sich als aufmüpfiger, aber intelligenter Schüler erweist. Schon bald nach der Schulzeit verfasst er kleine kritische Schriften gegen einflussreiche Personen. Das trägt ihm zweimal eine kurze Verbannung aus Paris und dann eine erste Haft in der Bastille ein. Nach 11 Monaten wird er entlassen und legt sich einen neuen Namen zu: Voltaire. Dieser Name entsteht als Anagramm aus den Buchstaben seines wirklichen Namens Arouet l. J. (l. J. = le Jeune, d. h. der Jüngere), wobei der Buchstabe u als v und der Buchstabe j als i gelesen werden. Voltaire wird nun ein erfolgreicher Schriftsteller. Seine Theaterstücke und eine ansehnliche Erbschaft sichern ihm ein angenehmes Leben. Doch wenige Jahre später bringt ihn ein Streit mit einem Adeligen, der ihn, den bürgerlichen Voltaire, mit Verachtung behandelt, erneut in die Bastille.
Voltaire ist nun 30 Jahre alt. Nach seiner Entlassung flieht er nach England, wo man ihn mit offenen Armen empfängt. Er lernt sehr schnell die Sprache und beteiligt sich aktiv am politischen und kulturellen Leben. Er bleibt drei Jahre. Nach Paris zurückgekehrt veröffentlicht er wieder Theaterstücke und vor allem die „Lettres Philosophiques ou Lettres anglaises“ (Philosophische oder Englische Briefe), in denen er die englische Regierungsform als vorbildlich preist. Wieder droht ihm Haft, wieder muss er Paris verlassen.

Der enttäuschte Höfing

Eine Wende in seinem Leben bringt das Jahr 1744: Ein Schulfreund vom Louis-le-Grand wird Minister und lässt ihn nach Versailles kommen. Voltaire tritt nun in den Dienst des königlichen Hofes, z. B. als königlicher Geschichtsschreiber. Das Leben eines Höflings bekommt ihm aber nicht, zu viel Neid, zu viele Intrigen, zu viel Zensur. Er verlässt Versailles. Und doch versucht er es noch einmal: Im Jahr 1750 ruft ihn Friedrich II. von Preußen, mit dem er schon lange einen intensiven Briefwechsel führt, zu sich. Doch die Erfahrungen in Potsdam gleichen bald denen in Versailles. Und als Voltaire erfährt, der von ihm so bewunderte Friedrich habe über ihn gesagt, dass man, wenn die Zitrone ausgepresst sei, die Schale wegwerfe, verlässt er fluchtartig auch Potsdam.
In seinem letzten Lebensabschnitt lebt Voltaire 20 Jahre lang in einem kleinen Schloss in Ferney, nahe an der Grenze zur Schweiz. Er ist nun der Herr eines landwirtschaftlichen Gutes. Als Schriftsteller und Philosoph kann er bereits auf ein riesiges Werk zurückblicken: Theaterstücke, Opern, Romane, Erzählungen, Gedichte, historische Abhandlungen. Und er schreibt weiter. Vor allem wieder Briefe. Das kleine Ferney wird so etwas wie die geistige Hauptstadt Europas. Voltaire hat insgesamt etwa 10 000 Briefe an 700 verschiedene Empfänger geschrieben: An Denker der Aufklärung wie er, an Fürsten und Könige, an Beamte und Minister. „Kann man diesen Menschen nicht zum Schweigen bringen?“ So soll der französische König einmal gefragt haben. Als Voltaire kurz vor seinem Tod nochmals nach Paris kommt, verbreitet sich die Nachricht wie ein Lauffeuer. Die Bevölkerung bereitet ihm einen triumphalen Empfang. Im großen Theater der Stadt krönen ihn die Schauspieler symbolisch mit einem Lorbeerkranz.

M 2 Zu Gast bei Voltaire

In seinem Buch „Auge in Auge mit der Geschichte" schlüpft der Historiker Alain Decaux in die Rolle eines Reporters, der verschiedene geschichtliche Persönlichkeiten aufsucht und interviewt. So kommt er auch nach Ferney, einem kleinen Ort in der Nähe von Genf, wo Voltaire von 1758 bis 1778 lebte:

In Ferney hat Voltaire seine großen Kämpfe geführt. Eines Tages besucht ihn ein junger Mann. Er erzählt ihm eine düstere Geschichte: Ein Einwohner von Toulouse namens Calas, der angeklagt war, seinen Sohn getötet zu haben, wurde lebendig gerädert. Der junge Mann ist ein anderer Sohn dieses Calas. Er schwört, dass sein Vater unschuldig ist, dass man ihn nur verurteilt hat, weil er Protestant war. In Toulouse sind die Katholiken intolerant, mehr als anderswo vielleicht. Es gab keinen Beweis gegen Calas, aber es genügte, Protestant zu sein, um glaubhaft zu machen, dass man eines Verbrechens fähig sei. Voltaire hörte dem jungen Calas mit einer unendlichen Aufmerksamkeit zu. In dessen Bericht nahm er das größte aller Übel wahr, die die Menschheit bedrücken: die Intoleranz. Niemals hat er sie ertragen; nun ist er alt, aber er erträgt sie genau so wenig. Er wirft sich in eine lange Untersuchung, erlangt die Gewissheit, dass Calas unschuldig ist. Er kämpft gegen alle, den König, den Hof, die Macht, den Gerichtshof, die Stadtverwaltung von Toulouse, das Gerichtswesen. Er entfesselt unersättlichen Hass. Er glaubt, dass manche nach seinem Leben trachten. Er gesteht, dass er Angst hat, große Angst.

Aber er macht trotzdem weiter, er hat nur eine Waffe: seine Feder. Er ist allein gegen eine ganze Welt. Und durch die Macht seines Geistes besiegt dieser einsame Mann diese Welt. Der Tag bricht an, an dem Calas feierlich freigesprochen wird.

– Herr Voltaire, haben Sie immer für die Toleranz gekämpft?

– Was ist das, die Toleranz? Sie ist das Schicksal der Menschheit. Es ist klar, dass jeder Einzelne, der einen Menschen, seinen Bruder, verfolgt, weil er nicht der gleichen Meinung ist, ein Ungeheuer ist. Aber wie verfahren damit die Regierung, die Richter, die Fürsten gegenüber jenen, die eine andere Religion haben als die ihrige? Von allen Religionen ist die christliche Religion wohl jene, die am meisten Toleranz einflößen muss, obwohl die Christen bisher die intolerantesten aller Menschen waren.

– Es scheint, dass unter anderen Beispielen der Intoleranz der religiöse Fanatismus Ihnen immer als ganz besonders hassenswert erschien?

– Der Fanatismus ist gegenüber dem Aberglauben das, was der Hirnschlag gegenüber dem Fieber, der Wutausbruch gegenüber dem Zorn ist. Es gibt kaltblütige Fanatiker: Das sind die Richter, die jene zum Tod verurteilen, die kein anderes Verbrechen begangen haben, als anders zu denken als sie selbst.

– Welche Lehre kann man aus dem Freispruch für Calas ziehen?

– Es gibt also Gerechtigkeit auf Erden, es gibt also Menschlichkeit. Nicht alle Menschen sind also böse Schurken, wie man sagt.

Nach: A. Decaux, Les Face à Face de l'Histoire. Paris 1977, S. 57 f.

M 3 Dichterkrönung Voltaires (nach der Aufführung der „Irène" am 30. März 1778 in der Comédie Française, Kupferstich)

Fragen und Anregungen

1. Erläutere, warum sich Voltaire für den Protestanten Calas einsetzte, obwohl er zunächst nicht von dessen Unschuld überzeugt war. (M2)

2. Kannst du erklären, warum Voltaire unter den Schriftstellern und Philosophen der Aufklärung der bekannteste und populärste ist?

9. Bayern bekommt 1818 eine Verfassung

1803	Der Reichsdeputationshauptschluss beschließt die Mediatisierung und die Säkularisation: Bayern gewinnt rechts des Rheins mehr Gebiete hinzu, als es links des Rheins abgeben musste.
1806	Bayern wird zum Königreich erhoben: Kurfürst Max IV. Joseph regiert als König Max I. Joseph.
1818	Die erste Verfassung tritt in Kraft: Bayern wird konstitutionelle Monarchie.

M 1 **Max I. Joseph, König von Bayern**
(Ölgemälde von Joseph Stieler, 1814)

Bayern wird Verfassungsstaat

Bayern hatte durch die Säkularisation und die Mediatisierung neue Gebiete dazubekommen und wurde 1806 zum Königreich erhoben. Dieses neue Bayern musste einheitlich verwaltet werden. Der leitende Minister Montgelas erarbeitete deshalb eine Verfassung (1808), die jedoch nie vollständig in Kraft getreten ist. Erst 1818, nach dem Rücktritt von Montgelas, wurde die Verfassung umgeschrieben und fand die Zustimmung von König Max I. Joseph. Bayern kam damit einem Auftrag des Wiener Kongresses nach, demzufolge es in jedem Land des Deutschen Bundes eine Verfassung geben sollte.

Die Verfassung von 1818

Bayern war vor Hessen-Darmstadt, Württemberg und Baden der erste größere deutsche Staat, der eine geschriebene Verfassung erhielt. Sie wurde der Bevölkerung vom bayerischen König gewährt. Während in Preußen und Österreich die Herrscher noch absolutistisch regierten, verpflichtete sich Max I. Joseph
- sich selbst an die Verfassung zu halten,
- den Untertanen bestimmte Grundrechte zu garantieren und
- einer Volksvertretung Mitsprache bei der Gesetzgebung zu gewähren.

Die Verfassung war für alle Bürger und alle staatlichen Organe – auch den König – bindend. Bayern war nun eine konstitutionelle Monarchie.

Wichtige Bestimmungen

Die Präambel besagt, dass die Verfassung von 1818 dem freien Willen des Königs entsprang. Bei ihm lag die ganze Staatsgewalt. Aus seiner Machtvollkommenheit hatte er die Verfassung gegeben (oktroyiert). Mithilfe seiner Minister und Beamten übte er die Regierung aus. Er ernannte die Richter, konnte Verurteilte begnadigen, eine Strafe mildern oder erlassen. Grundsätzlich waren aber die Gerichte unabhängig, das Recht für alle gleich und der König durfte eine gerichtliche Untersuchung nicht behindern. Das Volk war durch seine Vertreter in den beiden Kammern an der Gesetzgebung beteiligt. Die erste Kammer war den Reichsräten, also Prinzen, hohen Adeligen und Beamten, Geistlichen und Honoratioren vorbehalten. Sie wurden vom König ernannt oder erbten die Sitze. Die zweite Kammer setzte sich aus Abgeordneten (Gutsbesitzer, Geistliche, Vertreter der Städte und Märkte, Grundbesitzer) zusammen, die vom Volk auf sechs Jahre gewählt waren. Da Wähler und Gewählte einem strengen Zensus unterlagen, war ein großer Teil der Bevölkerung vom aktiven und passiven Wahlrecht ausgeschlossen.

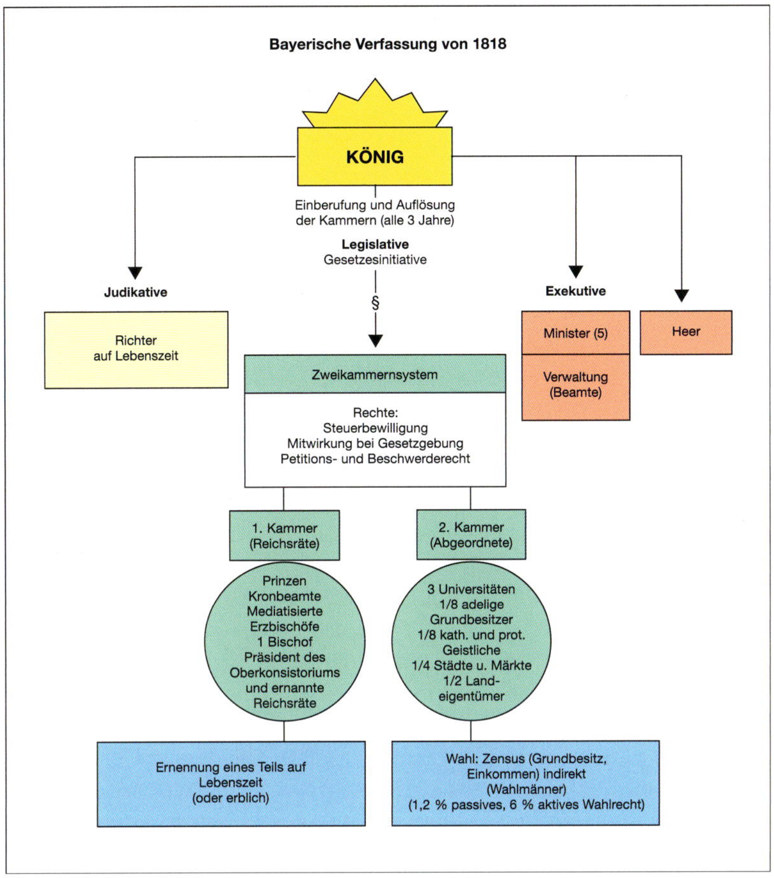

M 2 Skizze der Verfassung

Für damalige Verhältnisse handelte es sich um eine fortschrittliche Verfassung. Doch sie wies auch Schwächen auf:

- Die Kammern traten nur alle drei Jahre zusammen. Der König konnte sie beliebig vertagen.
- Die Sitzungsperioden waren kurz, Vorlagen des Königs mussten vorrangig behandelt werden.
- Gesetze konnten nur bei Übereinstimmung der Kammern beschlossen werden.
- Die Gesetzesinitiative lag allein beim König.
- Die Steuern mussten für die nächsten sechs Jahre bewilligt werden.
- Aufgrund des Zensuswahlrechts waren nur etwa sechs Prozent der männlichen Bevölkerung wahlberechtigt.

M 3 Der österreichische Staatsratsvorsitzende Fürst Metternich (1819)

Die Verfassungsideen haben sich zuerst im Norden entsponnen, und dennoch hat heute kein einziger norddeutscher Staat eine so genannte Volksrepräsentation. Bayern und Baden dagegen sind bereits im Besitze eigentlicher Konstitutionen, demnach revolutioniert. Der König von Bayern hat noch vor 14 Tagen gesagt: „Ich sehe heute ein, welche Fehler ich begangen habe. Meine Haare sind grau geworden, ich habe meine Krone zerbrochen."

K. Glossy, Politik in Karlsbad. In: Österreichische Rundschau, Bd. 60. Wien 1919, S. 130, gekürzt u. vereinfacht.

PROJEKT: Verfassungsvergleich

Informiert euch im Internet unter www.verfassungen.de über die anderen konstitutionellen Verfassungen von Hessen-Darmstadt, Württemberg und Baden und erstellt in Gruppenarbeit jeweils ein Schaubild dieser Verfassungen. Orientiert euch dabei an der Skizze der bayerischen Verfassung (M2). Stellt die Verfassungen euren Mitschülerinnen und Mitschülern vor und vergleicht sie: Worin gleichen sie sich, wodurch unterscheiden sie sich? Wie ist das zu bewerten?

Fragen und Anregungen

1. Welche Bestimmungen der Verfassung konnten damals als fortschrittlich gelten? Begründe deine Meinung. (VT, M2)
2. Was sagt die Verfassung (VT, M2) über das Selbstverständnis des Königs aus? Inwiefern unterstreicht die bildliche Darstellung (M1) diese Aussage?
3. Erkläre die Haltung des österreichischen Staatskanzlers Fürst Metternich zu den süddeutschen Verfassungen. (M3)

10. Reformpolitik in Preußen und Bayern – ein Vergleich

1807–1816 Die Reformen in Preußen heben die Erbuntertänigkeit der Bauern auf, geben den Städten Selbstverwaltung und gestalten das Heer, die Wirtschaft und das Schulwesen neu.

Preußen nach der Niederlage gegen Napoléon

Die Wirkung der Ideen der Französischen Revolution und die Herrschaft Napoléons über Europa brachten die Regierungen Preußens und Bayerns sowie der meisten deutschen Staaten zu der Überzeugung, nur durch Reformen die bestehenden Missstände beseitigen zu können. Das galt besonders für Preußen, das im Gegensatz zu Bayern (vgl. S. 33) als entschiedener Gegner Napoléons nach der schweren Niederlage bei Jena und Auerstedt 1806 große Gebiete verlor, die Armee stark reduzieren und eine hohe Kriegsentschädigung zahlen musste.

Das alte Preußen

Zum militärischen Zusammenbruch Preußens kamen wirtschaftliche Probleme und gesellschaftliche Missstände. Zu lange waren die politischen und gesellschaftlichen Zustände bis ins 19. Jahrhundert hinein unverändert geblieben. Anders als in Bayern, wo die Bauern zwar materielle Leistungen an die Grundherren erbringen mussten, sonst aber frei auf erblich gesicherten Höfen saßen, lebten die Bauern in Preußen unter der Gutsherrschaft des Adels. Sie waren diesem „erbuntertänig“ und somit als „arbeitendes Zubehör“ an den Boden gebunden. Ihre Kinder dienten als Knechte und Mägde des Gutsherrn, im Dorf unterstanden alle dessen Gerichtsbarkeit. Eine freie Berufswahl war ebenso ausgeschlossen wie irgendwelche politische Betätigung. Sogar den Bürgern in den Städten war selbst im eigenen kommunalen Bereich jegliche Mitwirkung verwehrt. Der Staat war allein Sache des Königs.

Reformen – als „Revolution von oben“

Ähnliche Zustände herrschten zwar auch in anderen deutschen Staaten, nirgendwo aber kam es zu einer Revolution von unten. Wie in Bayern wurden die Reformen auch in Preußen von der Staatsführung durchgeführt, daher spricht man hier von einer „Revolution von oben“.
Der preußische König erkannte, dass ein Wiederaufstieg ohne weitreichende Umgestaltung unmöglich war. Der Reichsfreiherr Karl vom und zum Stein wurde zum leitenden Minister berufen. Als er nach einem Jahr auf Druck Napoléons entlassen werden musste, setzte sein Nachfolger Karl August Friedrich von Hardenberg die Reformen fort.

„Bauernbefreiung“ und Gewerbefreiheit

Zunächst befreite ein Edikt vom Oktober 1807 die Mehrzahl der Bauern ab dem Martinstag (11. 11.) 1810 aus der Erbuntertänigkeit und gab ihnen durch die Aufhebung der Leibeigenschaft persönliche Freiheit und Freizügigkeit. Berufswahl und Heirat waren nicht mehr an die Zustimmung eines Gutsherrn gebunden. Ein Regulierungsedikt von 1811 regelte die wirtschaftliche Seite dieser Reform. Die Gutsherren sollten von den Bauern für künftig entfallende Abgaben und Frondienste entschädigt („abgelöst“) werden. Dadurch überschuldeten viele Bauern ihre Höfe, sie verloren ihre Existenzgrundlage und wurden zu besitzlosen Landarbeitern. Bayern schaffte zwar auch die Leibeigenschaft ab, zu den Folgen einer „Bauernbefreiung“ wie in Preußen kam es aber zu dieser Zeit nicht. Vor allem die Bauern säkularisierter Klöster konnten zwar auch Eigentümer ihrer Höfe werden, viele Bauern machten davon aber keinen Gebrauch: Die alten Abgaben waren niedrig, die Furcht vor finanzieller Verschuldung hoch. Erst die Revolution von 1848 vollendete in Bayern die Bauernbefreiung.

M 1 Von links nach rehts: **Karl von und zum Stein** (1757–1831), **Karl August von Hardenberg** (1750–1822), **Gerhard von Scharnhorst** (1755–1813), **Wilhelm von Humboldt** (1767–1835).

Mehr wirtschaftliche Freiheit brachten die Reformen vor allem auch für die Bürger der Städte, denn die Zunftordnung wurde abgeschafft. Wer volljährig war, konnte ein Gewerbe betreiben, Löhne und Preise selbst bestimmen. Gleichzeitig wurden alle Schranken zwischen Adel, Bürgern und Bauern bei Grunderwerb und -nutzung aufgehoben.

Städteordnung und Staatsverwaltung

Bei den Reformen der Verwaltung der Städte und des Staates zeigen sich in der Zielsetzung und der Durchführung zwischen Preußen und Bayern deutliche Unterschiede. Die bayerischen Reformen wollten den fürstlichen Zentralismus durchführen (vgl. S. 34), der in Preußen schon lange existierte. Die preußischen Reformen zielten dagegen auf eine Befreiung der Menschen, damit sie aus eigener Initiative an den öffentlichen Dingen Anteil nehmen und zu begeisterten Staatsbürgern und Vaterlandsverteidigern werden.
Die Städte erhielten das Recht zur Selbstverwaltung, der absolutistische Zentralismus trat zurück. Die Bürger mit einem Mindesteinkommen von 150 bis 200 Taler im Jahr durften Stadtverordnete wählen. Diese wählten die Stadtverwaltung, bestimmten über die Finanzen und das Schulwesen und wirkten bei der Bürgermeisterauswahl mit. Die Verwaltung des Staates wurde durch eine Gliederung des Landes in Provinzen, Regierungsbezirke und Kreise überschaubar, wirksam und bürgernah gemacht. Eine Verbrauchssteuer für alle Bürger erfasste auch den privilegierten Adel und sorgte für mehr Gerechtigkeit. Die Juden wurden zu gleichberechtigten Staatsbürgern.

Bildung

Auch in den Schulen und Universitäten sollte ein engagierter und aufgeklärter Mensch und Bürger herangebildet werden. Wilhelm von Humboldt führte eine umfassende Bildungsreform auf allen Ebenen durch. Die allgemeine Schulpflicht wurde strenger gefasst. Neue Lehrpläne, eine bessere Lehrerausbildung und eine staatliche Abiturprüfung an den Gymnasien hoben das Bildungsniveau. Die 1810 neu gegründete Universität Berlin wurde der geistige Mittelpunkt der Freiheitsbewegung in Preußen.

Heereswesen

Angeworbene oder zum Dienst gepresste Soldaten hatten sich 1806 als dem französischen Heer unterlegen erwiesen. Gerhard von Scharnhorst, Leiter der Kommission für die Heeresreform, sah in allen Bewohnern eines Staates dessen geborene Verteidiger. Deshalb wurden das Spießrutenlaufen und andere entehrende Prügelstrafen abgeschafft. Jeder nichtadelige Soldat erhielt das Recht, Offizier zu werden. 1814 wurde die allgemeine Wehrpflicht eingeführt.

M 2 Ein Kernstück der Reform

Das „Oktoberedikt" vom 9. 10. 1807:

§ 2 Jeder Edelmann ist, ohne allen Nachteil seines Standes, befugt, bürgerliche Gewerbe zu treiben; und jeder Bürger oder Bauer ist berechtigt, aus dem Bauern- in den Bürger- und aus dem Bürger- in den Bauernstand zu treten. (…)

§ 10 Nach dem Datum dieser Verordnung entsteht fernerhin kein Untertänigkeitsverhältnis, weder durch Geburt, noch durch Heirat, noch durch Übernehmung einer untertänigen Stelle, noch durch Vertrag. (…)

§ 12 Mit dem Martinitage (11. Nov.) 1810 hört alle Gutsuntertänigkeit in Unsern sämtlichen Staaten auf. Nach dem Martinitage 1810 gibt es nur freie Leute.

Geschichte in Quellen, Bd. 4. München 1981, S. 652.

M 3 Preußische Städteordnung vom 18. 11. 1808

Wir Friedrich Wilhelm, von Gottes Gnaden, König von Preußen ect. tun kund und fügen hiermit zu wissen: Der besonders in neueren Zeiten sichtbar gewordene Mangel an angemessenen Bestimmungen in Absicht des städtischen Gemeinwesens und der Vertretung der Stadtgemeine (...) und das dringend sich äußernde Bedürfnis einer wirksameren Teilnahme der Bürgerschaft an der Verwaltung des Gemeinwesens überzeugen Uns von der Notwendigkeit, den Städten eine selbstständigere und bessere Verfassung zu geben. (...)

§ 16. In jeder Stadt gibt es künftig nur ein Bürgerrecht.

§ 17. Das Bürgerrecht darf niemandem versagt werden, welcher in der Stadt, worin er solches zu erlangen wünscht, sich häuslich niedergelassen hat und von unbescholtenem Wandel ist. (...)

§ 18. Auch unverheiratete Personen weiblichen Geschlechts können, wenn sie diese Eigenschaften besitzen, zum Bürgerrecht gelangen.

§ 19. Stand, Geburt, Religion und überhaupt persönliche Verhältnisse machen bei Gewinnung des Bürgerrechts keinen Unterschied. (...)

§ 73. Die Wahl der Stadtverordneten nach Ordnungen, Zünften und Korporationen in den Bürgerschaften wird dagegen hierdurch völlig aufgehoben. Es nehmen an den Wahlen alle stimmfähigen Bürger Anteil, und es wirkt jeder lediglich als Mitglied der Stadtgemeinde ohne alle Beziehungen auf Zünfte, Stand, Korporation und Sekte. (...)

§ 108. Die Stadtverordneten erhalten durch ihre Wahl die unbeschränkte Vollmacht, in allen Angelegenheiten des Gemeinwesens der Stadt die Bürgergemeinde zu vertreten.

K. v. Stein, Briefe und amtliche Schriften, Bd. 2, 2. Teil, hg. v. Botzenhart/Hubatsch. Stuttgart 1959.

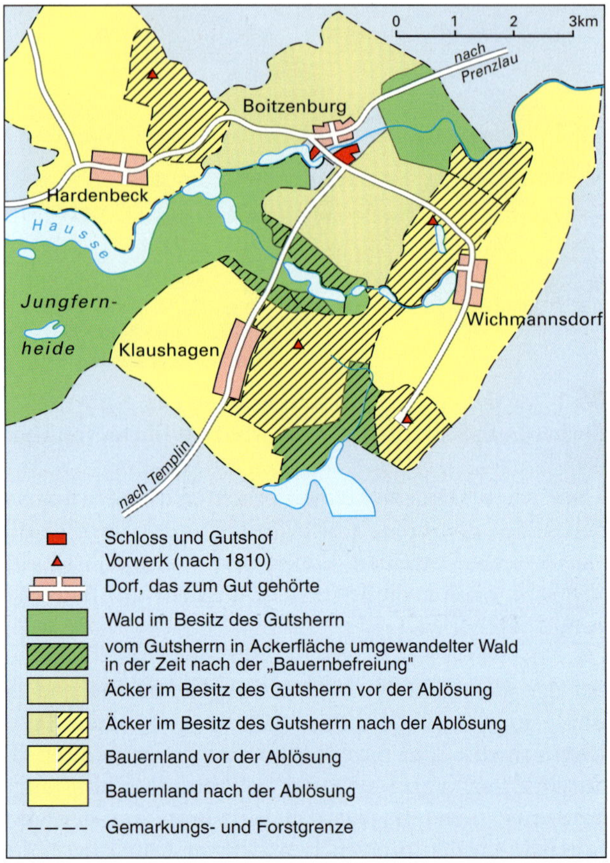

M 4 „Bauernbefreiung" auf dem Gut Boitzenburg

Fragen und Anregungen

1. Stelle fest, welche Zielsetzungen die preußische und die bayerische Staatsführung bei ihren Reformen hatte (VT, VT S. 34). Untersuche, wie sich diese Zielsetzungen auf die Durchführung der Reformen jeweils ausgewirkt haben (VT, M3, M4).
2. Vergleiche die weiteren im VT dargestellten Reformen in Bayern und in Preußen und stelle Gemeinsamkeiten und Unterschiede fest. (VT, VT S. 34)
3. Erläutere, welche Folgerungen Hardenberg aus den Erfahrungen mit der Französischen Revolution zog. (M2)
4. Beschreibe die Veränderungen, die die Bauernbefreiung und Ablösung grundherrlicher Rechte auf Gut Boitzenburg bewirkt haben. (M4)

11. Flaggen als nationale Symbole

Die Bedeutung nationaler Symbole

Jeder Staat braucht nationale Symbole, um ohne Worte auf seine Präsenz und Macht hinzuweisen. Obwohl die Grenzen Deutschlands zu den Nachbarstaaten weitgehend offen sind, gibt es noch staatliche Hoheitszeichen. Bei feierlichen Anlässen, etwa wenn ein hoher Staatsgast Deutschland besucht oder wenn deutsche Sportler bei internationalen Veranstaltungen auf dem Siegerpodest stehen, wird die Nationalhymne gespielt und die deutsche Flagge gehisst. Wichtige Nationalsymbole, über die jeder souveräne Staat verfügt, sind die Nationalhymne und die Nationalflagge.

Das Wappen der Bourbonen und die Farben des revolutionären Frankreich

Das war nicht immer so: Im Mittelalter und in der frühen Neuzeit gab es keine Symbole, die die Nation verkörperten – diese gab es damals nicht, es existierten auch noch keine Nationalstaaten. Die Völker wurden damals vom jeweils regierenden Herrschergeschlecht vertreten. In Frankreich waren das unter anderem die Bourbonen, die als Familienwappen die goldene Lilie auf blauem Grund ihr Eigen nannten. Erst während der Französischen Revolution, als sich die Franzosen als Nation begriffen, erklärten sie die Farben Blau, Weiß und Rot zu ihren Nationalfarben. Diese Farben trägt seither die französische Nationalflagge, die Trikolore. Trikolore bedeutet „Dreifarb"; die drei Farben wurden auch im Zusammenhang mit den zentralen Werten der Revolution Freiheit, Gleichheit und Brüderlichkeit gesehen. Trikoloren gibt es auch in anderen Ländern, z. B. in Belgien, Luxemburg und in Deutschland.
Nationalflaggen werden von der Verfassung des jeweiligen Landes festgelegt. Dabei stellt sich die Frage nach der Herkunft ihrer Farben, die aber oft nicht eindeutig beantwortet werden kann. Die Franzosen erklären die Farbzusammenstellung so: Die königliche Farbe Weiß steht zwischen den Farben der Stadt Paris, den Farben Blau und Rot. So entstand die dreifarbige Fahne Frankreichs, die Trikolore.

Die Trikolore in Deutschland

Auch die Herkunft der Farben der deutschen Nationalflagge – Schwarz, Rot und Gold – ist nicht eindeutig geklärt. Vermutlich gehen die Farben auf das Lützow'sche Freikorps zurück, das in den Befreiungskriegen gegen Napoléon gekämpft hatte. Die Soldaten dieses Freikorps trugen schwarze Uniformen mit roten Abnähern und golden glänzenden Messingknöpfen und Schulterstücken. Die Fahne „Schwarz-Rot-Gold" erschien zum ersten Mal beim Wartburgfest am 31. Oktober 1817, bald

M 1 Familienwappen der Bourbonen

M 2 Die Kokarde: Symbol der Französischen Revolution

M 3 Trikolore: die französische Nationalflagge seit 1830

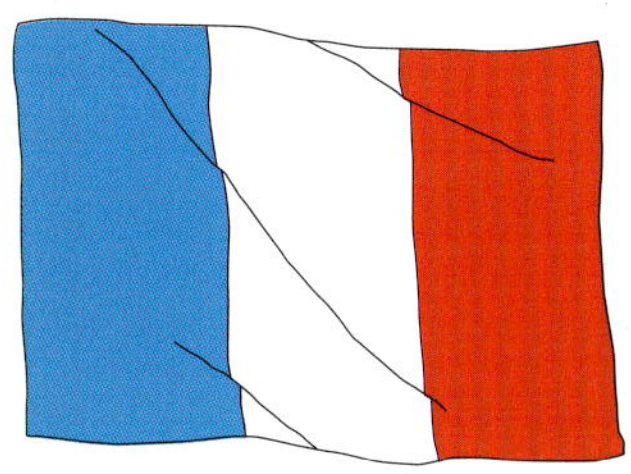

wurde sie zur Fahne der national gesinnten bürgerlichen Opposition in der Restaurationszeit und im Vormärz. 1832 zogen Liberale und Demokraten schwarz-rot-goldene Fahnen schwenkend zum Hambacher Schloss, um für die Abschaffung der Fürstenherrschaft, für Volkssouveränität und die Einheit Deutschlands zu demonstrieren.

Schwarz-Rot-Gold in der Revolution von 1848

Als am 18. März 1848 Berlin von den Revolutionswirren erschüttert wurde, gingen die Menschen mit schwarz-rot-goldenen Fahnen auf die Straße – das war Ausdruck ihrer liberalen, demokratischen Gesinnung. König Friedrich Wilhelm IV. bestand anfangs noch auf der schwarz-weißen, der preußischen Fahne, musste sich aber bald der Menge beugen. Schon am 21. März erklärte er die Annahme der Forderung der Demonstranten und zeigte sich mit der schwarz-rot-goldenen Fahne auf den Straßen Berlins. Am 18. Mai 1848 zogen die Abgeordneten der ersten deutschen Nationalversammlung in die Frankfurter Paulskirche ein – über dem Rednerpult des Vorsitzenden Heinrich von Gagern wehte Schwarz-Rot-Gold. Am 13. November 1848 wurde Schwarz-Rot-Gold im Reichsgesetzblatt als deutsche Flagge verkündet, eine Bestimmung, die jedoch nicht lange gelten sollte: Nach der Niederschlagung der Revolution 1849 musste die schwarz-rot-goldene Fahne wieder denen der einzelnen deutschen Staaten weichen.

Schwarz-Weiß-Rot gegen Schwarz-Rot-Gold im Kaiserreich

Nach der Gründung des Deutschen Kaiserreiches 1871 wurde die Frage nach den deutschen Nationalfarben und einer Nationalflagge wieder aktuell. Bismarck und Kaiser Wilhelm I. widersetzten sich den Farben Schwarz-Rot-Gold, weil sie an die Revolution von 1848, an Liberalismus und Demokratie erinnerten. Erst nach Bismarcks Entlassung bestimmte Kaiser Wilhelm II. Schwarz-Weiß-Rot zu den Farben des Kaiserreiches. Diese Farbkombination erklärt sich aus den preußischen Farben (Schwarz und Weiß) und aus den Farben der Hansestädte (Weiß und Rot). Die deutsche Nationalfahne des Kaiserreiches hatte ab 1892 die Farben Schwarz-Weiß-Rot und war identisch mit der Flagge des Norddeutschen Bundes – schon im deutsch-französischen Krieg hatten deutsche Soldaten unter dieser Fahne gekämpft.

M 4 Parlamentssitzung in der Frankfurter Paulskirche

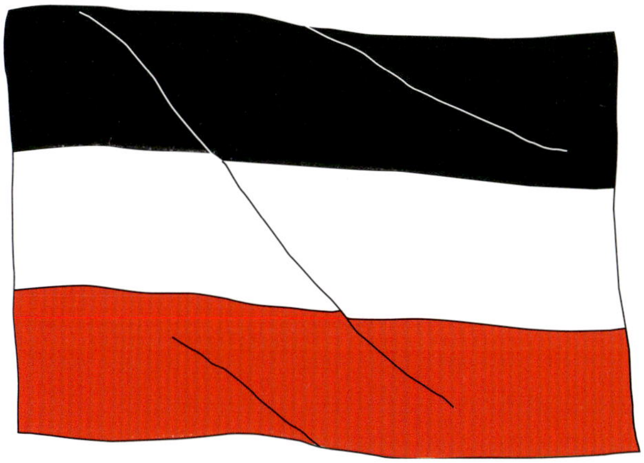

M 5 Schwarz-Weiß-Rot im Kaiserreich
Diese Flagge war die Handelsflagge des Norddeutschen Bundes (1866–1871). Mit der Gründung des deutschen Nationalstaates wurde sie die offizielle deutsche Nationalflagge (1871–1918).

Der Flaggenstreit in der Weimarer Republik

Nicht nur im 19. Jahrhundert stritten sich die verschiedenen politischen Lager wegen der Nationalflagge und dem, was sie symbolisch verkörperte. Der Streit ging auch im 20. Jahrhundert weiter. Wieder ging es um Schwarz-Rot-Gold oder Schwarz-Weiß-Rot. Die erste Regierung der Weimarer Republik wählte ganz bewusst die Farben Schwarz-Rot-Gold für die erste deutsche Republik, um auch symbolhaft mit dem alten monarchischen System zu brechen. Viele Soldaten des ersten Weltkrieges, die unter diesen Farben gekämpft hatten, sowie die konservativen und rechten Parteien traten aber vehement für Schwarz-Weiß-Rot ein. So waren die Jahre zwischen 1918 und 1933 von einem andauernden Flaggenstreit geprägt, der auch durch folgenden Kompromiss nicht gelöst werden konnte: Die deutsche Nationalflagge war das Schwarz-Rot-Gold, Schwarz-Weiß-Rot blieb die Handelsflagge der Weimarer Republik und die zusätzliche Flagge der deutschen Vertretungen im Ausland.

PROJEKT 1: Nationalflaggen anderer Länder

Überlegt, welche anderen Nationalflaggen ihr kennt und mit welcher ihr euch intensiver beschäftigen wollt. Bildet Arbeitsgruppen und tragt alles Wissenswerte über „eure" Nationalfahne zusammen. Recherchiert dazu im Internet, schlagt in Konversationslexika nach oder lest entsprechende Kapitel in Fachbüchern. Gestaltet eine Wandzeitung, die zeigt, wann und wie diese Fahne entstanden ist, was ihre Farben bedeuten und wofür sie steht. Hängt eure Wandzeitungen in der Klasse aus.

PROJEKT 2: Andere nationale Symbole

Neben den Fahnen gibt es auch noch andere nationale Symbole, z. B. Feiertage, Lieder oder Historiengemälde. Überlegt, womit ihr euch beschäftigen wollt und bildet Arbeitsgruppen. Dabei müsst ihr euch nicht auf deutsche Nationalsymbole beschränken, möglicherweise könnt ihr dieses Projekt auch fächerübergreifend, z. B. im Zusammenhang mit dem Englisch-, Französisch- oder Geographieunterricht erarbeiten. Überlegt euch dann eine geeignete, ansprechende Form der Präsentation eurer Arbeitsergebnisse.

Fragen und Anregungen

1. Erläutere den Unterschied zwischen einem Nationalsymbol und einem Familienwappen. (VT, M1, M3, M5)
2. Erkläre den historischen Hintergrund und die politische Bedeutung für die Entwicklung moderner dreifarbiger Nationalflaggen. (VT, M3, M4, M5)
3. Erkläre, was es bedeutet, dass die Nationalflagge der Bundesrepublik Deutschland die Farben Schwarz-Rot-Gold und nicht Schwarz-Weiß-Rot zeigt. (VT, M4, M5)

RESTAURATION UND REVOLUTION IN DEUTSCHLAND

Nach der Niederlage Napoléons wurde auf dem Wiener Kongress über die Zukunft Europas und damit auch Deutschlands verhandelt. In den folgenden Jahren forderten immer mehr Deutsche „Einheit und Freiheit", d. h. einen an demokratischen Ideen orientierten Nationalstaat. Aber erst 1848 griff eine Revolution, die in Frankreich ausgebrochen war, auch auf Deutschland über. Nach anfänglichen Erfolgen scheiterte diese jedoch. Erst mit der Gründung des Deutschen Reiches 1871 wurde ein Nationalstaat geschaffen.

Kritik an den Karlsbader Beschlüssen
(anonyme Karikatur, um 1825)
Auf der rechten Tafel steht: „Gesetze des Denker-Klubs: I. Der Präsident eröffnet präzise 8 Uhr die Sitzung. II. Schweigen ist das erste Gesetz dieser gelehrten Gesellschaft. III. Auf dass kein Mitglied in Versuchung geraten möge, seiner Zunge freien Lauf zu lassen, so werden beim Eintritt Maulkörbe ausgeteilt. IV. Der Gegenstand, welcher in jedmaliger Sitzung durch ein reifes Nachdenken gründlich erörtert werden soll, befindet sich auf einer Tafel mit großen Buchstaben deutlich geschrieben."

Der Wiener Kongress tagt
(Kupferstich nach einem Gemälde des Pariser Hofkünstlers Jean Baptiste Isabey, 1819)
1 der englische Gesandte Herzog von Wellington; 2 der preußische Staatskanzler Hardenberg; 3 Fürst Metternich aus Österreich; 4 Graf Nesselrode, einer der russischen Vertreter; 5 der britische Außenminister Castlereagh; 6 der französische Vertreter Talleyrand; 7 Graf Stackelberg, ein Bevollmächtigter des russischen Zaren.

Den europäischen Königen und Fürsten erscheint die große Seeschlange
(Karikatur aus der Leipziger „Illustrierten Zeitung“, Dezember 1848)

Frauen und Männer beteiligen sich an der Revolution und errichten Barrikaden
(kolorierter Holzschnitt der „Illustrierten Zeitung“, 1848)

Die Grundrechte des deutschen Volkes (aus dem Jahr 1849)
Das Bild gibt die illustrierte Ausgabe der Grundrechte von 1844 wieder, eine Auswahl aus den Grundrechten findet sich auf Seite 69 (M4).

1. Die Neuordnung Europas: der Wiener Kongress

1815 Auf dem Wiener Kongress wird die europäische Staatenwelt von den Fürsten neu geordnet.

1815 Der Deutsche Bund, der aus 39 Einzelstaaten besteht, wird gegründet.

M 1 Der österreichische Staatskanzler Fürst Metternich
(Kopie eines Gemäldes, 1818/19)

Frieden und Gleichgewicht

Im Jahr 1814 begann in Wien einer der größten Friedenskongresse der Neuzeit, der sich nicht mit der Beendigung eines Krieges beschäftigte, sondern mit der Gestaltung einer europäischen Friedensordnung. Napoléon, der die Landkarte Europas komplett neu geschrieben hatte, war besiegt. Nun versammelten sich die meisten europäischen Herrscher, ihre Minister und die Vertreter von Städten, um zu beschließen, wie Europa in politischer und territorialer Hinsicht aussehen sollte. Schwierig waren die territorialen Entscheidungen, da die Interessen der einzelnen Staaten weit auseinander gingen. Metternich, der österreichische Staatskanzler, war maßgeblich an den erarbeiteten Kompromissen beteiligt. In zahlreichen Verhandlungen, die oft als Einzelgespräche geführt wurden, wurde das neue Gesicht Europas festgelegt. Der Frieden sollte gesichert werden, indem zwischen den fünf europäischen Großmächten Russland, Großbritannien, Österreich, Preußen und Frankreich Gleichgewicht herrschen sollte und Konflikte friedlich beigelegt werden sollten. Kein Staat sollte wieder die Hegemonie (= Vorherrschaft) erlangen. Viele von Napoléon herbeigeführten territorialen Veränderungen wurden deswegen beibehalten, Frankreich blieb als Großmacht erhalten. Zahlreiche Staaten wurden wiederhergestellt oder neu geschaffen.

Legitimität, Restauration und Solidarität

Auf dem Wiener Kongress legten die Teilnehmer neben den territorialen Bestimmungen auch noch politische Prinzipien fest, die sich gegen die Revolution und ihre Ideen richteten. Gegen die Idee der Volkssouveränität wandte sich das Prinzip der Legitimität. Mit Legitimität ist gemeint, dass nur die Herrscher als rechtmäßig angesehen wurden, die die Gesetzmäßigkeit der Herrschaft von Gott ableiteten. Dazu war notwenig, dass die vorrevolutionäre politische Ordnung wiederhergestellt wurde und die Herrscherhäuser zurückkehrten. Dies spiegelt sich im Prinzip der Restauration wider. Aufrechterhalten sollte diese Ordnung durch das Prinzip der Solidarität werden, das die gegenseitige Hilfe vorsah. Konkreten Ausdruck fand dieses Prinzip in der Heiligen Allianz von 1815, die zwischen Kaiser Franz I. von Österreich, Zar Alexander I. von Russland und König Friedrich Wilhelm III. von Preußen geschlossen wurde. Die Heilige Allianz sah vor, dass innerhalb der Staaten eine christliche Regierung herrschte, wobei sich die Staaten gegenseitig helfen sollten, wenn nationale oder liberale Bestrebungen die legitime Herrschaft gefährdeten.

Trotz des Prinzips der Restauration wurde das Heilige Römische Reich deutscher Nation nicht wiederhergestellt, da die Fürsten sich ihre Souveränität nicht durch einen Kaiser an der Spitze beschränken lassen wollten. Insbesondere der Dualismus (= Nebeneinander von zwei gleichberechtigten Mächten) der beiden Großmächte Österreich und Preußen ließ einen starken Einheitsstaat nicht zu, den sich aber viele Deutsche gewünscht hätten. Der nationale Gedanke hatte sich im Kampf gegen die napoleonische Fremdherrschaft herausgebildet und drückte sich in den unterschiedlichsten Zielvorstellungen aus, die von einem deutschen Kaisertum bis hin zu einem liberalen deutschen Nationalstaat reichten. Statt eines zentralistischen Nationalstaates wurde der Deutsche Bund gegründet, der aus 35 Einzelstaaten und aus vier freien Städten bestand. Er war ein Staatenbund mit bundesstaatlichen Einrichtungen wie der Bundesversammlung mit Sitz in Frankfurt am Main unter dem Vorsitz Österreichs. Im Kriegsfalle sollte ein Bundesheer zum Einsatz kommen. Das in der Bundesakte (= Verfassung des Deutschen Bundes) festgelegte Ziel war es, die innere und äußere Sicherheit Deutschlands zu gewährleisten und die Unabhängigkeit und Unverletzlichkeit der deutschen Staaten zu garantieren.

Gründung des Deutschen Bundes

M 2 Europa 1815–1850
Betrachte die Karte und arbeite heraus, welche territorialen Bestimmungen auf dem Wiener Kongress getroffen wurden.

Deutscher Bund

Der Deutsche Bund ist ein auf dem Wiener Kongress 1815 gegründeter Staatenbund aus 35 souveränen Fürstentümern und vier freien Städten. Preußen und Österreich waren als größte Staaten nur mit ihren deutschen Gebieten beteiligt. Mitglieder waren auch fremde Herrscher wie die Könige von Großbritannien als Fürsten von Hannover. Organ des Bundes war die Bundesversammlung, auf der Gesandte der Mitgliedstaaten tagten. Da entweder Zweidrittelmehrheiten oder Einstimmigkeit für Entscheidungen gefordert waren, erwies sich dieses Organ als nicht sehr handlungsfähig.

M 3 Kritik an der Deutschen Bundesakte

Geschrieben vom Freiherrn vom und zum Stein in einer Denkschrift 1815:

Unsere neuen Gesetzgeber haben an die Stelle des alten Deutschen Reiches mit einem Haupte, gesetzgebender Versammlung, Gerichtshöfen, einer inneren Einrichtung, die ein Ganzes bildete, einen Deutschen Bund gesetzt, ohne Haupt, ohne Gerichtshöfe, schwach verbunden für die gemeine Verteidigung. Die Rechte der Einzelnen sind durch nichts gesichert als die unbestimmte Erklärung, dass es Landstände geben solle; ohne dass etwas über deren Befugnisse festgestellt ist (Art. 13). (...) Das Recht der Bündnisse einzelner Staaten mit Fremden wird allein durch die Verpflichtung beschränkt, keine Verbindungen einzugehen, welche gegen den Bund oder eines seiner Glieder gerichtet ist (Art. 11). Der Deutsche wird also sein Blut vergießen für seinem Lande fremde Streitigkeiten, wenn sein Fürst sich mit Frankreich oder England gegen eine andere Macht verbündet – er wird sogar verpflichtet sein, seinen Landsmann zu bekämpfen, wenn dessen Fürst sich mit dem Gegner verbunden hat. Von so einer fehlerhaften Verfassung lässt sich nur ein sehr schwacher Einfluss auf das öffentliche Glück Deutschlands erwarten.

Freiherr vom und zum Stein, Denkschrift für das russische Kabinett vom 24. Juni 1815. In: Freiherr von Stein, Ausgewählte politische Briefe und Denkschriften, hg. v. Erich Botzenhart und Günter Ipsen. Aalen 1955, S. 351–353.

M 4 Keine Wiederherstellung geistlicher Fürstentümer

Protestschreiben des päpstlichen Legaten Consalvi an den Wiener Kongress vom 14. Juni 1815:

Die zeitlichen Fürstentümer, deren die Kirche in Deutschland beraubt wurde, wurden nicht wiederhergestellt; vielmehr wurden sie den katholischen und akatholischen weltlichen Fürsten zuerkannt (...). Das Heilige Römische Reich schließlich, das in rechtmäßiger Weise das Zentrum der politischen Einheit darstellt und darin durch die Heiligkeit der Religion geweiht ist, wurde in keiner Weise wiederhergestellt (...), so (lege ich) gegen alles, was bei diesem Wiener Kongress zum Nachteil der Rechte und Angelegenheiten der deutschen Kirchen und des Heil. Stuhls bestätigt oder in seiner Fortdauer gestattet wurde, und gegen allen Schaden, der sich daraus für den göttlichen Stuhl und das Heil der Seelen ergibt – was ich, soweit es an mir lag, zu verhindern versucht habe –, im Namen des Heil. Apostol. Stuhls und des Heiligen Vaters, Unseres Herrn, Pius VII., gemäß göttlicher Vorsehung Papst, öffentlich durch diesen Brief und auf alle denkbare Weise, Begründung und Form, über die ich gemäß meinem Amt verfüge, Protest, Beschwerde und Widerspruch ein.

E. R. Huber, Deutsche Verfassungsgeschichte seit 1789, Band I: Reform und Restauration. Stuttgart 1990, S. 91–99.

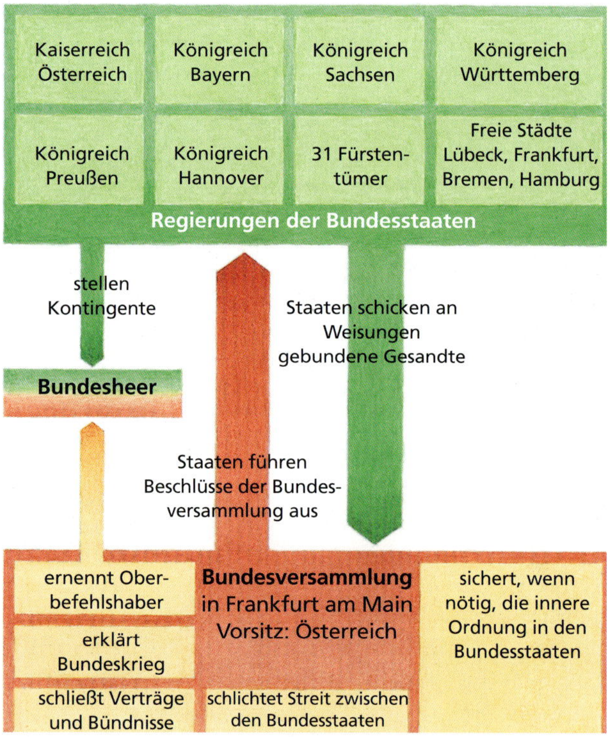

M 5 Der Deutsche Bund

Fragen und Anregungen

1. Stelle fest, wie Freiherr vom und zum Stein die Bundesakte beurteilt. Begründe aus der Quelle. (M3)
2. Arbeite aus der Quelle M4 heraus, wogegen der päpstliche Gesandte Protest einlegt und gehe dabei auf den geschichtlichen Hintergrund ein.
3. Beurteile, warum der Deutsche Bund in dieser Form auf dem Wiener Kongress gegründet wurde und das Heilige Römische Reich deutscher Nation nicht wiederhergestellt wurde. (VT, M2, M3)

2. Gegen Einheit und Freiheit – das System Metternich

1815–1848	Die Restauration herrscht in Europa.
1817	Auf dem Wartburgfest fordern Studenten Einheit und Freiheit.
1819	Karlsbader Beschlüsse: Liberale Bestrebungen werden unterdrückt.
1832	Auf dem Hambacher Fest demonstrieren Menschen für Einheit und Freiheit.

Restauration: Wiederherstellung vorrevolutionärer politischer Verhältnisse

Das Prinzip der Volkssouveränität, das bei der Französischen Revolution bestimmend gewesen war, hatte die alte Ordnung erschüttert. Der Wiener Kongress hatte es sich deshalb zur Aufgabe gemacht, die Könige und Fürsten als Garanten für Sicherheit und Frieden wieder einzusetzen. Allerdings kehrten in Deutschland nicht alle alten Herrscherhäuser zurück, sondern nur diejenigen, die die Wirren der napoleonischen Ära überstanden hatten. Diese hatten sich die völkerrechtliche Anerkennung erworben und wurden nach dem Prinzip der Legitimation wieder eingesetzt. Metternich war maßgeblich für die Politik verantwortlich, die es sich zum Ziel machte, die restaurierte Ordnung aufrechtzuerhalten. Diese Politik bezeichnet man auch als System Metternich.

Unterdrückung liberaler Bestrebungen

Um die Herrschaft zu sichern, war es notwendig, alle liberalen Bestrebungen zu unterdrücken. Dies war einerseits in der Wiener Schlussakte festgelegt. Im Artikel 57 wurde das monarchische Prinzip, dass alle Staatsgewalt beim Souverän verbleibt, betont. Andererseits reagierten die Herrscher mit einschränkenden Maßnahmen auf die liberalen Bestrebungen. Diese Bestrebungen entwickelten sich im 19. Jahrhundert auf der Grundlage der Gedanken Kants, Lockes und Montesquieus (vgl. S. 11, 12). So entstand eine politische Bewegung, der Liberalismus. Die Liberalen Deutschlands traten für Freiheit, Selbstbestimmung des Individuums, Einschränkung der fürstlichen Macht und Beteiligung an politischen Prozessen ein. Die Freiheitsrechte waren u. a. Gewissens- und Religionsfreiheit, Meinungs- und Pressefreiheit. Diese Forderungen wurden auf der Basis des gemeinsamen Kampfes gegen Napoléon erhoben. Allerdings wurde diesen Forderungen nur vage in der Bundesakte Rechnung getragen, die allgemein von landständischen Verfassungen in den Bundesstaaten sprach. Es blieb aber den einzelnen Fürsten überlassen, ob und wie sie dieses Postulat umsetzten. Nur wenige, wie der bayerische König 1818, setzten Verfassungen in Kraft. Anstöße in diese Richtung in Preußen versandeten, auch in Österreich gab es keine Verfassung.

Unterdrückung nationaler Bestrebungen

Im Kampf gegen Napoléon hatte sich bei den Deutschen, besonders bei den Studenten und Professoren, ein Nationalgefühl entwickelt. Dies war erst gegen die Fremdherrschaft Napoléons gerichtet, dann gegen die Einzelinteressen der Mitglieder des Deutschen Bundes, die die Einheit und damit die Unterordnung unter die Herrschaft eines anderen ablehnten. Die Studenten verliehen ihrem Wunsch nach Einheit durch die Gründung von Burschenschaften Ausdruck. Die in Jena 1815 entstandene „Allgemeine Deutsche Burschenschaft“ vereinigte erstmals Studenten über regionale Grenzen hinweg. In vielen anderen Universitätsstädten entstanden weitere Burschenschaften, die nach Einheit, Gleichheit und Freiheit strebten. Das Wartburgfest 1817 war die erste gemeinsame Kundgebung der Burschenschaften.

M 1 Bücherverbrennungen auf dem Wartburgfest 1817
(zeitgenössischer Stich)
Zum Abschluss des Wartburgfestes wurde in einem Fackelzug an die Verbrennung der päpstlichen Bulle durch Martin Luther erinnert. Daran angelehnt wurden nun auch symbolisch Gegenstände verbrannt.

Anlass waren das 300-jährige Jubiläum der Reformation und der vierte Jahrestag der Völkerschlacht bei Leipzig. In der Anlehnung an Luthers Verbrennung der päpstlichen Bannbulle wurden Schriften verbrannt, die wider den Einheits- und Freiheitsgeist waren – wie die „Geschichte des deutschen Reiches“ von August von Kotzebue.

Ein politischer Mord

Es gab im Umfeld der Burschenschaften auch radikale Gruppierungen, von denen sich die Burschenschaften nicht deutlich abgrenzten. Karl Ludwig Sand, der einer radikalen Fraktion zuzuordnen ist, ermordete am 23. März 1819 den bekannten Dichter August von Kotzebue. Dieser war nicht nur ein Gegner der Burschenschaften, er hatte sich als Herausgeber des Literarischen Wochenblatts über diese lustig gemacht. Zudem stand er im Dienste des russischen Zaren und vertrat die restaurative Politik. Weil Sand aus dem Kreise der Burschenschaften kam, wurde der Terrorakt der ganzen liberalen Bewegung angelastet.

Die Karlsbader Beschlüsse

Metternich machte daraufhin die freiheitlichen Bewegungen an den Universitäten, die Liberalen und die freie Presse für den Mord verantwortlich. In Karlsbad versammelte er die wichtigsten Mächte des Deutschen Bundes, um Entschlüsse gegen diese Kräfte zu fassen. Am 20. September 1819 wurden die Karlsbader Beschlüsse verabschiedet. In diesen waren die Entlassung liberaler Professoren, die Überwachung der Universitäten und das Verbot der Burschenschaften festgelegt. Die Presse wurde der Zensur unterworfen. In Mainz wurde eine siebenköpfige Zentraluntersuchungskommission eingerichtet. Die von der Kommission verfassten Berichte dienten der Bundesversammlung zur Einleitung von Gerichtsverfahren. In den einzelnen Staaten wurden die Bundesbeschlüsse unterschiedlich ausgelegt. In Österreich und Preußen begannen nun zwei Jahrzehnte der Verfolgung, in denen Liberale überwacht und verhaftet wurden. Viele Liberale emigrierten, der Großteil der Bevölkerung zog sich ins Privatleben zurück. Die Epoche des Biedermeier kennzeichnet diesen Rückzug in das private Glück.

M 2 Zug auf die Burgruine Hambach (kolorierte Lithografie, 1832)

Das Hambacher Fest und die Reaktion Metternichs

Im Zuge der Julirevolution 1830, bei der Frankreich eine parlamentarische Monarchie wurde, erfolgte in Deutschland eine allgemeine Politisierung, die sich vielfältig niederschlug. Einerseits veröffentlichten Dichter oppositionelle Schriften, die von Kritik bis hin zum Aufruf zur Revolution reichten. Andererseits machten viele Bürger ihrem Unmut auf Festen Luft. Höhepunkt war das Hambacher Fest von 1832, das von den Journalisten Johann August Wirth und Philipp Jakob Siebenpfeiffer zum Jahrestag der bayerischen Verfassung veranstaltet wurde. Mit bis zu 30 000 Menschen war es die bis dahin größte politische Massenveranstaltung. Das erste Mal waren auch Frauen aufgerufen, sich an den Aktionen zu beteiligen. Es wurden zahlreiche Reden gehalten, in denen Einheit und Freiheit gefordert wurden. Deutlich wurde, wie weit die Meinungen im Einzelnen auseinander gingen: Von Monarchien mit Verfassungen reichten die Vorstellungen bis hin zur Errichtung einer Republik. Auch auf das Hambacher Fest reagierte Metternich energisch: Die Zensur wurde verschärft, die Rede- und Versammlungsfreiheit wurde aufgehoben, die Farben Schwarz-Rot-Gold wurden verboten. In diesem restaurativen Klima setzte Ernst August von Hannover die erst vier Jahre alte Verfassung, die ihm zu liberal war, außer Kraft. Als sieben Professoren gegen diesen Verfassungsbruch protestierten, wurden sie entlassen.

Liberalismus

Der Liberalismus ist eine politische Bewegung, die sich aus den Gedanken der Aufklärung entwickelt hat. Die Vertreter des Liberalismus fordern die Freiheit und Selbstbestimmung des Individuums. Sie wenden sich gegen die staatliche Bevormundung der Bürger und gegen die Privilegien des Adels.

M 3 Die gute Presse

(Karikatur aus dem „Leuchtturm“, 1847)

Mit der Karikatur wird die Presse kritisiert, die gutgläubig – wie Kinder es tun – sich von der Zensur am „Gängelband“ führen lässt. Die Zensur wird durch den Scherenmann dargestellt. Der Schafsbock trägt die Uniform eines kaiserlich-österreichischen Kanzleidieners und soll den alles überwachenden Staat symbolisieren. Der Maulwurf an der Spitze zeigt die Richtung an, in die die Zensur die Presse führt: Es gibt keine, denn ein Maulwurf ist blind. Dazu kommt die Fahne: Ein Krebs geht rückwärts, das Ziel ist es also, rückwärts in die Vergangenheit zu gehen.

M 4 Wunsch nach Einheit

Anonymer Artikel von 1815, wahrscheinlich von Görres, in dem das Bedürfnis nach Einheit zum Ausdruck kommt:

Die Hoffnung Deutschlands beruht auf dem Geiste seines Volkes, der stark und mächtig sich geregt und Großes getan hat. Das aber ist das Verderbte an jener Bundes-Verfassung, dass der deutsche Gemeingeist durch sie notwendig gehemmt oder gar unterdrückt wird, indem sie alle Möglichkeiten des öffentlichen Wirkens nimmt. (...) Aber man höre doch nur den Ruf aller deutschen Volksstämme. Einmütig erklären sie: „Wir wollen nicht länger bloß Preußen, Hannoveraner, Hessen bleiben, wir wollen Deutsche werden!“ Der künstliche Bund aber, der nicht gestützt ist auf die Liebe und den Gemeingeist des Volkes, wird bald durch seine eigene Schwäche zusammenfallen! (...) Oh, ihr Fürsten, hört auf unser Wort! Gebt außer den Landständen uns auch Reichsstände. Lasst uns ein Volk und ein Staat werden, stark durch den Gemeingeist, der uns alle belebt; lasst uns nicht in unzählige kleine Reiche zerfallen, die ein künstlich gewebtes Band nur lose verbindet!

Anonymer Artikel im „Rheinischen Merkur“ vom 7. Mai 1815. In: M. Bozenhart, Die deutsche Verfassungsfrage 1812–1815. Göttingen 1968, S. 67 f.

LITERATURTIPP

Klaus Kordon, 1848. Die Geschichte von Jette und Frieder. Weinheim 2001.

Die Hintergründe, die in die Revolution von 1848 führten, werden lebendig dargestellt.

M 5 Vom Lied zur Nationalhymne

Heinrich Hoffmann von Fallersleben, Professor für deutsche Sprache und Literatur, war ein Mitglied der liberalen und nationalen Bewegung. „Das Lied der Deutschen" von 1841 entstand aufgrund von Eindrücken seiner Reise nach Helgoland. Auf der Überfahrt nach Helgoland wurden die Nationalhymnen der Engländer und Franzosen gespielt. Ihm wurde schmerzlich bewusst, dass die Deutschen keine Nationalhymne hatten. Unter diesem Eindruck entstand das Lied, das sogleich in Österreich und Preußen verboten wurde. Hoffmann von Fallersleben verlor in einem politischen Verfahren 1842 seinen Lehrstuhl. Das Lied wurde 1922 zur Nationalhymne der Weimarer Republik. Im Nationalsozialismus bildete es den Vorspann zum Horst-Wessel-Lied und nach dem Verbot durch die Siegermächte 1945 wurde die dritte Strophe für die BRD 1952 zur Nationalhymne.

Das Lied der Deutschen

Deutschland, Deutschland über alles,
Über alles in der Welt,
Wenn es stets zum Schutz und Trutze,
Brüderlich zusammenhält,
Von der Maas bis an die Memel,
Von der Etsch bis an den Belt.
Deutschland, Deutschland über alles,
Über alles in der Welt!

Deutsche Frauen, deutsche Treue,
Deutscher Wein und deutscher Sang
Sollen in der Welt behalten
Ihren alten schönen Klang,
Uns zu edler Tat begeistern
Unser ganzes Leben lang.
Deutsche Frauen, deutsche Treue,
Deutscher Wein und deutscher Sang!

Einigkeit und Recht und Freiheit
Für das deutsche Vaterland,
Danach lasst uns alle streben
Brüderlich mit Herz und Hand!
Einigkeit und Recht und Freiheit
Sind des Glückes Unterpfand:
Blüh im Glanze dieses Glückes,
Blühe, deutsches Vaterland!

Heinrich Hoffmann von Fallersleben. In: Erinnern und Urteilen, Bd. 8. Geschichte für Bayern. Stuttgart 1994, S. 110.

M 6 Karikatur von 1834
„Sie sehen, Herr Grenzwächter, dass ich nix zu verzoll'n hab, denn was hinte auf dem Wage is, hat die lippische Grenz noch nit überschritte, in der Mitte is nix, und was vorne drauf is, is schon wieder über die lippische Grenze drübe."

Fragen und Anregungen

1. Arbeite aus dem Artikel (M4) heraus, welche Haltung der Autor zur Einheit hat.
2. Erkläre, was mit der Karikatur „Die gute Presse" (M3) zum Ausdruck gebracht werden soll.
3. Zeige auf, was mit dem „Lied der Deutschen" (M5) ausgedrückt werden soll. Diskutiert, warum die erste und zweite Strophe heute nicht mehr gesungen werden.
4. Informiere dich über das weitere Schicksal von Fallersleben (M5).

3. „Auf die Barrikaden" – die Revolution von 1848

Februar 1848 Massendemonstrationen und Barrikadenkämpfe zwingen in Frankreich den König zur Flucht ins Ausland.

1848/1849 Revolution in Deutschland: Die französische Februarrevolution breitet sich in den deutschen Staaten und in vielen Ländern Europas aus.

M 1 **Frauen auf den Barrikaden** (1848)

Berlin 1848 – Ruhe vor dem Sturm

Berlin hatte 1848 etwa 400 000 Einwohner, nur 204 Polizisten genügten, um in der Stadt Ruhe und Ordnung zu bewahren. Doch die Ruhe trog. Wie überall in Deutschland herrschte in der Bevölkerung tiefe Enttäuschung über die politischen Zustände: Noch immer war Deutschland ohne gemeinsame Verfassung und ohne ein Parlament, noch immer hatten die Fürsten eine übergroße Machtfülle. Dazu kamen soziale Probleme: Missernten führten vielerorts zu einer Verknappung und daher Teuerung der Nahrungsmittel, niedrige Löhne zu einer geringen Kaufkraft, Absatzschwierigkeiten der Industrie zu Entlassungen und damit zu Arbeitslosigkeit. Die Bevölkerung Berlins und ganz Deutschlands war überzeugt, dass diese Zustände unhaltbar waren und geändert werden mussten – doch eine Revolution gegen die Fürsten konnte sich kaum einer vorstellen. Im März kam aber alles anders: Bürger Berlins errichteten in den Straßen Barrikaden, bewaffneten sich mit Pflastersteinen und Gewehren, Demonstrationen schlugen in Straßenkämpfe um. In Berlin war eine Revolution ausgebrochen. Wie hatte es dazu kommen können?

Revolutionäre Signale aus Frankreich

Der Funke der Revolution war erneut aus Paris gekommen. In Frankreich bestimmten seit 1830 unter dem Bürgerkönig Louis Philippe die Bankiers und reichen Geschäftsleute die Regierung. Dagegen versammelten sich im Februar 1848 Studenten und Kleinbürger zu einer Massendemonstration für das allgemeine Wahlrecht. Ihnen schlossen sich viele Industriearbeiter an, die soziale Verbesserungen forderten. Bald war ganz Paris in Aufruhr, überall fanden Barrikadenkämpfe statt. Louis Philippe floh ins Exil nach England. Die neue provisorische Regierung verkündete die Republik, versprach allgemeine und gleiche Wahlen für eine Nationalversammlung. Im November erhielt Frankreich eine republikanische Verfassung. Präsident wurde Louis Bonaparte, ein Neffe Napoléons.

Revolutionen in Wien und Berlin

Die französische Februarrevolution wirkte für die deutschen Staaten nach dem Hungerwinter 1846/47 wie ein Signal. Bürger und Bauern versammelten sich zu Massendemonstrationen und traten überall für die „Märzforderungen" ein: Pressefreiheit, Schwurgerichte, Volksheer, neue geschriebene Verfassungen und liberale Regierungen.

In Wien kam es zu Straßenkämpfen, als die Regierung Soldaten gegen die Demonstranten einsetzte. Metternich sah die habsburgische Monarchie gefährdet und hoffte, sie durch seine Flucht nach England retten zu können. Der Kaiser versprach, einen Reichstag einzuberufen, eine Verfassung zu gewähren und die Dienste und Abgaben der Bauern aufzuheben.

M 2 Vor den Barrikaden
(kolorierter Kupferstich von A. Klaus, 1848)
Kampf um die große Barrikade auf dem Alexanderplatz in Berlin am 18. März 1848.

M 3 Hinter den Barrikaden
(Farblithografie von F. G. Nordmann, 1848)
Frauen und Kinder gießen Kugeln aus Bleifenstern.

In Berlin versprach König Friedrich Wilhelm IV. auf die Nachricht vom Sturz Metternichs der Bevölkerung eine Verfassung für ganz Preußen. Am 18. März versammelten sich vor dem Berliner Schloss viele Bürger, um dem König dafür zu danken. Doch als die von Truppen umstellte Menge aufgefordert wurde, den Schlossplatz zu räumen, fielen unbeabsichtigt einige Schüsse. Die Stimmung schlug um, ein Straßen- und Barrikadenkampf brach los.

Revolution in München

In München verband sich die Opposition gegen die Macht der katholischen Kirche in der Regierung Ludwigs I. mit der Forderung, die Tänzerin Lola Montez, der man einen politisch negativen Einfluss auf den König vorwarf, vom Hofe zu entfernen. Das Volk bewaffnete sich. Ludwig I. musste Lola Montez aus Bayern ausweisen und die „Märzforderungen" annehmen. In seiner Herrscherwürde tief getroffen dankte der König daraufhin ab.

In anderen deutschen Städten

Auch in anderen deutschen Städten wie Köln oder Frankfurt konnte der Einsatz von Militär große und zahlreiche Massenversammlungen nicht verhindern. Barrikadenkämpfe der eigenen Bevölkerung gegen die eingesetzten Truppen zwangen die Fürsten zum Umdenken. In allen deutschen Staaten setzten sie liberale Regierungen ein. Wahlen zu einzelstaatlichen Parlamenten und zu einer gesamtdeutschen Nationalversammlung wurden zugelassen und durchgeführt.

Revolutionen in vielen Staaten Europas

In Italien richteten sich nach dem Sturz Metternichs nationale Aufstände in Mailand, Venedig und Sardinien gegen Österreich; Sizilien, die Toskana und Sardinien erhielten neue Verfassungen.
In der Schweiz bildete eine neue Verfassung den Staatenbund in einen Bundesstaat um.
In Dänemark richteten sich nationale Aufstände in den Herzogtümern Schleswig und Holstein gegen den damals dort regierenden dänischen König und forderten einen Anschluss an Deutschland.
In Ungarn wurde eine nationale Regierung gebildet, die sich vom Hause Habsburg trennte.
In Prag forderte die tschechische Nationalbewegung eine eigene Verfassung innerhalb des Habsburgerreiches.

M 4 Friedrich Wilhelm IV.
(anonyme Karikatur)

M 5 Fürst und Volk

Reden König Friedrich Wilhelms IV.:

a) Am 11. April 1847:

Es ist Gottes Wohlgefallen gewesen, Preußen durch das Schwert groß zu machen, durch das Schwert des Krieges nach außen, durch das Schwert des Geistes nach innen. (...) Es drängt Mich zu der feierlichen Erklärung, dass es keiner Macht der Erde je gelingen soll, Mich zu bewegen, das natürliche, gerade bei uns durch eine innere Wahrheit so mächtig machende Verhältnis zwischen Fürst und Volk in ein (...) konstitutionelles (verfassungsmäßiges) zu wandeln, und dass Ich es nun und nimmermehr zugeben werde, dass sich zwischen unserem Herrgott im Himmel und diesem Lande ein beschriebenes Blatt, gleichsam als eine zweite Vorsehung eindränge, um uns mit seinen Paragraphen zu regieren und durch sie die alte heilige Treue zu ersetzen.

Geschichte in Quellen, Bd. 5. München 1980, S. 136.

b) Am 21. März 1848:

An mein Volk und an die deutsche Nation! (...) Ich habe heute die alten deutschen Farben angenommen und Mich und Mein Volk unter das ehrwürdige Banner des deutschen Reiches gestellt.
Preußen geht fortan in Deutschland auf. (...) Allgemeine Einführung wahrer konstitutioneller Verfassungen, mit Verantwortlichkeit der Minister in allen Einzelstaaten (...) werden allein solche sichere und innere Einheit bewirken und zu befestigen imstande sein.

E. R. Huber (Hg.), Dokumente zur deutschen Verfassungsgeschichte, Bd. 1. Stuttgart 1961, S. 365.

M 6 18. März 1848: Straßenkämpfe in Berlin

Ein Augenzeuge berichtet:

Bürger kommen, aufgeregt bis zur rasenden Wut, bleich, atemlos. Sie rufen: Man hat auf dem Schlossplatz soeben auf uns geschossen. Wut und Rachegeschrei erhebt sich. Das Straßenpflaster wird aufgerissen, die Waffenläden werden geplündert. Barrikaden erheben sich im Nu in der Königsstraße, aus Droschken, aus Omnibuswagen, aus Wollsäcken, aus Balken, aus umgestürzten Brunnengehäusern bestehend. Dann kommen etwa 200 Leute mit Degen, Schippen, Pistolen, Äxten, Mistgabeln. Auf den Dächern sind Männer mit Steinen postiert. Da kommt die Nachricht, die ganze Stadt sei verbarrikadiert; sie habe sich wie ein Mann erhoben.

A. Wolff, Berliner Revolutionschronik. Berlin 1851, S. 159 f.

M 7 24. März 1848: Nach den Straßenkämpfen

Der Arzt Rudolf Virchow berichtet sechs Tage später:

Für den Augenblick haben wir Ruhe, aber die Ruhe eines Vulkans. Schon beginnt unter den Großbürgern die Reaktion gegen das einfachere Volk. Schon spricht man wieder von Pöbel; schon denkt man daran, die politischen Rechte ungleichmäßig unter die einzelnen Glieder der Nation zu verteilen; schon wagt man, die Presse zu terrorisieren, und die Regierung beginnt allmählich wieder einen Ton anzustimmen, der dem Ton vor dem 18. März sehr nahe verwandt ist. Aber die Volkspartei ist wach, und sie ist mächtig.
Der Anblick Berlins heute, verglichen mit dem vor 14 Tagen, ist wahrhaft traumhaft. Überall Leben, überall

Waffen, überall freie und öffentliche Rede. Ganz Berlin hängt voll deutscher Fahnen, und die Straßen haben dadurch ein außerordentlich buntes und belebtes Aussehen gewonnen. Die Berliner selbst sind natürlich voll Siegesstolz, und jeder Straßenjunge tut, als ob er mehrere Soldaten getroffen hätte. Das ist etwas ganz Neues und fast das Wichtigste bei der Sache, dass wir jetzt Selbstgefühl, Selbstachtung, Selbstvertrauen gewonnen haben. Wünschen wir nur, dass die Selbstregierung nicht noch einmal durch Waffengewalt erkämpft werden muss, denn ein zweiter Kampf würde gewiss ungleich blutiger sein als der erste.

R. Weber (Hg.), Revolutionsbriefe 1848/49. Frankfurt am Main 1973, S. 87 ff.

M 8 Revolution in Bayern – Ludwig I. verliert seinen Thron (Gemälde von Joseph Stieler, 1826)

König Ludwig I. (1825–1848) war ein begeisterter Verehrer der antiken Kunst. Er holte die besten Künstler nach München. Über München hinaus profitierte ganz Bayern von der Baufreude des Königs.

Politisch galt er bei seinem Regierungsantritt 1825 als „vorzüglichster Beschützer echt liberaler Ideen in ganz Europa". Er war ein Gegner des Systems Metternich, hob die Pressezensur auf und gewährte dem Parlament große politische Handlungsfreiheit. Die Julirevolution 1830 in Frankreich und das Hambacher Fest 1832 brachten einen Umschwung. Ludwig I. befürchtete, dass die revolutionären Strömungen auf Bayern übergreifen würden und sah seinen eigenen Thron bedroht: Zeitungen wurden beschlagnahmt, Professoren gemaßregelt und liberale Minister abgesetzt. Die katholische Kirche gewann dagegen stark an Einfluss. Das Lager der Opposition wuchs.

Zusätzlichen politischen Zündstoff lieferte das Auftauchen der Tänzerin Lola Montez, die es verstand, Einfluss auf Ludwig I. auszuüben. Als der König sie zur Gräfin Landsfeld in den Adelsstand erhob, schloss sich der Kreis der Opposition: Die Hofgesellschaft, die Bürger Münchens, Studenten und Professoren fanden sich im Protest gegen die eigenwillige Haltung des Königs zusammen. Auch die Ausweisung der „Gräfin", die Einsetzung liberaler Minister und die Aufhebung der Pressezensur konnten die Situation nicht beruhigen. Unruhe und Erregung im Lande erreichten den Höhepunkt, als sich die Nachrichten von den Ereignissen der Februarrevolution in München verbreiteten. Das Volk bewaffnete sich. Der König musste die „Märzforderungen" annehmen. Damit war die politische Seite der Revolution beendet.

Doch noch einmal kam es in München zu Unruhen: bei dem Gerücht, die „Lola" sei zurückgekehrt. Ludwig I. musste auch ihre Adelserhebung zurücknehmen. Daraufhin dankte er zugunsten seines Sohnes Maximilian II. (1848–1864) ab und rettete damit seine Dynastie.

Fragen und Anregungen

1. Stelle Ursachen, Anlässe und den Ablauf der Revolution in den deutschen Städten und vielen europäischen Ländern fest. Welche Gemeinsamkeiten und Unterschiede gibt es?
   Erläutere vor allem, wodurch sich die Vorgänge in München von anderen deutschen Städten unterscheiden. (VT, M8)
2. Vergleiche die Bewaffnung der Soldaten mit der der Bevölkerung und überlege, warum der Aufstand dennoch nicht niedergehalten werden konnte. (M2, M3, M6)
3. Beschreibe die Haltung König Friedrich Wilhelms IV., die sich in seinen zwei Reden vor und nach der Revolution ausdrückt (M5a und M5b). Vergleiche dazu auch M4.

4. Das erste deutsche Nationalparlament

Wer vertritt das deutsche Volk in seinem ersten Parlament?

Ende März kamen in Frankfurt am Main etwa 500 führende Vertreter der liberalen Bewegung aus eigenem Entschluss, ohne Wahl oder Entsendung, zusammen. Sie stellten sich die Aufgabe, die Wahlen für eine Nationalversammlung vorzubereiten. Ein Abgeordneter sollte jeweils 50 000 Wähler vertreten. Aussichtsreiche Kandidaten waren angesehene Persönlichkeiten, denn gegen deren Bekanntheitsgrad besaßen die Kandidaten der Handwerker, Bauern und Arbeiter von vornherein kaum Chancen. Die Durchführung der Wahl blieb den Einzelstaaten vorbehalten. Am 18. Mai 1848 trat das neu gewählte Parlament in der Frankfurter Paulskirche zusammen. Höhere Beamte, Richter, Professoren, Lehrer, Schriftsteller, Kaufleute, Pfarrer und Ärzte stellten die meisten Abgeordneten; Landwirte und Handwerker blieben eine kleine Minderheit. Die Frauen durften weder wählen noch gewählt werden.

Wie soll ein deutscher Nationalstaat aussehen?

Das neue Parlament musste vor allem drei Probleme lösen:

- Das nationale Problem: Ist ein Nationalstaat mit den zwei Großmächten Preußen und Österreich möglich? Konnte der Vielvölkerstaat Österreich dem deutschen Nationalstaat angehören?
- Das bundesstaatliche Problem: Sollte ein Einheitsstaat mit starker Zentralgewalt oder eine Föderation mit weitgehender Selbstständigkeit der Einzelstaaten entstehen?
- Das Problem der Staatsform: Sollte eine konstitutionelle Monarchie geschaffen werden, eine parlamentarische Monarchie oder gar eine Republik?

M 1 Die deutsche Nationalversammlung in der Frankfurter Paulskirche (zeitgenössische Farblithografie)

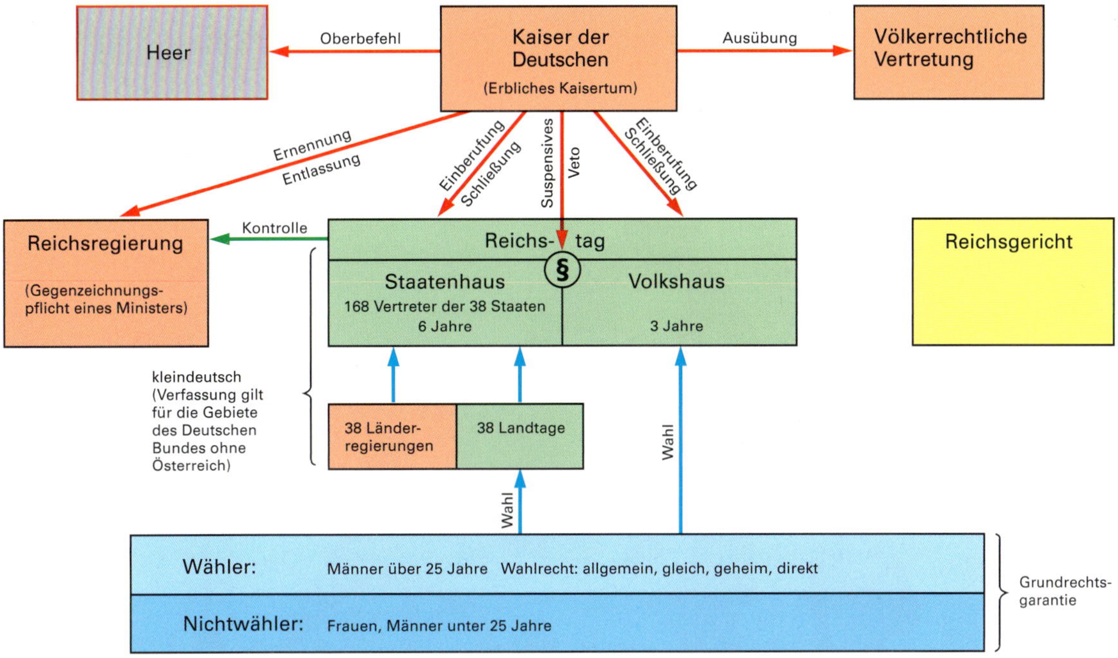

M 2 **Die geplante Reichsverfassung 1849**

Fraktionen entstehen

Wie ein Abgeordneter politisch dachte, war in der Regel unbekannt, denn Parteien gab es noch nicht. Allerdings fanden sich während der Debatten Gleichgesinnte, die sich zu so genannten Fraktionen zusammenschlossen. Sie nannten sich nach den Gasthöfen, in denen sie sich zur Aussprache trafen. Da die Abgeordneten einer Fraktion auch in der Paulskirche geschlossen zusammensaßen, konnte man an der Sitzordnung erkennen, welche politischen Programme sie vertraten. Von der Rednerbühne aus gesehen rechts saßen mehr konservative Liberale, die den Fürsten weiterhin viel Macht lassen wollten. In der Mitte fanden sich die Liberalen zusammen, die die Macht der Fürsten durch Verfassungen stark einengen wollten, und links saßen Abgeordnete, die sich für eine Demokratie und Republik einsetzten. So bildeten sich die Fraktionen der „Rechten", der „Mitte" und der „Linken" heraus. Diese Gruppierungen wurden zu Vorformen der nach 1860 entstehenden Parteien.

Eine provisorische Regierung wird gebildet

Zu ihrem Präsidenten wählte die Nationalversammlung den hessischen Abgeordneten Heinrich von Gagern. Auf seinen Vorschlag wurde der populäre Erzherzog Johann von Österreich als Reichsverweser (Reichsoberhaupt bis zu einer endgültigen Lösung) eingesetzt. Die neue Zentralgewalt hatte aber kaum Mittel, um die Beschlüsse des Parlaments durchzusetzen. Sie hatte keine festen Einnahmen, keinen eigenen Verwaltungsapparat und kein eigenes Heer. Die Macht lag noch immer in den Händen der Einzelstaaten und ihrer Fürsten.

Die Grundrechte werden verfasst

Die Mehrheit der Nationalversammlung war monarchisch gesinnt, eine kleine Gruppe war für eine Republik. Gemeinsam war ihnen aber allen der Wille, die „Grundrechte des deutschen Volkes" zu schaffen, die der Verfassung vorangestellt werden sollten: Gleichheit vor dem Gesetz, Freiheit der Person, Meinungsfreiheit, Glaubensfreiheit, Recht auf Eigentum u. a. Die Abfassung dauerte allerdings mehrere Monate – viel Zeit für die Fürsten, sich von den revolutionären Erschütterungen wieder zu erholen.

M 3 Problemlösung durch die Dampfmaschine?
Ernst Litfaß, der 1855 in Berlin die ersten nach ihm benannten Anschlagsäulen aufstellte, gab am 18. Mai 1848 die erste Nummer der satirischen Zeitschrift „Berliner Krakehler“ mit dieser Karikatur heraus. Präsident Gagern füllt den Trichter der Maschine mit den vielen Vorschlägen der Abgeordneten, der demokratische Abgeordnete der Linken, Robert Blum, heizt den Kessel.

„Großdeutsch"?

Erst Anfang Oktober 1848 begannen die Beratungen über die Verfassung. Das entscheidende Problem war dabei die Rolle Österreichs. Zum Deutschen Bund gehörten zwar die österreichischen Gebiete sowie Böhmen und Mähren, nicht aber Ungarn und Norditalien. Ein Teil der Abgeordneten, die „Großdeutschen“, wollten die deutschsprachigen Gebiete Österreichs in den Nationalstaat aufnehmen. Die österreichische Regierung bestand aber auf der Einheit des Vielvölkerstaates.

Oder „kleindeutsch"?

Für einen völligen Ausschluss Österreichs waren die „Kleindeutschen“. Sie wollten unter Führung Preußens eine starke Reichsgewalt, ausgeübt durch Reichstag und Reichsregierung. Dies war ihrer Meinung nach mit zwei Großmächten nicht möglich. Die „Kleindeutschen“ setzten sich schließlich durch. Der preußische König wurde als erblicher Kaiser an die Spitze des Reiches gewählt und die neue Verfassung mit knapper Mehrheit (267 zu 263 Stimmen) angenommen. Ein Kompromiss löste verschiedene Probleme: Dem Kaiser wurde einerseits das suspensive Veto (aufschiebender Einspruch) zugestanden, andererseits das allgemeine, gleiche, geheime und direkte Wahlrecht eingeführt. Die Verfassung war zentralistisch („Reichsrecht bricht Landesrecht“) und parlamentarisch (Staatenhaus und Volkshaus).

M 4 Grundrechte des deutschen Volkes

Sie wurden 1849 als Paragraphen 130 bis 189 der Reichsverfassung angefügt:

§ 137: Vor dem Gesetz gilt kein Unterschied der Stände. Der Adel als Stand ist aufgehoben. Alle Standesvorrechte sind abgeschafft. Die Deutschen sind vor dem Gesetz gleich. (...) Die Wehrpflicht ist für alle gleich.

§ 138: Die Freiheit der Person ist unverletzlich. (...)

§ 139: Die Todesstrafe, ausgenommen, wo das Kriegsrecht sie vorschreibt (...), sowie die Strafen des Prangers, der Brandmarkung und der körperlichen Züchtigung sind abgeschafft.

§ 140: Die Wohnung ist unverletzlich. (...)

§ 143: Jeder Deutsche hat das Recht, durch Wort, Schrift, Druck und bildliche Darstellung seine Meinung frei zu äußern. (...)

§ 144: Jeder Deutsche hat volle Glaubens- und Gewissensfreiheit. (...)

§ 161: Die Deutschen haben das Recht, sich friedlich und ohne Waffen zu versammeln.

§ 178: Das Gerichtsverfahren soll öffentlich und mündlich sein. (...)

§ 181: Rechtspflege und Verwaltung sollten getrennt und voneinander unabhängig sein.

E. R. Huber (Hg.), Quellen zum Staatsrecht der Neuzeit, Bd.1. Tübingen 1949, S.257 ff.

Kontro vers

M 5 Debatten über die Verfassung im Januar 1849

a) Der württembergische Abgeordnete Uhland:

Meine Herren! Ich erkläre mich für die periodische Wahl des Reichsoberhauptes durch die Volksvertretung (...). Die Revolution und ein Erbkaiser – das ist ein Jüngling mit grauen Haaren. Ich lege noch meine Hand auf die alte offene Wunde, den Ausschluss Österreichs. Ausschluss, das ist doch das aufrichtige Wort; denn wenn ein deutsches Erbkaisertum ohne Österreich beschlossen wird, so ist nicht abzusehen, wie irgendeinmal Österreich noch zu Deutschland treten werde. (...) Eine wahre Einigung muss aber alle Ländergebiete zusammenfassen. (...) Verwerfen Sie die Erblichkeit, schaffen Sie keinen herrschenden Einzelstaat, stoßen Sie Österreich nicht ab, retten Sie das Wahlrecht, dieses kostbare Volksrecht, dieses letzte Wahrzeichen des volksmäßigen Ursprungs der neuen Gewalt. Glauben Sie, meine Herren, es wird kein Haupt über Deutschland leuchten, das nicht mit einem vollen Tropfen demokratischen Öls gesalbt ist.

b) Der sächsische Abgeordnete Biedermann:

Das Volk muss wissen, dass es eine feststehende, nicht wandelbare Macht an der Spitze der Geschäfte hat, und das ist das Erbkaisertum. (...) Es kann niemand die Kaiserwürde erhalten als der Beherrscher des mächtigsten Staates, und das ist Preußen. (...) Preußen ist ein starker Militärstaat, der nötigenfalls auch allein, wenn die anderen Staaten lässig wären oder gar sich weigerten, dem Auslande die Spitze bieten kann; kein anderer kann es (...), Österreich wird zerfallen. (...) Wenn aber Österreich zerfällt, meine Herren, dann kommt zu uns nicht das starke, mächtige Österreich, welches berufen ist, dem Erdball zu gebieten, sondern es kommen zu uns einzelne zerstreute Glieder dieses Körpers.

F. Wigard (Hg.), Stenografische Berichte über die Verhandlungen der deutschen konstitutionellen Nationalversammlung zu Frankfurt am Main 1848/49, Bd. 6, S. 4708 ff.

Fragen und Anregungen

1. Zeige auf, wie die im VT beschriebenen Probleme der Nationalversammlung im Verfassungsentwurf von 1849 gelöst wurden. Inwiefern kann man von einem Kompromiss sprechen? (M2)
2. Erläutere, warum in der Karikatur M3 gerade von der Technik das Wunder erhofft wird, alle Probleme zu lösen.
3. Diskutiere aus der Sicht eines preußischen und österreichischen Abgeordneten, wie die Verfassung des neuen Staates aussehen soll. (VT, M2, M5)
4. Besorge dir ein Grundgesetz der Bundesrepublik Deutschland. Vergleiche Art. 2 Abs. 2, Art. 3 Abs. 1, Art. 4 Abs. 1, Art. 5 Abs. 1und 3, Art. 8 Abs. 1 sowie Art. 14. Abs. 1 mit den Formulierungen von M4.

5. Die Revolution in Deutschland scheitert

Juni 1848	Die Gegenrevolution in Österreich beginnt.
April 1849	Der preußische König Friedrich Wilhelm IV. lehnt die deutsche Kaiserkrone ab.
1850	Der Deutsche Bund wird unter österreichischer Führung wiederhergestellt.

M 1 Preußen und die Revolution
(Karikatur von F. Schröder, 1849)
„Was heulst'n, kleiner Hampelmann?" –
„Ick hab Ihr'n Kleenen 'ne Krone jeschnitzt, nu will er se nich!"

Die alten Gewalten kehren zurück

Für Frankreich brachte die Februarrevolution im November 1848 eine republikanische Verfassung. Sie garantierte allen männlichen Franzosen über 21 Jahren das direkte, allgemeine und geheime Wahlrecht. Zum Präsidenten wurde im Dezember 1848 Louis Napoléon, ein Neffe Napoléons, gewählt. 1852 machte er sich allerdings durch einen Staatsstreich zum Kaiser. In den meisten anderen europäischen Staaten kehrten jedoch bereits 1848/49 die alten Gewalten zurück.
Noch während die Nationalversammlung in Frankfurt über die Verfassung und die nationale Frage debattierte, begann im Sommer 1848 in Österreich die Gegenrevolution. Kaiserliche Truppen warfen die Aufstände in Prag nieder, eroberten die Lombardei zurück und stellten die Herrschaft über Wien wieder her. Auch in Preußen siegte die Gegenrevolution. 40 000 preußische Soldaten besetzten Berlin. Der preußische König verfügte eine Verfassung, die zuerst ein gleiches Wahlrecht enthielt, später aber in ein Dreiklassenwahlrecht abgeändert wurde, das die Wähler nach ihrer Steuerleistung in drei „Klassen" einteilte. Jede Klasse wählte eine gleiche Zahl von Abgeordneten: Die erste Steuerklasse brauchte dazu aber nur etwa 5 Prozent, die zweite 13 Prozent, die dritte dagegen aber 82 Prozent aller Wähler.

Die Nationalversammlung ist machtlos

Bereits damit drohte das Scheitern der Nationalversammlung, einen deutschen Nationalstaat zu schaffen, denn ohne Heer konnte sie militärisch gegen die Rückkehr der alten Gewalten nichts unternehmen.
Als die Nationalversammlung nach fast einem Jahr eine Verfassung für ein einheitliches Deutschland ausgearbeitet hatte, wurde sie zwar von 28 der 38 Regierungen der Einzelstaaten anerkannt. Die großen Staaten Österreich, Preußen und Bayern lehnten sie aber ab. Der härteste Schlag für die Paulskirche war jedoch die Ablehnung der Kaiserkrone durch den preußischen König, weil er die Volkssouveränität nicht als Verfassungsgrundlage anerkannte: Für den König haftete daran der „Ludergeruch der Revolution". Viele Abgeordnete sahen in ihrer Tätigkeit keinen Sinn mehr und blieben dem Parlament fern. Ein aus etwa 100 Abgeordneten der Linken bestehendes „Rumpfparlament" verlegte seinen Sitz nach Stuttgart, wurde aber im Juni 1849 von württembergischem und preußischem Militär aufgelöst.

Militär gegen Demonstranten und Demokraten

Diese Vorgänge führten in vielen deutschen Staaten zu Protestaktionen und Demonstrationen. Vor allem die Anhänger der politischen Linken versuchten mit Demonstrationen, die Durchsetzung der Verfassung zu erzwingen. Die Aufstände

M 2 Sächsische Aufständische werden in Gefangenschaft geführt
(Neuruppiner Bilderbogen, 1849)
Vor dem Dresdener Stadtgericht mussten sich 869 Aufständische vom Mai 1849 verantworten, darunter 50 Handwerksmeister, 285 Gesellen und 28 Arbeiter.

in Frankfurt, Düsseldorf, Krefeld und Dresden wurden aber von preußischem Militär niedergeworfen. Ebenso erging es Aufständischen in der bayerischen Pfalz und in Baden. Im Juli 1849 endete die Revolution mit der Niederlage von 6 000 badischen Aufständischen in Rastatt.
Viele Revolutionäre wurden von preußischen Standgerichten zu jahrelangen Gefängnis- und Zuchthausstrafen oder zur standrechtlichen Erschießung verurteilt. Andere wanderten aus, meist über die Schweiz und Frankreich nach England und in die USA.
1850 vereinbarten Preußen und Österreich die Wiederherstellung des Deutschen Bundes unter österreichischer Führung. Im August 1851 hob der neu zusammengetretene Frankfurter Bundestag die von den Abgeordneten der Paulskirche beschlossenen „Grundrechte des deutschen Volkes" wieder auf. Der Zustand Deutschlands war weitgehend wieder so wie vor der Revolution.

Warum scheiterte die Revolution?

Als der König von Preußen die Kaiserkrone ablehnte, war dies nur das äußere Zeichen für das Scheitern der Revolution. Die Ursachen lagen tiefer:
Die Revolution machte „vor den Thronen halt". Die Mehrheit der Nationalversammlung wollte einen liberalen Nationalstaat ohne Beseitigung der Monarchien. Damit wurde den Fürsten die Möglichkeit eingeräumt, den vorrevolutionären Zustand durch den Einsatz von Militär wiederherzustellen.
Das Bürgertum und die meisten Abgeordneten fürchteten einen Umsturz der Gesellschaft. Sie wollten die bestehenden Besitzstände beibehalten.
Die Armeen schlossen sich der Revolution nicht an, auch das gesamte Beamtentum blieb auf der Seite der Fürsten.
Weite Teile der Bevölkerung, vor allem das Landvolk, sahen in den Einzelstaaten ihr gewohntes Vaterland und im Landesfürsten die vertraute Obrigkeit.
Zu diesen Problemen im Innern kamen Widerstände von außen; Österreich, Russland und Frankreich hätten einen nationalen Erfolg der Paulskirche vermutlich nicht widerspruchslos hingenommen. Zu grundsätzlich wären die Machtverhältnisse in Europa verändert worden.

M 3 März 1848 bis Februar 1849: Wandel der Zeiten

a) **Der König** (Karikatur aus der Deutschen „Reichsbremse“ 1849, einem satirischen Blatt der Revolutionszeit)
Die Lithografie von 1849 zeigt den „gesichtslosen“ preußischen König Friedrich Wilhelm IV., den russischen Zar Nikolaus, Österreichs Kaiser Franz Joseph und die Könige von Hannover, Bayern, Württemberg und Sachsen (von links nach rechts).

b) **Die Gesellschaft** (zeitgenössische Karikatur)

Im Jahre 1848.

„Guten Tag, Herr Hofrat Gumpel.“
„Ihr Diener! Bester Freund, ein Wort im Vertrauen – nennen Sie mich einfach Herr Gumpel und lassen Sie den Hofrat weg.“

Im Jahre 1849.

„Guten Tag, Herr Gumpel.“
„Guten Tag! Lieber Mann, ein Wort im Vertrauen – nennen Sie mich einfach Herr Hofrat und lassen Sie den Gumpel weg.“

c) **Das Volk** („Der Deutsche Michel“, Karikatur)

d) **„Wappen für das Deutsche Volk“**

M 4 Ein „Reif aus Dreck und Letten"

Schon im Dezember 1848, während die Abgeordneten noch über die Verfassung diskutierten, schrieb Friedrich Wilhelm IV. an seinen Freund Freiherr von Bunsen:

Ich will weder der Fürsten Zustimmung zu der Wahl noch die Krone. Verstehen Sie die markierten Worte? (...) Die Krone ist ernstlich keine Krone. Die Krone, die ein Hohenzoller nehmen dürfte, (...) ist (...) eine, die den Stempel Gottes trägt. (...) Die aber, die Sie – leider – meinen, verunehrt überschwänglich mit ihrem Ludergeruch der Revolution von 1848, der albernsten, dümmsten, schlechtesten, wenn auch gottlob nicht der bösesten dieses Jahrhunderts. Einen solchen imaginären Reif aus Dreck und Letten gebacken soll ein legitimer König von Gottes Gnaden und nun gar der König von Preußen sich geben lassen? (...) Ich sage es Ihnen rund heraus: Soll die tausendjährige Krone deutscher Nation, die 42 Jahre geruht hat, wieder einmal vergeben werden, so bin ich es und meinesgleichen, die sie vergeben werden; und wehe dem, der sich anmaßt, was ihm nicht zukommt.

H. Berding, Die deutsche Revolution von 1848/49. In: Quellen zur Geschichte und Politik. Stuttgart 1991, S. 84.

Kontro vers

M 5 Nach der Revolution: politisches Versammlungsverbot für Frauen

a) Aus dem preußischen Gesetz gegen den Missbrauch des Versammlungs- und Vereinigungsrechtes (11. März 1850):

§ 8: Für Vereine, welche bezwecken, politische Gegenstände in Versammlungen zu erörtern, gelten (...) nachstehende Beschränkungen: Sie dürfen keine Frauenspersonen, Schüler und Lehrlinge als Mitglieder aufnehmen. (...) Frauenspersonen, Schüler und Lehrlinge dürfen den Versammlungen und Sitzungen solcher politischer Vereine nicht beiwohnen, werden dieselben auf die Aufforderung des anwesenden Abgeordneten der Obrigkeit nicht entfernt, so ist Grund zur Auflösung der Versammlung oder Sitzung vorhanden.

b) Die „Abendpost", eine Berliner Zeitung, nahm in einem mit „Hermine" unterzeichneten Kommentar zu dem Gesetz Stellung:

Was denken diese Kammer-Herren, fürchten sie etwa die Frau? Fürchten sie, wir blicken ihnen zu tief in die Karten und beteiligen uns bei einer möglichen deutschen Volkserhebung? Fürchten sie, das Weib seinen häuslichen Pflichten (...) zu entziehen, wollen sie die Frau nur in der Küche und Kinderstube sehen, verlangen sie, die Frau solle eine tote Arbeitsmaschine sein? Das wird ihnen nicht gelingen! Die Frau hat so gut wie der Mann fünf Sinne, so gut wie er Geist und Verstand. (...) Fürchten sie die Frau, weil sie kein gutes Gewissen haben? – Nicht ohne Grund wollen sie die Frauen fern halten von den Vereinen; diese Kammer-Herren haben Gründe. (...) Sie fürchten, die Frau könne ihre Gewalt über den Mann geltend machen; sie fürchten, dass durch ihre Mitwirkung, ihre Ermutigung, ja durch ironische Äußerungen Scham in dem Manne erwacht, und er umso eher ermutigt und mit Ernst, Ausdauer und Festigkeit die endliche Einlösung der königlichen Versprechungen fordert. Sie fürchten in der Frau die Mutter des kommenden Geschlechts, die Stamm-Mutter eines neuen Zeitalters! Und mit Recht! Die deutsche Frau weiß, was sie der Gegenwart, was sie der Zukunft, sie weiß, was sie dem großen deutschen Vaterlande schuldig ist! (...) Nein, wir, die deutschen Frauen haben erkannt (...), dass in unserer Hand die Zukunft der deutschen Freiheit liegt.

U. Gerhard, Verhältnisse und Verhinderungen. Frauenarbeit, Familie und Rechte der Frauen im 19. Jahrhundert. Frankfurt am Main 1978, S. 443.

Fragen und Anregungen

1. Überprüfe die im VT genannten Ursachen für das Scheitern der Revolution und nimm dazu Stellung.
2. Nenne die Gründe, die der preußische König für die Ablehnung der Kaiserkrone anführt und vergleiche seine Haltung mit der vom März 1848 (M4 und S. 64, M5b).
3. Beschreibe die Karikaturen M3 und zeige auf, was die Zeichner damit ausdrücken wollten.
4. Erläutere, wie in M5b die Diskriminierung der Frauen durch das politische Versammlungsverbot M5a beurteilt wird.

6. Wir „schreiben" Geschichte: Flugblätter prangern Missstände an

Flugblätter – oft neudeutsch „flyer" genannt – kennt ihr alle. Sie begegnen uns heute vor allem als Werbeträger. Sie sind leicht herzustellen und erreichen viele Menschen. Auch früher schätzte man diese Vorzüge. Nur war der Zweck der Flugblätter meist ein anderer. Mit ihnen wollten die Verfasser ihre Mitmenschen über politische Zustände informieren oder ihren Protest kundtun.
Während der Französischen Revolution waren Flugblätter besonders wichtige Kommunikationsmittel. So konnten Informationen, neueste Entwicklungen und Aufrufe auch unter die einfachen Leute gebracht werden. Das Volk in den Städten und die Bauernschaft auf dem Land konnten zwar oft nicht lesen, durch die massenhafte Verbreitung sprachen sich aber Sinn und Inhalt der Flugschriften schnell herum.

An die Bauern Frankreichs!

Seht, in welcher Lage sich der Bauernstand heute befindet: [...]

Warum ist das so? [...]

Was ist zu tun? Lasst uns gemeinsam ...

FLUGBLÄTTER VERFASSEN

Verfasst (eventuell in Gruppenarbeit) selbst ein Flugblatt, das die Bauern zu Aktionen aufrufen soll. Folgende Stichpunkte könntet ihr verwenden.
Lage der Bauern um 1788:
- *drückende Abgabenlast – für die Kirche, für den Staat;*
- *Frondienste: „Sonderarbeiten" für den Grundherrn;*
- *aber: 1. und 2. Stand sind von Steuern befreit;*
- *extrem schlechte Ernte im letzten Jahr;*
- *seit ca. 1770 stetig abnehmende Gewinne für Kleinbauern;*
- *enorme Preissteigerungen: Existenzsicherung kaum möglich;*
- *Geringschätzung des Bauernstandes durch Adel und Klerus.*

ANREGUNGEN ZUR WEITERARBEIT

Geht die bisher behandelten Kapitel in eurem Geschichtsbuch noch einmal durch und sucht nach Beispielen, wo eine bestimmte Gesellschaftsgruppe gegen Missstände protestieren könnte. Teilt die Klasse in Gruppen auf und verfasst politische Flugblätter. Einige Vorschläge:
- *Französische Revolution: Bürger oder städtische Unterschicht;*
- *Restaurationszeit: Protest gegen Zensur (z. B. durch Schriftsteller);*
- *Revolution von 1848: „Märzforderungen";*
- *Kaiserreich: Lage der Arbeiter, Sozialistengesetze.*

7. Wir „spielen“ Geschichte: In der Paulskirche wird Politik gemacht

M 1 Feierlicher Einzug der Abgeordneten in die Paulskirche in Frankfurt am Main (Holzstich, 1848)

Das erste gesamtdeutsche Parlament trat in der Frankfurter Paulskirche am 18. Mai 1848 zusammen. Es sollte einen Nationalstaat gründen und für das künftig geeinte Deutschland eine Verfassung ausarbeiten.
Das war keine leichte Aufgabe, wenn man bedenkt, dass die Abgeordneten völlig unterschiedliche Interessen vertraten und von unterschiedlicher Herkunft waren.

Parteien, wie wir sie heute kennen, gab es 1848 noch nicht. Aber es gab durchaus schon Gruppierungen, die ähnliche Ziele hatten und sich versammelten, um sich abzusprechen. Diese Gespräche fanden in Gasthäusern statt. Die Fraktionen, die sich dort bildeten, trugen die Namen der entsprechenden Lokale. So konnte es in der Nationalversammlung also zu einem Rededuell zwischen einem Abgeordneten der Fraktion „Landsberg“ und einem des „Deutschen Hofs“ kommen.

Eine solche Debatte lässt sich nachspielen. Es ist klar, dass in Wirklichkeit die Diskussion nicht auf diese Weise stattgefunden hat. Dennoch ist es interessant, die Grundeinstellung und die Ziele zweier Paulskirchenabgeordneter gegenüberzustellen. So könnten die Stichpunktzettel der beiden für ihre Redebeiträge ausgesehen haben:

Ziele und Vorstellungen eines „Landsberg-Abgeordneten“ *(nach der Sitzordnung im Parlament wurde diese Ausrichtung als eher „rechts“ bezeichnet):*
- *künftiger Nationalstaat: muss unbedingt eine Monarchie sein;*
- *gewisse Beschränkung des Monarchen durch eine Verfassung (konstitutionelle Monarchie);*
- *gewisse Selbstständigkeit der Einzelstaaten, Ziel: ein starker Bundesstaat;*
- *Sicherung der in der Revolution erreichten Zugeständnisse;*
- *aber Ablehnung weitergehender Forderungen wie Errichtung einer Republik oder mehr Rechte für Arbeiter und das einfache Volk (allgemeines Wahlrecht);*
- *Beendigung von Revolution und Aufständen.*

Ziele und Vorstellungen eines Abgeordneten des „Deutschen Hofs“ *(links):*
- *wichtigste Ziele: demokratische Freiheit und Einheit Deutschlands;*
- *Nationalstaat: Staatsform idealerweise Republik; Wahl einer Regierung auf Zeit;*
- *Volksvertretung: alleiniges Recht zur Gesetzgebung (Volkssouveränität);*
- *allgemeines Wahlrecht, unabhängig von Stand und Einkommen;*
- *in die Verfassung: für alle Deutschen geltende Grundrechte;*
- *Verbesserung der sozialen Situation des Volkes.*

VERFASSEN EINER REDE

Verfasst mithilfe der beiden Stichpunktzettel eine kleine Rede für die beiden Paulskirchenabgeordneten. Achtet auf eine gute Begründung eurer Forderungen. Erweitert anschließend die Diskussion über Sinn und Realisierbarkeit der Ziele auf die gesamte Klasse.

8. Wir „suchen" Geschichte (I): Gebäude und Denkmäler

M 1 Siegestor in München

Das Siegestor kennt jeder Münchner und auch den meisten Touristen oder München-Besuchern ist es bekannt.
Aber wer weiß Näheres dazu?
Wann und von wem wurde es erbaut?
Wer hat es in Auftrag gegeben?
Welchem „Vorbild" folgt es?
Warum wurde es errichtet?
Welche Details sind interessant („Quadriga", Inschrift, etc.)?
Wahrscheinlich werdet ihr nicht alle Fragen beantworten können. Im Kasten auf der linken Seite findet ihr ein paar Anregungen, wo man genauere Informationen bekommen könnte.

RECHERCHETIPP

- *Internet (die meisten Städte haben eine eigene Homepage, z. B. www.muenchen.de);*
- *Touristen-Prospekte, gute Stadtpläne oder Fremdenführer in Buchform;*
- *Artikel aus Büchern zur Geschichte bzw. Kunstgeschichte der Stadt/ Region;*
- *„Expertenbefragung" (z. B. Stadt-, Fremdenführer, Lehrer);*
- *u. v. a. m.*

Wenn ihr in einer größeren Stadt wohnt, lassen sich bestimmt Zeugnisse aus der Zeitspanne des Geschichtsunterrichts, die ihr in diesem Schuljahr bis jetzt behandelt habt (v. a. das 19. Jahrhundert), finden. Manche eignen sich für eine Exkursion, auf der man untersuchen kann, inwieweit Geschichte euren Ort bis heute geprägt hat. Dazu sind einige Nachforschungen nötig. Oft geht man ja an Gebäuden oder Denkmälern vorbei, ohne zu wissen, warum sie gebaut oder für wen sie gestiftet wurden. Vielleicht könnt ihr eure Ergebnisse sogar in einer kleinen Ausstellung (z. B. im Klassenzimmer, in der Aula oder auf der Schul-Homepage) zugänglich machen. Natürlich muss aber nicht jede Exkursion so ausführlich aufbereitet werden.
Besonders interessant wird eine Ausstellung, wenn man mehrere Objekte einem übergeordneten Thema zuordnen kann. Ein Beispiel: **Der Einfluss König Ludwigs I. auf die Stadtgestaltung seiner Residenzstadt München.**

M 2 Königsplatz

Ludwig I. (1825–1848) trug ganz entscheidend zur Gestaltung des Münchner Stadtbildes bei. Durch repräsentative Bauten wollte er München zu einer wirklichen Metropole machen und die Stärkung eines bayerischen Nationalgefühls befördern.
Ganze Plätze wurden neu angelegt, z. B. der Königsplatz. Hier wird – genauso wie beim Siegestor – die Orientierung der Architektur an Vorbildern aus der Antike deutlich: Ludwig war ein glühender Griechenland-Verehrer. Seine Architekten (v. a. Friedrich Gärtner, Leo v. Klenze) trugen dem in ihren Bauten Rechnung. Den Baustil nennt man wegen der Vorbilder aus der antiken Klassik „klassizistisch".

Das Wirken Ludwigs I. lässt sich auch weit über München hinaus untersuchen:

M 3 Befreiungshalle in Kelheim
Diesen monumentalen Rundbau gab Ludwig zur Erinnerung an den Sieg über Napoléon in den Befreiungskriegen (1813–1815) in Auftrag. Sie wurde allerdings erst nach seiner Regierungszeit 1863 fertig gestellt, die Bauzeit betrug 21 Jahre.

M 4 Reiterstandbild Ludwigs I. in Regensburg
Dieses Denkmal errichteten die Regensburger zu Ehren Ludwigs I. als Dank für die Förderung der Region. Er ließ u. a. den Dom ausbauen und die Walhalla bei Donaustauf sowie die Befreiungshalle errichten. 1902 wurde das Standbild feierlich enthüllt.

Arbeitsfragen für Exkursionen:

1. Festlegung des Ziels:
   - Welchen Themenschwerpunkt soll die Exkursion haben?
   - Welcher Bezug zum Geschichtsunterricht lässt sich herstellen?

2. Organisatorische Planung:
   - Welcher Tag ist geeignet, wie viel Zeit ist einzuplanen?
   - Lassen sich mehrere Objekte in einem Unterrichtsgang besichtigen?
   - Gibt es bei Gebäuden bestimmte Öffnungszeiten, ist Eintritt zu zahlen?
   - Ist die „Anreise" zu Fuß möglich oder muss eine Bus- oder Zugfahrt organisiert werden?

3. Inhaltliche Vorbereitung:
   - Was soll besichtigt und erarbeitet werden?
   - Welche Vorinformationen sind nötig?
   - Soll die Exkursion später in einer Ausstellung dokumentiert werden?
   - Wird eine Führung benötigt oder kann die Klasse bzw. der Lehrer selbst führen?
   - Wer hält eventuell thematisch passende Kurzreferate zur Einführung oder Vertiefung?

4. Eigentliche Exkursion:
   - Wer fotografiert, wer schreibt einen kurzen Exkursionsbericht?
   - Wer liefert Informationen vor Ort (Lehrer oder Schüler durch vorbereitete Kurzreferate)?
   - Wie lässt sich das Gesehene genau beschreiben?
   - Welche Besonderheiten fallen auf, die bei der Vorbereitung nicht erarbeitet wurden?

5. Auswertung und Präsentation:
   - War die Exkursion sinnvoll, erfolgreich (Diskussion)?
   - Was war besonders beeindruckend, was hat eventuell gestört?
   - Welche Materialien sollen in einer Ausstellung mit einbezogen werden (Fotos, Prospekte, Kataloge, Ausschnitte aus Artikeln)?
   - Wer gestaltet welche Beiträge (Foto-Gruppe, Zusatzmaterial, selbst verfasste Texte)?
   - Wie werden die Einzelbeiträge zusammengeführt?
   - Wann und wie werden die Ergebnisse der Öffentlichkeit zugänglich gemacht?

9. Wir „suchen" Geschichte (II): Arbeiten im Archiv

Restauration und Revolution: Recherche im Archiv

„Wie war das in den Jahren 1830 bis 1848 eigentlich bei uns – z. B. in der Oberpfalz? Hat man da auch etwas von Restauration und Revolution mitbekommen? In den Büchern erfährt man ja nur etwas über die Verhältnisse in großen Städten wie Berlin oder München!" Vielleicht habt ihr euch eine ähnliche Frage auch schon gestellt. Tja, wie findet man Näheres heraus, wenn man Informationen zur Lokalgeschichte benötigt?

RECHERCHETIPP

Ein Beispiel für die Internet-Präsenz zweier Stadtarchive:
http://www.regensburg.de/kultur/stadtarchiv/index.htm
http://www.bamberg.de/stadtarchiv/
Staatliche Archive in Bayern:
http://www.gda.bayern.de/

Eine Möglichkeit stellt die Recherche im Archiv dar. Fast in jeder Stadt gibt es ein eigenes Archiv. Vielleicht befindet sich auch eines der staatlichen bayerischen Archive in eurer Nähe. Dort werden neben Urkunden, Dokumenten und Verwaltungsakten meist auch umfangreiche Bestände von Zeitungen und Materialien gesammelt, die oft Jahrhunderte zurückreichen. Erkundigt euch (z. B. telefonisch, per E-Mail oder auch über euren Lehrer), ob es interessantes Material gibt und ob euch die Mitarbeiter bei der Suche unterstützen würden, denn alleine findet man sich in einem Archiv nur schwer zurecht.

Die wichtigsten Arbeitsschritte für eine Recherche:

1. Festlegung des zu untersuchenden Themengebiets.
2. Erkundigungen nach Archiv- oder Zeitungsmaterial.
3. Sichtung und Auswahl des Materials vor Ort (Kopieren oder Abschreiben der wichtigsten Informationen).
4. Auswertung und Nutzung des Gesammelten.

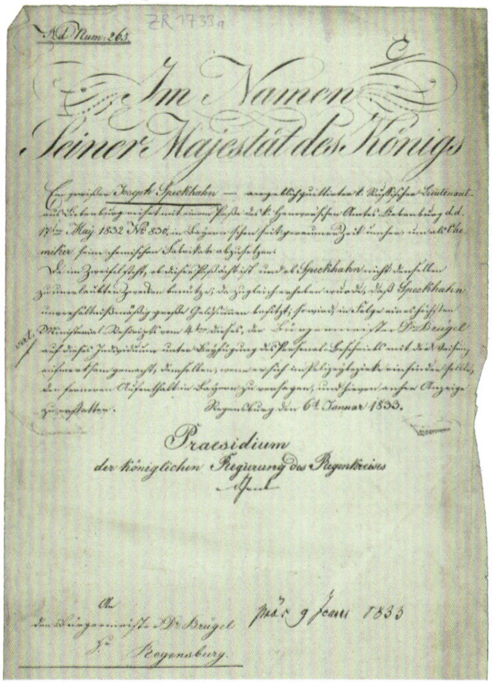
Im Namen Seiner Majestät des Königs

Regensburg den 6t. Januar 1833.

Praesidium der königlichen Regierung des Regenkreises

M 1 Stadtarchiv Regensburg, ZR I 3671

Auf Schriftstücke wie dieses hier kann man in einem Archiv stoßen: Es handelt sich um einen Erlass der königlich-bayerischen Regierung von 1833.

In ihm wird deutlich, dass die verschärften politischen Kontrollen und Einschränkungen, die ab ca. 1830 in Deutschland im Zuge der Restauration durchgeführt wurden, sich auch in Ostbayern auswirkten. Ein gewisser Joseph Speckhahn sollte von Bayern fern gehalten werden. Die Angst, dass verdächtige Personen revolutionäre Umtriebe anzettelten, war groß.

Schwierig wird die Arbeit mit solchen Dokumenten dadurch, dass die damals gebräuchliche Schrift sich erheblich von der heutigen unterscheidet. Man muss diese erst erlernen, bevor man den Inhalt erfassen kann.

Nachfolgend kannst du die im 19. Jahrhundert gebräuchlichen Buchstaben deutscher Schrift mit deiner Schreibweise vergleichen.

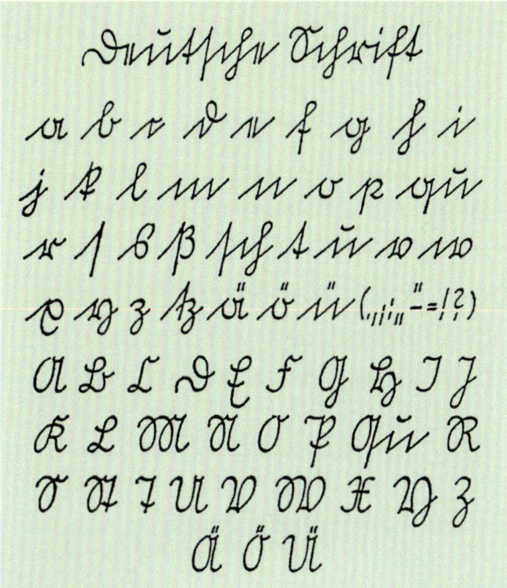

Der Text des Schriftstückes lautet:

Im Namen seiner Majestät des Königs

Ein gewisser Joseph Speckhahn – angeblich quittirter k. russischer Lieutenant – aus Liebenburg reiset mit einem Paße des k. hanover'schen Amtes Liebenburg d. d. 17ten May 1832 No. 830 umher, um als Chemiker seine chemischen Fabrikate abzusetzen.
Da im Zweifel steht, ob dieser Paß ächt ist und ob Speckhahn nicht denselben zu unerlaubten Zwecken benützte; da zugleich erhoben wurde, daß Speckhahn unverhältnismäßig große Geldsummen besitzt; so wird [...] der Bürgermeister Dr. Brügel auf dieses Individuum unter Beyfügung des Personal-Beschriebs mit der Weisung ...

Hier bricht die Wiedergabe des Textes ab. Versuche den Rest des Dokuments anhand der vergrößerten Originalzeilen selbst zu „übersetzen“:

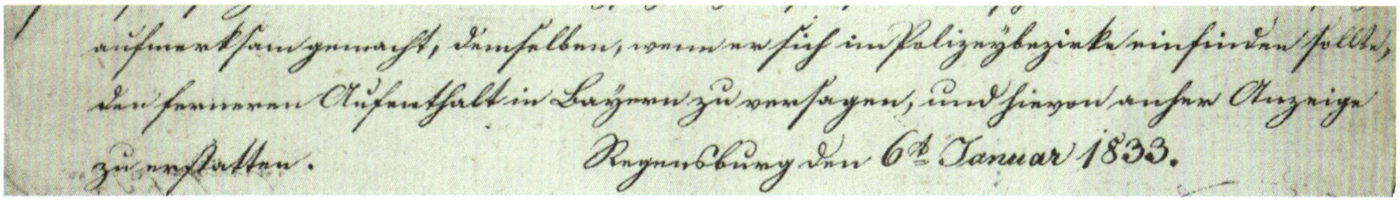
aufmerksam gemacht, demselben, wenn er sich im Polizeybezirke einfinden sollte, den ferneren Aufenthalt in Bayern zu versagen, und hievon anher Anzeige zu erstatten. Regensburg den 6t Januar 1833.

1848 in der Oberpfalz (damals: „Regenkreis“)

Als die Revolution dann ab 1848 tatsächlich ausbrach, gab es in Bayern schon zahlreiche Zeitungen. In Archiven kann man viele davon einsehen.
Bis 1848 gab es eine strenge Zensur. Am 6. März musste dann auch der bayerische König Ludwig I. den Märzforderungen nachgeben: Er gestand die Pressefreiheit zu. Nun durften die Zeitungen endlich auch Kritik üben und die Ereignisse angemessen kommentieren. Die Regensburger Zeitung jubelte am 9. März: „Erste Nummer des Blattes ohne Zensur!“ Doch die meisten Oberpfälzer waren keine Revolutionäre, wie die beiden folgenden Quellen beweisen.

M 2 Missverständnisse in der Bevölkerung

In einem Zeitungskommentar hieß es:

Es ist in mehrfacher Beziehung interessant, bei den Volksversammlungen die Urtheile und Erklärungen der Landleute über die in den Adressen ausgesprochenen Wünsche zu vernehmen. So hörte ich selbst, wie man die „Wahlfreiheit" zur „Waldfreiheit" (die Befugniß, aus den Staatswaldungen Streu und Holz holen zu dürfen) machte. Preßfreiheit wurde, wie es schon öfter vorgekommen, von einem der Ausleger dahin erklärt, „daß man wegen der Steuer und Abgaben nicht mehr gepreßt werden dürfe."

Regensburger Zeitung vom 23. März 1848 (Extra-Beilage)

M 3 Revolution in der Oberpfalz?

Ein Historiker schrieb über die Zustände auf dem Land:

Im Gegensatz zu den benachbarten Franken ist der Oberpfälzer, von Natur aus spröde und wortkarg, in jenen bewegten Wochen und Monaten ein Muster konservativer Gesinnung. Er weiß mit dem Neuen wenig anzufangen. Das Wort Revolution kennt er kaum. (...) Wohl tauchen hie und da Symptome teilweiser Missstimmung auf, die aber in materiellen Verhältnissen wurzeln. (...) Politische Vereine bestanden nirgends.

Ludwig Mayer, Regensburg und die Revolution 1848. In: VHVO 102 (1962), S. 79 ff.

Fragen und Anregungen

1. Übersetze die oben angegebene Zeile aus dem Dokument in deutscher Schrift mithilfe der Buchstabenübersicht.
2. Erkläre, wie die neuen politischen Rechte in der Oberpfalz aufgenommen wurden.

INDUSTRIALISIERUNG UND SOZIALE FRAGE

Die Industrialisierung prägte in entscheidender Weise unsere heutige Welt und Gegenwart. In diesem Kapitel wird untersucht, wie sich im Zeitalter der Industrialisierung verschiedene Bereiche der Geschichte wechselseitig beeinflussten: Technik und Wirtschaft, Gesellschaft und Politik, der Alltag der Menschen. Auch das Verhältnis der Geschlechter zueinander und die natürliche Umwelt der Menschen veränderten sich in dieser Epoche wie selten zuvor. Unsere Welt ist seitdem in einem immer schnelleren Wandel begriffen.

The Nineteenth Century – Iron and Coal (Gemälde von William Belle Smith)

„Capital and Labour“
(Karikatur, 1843 in der englischen Zeitschrift „Punch“ veröffentlicht)
Die neuen gesellschaftlichen Bedingungen, auch als „soziale Frage“ bezeichnet, werden in Einzelbildern über die Lebens- und Arbeitswelt der Arbeiter und der Unternehmer gezeigt. Der Gegensatz von Unternehmern und Arbeitern wurde zum zentralen Problem der neuen Zeit.

Das eiserne Jahrhundert
(Werbeplakat, 1894)

Gottlieb Daimler und sein Sohn auf der ersten Motorkutsche
(Fotografie, 1885)

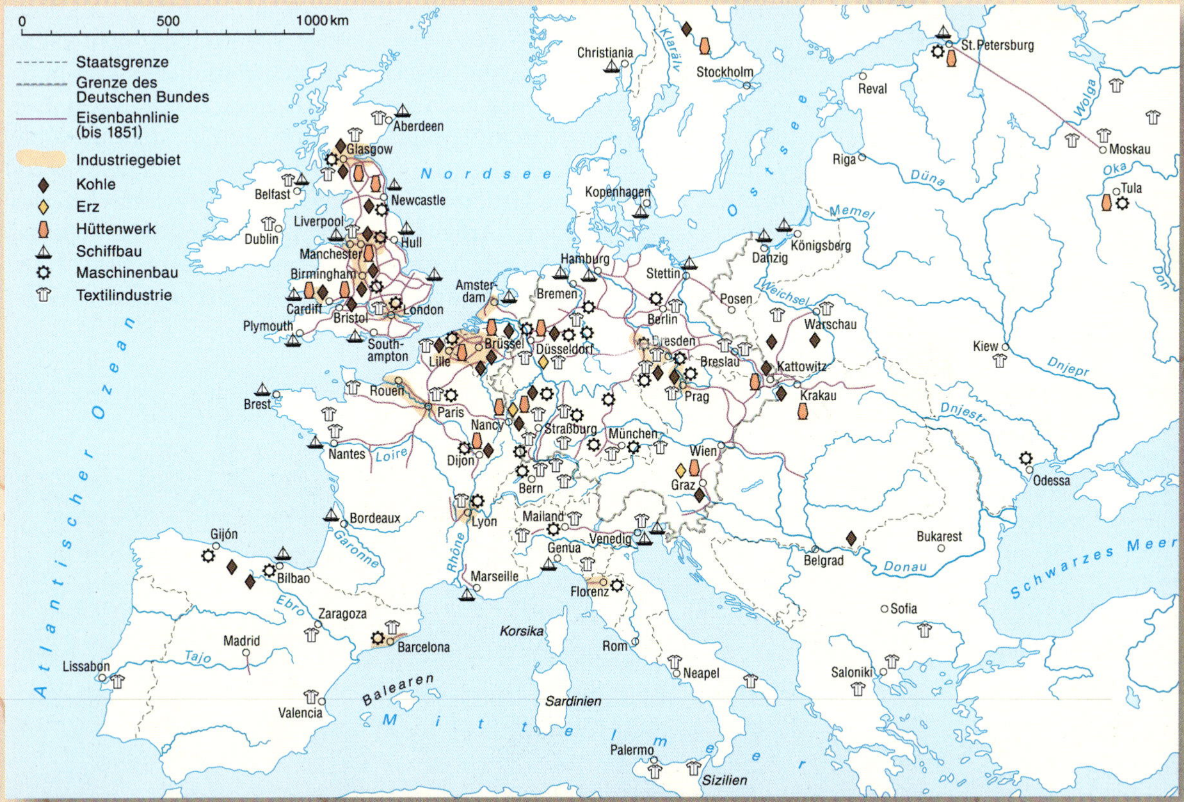

Die Industrielle Revolution in Europa 1870–1914
Die Karte zeigt, dass die Massenherstellung von Industriegütern nicht auf Großbritannien beschränkt blieb. Inzwischen sind alle Länder der Welt von der Industrialisierung ergriffen oder betroffen worden. Die technischen Grundlagen wurden weiterentwickelt, die Lebensverhältnisse in den industrialisierten Ländern haben sich verbessert. Allerdings entstanden auch Nachteile: die Gefährdung der Natur und die Teilung der Welt in arme und reiche Länder.

1. Mit Volldampf ins Industriezeitalter

Ab 1750	Die Bevölkerung in England und Europa nimmt stark zu.
Ab 1775	Erfindungen wie Hochofen, Spinnmaschine und Dampfmaschine führen in England zur Industrialisierung.
1834	18 deutsche Staaten gründen einen Zollverein.
Nach 1835	Die Verbreitung der Eisenbahn fördert die Industrialisierung Deutschlands.

M 1 „Vor der Vollendung“
(Gemälde von Paul Meyerheim im Auftrag des Lokomotivfabrikanten August Borsig, 1876)

Industrielle Revolution in England

Im 18. Jahrhundert wuchs die Bevölkerung in Europa stark an. In England vermehrte sie sich von knapp 6 Millionen 1750 auf mehr als 9 Millionen Einwohner um 1800. Hier bestand bereits die freie Marktwirtschaft, sodass Handwerker und Bauern frei Betriebe gründen und führen konnten, um einen möglichst großen Gewinn zu erzielen. Die Bauern bemühten sich um bessere Bodenbestellung, um für die wachsende Bevölkerung Nahrungsmittel verfügbar zu haben. Auch in Handwerk und Gewerbe galten die Gesetze des Marktes. Die Kunden suchten das günstigste, billigste Angebot. Um im Wettbewerb zu bestehen und die Güter billiger herzustellen, suchten Unternehmer nach Kosten sparenden Erfindungen. Der Ingenieur James Watt erfand eine leistungsfähige Dampfmaschine, die mit Kohle erhitzt wurde und mit Dampfdruck arbeitete. Sie trieb die Pumpen in den Kohlebergwerken an, die die Stollen vom Grundwasser befreiten. Über ein kompliziertes Gestänge konnten Dampfmaschinen Arbeitsmaschinen antreiben, zum Beispiel die 1767 erfundene Spinnmaschine, mit der ein Arbeiter die Leistung von 20 Arbeitern ohne Maschine erbrachte. Nach der Erfindung des mechanischen Web-

M 2 Die erste deutsche Eisenbahn 1835 zwischen Fürth und Nürnberg
(zeitgenössisches Gemälde von der Eröffnung)
Ein englischer Lokomotivführer fuhr die in England entworfene Lokomotive „Adler“ mit 12 PS auf einer Strecke von 6 Kilometern. Private Geldgeber schlossen sich für deren Finanzierung zu einer Aktiengesellschaft zusammen. In Bayern blühte der Eisenbahnbau erst nach 1850.

stuhls entstanden Fabriken, in denen viele Arbeiter große Mengen billiger Textilien maschinell und zu niedrigen Preisen herstellten. Viele Handwerker im Textilgewerbe und Bauern mussten ihre Bebtriebe aufgeben und suchten Stellen in den Fabriken. England jedoch wurde die führende Wirtschaftsmacht der Welt.

Der deutsche Zollverein

Vor allem die Vielstaaterei in Deutschland behinderte zu Beginn des 19. Jahrhunderts eine vergleichbare wirtschaftliche Entwicklung. Zölle verteuerten den Handel, in vielen deutschen Staaten bestand die rechtliche Unfreiheit der Bauern in Grund- und Leibherrschaft, der Zunftzwang erschwerte den Wettbewerb und die Einführung neuer Produktionsweisen. Der liberale Wirtschaftsprofessor Friedrich List kämpfte für die Abschaffung der Zölle im Deutschen Bund, um den Handel zu vereinfachen. Ein einheitliches System von Maßen, Gewichten und Münzen sollte die Entwicklung beschleunigen. Am 1. Januar 1834 vereinigten sich 18 deutsche Staaten unter der Führung Preußens zum Deutschen Zollverein. Ein wichtiger Schritt zur wirtschaftlichen Einheit Deutschlands war getan, denn der freie Handel führte zu billigeren Preisen, vermehrtem Warenverkehr und größeren Märkten.

Die Eisenbahn – Lokomotive der Industrialisierung

Seit 1820 wurden in England Lokomotiven zum Ziehen von Wägen auf dem Schienenweg eingesetzt. Der moderne Massenverkehr war geboren. Friedrich List erhoffte sich von einem gesamtdeutschen Eisenbahnnetz das wirtschaftliche und politische Zusammenwachsen Deutschlands. Eine Vereinigung von aufgeschlossenen Bürgern finanzierte 1835 den Bau der ersten deutschen Eisenbahn zwischen Nürnberg und Fürth. Ab 1850 wurde der Eisenbahnbau in Deutschland zum Motor der Industrialisierung. Die Regierungen gewährten finanzielle Unterstützungen, die Unternehmer schlossen sich wegen der hohen Investitionskosten zu Aktiengesellschaften zusammen. Jeder Bürger konnte Aktien erwerben, die ihm entsprechend dem eingezahlten Kapitalanteil eine jährliche Gewinnbeteiligung bringen sollten. Die Aktiengesellschaften ermöglichten auch in der Eisen- und Schwerindustrie die Gründung neuer, großer Industriebetriebe. Tausende von Männern fanden bei den Eisenbahngesellschaften Arbeiten, schütteten Bahndämme auf, verlegten Schienen, bauten Bahnhöfe und Brücken. Wegen der vielen benötigten Maschinen wuchs die Förderung und Verarbeitung von Eisen.

Das „Kohlerevier" – das industrielle Herz Deutschlands

Alle Zentren des Kohlenbergbaus und der Eisenindustrie lagen in Preußen: Oberschlesien, das Saarland, das Aachener Revier und vor allem das Ruhrgebiet, das binnen weniger Jahrzehnte zu einem großen Industriegebiet zusammenwuchs. Seit 1837 ermöglichte eine verbesserte Bergbautechnologie den Abbau der tief liegenden, reichen Vorkommen im Ruhrgebiet. Aus allen Teilen Deutschlands, vor allem aber aus Ostdeutschland und Polen, strömten Menschen ins „Revier". Sie wurden in den zahlreichen Zechen und Grubenwerken, in denen Bergleute aus der Erde Eisenerze und Kohle holten, aber auch in den großen Maschinenfabriken, zum Beispiel der Firma Krupp, eingestellt. Um 1870 stand Deutschland bereits an der vierten Stelle in der Weltproduktion.

Industrielle Revolution

Der Einsatz von Kraft- und Arbeitsmaschinen führte zu einer enormen Steigerung von Energie und Produktivität. Die handwerkliche Güterherstellung wich der billigen Massenproduktion. Die Arbeit musste in Fabriken nach dem Tempo der Maschinen verrichtet werden. Alle Lebensbereiche waren einem raschen Wandel unterworfen. Als Industrielle Revolution bezeichnet man die sehr schnelle Anfangsphase der Industrialisierung. Seit dem 18. Jahrhundert verbreitete sich diese von England auf fast alle Länder der Erde.

M 3 Eine Dampfmaschine treibt die Pumpen eines englischen Kohlebergwerks an
(Gemälde, Ausschnitt, 1792)
Beschreibe, welche Arten, technische Kraft einzusetzen, und welche Arbeitsvorgänge auf dem Bild dargestellt sind.

M 4 Friedrich List über den Eisenbahnbau

a) Eisenbahnbau Leipzig-Dresden 1833

Eisenbahnen würden Holz, Torf und Steinkohle um mehr als die Hälfte wohlfeiler herbeischaffen. Die Kohle von Zwickau käme nur ungefähr $1\frac{1}{2}$–2 Groschen per Zentner höher in Leipzig als an der Grube und würde diese Stadt zu einem bedeutenden Fabrikplatz erheben. (...) Was leichter Transport vermag und was schwerer und teurer nicht vermag, darüber können wir die Sandsteine von Pirna zu Zeugen aufrufen, die zu Wasser bis Berlin, Hamburg und Altona, ja in noch größerer Menge bis Kopenhagen gegangen sind und noch gehen, während es ihnen nie möglich war, landwärts nur bis Leipzig vorzudringen.

Geschichte in Quellen, Bd. 5. München 1980, S. 115.

b) Über Zollverein und Eisenbahn

Der Zollverein und das Eisenbahnsystem sind siamesische Zwillinge; zur gleichen Zeit geboren (...) unterstützen sie sich wechelseitig, streben nach Vereinigung der deutschen Stämme zu einer großen und gebildeten, zu einer reichen, mächtigen und unantastbaren Nation. Ohne den Zollverein wäre ein deutsches Eisenbahnsystem nie zur Sprache, geschweige denn zur Ausführung gekommen (...). Das deutsche Eisenbahnsystem wirkt (...) auch als Stärkungsmittel des Nationalgeistes; denn es vernichtet die Übel der Kleinstädterei und des provinziellen Eigendünkels und Vorurteils.

F. List, Das nationale System der politischen Ökonomie, hg. v. H. Voss. München 1942, S. 20.

Fragen und Anregungen

1. Stelle in einer Mind-map die wesentlichen Kennzeichen der Industriellen Revolution Englands dar.
2. Fasse zusammen, welche Vorstellungen Friedrich List für die wirtschaftliche Verbesserung Deutschlands entwickelte und welche Hoffnungen er daran knüpfte. (M4)
3. Diskutiert die Auswirkungen der Eisenbahn auf das Zusammenleben der Menschen.
4. Liste die besonderen Bedingungen der Industrialisierung in Deutschland auf.

Statistiken als Geschichtsquellen

M 1 Wandel in Gesellschaft und Landwirtschaft

a) Erwerbstätige in den einzelnen Sektoren (Angaben in Prozent)

Jahr	1800	1850	1900
primärer Sektor	62,0	55,0	38,0
sekundärer Sektor	21,0	24,0	37,0
tertiärer Sektor	17,0	21,0	25,0
insges. in Mio.	10,5	15,8	25,5

primärer Sektor: Land- und Forstwirtschaft
sekundärer Sektor: Bergbau, Industrie, Handwerk
tertiärer Sektor: Handel, Banken, Verkehr, Verwaltung

b) Weizenerträge

Jahr	1800	1860	1895
dz/ha	10,3	13,0	16,9

M 2 Eisenproduktion 1870 bis 1910

(in Millionen Tonnen)

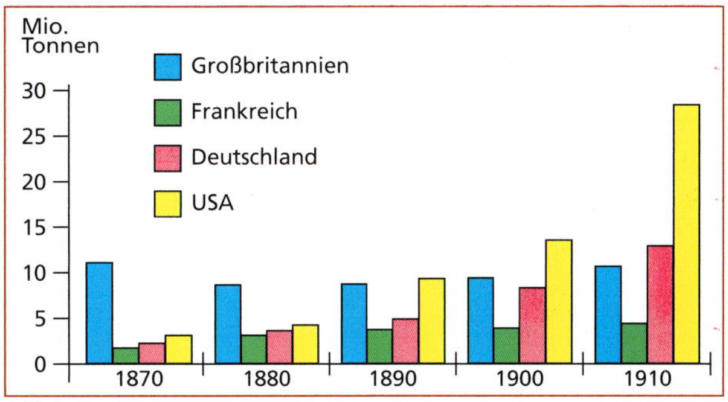

Nach: W. Mickel (Hg.), Geschichte, Politik und Gesellschaft. Frankfurt a. M. 1987, S. 203.

M 3 Anteil an der Weltindustrieproduktion 1870–1913

(in Prozent)

Jahr	GB	F	D	USA
1870	32	10	13	23
1900	18	7	16	31
1910	14	7	16	35
1913	14	6	16	36

Nach: J. Kuczynski, Geschichte des Alltags des deutschen Volkes, Bd. 4. Berlin 1983, S. 62.

Methodische Arbeitsschritte:

Wir können größere geschichtliche Zusammenhänge, Entwicklungen und Kräfteverhältnisse der Geschichte erkennen und darstellen, wenn wir die genauen Daten in den Statistiken befragen und bewerten. Folgende Arbeitsschritte können dabei hilfreich sein:

1. Kläre die Herkunft des statistischen Materials:
   - Wer hat es aus welchen Gründen zusammengestellt?
   - Beruhen die Zahlen auf Schätzungen oder Zählungen?
2. Untersuche den Sachverhalt:
   - Welcher Sachverhalt wird von den Zahlen angesprochen?
   - Reicht das Material aus?
   - Welcher Zeitraum ist betroffen?
   - Kann man Zusammenhänge mit anderen Informationen oder Entwicklungen erkennen?
3. Du kannst statistisches Material nicht nur in Tabellen, sondern auch anschaulich in Kurven, Säulen oder Kreissegmenten darstellen. Verschaffen die grafischen Mittel einen besseren Überblick?
4. Bleibe vorsichtig, denn Zahlen können lügen:
   - Sind die Zahlen vollständig oder einseitig ausgewählt?
   - Wird bei den Grafiken ein Maßstab gewählt, der bestimmte Entwicklungen verzerrt darstellt?

Fragen und Anregungen

1. Erarbeite den Zusammenhang in der Erwerbstätigkeit der deutschen Bevölkerung und den Weizenerträgen. Setze die Tabelle M1a in drei Kreisdiagramme um und zeichne für M1b eine einfache Kurve.
2. Vergleicht in Gruppenarbeit die Entwicklung der vier führenden Industrieländer zwischen 1870 bis 1910. Diskutiert, welche der beiden Materialien M2 und M3 die weitergehende Aussage und die größere Anschaulichkeit besitzt. Setzt M3 in Säulendiagramme wie M2 um. Was passiert, wenn du die Säulen in einem anderen Maßstab zeichnest?

2. Die soziale Frage spaltet die Gesellschaft

M 1, M 2 Nürnberg, Plärrer mit der Vorstadt Gostenhofen 1865 und 1905

Außerhalb der Altstadt, deren Befestigung teilweise aus verkehrstechnischen Gründen niedergelegt wurde, wuchs neben dem Bahnhof das Arbeiter- und Industrieviertel Gostenhofen. Um 1865 erstreckten sich niedrigere Häuser entlang einer Ausfallstraße. Dahinter lagen unmittelbar bestellte Fluren. Vierzig Jahre später war das Areal mit Fabrikbauten und drei- bis viergeschossigen Mietshäusern durchsetzt. Bodenspekulation, enge Wohnungen, Lärm und Luftverschmutzung bestimmten hier das Leben.

Das Elend des Proletariats

Die Industrialisierung veränderte in Deutschland den Aufbau der Gesellschaft, die Arbeits- und die Lebensverhältnisse. Die Arbeiterschaft, auch Proletariat genannt, bildete die stetig wachsende neue Unterschicht. Ehemalige Handwerker, Bauern, Knechte, Gesellen und Tagelöhner suchten in den Städten vor allem in Fabriken eine Erwerbstätigkeit und mussten ihre Arbeitskraft gegen Lohn anbieten. Allerdings fehlte es zunächst an Fabriken, sodass viele Männer arbeitslos blieben oder für einen sehr niedrigen Lohn arbeiten mussten, von dem sie ihre Familien nicht ernähren konnten. Deswegen suchten auch Frauen und Kinder eine Beschäftigung in den Fabriken. Die Unternehmer stellten sie sogar bevorzugt ein, weil sie keine Berufsausbildung besaßen und folglich noch schlechter bezahlt wurden als männliche Arbeiter. Kleinkinder von vier oder fünf Jahren mussten zwölf Stunden lang in Bergwerken die Schachttüren für die Kohlewagen öffnen und schließen. Wegen solcher Belastungen litten Arbeiterkinder früh unter Krankheiten und konnten keine Bildung erwerben. Die erwerbstätigen Frauen konnten sich nicht mehr um Kinder und Haushalt kümmern.

Harte Fabrikarbeit

In den Fabriken herrschten äußerst harte Arbeitsverhältnisse. Um 1840 verbrachten die Arbeiter 14 bis 16 Stunden in der Fabrik und verzehrten sogar ihre Mahlzeiten in knappen Arbeitspausen bei den Maschinen, um keine Zeit zu verlieren. Die einzelnen Arbeitsgänge wurden genau aufeinander abgestimmt, sodass die jeweiligen Tätigkeiten immer einseitiger wurden. Die Maschinen mussten regelmäßig rund um die Uhr und nach einem vorgegebenen Tempo bedient werden, langsames Arbeiten rief unerwünschte Unterbrechungen hervor. Die Arbeit an den Maschinen war wegen der entsprechenden Arbeitshetze gefährlich, denn Schutzvorrichtungen für die Arbeitenden bestanden nicht. Verletzungen bei Unfällen kamen häufig vor. Der verletzte Arbeiter wurde entlassen und bekam keine Entschädigung. Bei Krankheit, Arbeitslosigkeit oder frühem Tod besaßen die Arbeiter und ihre Familien keine finanzielle Absicherung, gegen willkürliche Entlassung kannten sie keinen Schutz. Die schlechten hygienischen Verhältnisse, die Arbeitshetze und der Lärm in der Fabrik verursachten schwere Berufskrankheiten und eine niedrige Lebenserwartung unter den Arbeitern.

M 3 Entwicklung der Gussstahlfabrik Krupp in Essen
(Bildtafel aus der Biografie „Friedrich Alfred Krupp und sein Werk“ von Tony Kellen, 1904)
1826 übernahm Alfred Krupp eine kleine Stahlfabrik im Grünen. 1836 zählte das Unternehmen 80 Beschäftigte. Bis 1900 dehnten sich immer neue Werkshallen in die Landschaft, in denen mehr als 20 000 Arbeiter Waffen und Maschinen herstellten.
Die Stadt Essen, wo Krupps Fabrik war, und das gesamte Ruhrgebiet wuchsen wie Oberschlesien und das Saargebiet zu riesigen Fabriklandschaften zusammen. Industriezentren mit Eisenbahnen und Kanälen, ausgedehnten, billig gebauten Wohnvierteln wurden Anziehungspunkte der Zuwanderung aus Ostdeutschland und Polen.

Das Gewinnstreben der Unternehmer

Die neue bürgerliche Oberschicht bildeten vor allem die Unternehmer, die in ihren Betrieben die uneingeschränkte Entscheidungsbefugnis beanspruchten. Oft handelte es sich um risikofreudige Männer, die Fabriken gründeten und sich durch Sparsamkeit, Können und Gewinnstreben ein Vermögen erarbeiteten. Den Gewinn, den Profit, gaben sie nicht für ein bequemes Leben aus, sondern steckten ihn in ihren Betrieb, erweiterten die Betriebsanlagen und vermehrten ihr Kapital. Sie standen in einem scharfen Wettbewerb zu den anderen Unternehmern, der sie dazu zwang, die Herstellungsmethoden in ihren Betrieben zu verbessern und den Preis ihrer Güter zu senken. Viele Unternehmen konnten den Konkurrenzkampf nicht bestehen, einige hingegen wuchsen zu Großbetrieben wie Krupps Eisengussfabrik in Essen.

Gegensätze auch in den Stadtteilen

Die Gegensätze zwischen den Arbeitern und dem Besitzbürgertum bestimmten auch das Leben und den Alltag in den schnell anwachsenden Großstädten. In Elendsquartieren fanden die arbeitslosen Ärmsten Unterschlupf. Weit vor den Stadtzentren wuchsen Fabrikanlagen und Massenwohnviertel hoch, wo die Arbeiter in großen Mietshäusern mit kleinen und schlecht ausgestatteten Wohnungen hausten. Die Bauvorschriften von Berlin erlaubten die Errichtung von Mietskaser-

M 4 Kleinbürgerliches Wohnzimmer
(Fotografie, 1911)

M 5 Wohnküche einer Berliner Arbeiterfamilie
(Fotografie, 1907)

nen mit drei Hinterhöfen, die so eng waren, dass die Feuerwehr nur knapp in ihnen wenden konnte. Auf einem Hektar durften 1 500 Personen leben, sodass die Zimmer oft mit sechs Bewohnern überfüllt waren und verschiedene „Schlafgänger" nacheinander in einem Bett gegen Miete schliefen. Die bürgerlichen Wohnviertel hingegen lagen nahe an den Stadtzentren mit ihren Cafés, Geschäften und Theatern oder waren durch Pferde- und Straßenbahn gut angebunden. Die Etagenwohnungen in den geräumigen Häusern wiesen sogar einen Salon für festliche Empfänge auf. In ruhiger Lage entstanden vornehme Viertel mit schlossähnlichen Villen, in denen die reiche und adelige Oberschicht, versorgt von Dienerschaft und Personal, ein luxuriöses Leben führte. Hier konnte die „Herrschaft" täglich warm baden, weil ihre Häuser mit moderner Kanalisation und Wasserversorgung ausgestattet waren.

Soziale Frage

Besitzbürgertum und Arbeiterschaft lebten in großem Gegensatz. Zwar war die Stellung der Menschen in der Gesellschaft nicht mehr von Geburt und Herkunft, sondern vor allem von der Leistung abhängig. Für die meisten Menschen gab es jedoch keine wirklichen Aufstiegschancen, denn sie besaßen keine soziale Absicherung gegen Krankheit, Arbeitslosigkeit und für das Alter, mussten sehr lange Zeit gegen niedrigen Lohn arbeiten und wohnten in sehr beengten Verhältnissen. Obendrein besaßen sie keine politischen Rechte, um Einfluss zu gewinnen und sich zu wehren. Folglich wandten sich viele Proletarier gegen die politische und gesellschaftliche Ordnung. Deswegen wurde es zu einer entscheidenden Frage, ob es gelang, das Leben der Arbeiter zu verbessern und sie in die bestehende Ordnung einzugliedern.

Soziale Frage

Mit dem Begriff bezeichnet man die wachsenden Missstände, die durch die Industrielle Revolution entstanden: das enorme Anwachsen der Lohnarbeiter, die wirtschaftliche Unsicherheit der Bevölkerungsmehrheit, die Ohnmacht der Massen, die Härte und Unmenschlichkeit der Fabrikarbeit und die Ungleichheit des Besitzers. Die Soziale Frage lautete: Wie kann allen Menschen ein menschenwürdiges Dasein in Freiheit und materieller Sicherheit geboten werden? Eine gerechte Lösung dieser Probleme wurde zur zentralen Aufgabe der Staaten.

M 6 Kinderarbeit in der Buntpapierfabrik in Aschaffenburg (Holzstich, 1842)

M 9 Elendsquartier in Berlin
(Stich, Leipziger Illustrierte Zeitung, 1872)

M 7 Gesetz über die Kinderarbeit von 1840

Art. I. Kein Kind soll vor dem zurückgelegten neunten Lebensjahre in Fabriken, Berg-, Hütten- und Schlagwerken zum Zwecke einer regelmäßigen Beschäftigung aufgenommen werden.

Art. II. Die Aufnahme eines Kindes zu diesem Zwecke darf nur auf dem Grunde eines gerichtsärztlichen Zeugnisses geschehen.

Art. III. Die Arbeitszeit für Kinder vom neunten bis zum zwölften Lebensjahr wird auf das Maximum von 10 Stunden des Tages festgesetzt. Dieselbe hat niemals vor 6 Uhr morgens und spätestens um 8 Uhr abends zu enden. Auch ist diesen Kindern täglich zur Mittagszeit eine volle Stunde, dann im Laufe der Vor- und Nachmittagszeit nebstdem noch jedes Mal eine halbe Stunde Erholung zu geben.

D. Bernward (Hg.), Geschichte Bayerns im Industriezeitalter. Stuttgart 1987, S. 132 f.

M 8 Fabrikordnung der Augsburger Kammgarn-Spinnerei (1846)

2. Außer an den Sonntagen und hohen Festtagen wird alle Tage gearbeitet. Jede Abwesenheit an einem Tage, sogar unter dem Vorwande der Unpässlichkeit, wenn solche nicht erwiesen werden kann, wird mit einer Geldbuße bestraft, die das Doppelte des Lohnes beträgt, der während der Zeit der Abwesenheit verdient worden wäre.

3. Die Arbeitsstunden sind im Sommer von 5 Uhr morgens bis abends 7 Uhr, im Winter von 6 Uhr morgens bis abends 8 Uhr.

4. Eine Viertelstunde (nach Arbeitsbeginn) wird der Pförtner das Tor verschließen. Diejenigen, welche später kommen, werden nicht mehr eingelassen, und die Geldstrafe der Abwesenheit, welche im § 2 festgesetzt ist, wird ihnen auferlegt. (...)

9. Jeder Arbeiter ist für die ihm anvertrauten Gegenstände verantwortlich; wenn er dieselben bei Nachfrage nicht gleich vorweisen kann, werden sie auf seine Kosten durch neue ersetzt.

10. Wenn in einem Arbeitssaale ein Gegenstand beschädigt wird und der Täter nicht auszumitteln ist, so sind die Arbeiter des ganzen Saales bis zur Nachweisung des Täters haftend. (...)

12. Jede Woche wird eine allgemeine Reinigung vorgenommen, nach welcher eine Untersuchung gemacht und denjenigen, deren Maschinen nicht rein befunden werden, ein oder mehrere Taglöhne Strafe auferlegt werden wird. (...)

D. Bernward (Hg.), Geschichte Bayerns im Industriezeitalter. Stuttgart 1987, S. 115 f.

Fragen und Anregungen

1. Beschreibe das Leben in den entstehenden Industriestädten. (VT, M1, M2, M3, M9)
2. Erläutere die Arbeitsbedingungen in einer Fabrik im 19. Jahrhundert und stelle die Folgen für die Arbeiter zusammen. (M8)
3. Untersuche die Lebensbedingungen der Arbeiterkinder und überlege, warum der bayerische Staat die Regelungen des Gesetzes von 1840 einführte. (VT, M6, M7)
4. Erkläre den Gegensatz zwischen Arbeiterschaft und Bürgertum und die daraus folgende Bedeutung der sozialen Frage. (ADS S. 81, VT, M4, M5)

3. Hilft nur noch die Revolution?

1848/1849	Karl Marx und Friedrich Engels verfassen das Kommunistische Manifest.
1863	Ferdinand Lassalle gründet den Allgemeinen Deutschen Arbeiterverein.
1869	Wilhelm Liebknecht und August Bebel gründen die Sozialdemokratische Arbeiterpartei Deutschlands.
1875	Die Parteien schließen sich zur Sozialdemokratischen Partei Deutschlands zusammen.

Marx und Engels: Revolution als Lösung

Dass nur eine Revolution die Arbeiter aus ihrer schlechten Lage befreien könne, war die Überzeugung der beiden deutschen Gelehrten Karl Marx (1818–1883) und Friedrich Engels (1820–1895). Sie führten die soziale Frage auf den Privatbesitz an Produktionsmitteln zurück. Die Unternehmer, die Kapitalisten, besaßen Fabriken, Maschinen und Rohstoffe, also alles, was für die Herstellung der Güter nötig war. Die Arbeiter hingegen konnten nur ihre Arbeitskraft verkaufen. Der Lohn für ihre Arbeit war jedoch geringer als der Wert der von ihnen hergestellten Güter, der „Mehrwert" gehörte den Kapitalisten. Darauf beruhten für Marx und Engels der wachsende Reichtum der Kapitalisten und die steigende Armut und Verelendung der Proletarier.

Klassenkampf und Kommunismus

Solche Gegensätze sozialer Klassen bestanden auch schon vor dem Kapitalismus und führten zum Klassenkampf zwischen Ausbeutern und Ausgebeuteten, der die geschichtliche Entwicklung bestimmte. Nach der Lehre dieser Geschichtsauffassung, des „historischen Materialismus", konnte der Klassenkampf im Kapitalismus nur durch eine proletarische Revolution beendet werden, in der die Arbeiter den Kapitalisten die Produktionsmittel gewaltsam nehmen und die Macht im Staat ergreifen. In der Zeit nach der proletarischen Revolution, die sie „Diktatur des Proletariats" und „Sozialismus" nannten, sollten die Produktionsmittel in Gemeineigentum verwaltet werden.
Marx und Engels glaubten, dass auf diese Weise die Unterdrückung von Menschen, die Klassenkämpfe und Kriege beendet werden würden, weil die wirtschaftliche Ungleichheit und Ausbeutung nicht mehr bestand. So sollte schließlich die klassenlose Gesellschaft des „Kommunismus" entstehen, in der alle Menschen sich völlig frei entfalten konnten.

M 1 Briefmarken der DDR
Karl Marx (1818–1883), Friedrich Engels (1820–1895)

Selbstorganisation und Selbsthilfe in den Gewerkschaften

Marx und Engels veröffentlichten ihre Geschichtsauffassung 1848 im „Kommunistischen Manifest" und 1867 in dem wissenschaftlichen Hauptwerk „Das Kapital". Der Kampf der Arbeiter gegen die Unternehmer war nun mit einer großen Zukunftshoffnung verbunden. Das war nicht von Anfang an so gewesen: Zunächst glaubten die Arbeiter ihre Arbeitsplätze durch die Maschinen gefährdet, weswegen sie diese bei Unruhen zerstörten. So geschah es auch 1844, als Weber Schlesiens, die für ihre Heimarbeit am Webstuhl immer weniger Lohn bekamen, in ihrer Verzweiflung die Villen und Fabriken der Unternehmer stürmten. Der gewaltlose Streik, die gemeinsame Niederlegung der Arbeit, erwies sich auf Dauer allerdings als geeignetes Mittel, die Unternehmer zu Zugeständnissen zu zwingen. Die Arbeiter in den Großbetrieben erkannten ihre Stärke in der gemeinsamen, organisierten Handlung. Deswegen gründeten sie Arbeiterbildungs- und Gewerkevereine, aus denen sich seit den 60er Jahren des 19. Jahrhunderts die Gewerkschaften bildeten.

M 2 Der Ausbruch eines Streiks (kolorierter Holzstich nach einem Gemälde von Robert Köhler, 1893)

Den größten Zulauf hatten die Freien Gewerkschaften, die nicht nur für eine Besserstellung der Arbeiter in den Betrieben kämpften, sondern auch für eine sozialistische Veränderung der kapitalistischen Wirtschaftsordnung. Die weniger einflussreichen liberalen und christlichen Gewerkschaften lehnten den Klassenkampf ab und glaubten, dass man die Gegensätze von Arbeitern und Unternehmern friedlich in der bestehenden Wirtschaftsordnung ausgleichen könne. Die Gewerkschaften errichteten Krankenkassen, Streikkassen, Banken, Volksbüchereien und Sonntagsschulen und konnten durch solche erfolgreiche Selbsthilfe zur Lösung der sozialen Frage beitragen.

Arbeiterparteien zwischen Reform und Revolution

Um langfristig die Lage der Arbeiter zu verbessern, mussten die politischen Verhältnisse verändert werden. Für die Teilhabe der Arbeiter an der politischen Macht setzte sich der 1863 von Ferdinand Lassalle gegründete „Allgemeine Deutsche Arbeiterverein" ein, der für das allgemeine Wahlrecht und friedliche Reformen eintrat. Die Sozialdemokratische Arbeiterpartei, 1869 von Wilhelm Liebknecht und August Bebel gegründet, befürwortete die revolutionären Vorstellungen von Marx und Engels, die auch nach dem Zusammenschluss der beiden Arbeiterparteien zur Sozialdemokratischen Arbeiterpartei Deutschlands 1875 das Parteiprogramm bestimmten. Noch mehrere Jahrzehnte schwankte die Sozialdemokratische Partei Deutschlands, so die Bezeichnung seit 1890, zwischen Reform, der schrittweisen Verbesserung der bestehenden Ordnung und Revolution.

Sozialismus

Darunter versteht man eine Gesellschaftsordnung, in der Kapital und Produktionsmittel, also Grund und Boden, Maschinen und Fabriken, sich in Gemeineigentum und nicht mehr im Privateigentum befinden. Die Gewinne gehören nicht mehr den privaten Unternehmen, sondern stehen der Gesellschaft zum allgemeinen Nutzen zu. Der Sozialismus wurde auch als Durchgangsphase zum Kommunismus, der klassenlosen Gesellschaft, verstanden.

Arbeiterbewegung

Wegen ihrer Benachteiligung organisierten sich die Arbeiter in Gewerkschaften, um ihre wirtschaftliche Lage in den Betrieben und ihre soziale Absicherung gegenüber den Unternehmern und dem Staat zu verbessern. Die Sozialdemokratische Partei, die zunächst reine Arbeiterpartei war, strebte darüber hinaus die politische Gleichberechtigung der Arbeiter in einer Demokratie und die Umwandlung der kapitalistischen in eine sozialistische Wirtschaft an. In der Arbeiterbewegung und ihren vielen Vereinen fanden Arbeiterfamilien eine eigene Lebenswelt.

M3 Aus dem Kommunistischen Manifest

Die Kommunisten unterstützen überall jede revolutionäre Bewegung gegen die bestehenden gesellschaftlichen und politischen Zustände. In allen diesen Bewegungen heben sie die Eigentumsfrage (...) als die Grundfrage der Bewegung hervor (...). Die Kommunisten arbeiten endlich überall an der Verbindung und Verständigung der demokratischen Parteien aller Länder. Die Kommunisten verschmähen es, ihre Ansichten und Absichten zu verheimlichen. Sie erklären es offen, dass ihre Zwecke nur erreicht werden können durch den gewaltsamen Umsturz aller bisherigen Gesellschaftsordnung.

K. Marx, F. Engels, Manifest der Kommunistischen Partei, 1848. MEW Bd. 4, S. 462 f.

M4 Aus dem Programm der SPD vom Erfurter Parteitag 1891

Eine wirksame nationale und internationale Arbeiterschutzgesetzgebung auf folgender Grundlage:

a) Festsetzung eines höchstens acht Stunden betragenden Normalarbeitstages;
b) Verbot der Erwerbsarbeit für Kinder unter vierzehn Jahren;
c) Verbot der Nachtarbeit, außer für solche Industriezweige, die ihrer Natur nach, aus technischen Gründen oder aus Gründen der öffentlichen Wohlfahrt, Nachtarbeit (erfordern);
d) eine ununterbrochene Ruhepause von mindestens sechsunddreißig Stunden in jeder Woche für jeden Arbeiter.

Geschichte in Quellen, Bd. 5. München 1980, S. 883 f.

M5 Politische Forderungen Ferdinand Lassalles (1863)

Der Arbeiterstand muss sich als selbstständige politische Partei konstituieren (aufbauen) und das allgemeine, gleiche und direkte Wahlrecht zu dem prinzipiellen Losungswort und Banner dieser Partei machen. Die Vertretung des Arbeiterstandes in den gesetzgebenden Körpern Deutschlands, dies ist es allein, was in politischer Hnisicht seine legitimen (berechtigten) Interessen befriedigen kann.

Geschichte in Quellen, Bd. 5. München 1980, S. 873.

M6 Aufruf zum Kampftag der Arbeiter (1. Mai) 1890

M7 August Bebel über die Aufgaben der Gewerkschaft (1900)

Der einzelne Arbeiter ist dem Unternehmer gegenüber machtlos. Jeder Versuch, auf eigene Faust seine Lage zu verbessern, endet in der Regel mit einer Niederlage. (...) Die einzige Möglichkeit, seine Arbeit und damit seine Lebensbedingungen auf einige Dauer zu verbessern, ist die Vereinigung mit seinesgleichen. Deshalb ist der Beitritt zu einer Gewerkschaft eine Lebensnotwendigkeit für jeden Arbeiter. Die Gewerkschaft erstrebt: Erhöhung des Lohnes nach Maßgabe der Verhältnisse des Arbeitsmarktes, Verkürzung der Arbeitszeit, Herbeiführung menschenwürdiger Zustände im Betrieb, Rechtsschutz, Arbeitslosenunterstützung (...). Ferner stärkt sie das Solidaritätsgefühl, ohne das kein großes Ziel erreicht werden kann.

H. Hirsch (Hg.), August Bebel. Köln, Berlin 1968, S. 352.

Fragen und Anregungen

1. Stelle die Aussagen von Marx und Engels zusammen und begründe ihren Erfolg in der Arbeiterschaft. (VT, M3)
2. Untersuche die Reden und Parteiprogramme. Lege die jeweiligen Ziele dar. Vergleiche daraufhin die verschiedenen Versuche der Arbeiterbewegung, die Lage der Arbeiter zu verbessern. (M4, M5, M6, M7)
3. Schildere die Lage auf dem Bild M2. Wie stellt der Maler den Unternehmer und die verschiedenen Arbeiter dar? Verfasst in der Klasse ein Rollenspiel, das sich mit dem Ausbruch des Streiks beschäftigt. Berichtet in einem Zeitungsartikel oder einem Brief über eure Erlebnisse als Teilnehmer eines Streikausbruchs im Jahre 1893.

4. Unternehmer, Kirche und Staat reagieren

1846	Adolf Kolping gründet katholische Gesellenvereine und -häuser.
1847	Heinrich Wichern gründet die Innere Mission.
1883–1889	Im Deutschen Reich wird die gesetzliche Sozialversicherung eingeführt.
1889	Der Unternehmer Ernst Abbe errichtet die Carl-Zeiss-Stiftung.

M 1 Die deutsche Sozialversicherung 1913
(Plakat der deutschen Regierung, 1913)

Unternehmer sorgen für die Arbeiter

Von der Arbeiterbewegung fürchteten viele Zeitgenossen die Gefahr des Umsturzes. Nicht nur deshalb versuchten Unternehmer, Kirche und Staat, die soziale Frage zu lösen. Einige Unternehmer erkannten, dass Gewinnvermehrung nicht ihr einziges Ziel sein konnte. Sie verspürten nicht nur eine Verantwortung für ihre Mitarbeiter, sondern erfuhren, dass zufriedene Menschen besser arbeiten, was zu besseren Ergebnissen im Betrieb führt. Der Essener Großunternehmer Alfred Krupp führte eine Betriebskranken-, Pensions- und Sterbekasse ein und ließ Krankenhäuser und Siedlungen für Arbeiter errichten, von 1861 bis 1874 insgesamt 3 200 Wohnungen. Dafür allerdings verlangte er von den Arbeitern Betriebstreue und politisches Wohlverhalten und verbot die Mitgliedschaft in der Sozialdemokratie. Etwas weiter ging Werner von Siemens, der seine Arbeiter am Unternehmensgewinn beteiligte und für eine Alters- und Pensionskasse sorgte. Nahm ein Arbeiter jedoch an einem Streik teil, dann verlor er diese Vergünstigungen. Ernst Abbe, der Besitzer der Zeiss-Werke in Jena, beschritt einen partnerschaftlichen Weg. Er wandelte die Optischen Werke in die gemeinnützige Carl-Zeiss-Stiftung um, die er als leitender Angestellter führte. Die Belegschaft war am Gewinn und am Unternehmenskapital beteiligt. Solche sozialen Maßnahmen blieben jedoch die Ausnahme.

M 2 „Konsumanstalt" im Nürnberger Werk der Firma Siemens (Foto, 1908)
In Konsumläden konnten Arbeitnehmer eines Betriebes Lebensmittel und Waren des täglichen Bedarfs ohne „Profit", also billiger als im Handel, kaufen. Auch die Gewerkschaften ermöglichten ihren Mitgliedern einen preisgünstigen Einkauf. „Konsumgenossenschaften" boten Waren des täglichen Bedarfs und senkten die Lebenshaltungskosten.

Für den friedlichen Ausgleich

Die Vertreter der christlichen Kirche fanden bei den Arbeitern zunächst wenig Gehör, stellten sie sich doch nur schrittweise auf die Probleme der sozialen Frage ein. Gemeinsam war ihnen das Wirken aus christlicher Nächstenliebe und die Kritik am vorherrschenden Gewinnstreben und Massenelend, das sie als moralischen Verfall werteten. Allerdings hofften sie, die soziale Frage durch friedliche Aussöhnung in der Gesellschaft herbeiführen zu können. Weitreichende Forderungen stellte der Bischof von Mainz Emanuel Ketteler 1864: Verbot von Kinderarbeit, gerechten Arbeitslohn und kürzere Arbeitszeit. Der Staat sollte durch Sozialgesetze alle Arbeiter schützen, während die Arbeiter durch Gewinnbeteiligung in den Betrieb eingebunden werden sollten. Kettelers Vorstellungen wurden auch wichtiger Bestandteil der katholischen Soziallehre, die in einer päpstlichen Enzyklika (Rundschreiben) 1891 verbreitet wurde.

Christliche Sozialarbeit

Um die wandernden Handwerker sorgte sich der katholische Kaplan Adolf Kolping, der sie in dem „Katholischen Gesellenverein" organisierte, ihnen in festen Häusern Unterkunft verschaffte und sie in der Vereinigung der „Kolpingfamilie" moralisch und materiell stärken wollte. In der evangelischen Kirche setzten sich vor allem die Pastoren Johann Wichern und Friedrich von Bodelschwingh für die Behebung sozialer Probleme ein: Wichern bot in seinem „Rauhen Haus" in Hamburg evangelischen Waisenkindern und verelendeten Jugendlichen Unterkunft und gründete mit der Inneren Mission eine Wohlfahrtsorganisation. Bodelschwinghs Schwerpunkt bestand darin, in Bethel bei Bielefeld für Kranke Pflegehäuser zu begründen und das nötige Pflegepersonal gut auszubilden.

Der Staat greift ein

Der Staat musste sich der sozialen Frage widmen, wollte er nicht in Kauf nehmen, dass die Arbeiterschaft sich vom Staat weg der Sozialdemokratie zuwandte. Deswegen setzte Reichskanzler Otto von Bismarck durch, dass 1883 die Krankenversicherung, 1884 die Unfall- und 1889 die Invaliditäts- und Altersversicherung in Kraft trat. Arbeiter, Unternehmer und der Staat zahlten in diese Kassen ein, aus denen die entsprechenden Unterstützungen geleistet wurden. Obwohl diese Sozialgesetzgebung in Europa damals einmalig war, blieb die Wirkung in der Arbeiterschaft begrenzt. Die tatsächlich ausgezahlten Beträge waren sehr gering, denn die durchschnittliche Altersrente betrug 1912 nur knapp 20 % des Lohns. Die Arbeiter mussten einen hohen Anteil der Leistungen selbst finanzieren und waren gegen Arbeitslosigkeit nicht abgesichert. Insgesamt blieben die Versuche des Staates, der Kirchen und der Unternehmer, die soziale Frage zu lösen, Ansätze und konnten die Mehrheit der Arbeiter nicht davon abbringen, eine grundlegende Veränderung der politischen und wirtschaftlichen Ordnung zu fordern.

M 3 Unfall in einer Maschinenfabrik (Gemälde von Johann Bahr, um 1890)
Damit wurde für den Besuch der „Deutschen Allgemeinen Ausstellung für Unfallverhütung" geworben, die in Berlin stattfand.

M 4 Unternehmerstandpunkte

a) Alfred Krupp 1872 zu seinen Arbeitern:

Ich erwarte und verlange volles Vertrauen, lehne jedes Eingehen auf ungerechtfertigte Anforderungen ab, werde wie bisher jedem gerechten Verlangen zuvorkommen, fordere daher alle diejenigen, welche sich nicht begnügen wollen, hiermit auf, je eher, desto lieber zu kündigen, um meiner Kündigung zuvorzukommen. (...) Ich (will) in meinem Hause wie auf meinem Boden Herr sein und bleiben.

Zit. nach: H. M. Enzensberger, Klassenbuch 2. Darmstadt 1972, S. 87.

b) Werner von Siemens:

Es war mir schon früh klar geworden, dass eine befriedigende Weiterentwicklung der stetig wachsenden Firma nur herbeizuführen sei, wenn ein freudiges, selbstständiges Zusammenwirken aller Mitarbeiter zur Förderung ihrer Interessen erwirkt werden könnte. Um dieses zu erreichen, scheint es erforderlich, alle Angehörigen der Firma nach Maßgabe ihrer Leistungen am Gewinn zu beteiligen. Ferner schenkten wir sämtlichen Mitarbeitern ein Kapital von 60 000 Talern als Grundstock für eine Alters- und Invaliden-Pensionskasse. Freilich, die Freiheit zu streiken wird dem Arbeiter durch die Pensionsbestimmungen wesentlich beschränkt, denn bei einem freiwilligen Austritte verfallen seine Altersrechte.

K. Poenicke, Die sozialen Theorien in Deutschland im 19. Jahrhundert. Paderborn 1978, S. 87.

M 5 Familie Siemens

(Fotografie, 1860)

Als Erfinder, Unternehmer und Wissenschaftler prägte Werner von Siemens (rechts hinten) entscheidend die Entwicklung der Elektrotechnik. Hinten links sein Bruder Carl, der das russische Zweiggeschäft in St. Petersburg leitete, vorne rechts sein Bruder Wilhelm, der dem englischen Zweiggeschäft in London vorstand, und dessen Frau.

M 6 Stellungnahmen der Kirchen

a) Der evangelische Geistliche Johann Hinrich Wichern 1848:

Die Kirche muss die Proletarier suchen. (...) Überall, wo die Reichen ihr Herz verschließen und die Armen vor Not keine Kraft mehr haben, da müsst ihr eingreifen. Alles Predigen wird nichts helfen, wenn nicht zugleich für das leibliche Wohl unserer Brüder gesorgt wird.

J. Seiters, Quellen zur Sozialgeschichte, Bd. 1. München 1973, S. 244 f.

b) Rundschreiben Papst Leos XIII. 1891:

Es ist eine (...) Forderung der Billigkeit, dass man sich seitens der öffentlichen Gewalt (= Staat) des Arbeiters annehme, damit er von dem, was er zum allgemeinen Nutzen beiträgt, etwas empfängt, sodass er in Sicherheit hinsichtlich Wohnung, Kleidung und Nahrung ein weniger schweres Leben führen kann. (...) Wenn man also die Lage der unteren Schichten bessern will, so muss man vor allem dabei bleiben, dass die Grundlage aller Überlegungen die Unverletzlichkeit des Rechtes auf Sondereigentum (Privateigentum) zu bilden hat.

Nach: P. Jostock (Hg.), Die sozialen Rundschreiben. Freiburg 1961, S. 25 f.

M 7 Staatliche Sozialversicherung

Bismarck im Reichstag 1884:

Der eigentliche Beschwerdepunkt des Arbeiters ist die Unsicherheit seiner Existenz; er ist nicht sicher, dass er immer Arbeit haben wird, (...) dass er immer gesund ist, und er sieht voraus, dass er einmal alt und arbeitsunfähig sein wird. (...) Solange ihm der Staat da nicht entgegenkommt, (...) wird er (...) immer wieder zu dem sozialistischen Wunderdoktor laufen und (...) sich von ihm Dinge versprechen lassen, die nicht gehalten werden.

Zit. nach: H.-U. Wehler, Deutsche Gesellschaftsgeschichte. München 1995, S. 910.

Fragen und Anregungen

1. Untersucht und vergleicht (in Gruppenarbeit) die unterschiedlichen Vorstellungen von Kirche, Staat und Unternehmer. Kommen sie den Forderungen der Arbeiter entgegen, wo ziehen sie ihre Grenzen? Wie bewerten sie die sozialistische Arbeiterbewegung? (M4, M6, M7)
2. Stellt die konkreten Verbesserungen von Unternehmern und Staat für die Arbeiter zusammen. (VT, M1, M2, M7)
3. Diskutiert, warum vielen Arbeitern die Zugeständnisse von Unternehmern, Kirche und Staat nicht genügten.

„Also, wat is en Dampfmaschin?"

METHODEN

„Da stelle mer uns janz dumm. Und da sage mer so: En Dampfmaschin, dat is ene jroße schwarze Raum, der hat hinten un vorn e Loch. Dat eine Loch, dat is de Feuerung. Und dat andere Loch, dat krieje mer später." So erklärt Lehrer Bömmel in dem Roman „Die Feuerzangenbowle" von Heinrich Spoerl (1877–1955) den Schülern die Dampfmaschine. Wenn man ein Referat über die Dampfmaschine halten soll, greift man kaum auf Bömmels Erklärungen zurück. Es bietet sich eine Suche im Internet an.

M 1 Wasserpumpe, angetrieben von einer Dampfmaschine von Thomas Newcomen (Kupferstich, 1734)
Auf der Homepage des Deutschen Museums findest du weitere Informationen zur Wasserpumpe.

„Wat is det Internet? Da stelle mer uns janz dumm." Es ist ein seit 1969 entwickeltes Netzwerk, das die Verständigung zwischen Rechnern in aller Welt ermöglicht. Weltweit kann man Informationen austauschen. Es bietet große Vorteile gegenüber den herkömmlichen Informationsquellen. Die gewünschten Informationen stehen schnell zur Verfügung, wenn man eine geeignete Adresse kennt. Mit einem Mausklick kann man eine Internetseite anklicken, dort gefundene Inhalte ausdrucken oder „downloaden".
Wenn du keine Adresse kennst, kannst du in einer Suchmaschine ein Suchwort eingeben. Bei „Dampfmaschine" gibt es eine riesige Trefferquote. Natürlich kostet das Surfen, das Öffnen der verschiedenen Internetseiten Zeit und Geld. Du findest nicht das richtige Suchwort oder die angeklickten Internetseiten liefern unbrauchbare Daten. Mitunter vergisst man als „User" auch den ursprünglichen Zweck der Suche.

Als sehr gut erweist sich die Homepage des Deutschen Museums in München mit der Adresse www.deutsches-museum.de. Es ist eines der größten Technikmuseen der Welt. Man findet beispielsweise informative und verständliche Texte mit guter Bebilderung zum Thema „Dampfmaschinen". Gib bei der „Volltextsuche" das gewünschte Thema z. B. „Dampfmaschine" ein. Schon findest du interessante Seiten des Deutschen Museums dazu.

Achte ganz allgemein auf Folgendes beim Surfen im Internet:

1. Wer hat die Internetseite erstellt? Kann man Name und Adresse oder eine Institution ermitteln?
2. Gibt es ein Datum, wann die Seite ins Internet gestellt und aktualisiert wurde?
3. Dient die Homepage der Information, der Unterhaltung oder dem Verkauf?
4. Für wen ist die Seite von Interesse und wer garantiert die Qualität der Inhalte?
5. Ist die Seite klar aufgebaut und mit anderen Seiten verlinkt?

Als weitere geeignete Adresse erweist sich das Museum für Industriekultur in Nürnberg: www.museen.nuernberg.de/industriekultur/. Beide Museen eignen sich natürlich auch für einen Klassenbesuch. Klickt doch einfach mal die entsprechenden Internetseiten an.

M 2 Nachbildung der Betriebsdampfmaschine im Deutschen Museum
(Fotografie, Deutsches Museum München)
Auf der Homepage des Deutschen Museums findest du weitere Informationen zur abgebildeten Dampfmaschine.

Methodische Arbeitsschritte:

1. Suche eine geeignete, bekannte Internetadresse oder gib das passende Suchwort in einer Suchmaschine ein.
2. Prüfe die Internetseiten kritisch nach Ersteller, Datum der Erstellung, Zweck der Internetseite (Information, Unterhaltung, Verkauf) und Qualität der Informationen.
3. Nach einer schnellen Prüfung kannst du gefundene Dateien ausdrucken oder downloaden. Wenn du die Datei auf deinem PC hast, kannst du auch mit dem Text und den Bildern arbeiten.
4. Wenn du ein PowerPoint-Programm auf deinem PC hast, fertige einige Folien mit Bildern und Texten an und stelle ein Referat mithilfe eines PCs und Beamers vor.

LEBEN IM DEUTSCHEN KAISERREICH

War das Kaiserreich die „gute alte Zeit", geordnet, friedlich und ohne Hektik? War es ein Staat mit überholter Adelsherrschaft und Unterdrückung der Arbeiterschaft? War es ein militaristischer Unruhestifter, der Europa nahezu zwangsläufig in den Ersten Weltkrieg stürzte? Oder war es ein moderner Industriestaat, an dessen Ende sich Wirtschaft, Technik, Gesellschaft, Kultur und Alltag so tief greifend wandelten, dass geradezu eine neue Welt entstand? Was von diesen so unterschiedlichen Urteilen zutrifft, wieweit sie sich widersprechen oder aber ergänzen, kannst du in diesem Kapitel untersuchen.

Berlin 1908

Parade der Gardetruppen im Berliner Lustgarten 1909

„Aber ich bitt Sie, mit so einem lieben G'sichterl studiert man doch nicht!“
Karikatur zum Frauenstudium aus dem „Fliegenden Blättern“ von 1908/1909.

Der Physiker Karl Ferdinand Braun führt die Braunsche Röhre vor.
Foto von 1897.

Auflösung einer Arbeiterversammlung

Kaiserproklamation in Versailles 1871
Gemälde von Anton von Werner aus dem Jahr 1885.

Antisemitische Postkarte, nach 1900

1. Die Gründung des Deutschen Kaiserreiches 1871

1862	Heeres- und Verfassungskonflikt in Preußen: Bismarck wird preußischer Ministerpräsident.
1864	Preußen und Österreich siegen über Dänemark im Kampf um Schleswig und Holstein.
1866	Preußen besiegt Österreich bei Königgrätz.
1870/71	Preußen siegt zusammen mit den süddeutschen Staaten im Krieg gegen Frankreich.
1871	Das Deutsche Reich wird am 18. Januar in Versailles gegründet.

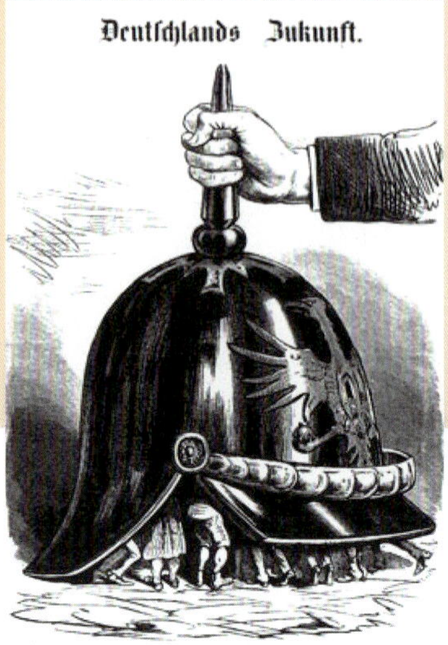

M 1 „Kommt es unter einen Hut? Ich glaube, es kommt eher unter eine Pickelhaube!"
(Karikatur aus dem „Kladderadatsch", 1864)

Der Deutsche Bund nach 1848

1848/49 war die Revolution, die einen deutschen Nationalstaat hervorbringen und liberale Ideen durchsetzen wollte, gescheitert. Die Abgeordneten wurden aus der Frankfurter Paulskirche vertrieben, die Fürsten kehrten auf ihre Throne zurück und regierten in ihren Staaten nach den Prinzipien des Wiener Kongresses: Es kam zu einer neuen Unterdrückung politisch Andersdenkender; Liberale wurden aus der Beamtenschaft, aus Schulen und Universitäten entfernt, Presse und Vereine wurden kontrolliert, der Überwachungsstaat der Restaurationszeit lebte wieder auf. Und doch war inzwischen vieles erreicht: In fast allen Staaten des deutschen Bundes (außer Österreich) gab es Verfassungen, wenn sie auch so gestaltet waren, dass sie einen Großteil der Bevölkerung von der politischen Mitsprache ausschlossen.

Bismarck wird Ministerpräsident in Preußen

In Preußen plante König Wilhelm I. eine Reform des Heeres. Er wollte das ihm unterstellte stehende Heer (das er auch gegen die eigenen Untertanen einsetzen konnte) vergrößern und die Dienstzeit der Soldaten verlängern. Die Abgeordneten verweigerten dem König die erforderlichen Geldmittel zur Umstrukturierung des Heeres und beriefen sich dabei auf ihr verfassungsmäßiges Recht. Der Heereskonflikt war damit zum Verfassungskonflikt geworden. In seiner Not ernannte Wilhelm I. am 23. September 1862 Otto von Bismarck zum Ministerpräsidenten. Dieser hatte nämlich erklärt, die Heeresreform auch gegen den Willen der Abgeordneten durchzusetzen. Zwar brach Bismarck damit die Verfassung, doch nach dem Sieg über Frankreich und der Reichsgründung wurde ihm vom Abgeordnetenhaus dafür Straffreiheit (Indemnität) gewährt.

Preußens Krieg gegen Dänemark

Schon 1864 lenkten territoriale Probleme von den innenpolitischen Schwierigkeiten ab: Der dänische König Christian X. wollte die Herzogtümer Schleswig und Holstein seinem Land einverleiben. Da Holstein aber zum Deutschen Bund gehörte und die beiden Länder nach einem alten Gesetz nicht voneinander getrennt werden durften, bedeutete die Absicht des Dänenkönigs einen Angriff auf den gesamten Deutschen Bund. Seine Vertreter Preußen und Österreich reagierten darauf mit Krieg; nach dem gemeinsamen Sieg teilten sch die beiden Großmächte die Verwaltung der Herzogtümer: Österreich übernahm Holstein, Preußen Schleswig.

Preußens Krieg gegen Österreich

Unterschiedliche Ansichten über die Verwaltung der beiden Herzogtümer führten schon bald zu Spannungen zwischen Preußen und Österreich. Bismarck, der nun die Schaffung eines deutschen Nationalstaates ohne Österreich anstrebte, erkannte die Chance, die sich ihm bot: Preußische Truppen besetzten das von Österreich verwaltete Holstein – eine Provokation, die Österreich mit Krieg beantwortete. Zusammen mit Truppen anderer Staaten des Deutschen Bundes zog Österreich gegen Preußen. Doch schon nach wenigen Wochen gelang es der preußischen Armee unter Helmuth von Moltke, Österreich und seinen Verbündeten in der Schlacht bei Königgrätz die entscheidende Niederlage zuzufügen. Damit war der Weg frei für die kleindeutsche Lösung. Auf Drängen Bismarcks, der keinen Anlass für einen Revanchekrieg geben wollte, wurde auf weitere militärische Aktionen und auf Gebietsabtretungen Österreichs verzichtet. Dieses musste lediglich der Auflösung des Deutschen Bundes zustimmen. An seine Stelle trat der Norddeutsche Bund, dessen Führungsmacht Preußen war.

Deutschlands Krieg gegen Frankreich

Mit der Gründung des Norddeutschen Bundes war die Umgestaltung Deutschlands noch nicht abgeschlossen. Die süddeutschen Staaten Bayern, Württemberg, Baden und Hessen hielten sich noch abseits, da ihnen ein von Preußen geführtes Deutschland missfiel. Wieder kam Bismarck der Zufall zu Hilfe: Der spanische König starb, ein Anwärter auf den Thron war Prinz Leopold von Hohenzollern-Sigmaringen, ein Verwandter des preußischen Königs. Wilhelm I. hatte die Kandi-

Biografie Bismarcks im Überblick

- Geboren am 1. April 1815 in Schönhausen an der Elbe.
- Jurastudium.
- Rechtsreferendar in Aachen und Potsdam (abgebrochen).
- Gutsbesitzer und Kavaliersleben in Pommern („der tolle Bismarck").
- 1847: Heirat mit Johanna von Puttkammer.
- 1848: Bismarck versucht eine Gegenrevolution zu organisieren.
- 1849–1851: Abgeordneter im preußischen Landtag.
- 1851: preußischer Gesandter beim Bundestag in Frankfurt.
- Ab 1859: Gesandter in St. Petersburg und Paris.
- Ab 1862: preußischer Ministerpräsident.
- Ab 1871: preußischer Ministerpräsident und Kanzler des deutschen Reiches.
- 1890: Entlassung Bismarcks durch Kaiser Wilhelm II.
- Gestorben am 30. Juli 1898 in Friedrichsruh.

M 2 Bismarck-Apotheose (Apotheose bedeutet Vergöttlichung, Gemälde von Ludwig Rudow, 1890)
Bismarck wird umgeben von Klio, der Göttin der Geschichtsschreibung, die eine Chronik mit der Jahreszahl 1870/71 in den Händen hält, der Germania mit einer frei erfundenen Reichskrone sowie der Siegesgöttin Victoria, die Bismarck mit einem Lorbeerkranz krönt. Davor stehen Vertreter des deutschen Volkes.

datur Leopolds befürwortet, was den französischen König Napoléon III. verstimmte. Dieser fürchtete nämlich die Einkreisung Frankreichs durch die Hohenzollern. Obwohl Leopold seine Kandidatur zurückzog, verlangte die französische Regierung durch ihren Gesandten Benedetti, der König von Preußen solle sich verpflichten, „niemals wieder“ seine „Zustimmung zu geben, wenn die Hohenzollern auf ihre Kandidatur zurückkämen“. Dieses Verlangen wies Wilhelm I. als unzumutbare Einmischung in seine Politik zurück. Als Bismarck das Ansinnen des französischen Königs als „Emser Depesche“ an die Öffentlichkeit brachte, spitzte sich der Konflikt zu: Napoléon III. war brüskiert, am 19. Juli 1870 erklärte Frankreich Preußen den Krieg. Sofort vereinigten die süddeutschen Staaten ihre Truppen mit denen des Norddeutschen Bundes und nahmen am Krieg gegen Frankreich teil. Den 400 000 deutschen Soldaten standen zu Beginn des Krieges nur 200 000 Franzosen gegenüber. Am 2. September geriet Napoléon III. mit 100 000 Mann nach der Schlacht bei Sedan in Gefangenschaft. Frankreich wurde zur Republik erklärt, doch der Krieg zog sich noch weitere sechs Monate hin, bis er im Februar 1871 durch einen Waffenstillstand beendet wurde.

Die deutsch-französische „Erbfeindschaft“

Im Mai 1871 wurde in Frankfurt am Main ein Friedensvertrag unterzeichnet: Frankreich musste das Elsass und Lothringen an das Deutsche Reich abtreten und fünf Milliarden Francs Kriegsentschädigung zahlen. Für die Mehrheit der Deutschen war die Wiedergewinnung der deutschsprachigen Gebiete eine selbstverständliche Folge des Sieges. Das französische Nationalbewusstsein wurde jedoch durch die Annexion von Elsass und Lothringen tief verletzt. Der Wunsch der Franzosen nach Revanche und die deutschen Reaktionen darauf vergifteten die Beziehungen der beiden Staaten und verstärkten die Auffassung vom „Erbfeind“.

Die Gründung des Deutschen Reiches

Noch während gekämpft wurde, hatte Bismarck Verhandlungen mit den deutschen Fürsten über eine Einigung Deutschlands geführt. Die nationale Begeisterung war groß, in Süddeutschland hatte man jedoch Vorbehalte gegen eine preußische Vorherrschaft. Ludwig II. von Bayern trug – nach Aufforderung durch Bismarck, nach Geldzahlungen und nach der Gewährung von Sonderrechten – im so genannten Kaiserbrief dem preußischen König Wilhelm I. die Kaiserwürde an. Württemberg, Bayern und die anderen süddeutschen Kleinstaaten traten daraufhin dem kleindeutschen Nationalstaat bei.

Das Deutsche Reich wurde am 18. Januar 1871 im Spiegelsaal von Versailles ausgerufen; König Wilhelm I. von Preußen wurde zum Deutschen Kaiser ernannt.

M 3 Proklamation des deutschen Kaisers Wilhelm I. am 18. Januar 1871 im Spiegelsaal des Schlosses von Versailles
(Gemälde von Anton von Werner, Fassung von 1885; vgl. S. 208/M3)

M 4 Der Weg zur kleindeutschen Lösung

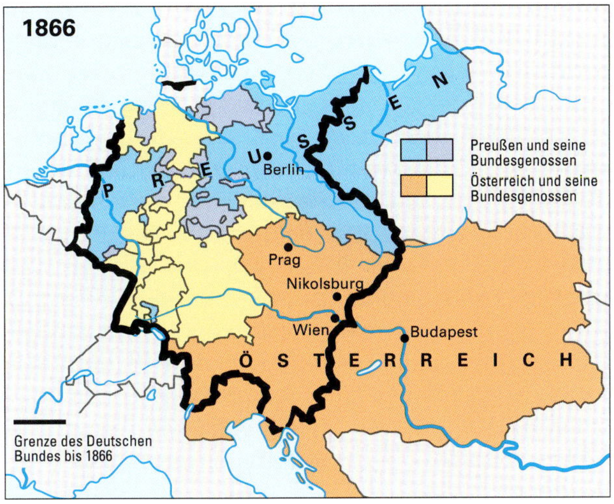

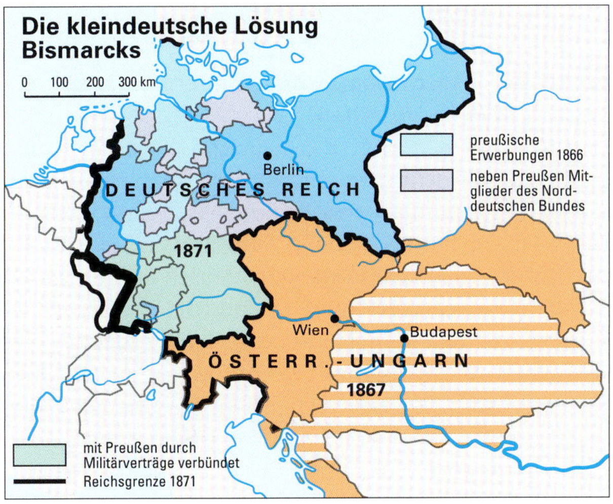

M 5 Aus der Emser Depesche

Nachdem die Nachrichten von der Entsagung des Prinzen von Hohenzollern der Kaiserlich französischen Regierung von der Königlich spanischen amtlich mitgeteilt worden sind, hat der französische Botschafter in Ems an S. M. (Seine Majestät) den König noch Forderungen gestellt, ihn zu autorisieren, dass er nach Paris telegrafiere, dass S. M. der König sich für alle Zukunft verpflichtet, niemals wieder seine Zustimmung zu geben, wenn die Hohenzollern auf ihre Kandidatur zurückkommen sollten. S. M. hat es daraufhin abgelehnt, den französischen Botschafter nochmals zu empfangen, und demselben durch den Adjutanten vom Dienst sagen lassen, dass S. M. dem Botschafter nichts weiter mitzuteilen habe.

Geschichte in Quellen. Das bürgerliche Zeitalter 1815–1914. Bearb. v. G. Schönbrunn. München 1980, S. 355 f.

M 6 Bismarck in einer Rede vor dem preußischen Abgeordnetenhaus 1862

Nicht auf Preußens Liberalismus sieht Deutschland, sondern auf seine Macht: Bayern, Württemberg, Baden mögen den Liberalismus hinnehmen, darum wird ihnen doch keiner Preußens Rolle anweisen; Preußen muss seine Kraft zusammenfassen und zusammenhalten auf den günstigsten Augenblick, der schon einige Male verpasst ist; Preußens Grenzen nach den Wiener Verträgen sind zu einem gesunden Staatsleben nicht günstig; nicht durch Reden und Majoritätsbeschlüsse werden die großen Fragen der Zeit entschieden – das ist der große Fehler von 1848 gewesen –, sondern durch Eisen und Blut.

O. v. Bismarck, Die gesammelten Werke, Bd. 10. Berlin 1928, S. 140.

M 7 Bayern und die Reichsgründung

a) Schreiben König Ludwigs II. von Bayern an seinen Bruder Prinz Otto (25. November 1870)

Ich erlebe mittlerweile recht viel Trauriges! Selbst der bayerische, monarchische Bray (ein Mitglied der bayerischen Regierung) beschwor mich (...), so bald als möglich jenem König die deutsche Kaiserkrone anzubieten, da sonst andere Fürsten oder gar der Reichstag es tun würden.

Könnte Bayern allein und frei vom Bunde stehen, dann wäre es gleichgültig, da dies aber geradezu eine politische Unmöglichkeit wäre, da Volk und Armee sich dagegen stemmen würden und die Krone mithin allen Halt im Lande verlöre, so ist es, so schauderhaft und entsetzlich es immerhin bleibt, ein Akt von politischer Klugheit, ja von Notwendigkeit im Interesse der Krone und des Landes, wenn der König von Bayern jenes Anerbieten stellt. (...) Jammervoll ist es, dass es so kam, aber nicht mehr zu ändern.

Nach: H. Pross, Die Zerstörung der deutschen Politik. Frankfurt am Main 1959, S. 24 f.

b) Schreiben König Ludwigs II. von Bayern an König Wilhelm I. von Preußen (Kaiserbrief, 30. November 1870)

Durchlauchtigster Großmächtigster Fürst! Freundlichlieber Bruder und Vetter! Nach dem Beitritte Süddeutschlands zum deutschen Verfassungsbündnis werden die Ew. Majestät übertragenen Präsidialrechte über alle deutschen Staaten sich erstrecken. Ich habe mich zu deren Vereinigung in einer Hand in der Überzeugung bereit erklärt, dass dadurch den Gesamtinteressen des deutschen Vaterlandes und seiner verbündeten Fürsten entsprochen werde, zugleich aber in dem Vertrauen, dass die dem Bundespräsidium nach der Verfassung zustehenden Rechte durch Wiederherstellung eines deutschen Reiches und der deutschen Kaiserwürde als Rechte bezeichnet werden, welche Eure Majestät im Namen des gesamten deutschen Vaterlandes aufgrund der Einigung seiner Fürsten ausüben. Ich habe mich daher an die deutschen Fürsten mit dem Vorschlage gewendet, gemeinschaftlich mit mir bei Eurer Majestät in Anregung zu bringen, dass die Ausübung der Präsidialrechte des Bundes mit Führung des Titels eines Deutschen Kaisers verbunden werde.

Zit. nach: E. R. Huber (Hg.), Dokumente zur deutschen Verfassungsgeschichte. Bd. 2. Stuttgart 1986, S. 349.

M 8 Der preußische Kronprinz Friedrich Wilhelm notierte am 18. 1. 1871 in sein Tagebuch

Die Feier der Proklamation muss im eigentlichen Sinn des Wortes eine einzige genannt werden, und ich bin wahrhaft glücklich, dieselbe erlebt zu haben. Erst im Lauf der Zeiten wird uns das ganze volle Gewicht dessen bewusst werden, was es heißt, im Prachtsaal Ludwigs XIV. Schloss zu Versailles die Wiedereinsetzung des auf französischen Schlachtfeldern geschaffenen Deutschen Reiches sowie die Verkündigung des erwählten, erblichen Kaisers mitangeschaut zu haben.

H. O. Meisner (Hg.), Kaiser Friedrich III. Das Kriegstagebuch von 1870/71. Berlin 1926, S. 338 f.

Deutsches Kaiserreich

Als Deutschland nach dem Krieg gegen Frankreich 1870/71 geeint wurde, erhielt es die Form einer konstitutionellen Monarchie. Das so genannte Zweite Deutsche Kaiserreich sah sich in der Tradition des Heiligen Römischen Reiches deutscher Nation (962–1806). Es bestand bis zum Ende des Ersten Weltkrieges 1918. Hitler knüpfte an diese Zählung an, indem er das nationalsozialistische Deutschland das „Dritte Reich" nannte.

M 9 Der Zentrumspolitiker Ludwig Windthorst schrieb am 22. Oktober 1870

An den ewigen Frieden nach dieser Campagne (dem deutsch-französischen Krieg) glaube ich nicht, vielmehr bin ich der Meinung, dass wir von 1866 an in eine unabsehbare Reihenfolge von Kriegen eingetreten sind. Der nächste Krieg (...) wird ein Weltbrand sein, und es wird der jetzige Krieg dahinter wie ein Kinderspiel zurücktreten. Die deutsche Verfassung wird niedergeschrieben im Palaste Ludwigs XIV., sie wird niedergeschrieben unter dem Donner der Kanonen. Es wäre verwunderlich, wenn ihr Charakter nicht dadurch mitbestimmt würde. Der Geburtsort und die Paten haben immer einen Einfluss auf die werdenden Menschen. Ludwig XIV. war kein Freund von Autonomie, und in Versailles gilt das System der geradlinigen, geschorenen Hecken.

H.-G. Aschoff und H.-J. Heinrich (Bearb.), Ludwig Windthorst. Briefe 1834–1880. Paderborn 1995, S. 295.

M 10 Der britische Oppositionsführer Benjamin Disraeli 1871 im Unterhaus

Dieser Krieg bedeutet die deutsche Revolution, ein größeres politisches Ereignis als die Französische Revolution des vergangenen Jahrhunderts. (...) Wir stehen vor einer neuen Welt, neue Einflüsse sind am Werk; neuen und unbekannten Gegenständen und Gefahren muss man sich gewachsen zeigen, die noch verhüllt sind mit der Dunkelheit der Lage. Wir pflegen in diesem Hause die Frage des Gleichgewichts zu erörtern. (...) Was aber hat sich jetzt ereignet? Das Gleichgewicht der Macht ist völlig zerstört; und das Land, welches am meisten darunter leidet und welches die Wirkungen dieses großen Wechsels am meisten zu spüren bekommt, ist England.

W. Bußmann (Hg.), Bismarck im Urteil seiner Zeitgenossen und der Nachwelt. Stuttgart o. J., S. 34 f.

Fragen und Anregungen

1. Welche Rolle kommt nach Bismarck Preußen bei der Reichsgründung zu (M6)? Wie wirkt diese Rede auf dich, wie mag sie wohl auf die Zeitgenossen Bismarcks gewirkt haben?
2. Welche Bedeutung hätte eine großdeutsche Lösung (M4) für den österreichischen Gesamtstaat bzw. für Preußen gehabt?
3. Kann man behaupten, die Emser Depesche (M5) sei der Grund für den deutsch-französischen Krieg gewesen?
4. Erkläre und beurteile die Haltung des bayerischen Königs Ludwig II. zur Gründung des Deutschen Reiches (M7). Vergleiche seine Haltung mit der Aussage der Karikatur (M1) und der Karten (M4).
5. Welche Einschätzung der Reichsgründung zeigt sich in den Textquellen (M8, M9) und in der offiziellen bildlichen Darstellung (M3)?
6. Welche Befürchtung verbindet Benjamin Disraeli mit der Gründung des Deutschen Kaiserreiches (M10)? Welche Befürchtungen könnten andere europäische Politiker hegen? Begründe deine Meinung. (VT, M6)

2. Politische Kräfte im Deutschen Reich

1871 Die Verfassung des Deutschen Reiches tritt am 16. April in Kraft.

M 1 Das Wappen des Deutschen Reiches

Grundlagen der Verfassung

Das Deutsche Kaiserreich war ein Bundesstaat bestehend aus 25 weitgehend souveränen Einzelstaaten. Es handelte sich um einen freiwilligen Zusammenschluss von Fürsten, das Volk hatte kein Mitspracherecht bei seiner Gründung. Das drückte sich auch in der Verfassung aus. So waren die Grundrechte nicht mehr – wie 1848 vorgesehen – Bestandteile der Verfassung. Die Verfassung des Kaiserreiches entsprach im Wesentlichen der des Norddeutschen Bundes von 1867, die Bismarck selbst entworfen hatte. Preußen hatte eine Vormachtstellung, was seiner territorialen Größe entsprach: Es verfügte über fast zwei Drittel des Reichsgebietes und über ca. 60 Prozent der Bevölkerung. Preußen stellte den Kaiser, meist den Reichskanzler und hatte im Bundesrat 17 von 58 Stimmen. Die neu hinzugekommenen süddeutschen Staaten behielten alle Befugnisse, die nicht ausdrücklich auf das Reich übergegangen waren, wie einige Sonderrechte im Militär-, Steuer-, Verkehrs- und Postwesen. Nur unter diesen Bedingungen waren sie bereit gewesen, dem Reich beizutreten.

Kaiser und Kanzler

An der Spitze des Staates stand der Kaiser aus der Familie der Hohenzollern, der zugleich König von Preußen war; er trug den Titel „Deutscher Kaiser". Seine Macht war enorm: Er konnte den Bundesrat und den Reichstag einberufen, vertagen und schließen. Er leitete zusammen mit dem Reichskanzler die Außenpolitik, schloss Verträge mit anderen Staaten, konnte mit Zustimmung des Bundesrates Kriege erklären und hatte den Oberbefehl über das Heer. Er ernannte und entließ die Reichsbeamten und den Reichskanzler, der nur ihm allein verantwortlich war. Eine parlamentarische Kontrolle des Kanzlers war in der Verfassung nicht vorgesehen – das Deutsche Reich war eine konstitutionelle Monarchie. Solange der Kanzler vom Kaiser unterstützt wurde, war seine Stellung unangreifbar. Der Reichskanzler war Vorsitzender des Bundesrates und meist gleichzeitig Ministerpräsident von Preußen. Anstelle von Ministern leiteten weisungsgebundene Staatssekretäre die einzelnen Ressorts; sie wurden vom Reichskanzler ernannt und waren von ihm abhängig.

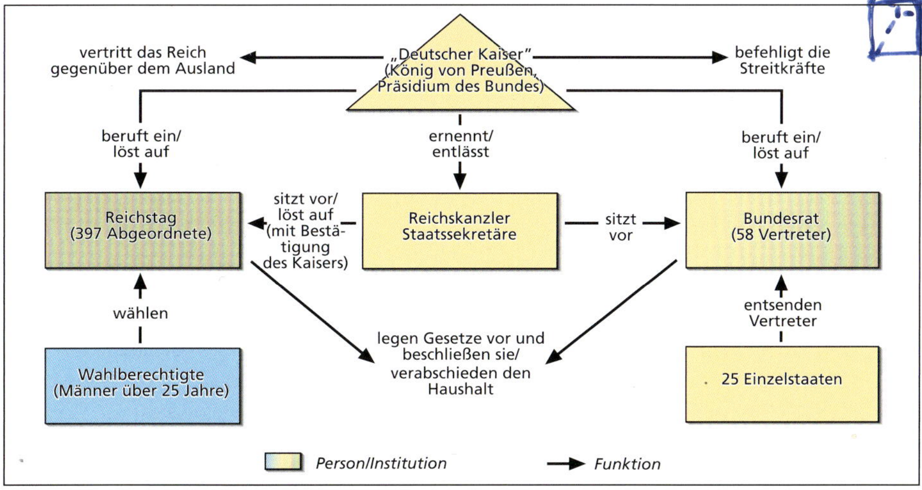

M 2 Schaubild der Verfassung des Deutschen Reiches von 1871

Bundesrat

Im Bundesrat saßen die Abgeordneten der einzelnen Bundesstaaten und Freien Städte. Er war eine Versammlung, die auf die Interessen der Fürsten achtete, und verstand sich als Gegenpol zum demokratisch gewählten Reichstag. Da er zu allen Gesetzen seine Zustimmung geben musste, konnte er viele Gesetze verhindern. Gemeinsam mit dem Reichskanzler nahm der Bundesrat die politischen Geschäfte wahr und konnte mit Zustimmung des Kaisers den Reichstag auflösen – er stützte durch seine Macht das monarchische System. Der Bundesrat stärkte auch die Stellung Preußens, das über 17 von 58 Stimmen verfügte. Um Preußen zu überstimmen, mussten sich mehrere Bundesstaaten zusammenschließen; die Verfassung konnte sogar nur mit der Zustimmung Preußens geändert werden.

Reichstag

Im Reichstag saßen die Volksvertreter. Sie wurden in allgemeiner, gleicher, direkter und geheimer Wahl von Männern über 25 Jahren für drei (ab 1890 für fünf) Jahre gewählt. Die Aufgabe des Reichstages bestand hauptsächlich in der Bewilligung des Haushaltes, der Gelder also, die die Regierung ausgeben wollte. Der Reichstag hatte auch das Recht, neue Gesetze oder Gesetzesänderungen vorzuschlagen und (zusammen mit dem Bundesrat) über Gesetze abzustimmen. Der Reichstag hatte jedoch keinen Einfluss auf die Regierungsbildung, er konnte auch die Regierung nicht abwählen.

Trotzdem nahm aufgrund des Budgetrechts die Bedeutung des Reichstages immer mehr zu, sodass sich Bismarck bei neuen Gesetzen um eine Mehrheit im Reichstag bemühen musste. Hinzu kam ein wachsendes Interesse der Bevölkerung an den Entscheidungen im Reichstag, das durch die Presse gefördert wurde. Politik wurde damit zu einer öffentlichen Angelegenheit.

Verhältnis Reich – Länder

Bei der Gestaltung der Reichsverfassung musste darauf Rücksicht genommen werden, dass das Deutsche Reich ein Fürstenbund auf freiwilliger Basis war. So behielten die einzelnen Staaten ihre Verfassungen. Dies hatte zur Folge, dass sich das Wahlrecht in Preußen von dem im Deutschen Reich unterschied: Während in Preußen noch das Dreiklassenwahlrecht existierte, gab es auf Reichsebene ein allgemeines, direktes, gleiches und geheimes Wahlrecht. Auch die Verteilung der Kompetenzen war uneinheitlich: Das Reich war allein zuständig für die Außenpolitik, das Militärwesen und die Gesetzgebung für Wirtschaft, für das Verkehrs-, Zoll- und Postwesen. Die Länder behielten ihre Zuständigkeit für die innere Verwaltung, die Rechtspflege, die Steuergesetzgebung und das Kulturwesen. Im Zweifelsfall galt der Grundsatz, „dass die Reichsgesetze den Landesgesetzen vorgehen". Das Reich verfügte nur über wenig eigene Einnahmequellen, z. B. aus Post, Zöllen und einigen Verbrauchssteuern, und blieb weitgehend von freiwilligen Zahlungen der Länder abhängig, was deren Gewicht stärkte.

Die Parteienlandschaft

Die Parteien im Kaiserreich vertraten vor allem die Einzelinteressen der verschiedenen gesellschaftlichen Gruppen: Die Nationalliberalen und die Deutsch-Konservativen lehnten die politische Mitsprache der Masse der Bevölkerung ab. Sie traten für die Rechte der Fürsten, des Adels und des Großbürgertums ein. Die Linksliberale Partei knüpfte an die Errungenschaften von 1848 an und forderte die Bürgerbeteiligung aller an der Politik durch ein einflussreiches Parlament. Die Sozialisten verstanden sich als Teil der internationalen Arbeiterbewegung; sie hatten die Umgestaltung des Staates zu einer Demokratie und die Verbesserung der Lebens- und Arbeitsverhältnisse der Arbeiter zum Ziel. Die katholische Zentrumspartei war eine konfessionelle Partei und vertrat eine breite Bevölkerungsschicht. Sie verstand sich von Anfang an als Gegengewicht gegen die protestantisch-preußisch dominierte und kleindeutsch ausgerichtete Reichsregierung.

M 3 Parteien und Verteilung der Stimmen 1871–1912

Jahr	Sozialdemokraten		Bürgerliche Parteien										Splitterparteien und Minderheiten (nur Sitze)
			Zentrum		Fortschrittliche		Nationalliberale		Freikonservative		Deutsch-Konservative		
1871	2	3,2 %	63	18,6 %	46	8,8 %	125	39,1 %	37	8,9 %	57	14,1 %	52
1874	9	6,8 %	91	27,9 %	49	8,6 %	155	29,7 %	33	7,2 %	22	6,9 %	38
1877	12	9,2 %	93	24,8 %	35	7,7 %	128	27,2 %	38	7,9 %	40	9,7 %	51
1878	9	7,6 %	94	23,1 %	26	6,7 %	99	23,1 %	57	13,6 %	59	13,0 %	53
1881	12	6,1 %	100	23,2 %	60	12,7 %	47	14,7 %	28	7,4 %	50	10,3 %	100
1884	24	9,7 %	99	22,6 %	67	17,6 %	51	17,6 %	28	6,9 %	78	15,2 %	50
1887	11	10,1 %	98	20,1 %	32	12,9 %	99	22,3 %	41	9,8 %	80	15,2 %	36
1890	35	19,8 %	106	18,6 %	66	16,0 %	42	16,3 %	20	6,7 %	73	12,4 %	55
1893	44	23,3 %	96	19,1 %	24	8,7 %	53	13,0 %	28	5,7 %	72	13,5 %	80
1898	56	27,2 %	102	18,8 %	29	7,2 %	46	12,5 %	23	4,4 %	56	11,1 %	85
1903	81	31,7 %	100	19,8 %	21	5,7 %	51	13,9 %	21	3,5 %	54	10,0 %	69
1907	43	28,9 %	105	19,4 %	28	6,5 %	54	14,5 %	24	4,2 %	60	9,4 %	83
1912	110	34,8 %	91	16,1 %	42	12,3 %	45	13,6 %	14	3,0 %	43	9,2 %	52

Der Reichstag hatte 1871 insgesamt 382 Sitze, ab 1874 war die Zahl auf 397 Sitze erhöht.

Vereine und Verbände

Einen großen Einfluss auf die Politik hatten die Vereine und Verbände, die seit der Mitte des 19. Jahrhunderts gegründet worden waren. Sie vertraten die Interessen ihrer Mitglieder und waren damit neben den Parteien eine weitere politische Kraft. Da sie keinen Sitz im Parlament hatten, mussten sie Ihren Einfluss auf anderen Wegen geltend machen: über Abgeordnete der Parteien, die ihre Ziele verfolgten, auf direktem Weg über den Kaiser oder den Reichskanzler oder mithilfe einer klug gesteuerten Öffentlichkeitsarbeit. Alle wichtigen Gruppierungen, die im Kaiserreich existierten, schlossen sich zur Wahrung ihrer Interessen in Vereinen zusammen. Die Arbeitnehmer waren in Gewerkschaften organisiert, die sich für Lohnerhöhungen, Arbeitszeitverkürzungen und den rechtlichen Schutz der Arbeiter einsetzten. Gewerkschaften konnten auch Streiks durchführen. Auf der Seite der Arbeitgeber gab es den „Centralverband Deutscher Industrieller“, der die Schutzzölle durchsetzte, und die „Vereinigung der deutschen Arbeitgeberverbände“, die als Verhandlungspartner bei Tarifkonflikten auftrat. Daneben spielten auch der „Bund der Landwirte“, der Kolonialverein und der Flottenverein eine wichtige Rolle. Der „Bund deutscher Frauenvereine“ vertrat die Frauen aus dem Bürgertum und setzte sich für ihre rechtliche Gleichstellung, z. B. in Fragen der Ausbildung, ein. Die proletarische Frauenbewegung, die im Umfeld der sozialistischen Partei agierte, trat für gleichen Lohn von Frauen und Männern und das Frauenwahlrecht ein.

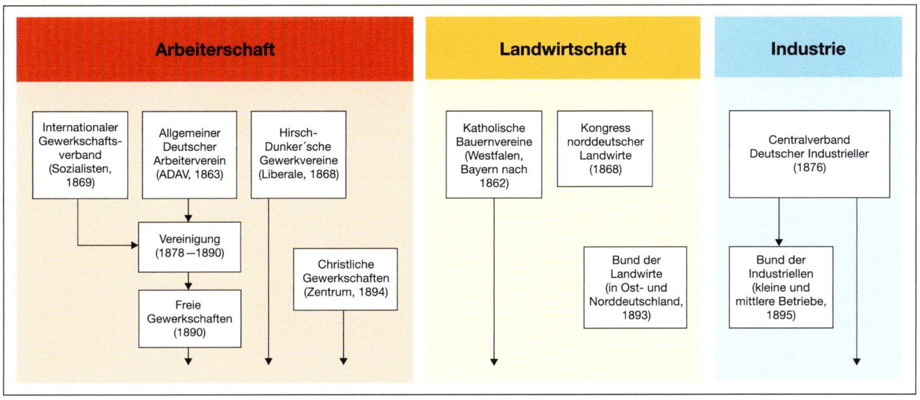

M 4 Interessenverbände und politische Vereine

M 5 Otto von Kiesewetter, der Direktor im „Bund der Landwirte", äußert sich zu den Aufgaben seiner Organisation so:

Dem politischen Zweck des Bundes gemäß, der Landwirtschaft einer ihrer Bedeutung entsprechende Vertretung im Parlament und dadurch Einwirkung auf die Gesetzgebung zu verschaffen, ist die Organisation seiner Verwaltung und die Betätigung seines Beamtenkörpers eingerichtet. (…) Der Bund der Landwirte ist grundsätzlich nicht parteipolitisch und kann daher den Kandidaten jeder staatserhaltenden Partei unterstützen, sofern er mit den Grundsätzen des Bundes übereinstimmt und die Gewähr dafür bietet, dass er im parlamentarischen Leben die Verfolgung des ausgiebigen Schutzes (…) der Landwirtschaft (…) stets als oberstes und unverrückbares Ziel der politischen Maßnahmen gelten lassen wird.

Aus: O. v. Kiesewetter (Bearb.), 25 Jahre wirtschaftspolitischen Kampfes. Berlin 1918, S. 218.

M 6 Bismarck als Raubtierbändiger im Reichstag
(ungarische Karikatur, 1879)
Welches Verhältnis zwischen Reichskanzler und Reichstag will der Karikaturist zum Ausdruck bringen?

Parteien

Der Begriff Partei leitet sich aus dem Lateinischen „pars" her, was Teil, Anteil, Gruppe bedeutet. In Deutschland gibt es seit der Revolution von 1848 politische Parteien. Diese lassen sich in vier große Gruppen einteilen: Konservative, Liberale, Sozialisten und das Zentrum, die Partei des politischen Katholizismus. Im Kaiserreich konnten die Parteien aufgrund der Verfassung nur in wenige Bereiche der Politik gestaltend eingreifen. Das änderte sich in der Weimarer Republik: Nun lag die politische Verantwortung ganz bei den Parteien und den Abgeordneten. Sie wählten den Reichskanzler und bildeten die Regierung.

Reichstag

Der Reichstag hat eine lange Geschichte: Er existierte schon im Mittelalter als Zusammenkunft geistlicher und weltlicher Fürsten und der Vertreter der Reichsstädte. Somit steht er für die föderalistische Tradition im Deutschen Reich.
Mit der Verfassung von 1871 wurde der Reichstag zur parlamentarischen Vertretung des deutschen Volkes, dessen Interessen die Abgeordneten vertraten. Dem Reichstag im Kaiserreich und in der Weimarer Republik entspricht heute der Deutsche Bundestag.

Fragen und Anregungen

1. Erläutere, wie nach der Reichsverfassung die politische Macht im Kaiserreich verteilt war. (VT, M2)
2. Der Historiker Heinrich von Sybel schrieb 1871: „Wir haben eine konstitutionelle Monarchie, aber keine parlamentarische Regierung." Erkläre diesen Satz. (VT, M2, M3)
3. Beschreibe die Karikatur M6 und interpretiere sie.
4. Erkläre am Beispiel des „Bundes der Landwirte", wie und mit welchen Mitteln von den Vereinen und Verbänden Einfluss auf die Politik ausgeübt wurde. (M4, M5)

3. Kampf gegen Reichsfeinde: Zuckerbrot und Peitsche

1873–1878	Bismarck bekämpft die katholische Kirche und die Zentrumspartei.
1878–1890	Bismarck bekämpft die Sozialdemokratie.
1873	Die Sozialgesetze werden erlassen.

M 1 Otto von Bismarck im Parlament (Holzstich, Figaro, 1870)
„Entschieden ist er, und ein gewaltiger Redner, das muss man ihm lassen."

Kampf Bismarcks gegen „Reichsfeinde"

Bismarck sah das Deutsche Reich als sein Werk an, das vielfachen Gefährdungen ausgesetzt war. Von den europäischen Nachbarn wurde es argwöhnisch betrachtet, weil es aus drei Kriegen hervorgegangen war. Doch es gab auch innenpolitische Gegnerschaften. Da waren z. B. die Anhänger der Welfen in Hannover. Auch die in Preußen lebenden Polen und die Dänen in Schleswig sowie die Elsässer und Lothringer fühlten sich nicht als Deutsche. Auch von der eigenen Bevölkerung fürchtete Bismarck eine Bedrohung; zu viele Bevölkerungsgruppen und -schichten fanden sich in der Reichsverfassung unterrepräsentiert oder ausgegrenzt.

Behinderung der katholischen Kirche

1871 erhob das 1. Vatikanische Konzil die Unfehlbarkeit des Papstes in Fragen des Glaubens und der Sitte zum Dogma. Alles, was der Papst in seiner Funktion als Oberhaupt der katholischen Kirche sagte und schrieb, sollte fortan unbedingte Geltung besitzen. Bismarck sah durch diesen übernationalen Machtanspruch den Bestand des Deutschen Reiches gefährdet. Als gleichzeitig die Zentrumspartei gegründet wurde, die die Interessen der Katholiken gegen die evangelische Bevölkerung und die protestantische Mehrheit im Reich verteidigen wollte, schritt Bismarck ein. Er führte mit Zustimmung der Liberalen Gesetze ein, die diesen Kulturkampf begründeten: Im Kanzelparagraph wurde den Geistlichen untersagt, in Ausübung ihres Amtes zu politischen Fragen Stellung zu beziehen. Der Jesuitenorden, der als Vorkämpfer des Katholizismus galt, wurde verboten. Die geistliche Schulaufsicht wurde zugunsten der staatlichen abgeschafft. Ehen waren nur noch dann rechtlich gültig, wenn sie auf dem Standesamt geschlossen wurden. Da in den Jahren des Kulturkampfes die Zentrumspartei immer stärker wurde, suchte Bismarck ab 1878 mit dem neuen Papst Leo XIII. eine gütliche Einigung. Viele Kulturkampfgesetze wurden entschärft oder ganz rückgängig gemacht; nur der Kanzelparagraph und die Trennung von Staat und Kirche bei der Schulaufsicht und der Eheschließung wurden beibehalten. Damit gewann Bismarck die Unterstützung der Zentrumspartei, die er für seinen Kampf gegen die Sozialisten brauchte.

Verbot der sozialdemokratischen Organisationen

Schon Karl Marx, der Begründer des modernen Kommunismus, hatte die Parole ausgegeben: Proletarier aller Länder vereinigt euch. Diese Idee wurde auf dem Parteitag der Deutschen Arbeiterpartei in Gotha (1875) wieder aktuell. Die SPD forderte eine grundlegende Änderung der bestehenden Staats- und Gesellschaftsordnung. Diese sollte zwar mit gesetzlichen Mitteln durchgeführt werden, doch Bismarck sah eine Gefahr für das Deutsche Reich. Deshalb nahm er zwei Anschläge

M 2 Der Kulturkampf in der Karikatur
(Holzstich von W. Scholz, Kladderadatsch, 1875)
„Ich habe noch einen schönen Zug in petto! Das wird auch der letzte sein, und dann sind Sie in wenigen Zügen matt – wenigstens für Deutschland."
(Bismarck und Papst Pius IX.)

M 3 Bismarck und sein Verhältnis zur Sozialdemokratie
Bismarck will die Sozialistengesetze durchsetzen und braucht dazu die Zustimmung der Abgeordneten.
Vor welche Alternative stellt er die Führer der großen Parteien?

gegen Kaiser Wilhelm I., die jedoch nicht von Sozialdemokraten verübt worden waren, als Vorwand, die Arbeiterpartei mit der Unterstützung des Zentrums zu bekämpfen. Im „Gesetz gegen die gemeingefährlichen Bestrebungen der Sozialdemokratie", Sozialistengesetz genannt, verbot er alle sozialdemokratischen, sozialistischen und kommunistischen Vereine. Sie konnten keine Versammlungen abhalten und keine Schriften verbreiten. Die Partei selbst verbot er nicht, da er Unruhen in der Arbeiterschaft befürchtete. So gelang es der SPD ihre Wählerstimmen von 1878 bis 1890 zu verdreifachen. Das Gesetz blieb bis zum Rücktritt Bismarcks 1890 in Kraft.

Sozialgesetzgebung

Um die Arbeiter an den neuen Staat zu binden, versuchte Bismarck ihre Lebensbedingungen zu verbessern. Aus den Einnahmen der Schutzzölle, die zur Sicherung der deutschen Wirtschaft seit 1879 erhoben wurden, finanzierte das Deutsche Reich ab 1883 Versicherungen, die den Arbeitern bei Krankheit, bei Berufsunfällen und im Alter und bei Invalidität eine gewisse Sicherheit bieten sollten. Damit sollte die Bindung der Arbeiter an die Sozialdemokratische Partei gelockert und ihre Staatstreue gefördert werden.
Die Bismarck'sche Sozialversicherung war für die damalige Zeit vorbildlich und wurde später in ähnlicher Form in vielen europäischen Ländern ebenfalls eingeführt.

Kulturkampf

Auslöser für den Kulturkampf, der ein Kampf gegen die Zentrumspartei war, war das Unfehlbarkeitsdogma von Papst Pius IX. Dadurch sah Bismarck den Bestand des neu geschaffenen Deutschen Reiches bedroht und versuchte, den Einfluss der katholischen Kirche zurückzudrängen. Der Kulturkampf dauerte von 1873 bis 1878.

Sozialistengesetz

Es handelt sich dabei um ein Gesetz Bismarcks zur Bekämpfung der Sozialdemokratie, der er reichsfeindliche Tendenzen vorwarf. Da es die Öffentlichkeit nicht akzeptiert hätte, wenn Bismarck die Sozialdemokratische Partei verboten hätte, verbot er nur ihre Organisationen. Nach Bismarcks Entlassung wurden die Sozialistengesetze zurückgenommen.

M 4 Kulturkampf

Bismarck befürchtete die Einmischung der katholischen Kirche in innere Angelegenheiten des Staates, deshalb erließ er die folgenden Gesetze:

1871 Erweiterung des Strafgesetzbuches um den Kanzelparagraphen, der es den Geistlichen verbietet, staatliche Angelegenheiten in Ausübung ihres Amtes zu behandeln.

1872 Im Schulaufsichtsgesetz werden in Preußen die geistliche Schulinspektion aufgehoben und öffentliche wie private Schulen unter staatliche Aufsicht gestellt.

1872 Der Jesuitenorden wird verboten.

1873 Für die Übernahme eines geistlichen Amtes werden das Reifezeugnis eines deutschen Gymnasiums, das Studium an einer deutschen Universität und ein so genanntes Kulturexamen in Geschichte, Philosophie und deutscher Literatur verlangt.

1874 Nur noch die staatliche Beurkundung von Taufe, Trauung oder Todesfall ist rechtsgültig (Standesamt).

1875 Im „Brotkorbgesetz" werden der katholischen Kirche die staatlichen Geldzuwendungen gesperrt.

1875 In Preußen verbietet das Klostergesetz alle Orden (Ausnahme: Krankenpflege).

Zusammenstellung d. Verf.

M 5 Kulturkampfgesetze für das Deutsche Reich

a) Ergänzung des Strafgesetzbuches vom 10. Dezember 1871 (Kanzelparagraph):

Ein Geistlicher oder anderer Religionsdiener, welcher in Ausübung oder in Veranlassung der Ausübung seines Berufes öffentlich vor einer Menschenmenge oder welcher in einer Kirche oder an einem andern zu religiösen Versammlungen bestimmten Orte vor mehreren Angelegenheiten des Staates in einer den öffentlichen Frieden gefährdenden Weise zum Gegenstande einer Verkündigung oder Erörterung macht, wird mit Gefängnis oder Festungshaft bis zu zwei Jahren bestraft.

b) Gesetz, betreffend den Orden der Gesellschaft Jesu, vom 4. Juli 1872:

§ 1. Der Orden der Gesellschaft Jesu und die ihm verwandten Orden und ordensähnlichen Kongregationen sind vom Gebiete des Deutschen Reiches ausgeschlossen. (...)

§ 2. Die Angehörigen des Ordens der Gesellschaft Jesu (...) können, wenn sie Ausländer sind, aus dem Bundesgebiete ausgewiesen werden; wenn sie Inländer sind, kann ihnen der Aufenthalt in bestimmten Bezirken oder Orten versagt oder angewiesen werden.

J. B. Kißling, Geschichte des Kulturkampfes im deutschen Reiche. Bd. 2. Freiburg i. B. 1991, S. 460 ff.

M 6	Krankenversicherung (1883)	Unfallversicherung (1884)	Invaliden- und Altersversicherung (1889)
Betroffene	Arbeiter und (ab 1892) ihre Angehörigen	Arbeiter	Arbeiter und Angestellte und (ab 1911) ihre Angehörigen
Beiträge	2/3 vom Versicherten, 1/3 vom Arbeitgeber	Arbeitgeber	1/2 Arbeitnehmer, 1/2 Arbeitgeber
Leistungen	Ärztliche Behandlungen und Medikamente, Krankenhauskosten, Krankengeld	Heilungskosten, Rente in Höhe von 2/3 des Verdienstes bei völliger Erwerbsunfähigkeit	Invalidenrente bei Erwerbsunfähigkeit, Altersrente ab dem 70. Lebensjahr

Sozialgesetzgebung

Die Sozialversicherungen wurden eingeführt, um die Arbeiterschaft in Notsituationen wie Krankheit, Unfall und im Alter finanziell abzusichern. Zudem wollte Bismarck mit ihnen die Arbeiter an den Staat binden und von der sozialdemokratischen Partei fern halten. Die Sozialgesetzgebung gilt deshalb als Gegenstück zu den Sozialistengesetzen.

M 7 Bismarck in einem Schreiben vom 17. November 1871

Die neuere sozialistische Doktrin, insoweit sie namentlich mit der so genannten Internationalen in Verbindung steht, rechnet überhaupt nicht mit den jetzigen Staaten. Sie weist deshalb auch jede Unterstützung und Kooperation der bestehenden Regierungen auf das Entschiedenste zurück und stellt an die Spitze ihres Programms die Umformung des bestehenden Staates in den sozialistischen Volksstaat.

Nach: H. Rothfels, Bismarck und der Staat. Darmstadt 1953, S. 429.

M 8 Bismarck in einem Brief an Ludwig II. von Bayern

Er schreibt darin über den Reichstag und die SPD (12. August 1878):

Das Anwachsen der sozialdemokratischen Gefahr, die jährliche Vermehrung der bedrohlichen Räuberbande, mit der wir gemeinsam unsere größeren Städte bewohnen, die Versagung der Unterstützung gegen diese Gefahr vonseiten der Mehrheit des Reichstages drängt schließlich die deutschen Fürsten, ihren Regierungen und allen Anhängern der staatlichen Ordnung eine Solidarität der Notwehr auf, welcher die Demagogie der Redner und der Presse nicht gewachsen sein wird, solange die Regierungen einig und entschlossen bleiben, wie sie es gegenwärtig sind. Der Zweck des deutschen Reiches ist der Rechtsschutz; die parlamentarische Tätigkeit ist ein Mittel zur Erreichung des Bundeszweckes. Ich hoffe, dass das Verhalten des Reichstages die verbündeten Regierungen der Notwendigkeit überheben wird, die Konsequenzen dieser Rechtslage jemals praktisch zu ziehen. Aber ich bin nicht gewiss, dass die Mehrheit des jetzt gewählten Reichstages schon der richtige Ausdruck der zweifellos loyal und monarchisch gesinnten Mehrheit der deutschen Wähler sein werde. Sollte es nicht der Fall sein, so wird die Frage einer neuen Auflösung in die Tagesordnung treten.

M. Stürmer (Hg.), Bismarck und die preußisch-deutsche Politik 1871–1890. München 1978, S. 128 f.

M 9 Aus „Der Wahre Jacob“ zum Thema Bismarcks Kampf gegen die Sozialdemokratie
(Holzstich, 1896)

PROJEKT: Karikaturen

Von kaum einem deutschen Politiker gibt es so viele Karikaturen wie von Bismarck. Sucht sie in Büchern und im Internet und stellt sie nach Themen geordnet zu einer Wandzeitung zusammen.

Fragen und Anregungen

1. Warum bekämpft Bismarck die katholische Kirche? Erläutere sein Verhalten unter Bezug auf den Verfassertext, die Karikatur M2 und die Quellen M4 und M5.
2. Erkläre, wie Bismarck die Sozialdemokraten einschätzt und welche Vorstellungen er von der Aufgabe der Reichstagsabgeordneten hat. (M1, M3, M7, M8, M9)
3. Lege dar, was die Sozialistengesetze und die Sozialgesetze bewirken sollten. (M6, M7, M8)

4. Obrigkeitsstaat: neue Wirtschaft – alte Gesellschaft

M 1 Arbeiter im Montagesaal der AEG (Allgemeine Elektrizitätsgesellschaft, um 1900)

M 2 Kaiser Wilhelm II. und seine Familie auf einer Ansichtskarte (1906)

Obrigkeitsstaat und Untertanengeist

Im Kaiserreich haben sich die wirtschaftlichen und industriellen Bedingungen mit rasanter Geschwindigkeit verändert. Nach 1871 wurden zahlreiche Firmen gegründet, von denen viele in der wirtschaftlichen Hochphase bald zu Großunternehmen wurden. Auch die Zahl der Arbeiter und Angestellten stieg sprunghaft an, die tonangebende Schicht blieb aber der Adel. Adelige nahmen traditionsgemäß die hohen Verwaltungsposten und die Offiziersränge ein. Sie bestimmten auch das gesellschaftliche Leben. Arbeiter und Angestellte konnten wegen ihrer sozialen Stellung und aufgrund des Wahlrechts nur wenig Einfluss auf das politische Leben nehmen. Der Situation der Arbeiter und der Frauen hätte ein moderner, demokratischer Staat entsprochen. Das Deutsche Reich war aber aufgrund seiner Verfassung und der sozialen Verhältnisse ein Obrigkeitsstaat geblieben. In Preußen gab es ein Dreiklassenwahlrecht, das die Ärmeren benachteiligte, die politische Macht lag beim Kaiser, der den Reichskanzler bestimmte. Das politische Mitspracherecht der Männer war begrenzt, Frauen besaßen kein Stimmrecht.

Aufschwung der Industrie

Mit der Gründung des Deutschen Reiches war in Europa ein großer, industriell führender Staat entstanden. Das lag zum einen an den fünf Milliarden Goldfrancs, die Frankreich als Kriegsentschädigung zahlen musste und die nun die deutsche Wirtschaft ankurbelten. Zum anderen lag es an den vielen Erfindungen, die in die zweite Hälfte des 19. Jahrhunderts fielen und den Aufbau vieler Großkonzerne nach sich zogen: Die Motoren von Nikolaus August Otto und Rudolf Diesel revolutionierten das Verkehrswesen, der Dynamo von Werner von Siemens brachte der Elektroindustrie einen Aufschwung, konnte der Dynamo doch zur Stromgewinnung und im Verkehrswesen (Straßenbahn), im Maschinen- und Bergbau viel effizienter eingesetzt werden als bislang die Dampfmaschine. Auch die Schwerindustrie (Krupp, Thyssen), die nach dem gewonnenen Krieg gegen Frankreich hoch angesehen war, und die chemische Industrie (Bayer, Hoechst) verschafften der deutschen Wirtschaft Weltgeltung.

M 3 Das Automobil erobert die Straßen (Fotografie, um 1900)

M 4 Kaufhaus Wertheim in Berlin, Strumpfabteilung
(Fotografie, 1906)
Warenhäuser wurden zum Symbol für neues Konsumdenken. Voraussetzung dafür war die industrielle Massenproduktion von Gütern und Waren. Das wiederum war die Grundlage für den Massenkonsum: Immer mehr Menschen hatten Zeit und Geld dafür, Dinge über den alltäglichen und unbedingt notwendigen Bedarf hinaus zu kaufen; allerdings traf dies nicht auf alle Schichten zu.

Wissenschaft und Industrie

Die Großindustrie nutzte nun auch die Ergebnisse, die die modernen Naturwissenschaften hervorgebracht haben. Das gilt vor allem für die Chemie, die neue Kunststoffe entwickelte und Kunstdünger auf den Markt brachte, aber auch für die Physik: Die Entdeckung der X-Strahlen durch Wilhelm Röntgen (1895) ermöglichte medizinische Untersuchungen ganz neuer Art, die Entwicklung der Relativitätstheorie durch Albert Einstein (1905) revolutionierte die Physik und die benachbarten Wissenschaften. Um 1900 war Deutschland eine führende Wissenschaftsnation, was auch durch staatliche Maßnahmen unterstützt wurde: Zu Forschungszwecken wurden 1887 die Physikalisch-Technische Reichsanstalt in Berlin und 1901 die Kaiser-Wilhelm-Gesellschaft gegründet.

M 5 Telefonapparat
(1907)

M 6 Erfindungen in der 2. Hälfte des 19. Jahrhunderts

1850–1860	Bessemerverfahren zur Stahlerzeugung, Drucktelegraf, Petroleumlampe, Ozeanschiff aus Stahl, Akkumulator
1860–1870	Telefon, Dynamo, Gasmotor, Rotationsdruckmaschine, Siemens-Martin-Verfahren, Schreibmaschine
1870–1880	Edison-Glühbirne, Edison-Sprechmaschine, Luftdruckbremse, elektrische Eisenbahn, Otto-Motor
1880–1890	elektrische Straßenbahn, Daimler-Verbrennungsmotor, Benz-Automobil, Motorrad
1890–1900	Dieselmotor, drahtlose Telegrafie, lenkbares Luftschiff, Luftreifen, Farbfotografie
1900–1910	Farbfilm, Neonlicht, Rasierklinge, Staubsauger

Urbanisierung

Da die Großunternehmen immer mehr Arbeiter brauchten, sahen viele Menschen ihre Zukunft in den Fabriken. Sie zogen vom Land in die Städte, insbesondere in die großen Ballungszentren. Die Städte wuchsen, es gab immer mehr Großstädte: Um 1800 hatten nur zwei deutsche Städte über 100 000 Einwohner, nämlich Berlin und Hamburg, um 1910 waren es schon 48 Städte mit 100 000 oder mehr Einwohnern. Die Städte wurden ausgebaut, die aus dem Mittelalter stammenden Stadtmauern niedergerissen, an ihrer Stelle entstanden oft Ringstraßen mit repräsenta-

M 7 Kleinbürgerliches Wohnzimmer
(Fotografie, 1911)

M 8 Wohnverhältnisse einer Arbeiterfamilie
(Fotografie, um 1900)

tiven Gebäuden. Auch die Wasser- und Abwasserversorgung musste sichergestellt werden, ebenso die Beleuchtung der einzelnen Stadtviertel. Die neu zugezogenen Stadtbewohner kamen mit ihrer Situation oft nicht zurecht. Mache fanden keine Arbeit, andere litten unter den anonymen Bedingungen in der Fabrik oder am Wohnort, viele blieben in der neuen Umgebung Fremde, ertrugen die Vereinsamung kaum und vermissten die vertraute dörfliche Gemeinschaft.

Leben in der Familie

Durch die Industrialisierung haben sich die Verhältnisse in den Familien verändert. Bisher lebten die Familien meist dort, wo sie arbeiteten. Nun trennten sich die Lebens- und Arbeitsstätten: Die Arbeit fand in Fabriken statt, die Wohnorte waren oft weit davon entfernt. Andererseits konnten die Menschen ihr Leben ohne sozialen Druck so gestalten, wie sie wollten, sie waren an keine Zwänge mehr gebunden – was Wohnung, Berufswahl, Zahl der Kinder usw. anbelangt. Auch die Heirat war nicht länger eine Angelegenheit des Standes, Liebesheiraten wurden zumindest in den unteren Bevölkerungsschichten üblich. Doch in den Familien der verschiedenen sozialen Schichten herrschten unterschiedliche Lebens- und Arbeitsbedingungen. Das Großbürgertum, also Unternehmer- und Professorenfamilien, orientierte sich in seiner Lebensführung am Adel; das Haus sollte repräsentativ sein, da man oft wichtige Gäste empfangen musste. Dienstboten erledigten die täglichen Geschäfte, es war undenkbar, dass die Frauen einer beruflichen Tätigkeit nachgingen. In der bürgerlichen Familie kümmerte sich die Frau um die Haushaltsführung, auf die Schulbildung der Söhne wurde großer Wert gelegt, wollte man ihnen doch den gesellschaftlichen Aufstieg ermöglichen. In den Arbeiterfamilien ging es vorrangig um die nackte Existenz: Frauen und Kinder mussten arbeiten, um das Familieneinkommen zu sichern. Die Kinder konnten deshalb oft nur die Pflichtschulzeit erfüllen.

M 9 Titelblatt eines Kochbuchs von 1875

Frauenleben

Das Leben vieler Frauen hatte sich am Ende des 19. Jahrhunderts grundlegend verändert. Zwar wurden die Mädchen der mittleren und oberen Schichten ganz nach dem traditionellen Frauenbild erzogen, wonach die Frau für die drei „K" zuständig war: Kinder, Küche, Kirche. Doch die Mädchen aus den unteren Gesellschaftsschichten mussten wegen der meist geringen Einkünfte zum Familienunterhalt beitragen. Bäuerinnen arbeiteten auf dem Feld, Arbeiterfrauen in der Fabrik. Ihr Arbeitstag war genauso lang wie der der Männer. Für geringeren Lohn als die Männer arbeiteten sie meist 12, 14 oder auch 16 Stunden. Trotzdem waren die Frauen damals nicht gleichberechtigt. Sie durften nicht wählen und keine höheren Schulen und Universitäten besuchen.

M 10 **Karikaturistische Ansichtskarte zu den Forderungen der Frauenbewegung**
(um 1900)

M 11 Erziehung in „gutem Hause" …

Der Schriftsteller Stefan Zweig erinnert sich:

Um die jungen Mädchen (die „Höheren Töchter") zu schützen, ließ man sie nicht einen Augenblick allein. Sie bekamen eine Gouvernante, die dafür zu sorgen hatte, dass sie gottbewahre nicht einen Schritt unbehütet vor die Haustür traten, sie wurden zur Schule, zur Tanzstunde, zur Musikstunde gebracht und ebenso abgeholt. Jedes Buch, das sie lasen, wurde kontrolliert und vor allem wurden die jungen Mädchen unablässig beschäftigt, um sie von möglichen gefährlichen Gedanken abzulenken.

St. Zweig, Die Welt von gestern. Frankfurt am Main 1970, S. 94 f.

M 12 Erziehung bei einfachen Leuten

In der Bielefelder „Volkswacht" war 1906 in einem Leitartikel zu lesen:

Solange die Eltern und besonders die Mutter in 10- bis 11-stündiger Brotfron stehen, bleibt ihnen keine Zeit, sich liebevoll mit ihren Kindern zu beschäftigen. Die Kindererziehung wird mehr „nebenbei" betrieben, wenn Körper und Geist bereits durch die Berufsarbeit erschlafft und übermüdet sind. Von dem Hasten und Jagen nach Erwerb und Verdienst werden die Nerven stumpf und abgespannt. Dass unter solchen Verhältnissen der Stock oder die Rute die Hauptrolle in der Erziehung spielen, ist sehr leicht begreiflich.

Nach: Vogelsang, Bielefelds Weg ins Industriezeitalter. Bielefeld 1986, S. 202.

M 13 Schule in Kaiserreich
(Karikatur von Th. Th. Heine, 1910/1911)
Der Originaltext lautet: „An den preußischen Schulen soll jetzt ein neues Unterrichtsfach Staatsbürgerkunde eingeführt werden. Es ist wohl selbstverständlich, dass der Unterricht von Schutzleuten erteilt wird."

M 14 Angestellte als neue Schicht
Mit zunehmender Verwaltung im Bereich der Wirtschaft wuchs die Zahl der Angestellten rasch. Obwohl sie Arbeitnehmer waren, unterschieden sie sich von den Arbeitern. Sie verrichteten keine „Dreckarbeit", erhielten ein monatliches Gehalt und keinen Wochenlohn und besaßen meist einen sicheren Arbeitsplatz. Auch Frauen eröffneten sich durch Schreibmaschine, Registrierkasse und Telefon neue Arbeitsfelder als Sekretärinnen, Kontoristinnen und Telefonistinnen. Links: Reklameprospekt für Kontorartikel, um 1900. Rechts: Telefonistin im Berliner Fernsprechamt, 1906.

M 15 Entwicklung der Beschäftigtenzahlen

Jahr	Landwirtschaft	Industrie und Gewerbe	Dienstleistungen
1800	61,8	21,3	16,9
1825	59,0	22,0	19,0
1846	56,8	23,2	20,0
1855	53,9	25,5	20,6
1861	51,7	27,3	21,0
1871	49,3	28,9	21,8
1882	42,2	35,6	22,2
1895	36,6	38,6	24,8
1907	34,0	40,0	26,0

Aus: T. Pierenkemper, Umstrittene Revolutionen. Industrialisierung im 19. Jahrhundert. Frankfurt am Main 1996, S. 95.

PROJEKT: Großindustrie einst und heute

Findet – ausgehend vom Verfassertext dieses Kapitels – heraus, welche industriellen Großbetriebe im Kaiserreich gegründet wurden, wie sie sich entwickelt haben und welche es heute noch gibt. Erkundigt euch im Internet oder in einem Konversationslexikon, was diese Firmen produzieren. Fertigt dann ein Memory-Spiel an; schreibt jeweils den Firmennamen und ein Produkt dieser Firma oder den Wirtschaftszweig, in dem dieses Unternehmen tätig war auf eine Karte und stellt ein identisches Duplikat davon her. Wenn ihr mindestens 40 Karten habt, mischt sie und spielt das Spiel.

Fragen und Anregungen

1. Erläutere anhand des Verfassertextes und mithilfe der Tabelle (M15) und der Quellen M1 und M6 die Entwicklung der Industrie im Kaiserreich. Gehe dabei vor allem auf die Verlagerung der Schwerpunkte ein und begründe sie.
2. Zeige, wie sich Arbeiter und Angestellte in ihren Tätigkeiten unterscheiden. Erkläre, warum die Zahl der Angestellten zunahm. (M1, M4, M14, M15)
3. Wie sahen viele Kritiker die Berufstätigkeit der Frauen? Was befürchteten sie? Wie sah dagegen die Lebenswirklichkeit aus? (M7, M8, M10)
4. Beschreibe die Erziehung von Kindern und Jugendlichen im Kaiserreich (M11, M12, M13). Hältst du sie für angemessen? Wo siehst du Verbesserungsmöglichkeiten?
5. Warum musste es bei fortschreitender Industrialisierung zu einem Konflikt mit den bestehenden politischen Verhältnissen kommen? (VT, M1, M2)

IMPERIALISMUS UND ERSTER WELTKRIEG

Zwischen 1880 und 1914 unterwarfen die Europäer innerhalb weniger Jahre die noch „freie“ Welt. Industrialisierung und technischer Fortschritt waren eine wesentliche Voraussetzung für diese Europäisierung der Erde. Damit einher gingen ein übersteigerter Nationalismus und das Gefühl rassischer Überlegenheit sowie der Wille, für die eigenen Industrien neue Absatzmärkte und Rohstoffquellen zu erschließen. Das Gleichgewicht der Mächte in Europa geriet dadurch zunehmend ins Wanken; am Ende stand der Ausbruch des Ersten Weltkrieges. Diese „Urkatastrophe“ zerstörte nicht nur das alte Europa, sie beeinflusste auch den weiteren Verlauf der Geschichte des 20. Jahrhunderts. Dies gilt insbesondere für die Beziehugen zu den ehemaligen Kolonien, die heute noch unter den Folgen der „Europäisierung der Erde“ leiden.

Kolonialreiche 1914

„Deutsche Tüchtigkeit in den Kolonien“
Karikatur in der Zeitschrift „Jugend“ (München) 1896, die die Verhältnisse in Afrika bei Ankunft und nach erfolgreicher Tätigkeit eines deutschen Offiziers beschrieb.

Soldatenfrau verabschiedet 1914 ihren Mann in den Ersten Weltkrieg

Otto Dix, Der Krieg (1929–1932),
Mitteltteil des Triptychons

Ausbeutung (Fotografie, 1907)
Einheimische im belgischen Teil des Kongos, denen die Hände abgehackt wurden, weil sie zu wenig Kautschuk abgeliefert hatten.

Genosse Lenin säubert die Erde von Unrat
(zeitgenössisches Plakat eines unbekannten Künstlers)

1. Der Imperialismus: Herrschen und beherrscht werden

1870–1918 Diesen Zeitraum bezeichnet man als die Epoche des Imperialismus.

M 1 **Ein Buch für deutsche Schüler** (1891)

Die Ausbreitung europäischer Staaten über die Welt

Mit dem Zeitalter der Entdeckungen (15. Jahrhundert) begann die Expansion europäischer Staaten über die ganze Erde. Spanien, Portugal und die Niederlande, später auch England und Frankreich eroberten Gebiete in Amerika und Asien. Es kam zu Kolonialkriegen über die Verteilung der Gebiete. Mit der Beherrschung der weit entfernt liegenden Regionen erwarben sich die Europäer Zugang zu Rohstoffvorkommen (Gold, Silber) und seltenen Handelswaren (z. B. Gewürze, Baumwolle, Tabak, Zucker). Auch die Missionierung der Eingeborenen und die Verfügbarkeit von Land waren Antriebskräfte für die Kolonialisierung. Zu Beginn des 19. Jahrhunderts jedoch hatten die meisten der „alten" Kolonialmächte durch Kriege, Revolutionen und Unabhängigkeitsbewegungen ihre Besitzungen wieder verloren. Großbritannien blieb – trotz des Verlustes der Vereinigten Staaten – das einzige Land mit umfangreichem Kolonialbesitz.

Das Zeitalter des Imperialismus

Ab dem 19. Jahrhundert erreichte der Kolonialismus eine neue Qualität. Die Industrialisierung hatte die Wirtschaft in Europa grundlegend verändert. Der gestiegene Bedarf an Rohstoffen, beispielsweise Baumwolle, und die Hoffnung auf neue Absatzmärkte für eigene Produkte schien die Eroberung neuer Gebiete notwendig zu machen. Technische Fortschritte und Erfindungen, z. B. Dampfschiffe oder die Telegrafie, erleichterten die Anbindung weit entfernter Gebiete an das Mutterland. So nahm die technologische Überlegenheit gegenüber den Menschen in den zu erobernden Gebieten noch weiter zu. Viele Europäer waren der Meinung, dass es ihre Pflicht war, die „Wilden" zu missionieren und sie mit den Errungenschaften der westlichen Zivilisation bekannt zu machen. Eine Steigerung dieses Gedankens war die Übertragung der Lehren des Engländers Charles Darwin auf das Zusammenleben der Menschen (Sozialdarwinismus). Darwin hatte Mitte des 19. Jahrhunderts den „Kampf um das Dasein" in der Tier- und Pflanzenwelt beschrieben und dabei festgestellt, dass die stärksten und am besten angepassten Arten überlebten. In der absurden Umdeutung dieser Erkenntnisse glaubte man, dass die „weiße Rasse" den anderen überlegen sei. So war es sogar das Recht der Weißen, die „minderwertigen" Rassen zu unterdrücken und auszubeuten, sie auszurotten.

Wettlauf um Kolonien

Ab der Mitte des Jahrhunderts erhoben die neuen Großmächte Italien und das Deutsche Reich, aber auch die USA und Japan Ansprüche auf eine gleichrangige Stellung als Weltmächte und setzten sich zum Ziel, ebenfalls Kolonien zu erwerben. Für sie, wie auch für Russland, Frankreich und Großbritannien, wurde der Aufbau eines „Weltreiches" zur nationalen Prestigefrage. Teilweise dienten solche Pläne

auch dazu, die Bevölkerung dieser Staaten von den innenpolitischen und gesellschaftlichen Problemen im eigenen Land abzulenken. So kam es zu einer Art Wettlauf um die noch unverteilten Gebiete. Die Zeit von 1870 bis zum Ende des Ersten Weltkrieges 1918, in der sich die Herrschaftsbereiche der europäischen Industriestaaten sowie Japans und der USA über alle Kontinente verbreiteten, nennt man in der Geschichtswissenschaft die Epoche des Imperialismus.

Die Bevölkerung in den Kolonien – Menschen zweiter Klasse

So wie im 16. Jahrhundert in Mittel- und Südamerika die indianischen Hochkulturen durch die Europäer zerstört wurden, nahmen auch die Kolonialmächte in neuerer Zeit meist keine Rücksicht auf die Kultur der Einheimischen in ihren neu erworbenen Territorien. Da die Europäer von der Überlegenheit der weißen Rasse und ihrer Zivilisation überzeugt waren, konnten in ihren Augen Afrikaner und Asiaten nur minderwertige Menschen zweiter Klasse sein, sofern man sie überhaupt als Menschen ansah. Aus dieser Perspektive war die wirtschaftliche Ausbeutung der Kolonien berechtigt, ebenso die teilweise gewaltsame Christianisierung der Einheimischen und die Zerstörung ihrer Traditionen und Gesellschaftsstrukturen. Die Bevölkerung der Kolonien diente den Weißen als billige Arbeitskraft auf Farmen, Plantagen oder in Bergwerken, teilweise auch als Soldaten.

Das Streben der Deutschen nach einem Kolonialreich

Nach der Reichsgründung sah Bismarck das Deutsche Reich als saturiert an und versuchte eine Politik des Friedens und des Ausgleichs zu führen. Auch Kolonien hielt er nicht für notwendig. Trotzdem entschied er in einer außenpolitisch günstigen Lage, eine Anzahl von überseeischen Gebieten unter deutsche Schutzherrschaft zu nehmen. Die Initiative ging dabei von deutschen Kaufleuten und Handelsgesellschaften aus, die die Regierung dazu drängten, durch die Errichtung von Kolonien die Handels- und Wirtschaftsinteressen des Reiches in bestimmten Gebieten zu schützen. So wurden zwischen 1884 und 1886 in Afrika und im Pazifik mehrere deutsche Kolonien errichtet. Nach der Ablösung Bismarcks 1890 wendete sich die deutsche Regierung verstärkt der Weltmachtpolitik zu und propagierte, unterstützt von verschiedenen Vereinen wie dem Alldeutschen Verband oder dem Flottenverein, den Erwerb eines überseeischen Imperiums. Trotzdem kamen nur noch wenige kleine, eher unbedeutende Gebiete hinzu.

M 2 Züchtigung eines Eingeborenen
Diese Karte von 1913 wurde als Gruß verschickt, da die Prügelstrafe als „normales" Mittel der Erziehung betrachtet wurde.

M 3 Einband einer Publikation über die deutsche Flottenpolitik (1896)
„Deutschlands Zukunft liegt auf dem Wasser", behauptete Kaiser Wilhelm II., der sich selbst mit der Planung der Flotte beschäftigte.

Die deutsche Herrschaft in Südwestafrika

1883 kaufte der Bremer Kaufmann Adolf Lüderitz dem Häuptling des Stammes der Nama in Südwestafrika für einige Gewehre und andere Waren einen an der Küste gelegenen Streifen Land ab. Dabei täuschte er den Nama-Anführer bewusst, indem er bei seinen Ansprüchen von der deutschen Landmeile (7,5 km) ausging, statt von der üblichen englischen Meile (1,6 km). Im Laufe der folgenden Jahre erwarb er weitere Gebiete und gewann den Schutz der deutschen Regierung für diese Territorien. Erst 1889 gelang es nach längeren Kämpfen, die Völker der Herero und Nama zur Anerkennung der deutschen Oberhoheit zu bringen. Unter Gouverneur Theodor Leutwein sollte Südwestafrika zu einer Siedlungskolonie für deutsche Auswanderer werden. Im Laufe der Zeit siedelten sich mehrere tausend Deutsche an und machten mit ihren Farmen vor allem den halbnomadischen Herero-Hirten und ihren Rinderherden das Weideland streitig. Darüber gab es Auseinandersetzungen, auch weil weiße Händler versuchten, die Einheimischen zu betrügen. Es kam immer wieder zu Übergriffen gegen die schwarze Bevölkerung und nicht selten behandelten die Deutschen die stolzen und selbstbewussten Herero herablassend und arrogant.

Der Aufstand der Herero

Als sich die Lage der Eingeborenen immer mehr verschlechterte, kam es schließlich im Januar des Jahres 1904 zu einem Aufstand der Herero gegen die deutsche Oberhoheit, dem sich später auch die Nama anschlossen. Die deutsche Regierung entsandte weitere Truppen, Generalleutnant Lothar von Trotha übernahm deren Leitung. Nach einem Sieg über die Aufständischen in der Schlacht am Waterberg (August 1904) flüchteten ca. 30 000 Herero in die wasserlose Wüste Omaheke, wo wahrscheinlich die Hälfte von ihnen verdurstete. Trotha ließ dieses Gebiet auf einer Länge von 250 Kilometern abriegeln und wies seine Soldaten an, jeden Eingeborenen, der die Wüste verlassen wollte, wieder zurückzutreiben, auch Frauen und Kinder. In den folgenden Monaten wurden die restlichen Herero systematisch verfolgt und in Konzentrationslager verbracht, wo sie Zwangsarbeit leisten mussten.

M 4 Herero nach ihrer Rückkehr aus der Omaheke Wüste (Fotografie, 1904)

Imperialismus

Imperialismus nennt man die Errichtung von direkter oder indirekter Herrschaft über ein anderes Land, oft mit gewaltsamen Mitteln. Machtstreben, religiöses oder kulturelles Sendungsbewusstsein, wirtschaftliche und innenpolitische Gründe veranlassten die Industriestaaten, vor allem im Zeitraum von 1870 bis 1918 in Asien und Afrika Kolonialreiche zu errichten. Im Wettstreit um diese Gebiete kam es zu zahlreichen Konflikten und Kriegen, die letztendlich im Ersten Weltkrieg mündeten.

M 5 Wie sich die Eroberer selbst sahen
(Titelbild einer zeitgenössischen Beschreibung vom „Leben und Forschungsreisen" des britischen Afrikaforschers und Missionars David Livingstone)

M 7 Ein kolonialer Koloss
Die englische Karikatur zeigt den Traum des Kolonialpioniers Cecil Rhodes.

M 6 Ideologie des Kolonialismus

a) Der deutsche Kolonialpolitiker Carl Peters 1886:
Der Kampf ums Dasein wird auf ewig Sieger und Besiegte haben, er wird mit der Schmälerung des Nähr- und Ellenbogenraumes für die Individuen stets heftiger werden. Diesen Kampf mit einem allgemeinen Friedensschluss zu beseitigen, ist ein frommer Wunsch, dem es in der Geschichte wie im Wesen der Menschen an jeder Voraussetzung fehlt. (...) Die Kolonialpolitik will nichts anderes als die Kraftsteigerung und Lebensbereicherung der stärkeren, besseren Race auf Kosten der schwächeren, geringeren, die Ausbeutung der nutzlos aufgespeicherten Reichthümer dieser im Dienste des Kulturfortschritts jener.

Kolonial-Politische Korrespondenz, 2. Jg., Berlin 9. und 16. Februar 1886; zit. nach: L. Helbig, Imperialismus: Das deutsche Beispiel. Frankfurt am Main 1975, S. 76 f.

b) Cecil Rhodes, Premierminister der Kap-Kolonie 1877:
Ich behaupte, dass wir die erste Rasse der Welt sind und dass es für die Menschheit umso besser ist, je größere Teile der Welt wir bewohnen. Ich behaupte, dass jedes Stück Land, das unserem Gebiet hinzugefügt wird, die Geburt von mehr Angehörigen der englischen Rasse bedeutet (...). Darüber hinaus bedeutet es einfach das Ende aller Kriege, wenn der größere Teil der Welt in unserer Herrschaft aufgeht. (...) Wenn es einen Gott gibt, denke ich, so will er daher eines gern von mir getan haben: Nämlich so viel von der Karte Afrikas britisch-rot zu malen, wie möglich (...).

W. T. Stead (Hg.), The Last Will and Testament of Cecil J. Rhodes. London 1902, S. 58 f. u. S. 98 (Übers. v. P. Alter).

M 8 Deutsche Kolonien

1884: Deutsch-Südwestafrika, Togo, Kamerun, Bismarck-Archipel, Kaiser-Wilhelms-Land (Nordostküste Neuguineas)

1885: Deutsch-Ostafrika, Marshall-Inseln

1886: drei der Salomon-Inseln

1897/98: Tsingtau (Kiautschou) in China

1899: Karolinen, Marianen, Palau, Samoa

Die Gesamtfläche der Kolonien war fast sechsmal größer als das Deutsche Reich, während die Einwohnerzahl der Kolonien weniger als ein Fünftel des Mutterlandes betrug.

Ungefähr 24 000 Deutsche wanderten in die Kolonien aus.

Zusammenstellung des Verf.

M 9 „Ein Platz an der Sonne"

Außenstaatssekretär von Bülow äußert sich zur Besetzung Kiautschous im Reichstag (6. 12. 1897):

Die Zeiten, wo der Deutsche dem einen seiner Nachbarn die Erde überließ, dem andern das Meer und sich selbst den Himmel reservierte, wo reine Doktrin thront, sind vorüber. Wir betrachten es als eine unserer vornehmsten Aufgaben, gerade in Ostasien die Interessen unserer Schifffahrt, unseres Handels und unserer Industrie zu fördern und zu pflegen. Wir müssen verlangen, dass der deutsche Missionar und der deutsche Unternehmer, die deutschen Waren, die deutsche Flagge und das deutsche Schiff in China genauso geachtet werden, wie diejenigen anderer Mächte (…). Mit einem Worte: Wir wollen niemanden in den Schatten stellen, aber wir verlangen auch unseren Platz an der Sonne.

W. Mommsen, Imperialismus. Hamburg 1977, S. 122.

M 10 Der Herero-Aufstand

Der Erlass des Oberbefehlshabers der deutschen Truppen bei der Niederschlagung des Herero-Aufstandes in Deutsch-Südwestafrika vom 2. 10. 1904. Dieser Befehl wurde im Dezember nach Intervention des Kaisers zum Teil aufgehoben und von Trotha abgelöst.

Ich, der große General der deutschen Soldaten, sende diesen Brief an das Volk der Herero. Herero sind nicht mehr deutsche Untertanen. Sie haben gemordet, gestohlen, haben verwundeten Soldaten Ohren und Nase und andere Körperteile abgeschnitten und wollen jetzt aus Feigheit nicht mehr kämpfen. Ich sage dem Volke: Jeder, der einen der Kapitäne (= Anführer) an einer meiner Stationen als Gefangenen abliefert, erhält 1 000 M; wer Samuel Maharero bringt, 5 000 M. Das Volk der Herero muss (…) das Land verlassen. Wenn das Volk dies nicht tut, so werde es mit dem groot Rohr (Geschütz) dazu (gezwungen). Innerhalb der deutschen Grenze wird jeder Herero, mit oder ohne Gewehr, mit oder ohne Vieh erschossen. Ich nehme keine Weiber und Kinder mehr auf, treibe sie zu ihrem Volke zurück oder lasse auf sie schießen. Das sind meine Worte an das Volk der Herero.

Der Große General des mächtigen Kaisers v. Trotha:

Dieser Erlass ist bei den Appells den Truppen mitzuteilen, mit dem Hinzufügen, dass (…) das Schießen auf Weiber und Kinder so zu verstehen ist, dass über sie hinweggeschossen wird, um sie zum Laufen zu zwingen. Ich nehme mit Bestimmtheit an, dass dieser Erlass dazu führen wird, keine männlichen Gefangenen mehr zu machen, aber nicht zu Greueltaten gegen Weiber und Kinder ausartet. Diese werden schon fortlaufen, wenn zweimal über sie hinweggeschossen wird.

C. Rust, Krieg und Frieden im Hereroland. Aufzeichnungen aus dem Kriegsjahre 1904, S. 385.

Fragen und Anregungen

1. Auch im antiken Griechenland gab es Kolonien. Informiere dich genauer darüber und überlege, welche Übereinstimmungen und Unterschiede es zum „modernen" Kolonialismus bzw. Imperialismus im 19. und 20. Jahrhundert gibt. Denke dabei an folgende Bereiche: Gründe für die Kolonisierung, Vorgehen bei der Errichtung von Kolonien, Funktion der Kolonien, Umgang mit der einheimischen Bevölkerung.
2. Untersuche die Ideologie des Imperialismus, wie sie von Cecil Rhodes und Carl Peters formuliert wurden (M6a, M6b). Vergleiche die Standpunkte dieser beiden Kolonialpolitiker. Überlege Gegenargumente zu ihren Positionen.
3. Außenstaatssekretär von Bülow fordert für Deutschland einen Platz an der Sonne. Stelle fest, in welchen Bereichen er die Position des Deutschen Reiches stärken will. (M9)
4. Suche mithilfe von M8 auf der Karte von S. 119 die deutschen Kolonien. Vergleiche deine Ergebnisse mit entsprechenden Karten in deinem Atlas und stelle fest, wie diese Länder heute heißen. Wähle ein Land aus und informiere dich näher darüber (Größe, Bevölkerungszahl).
5. Beschreibe anhand der Quelle M10 und des Bildes M4 das Vorgehen der deutschen Truppen im Krieg gegen die Herero.

Geschichtskarten interpretieren

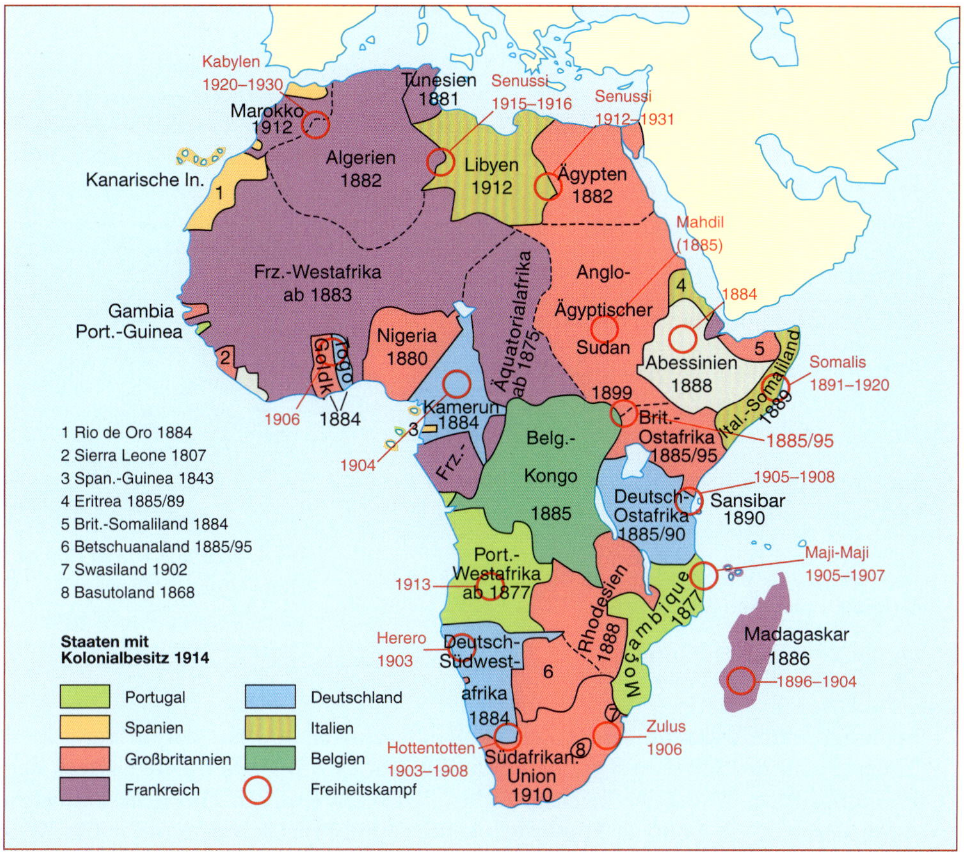

Afrika 1914

Geschichtskarten sind ein wichtiger Bestandteil deines Geschichtsbuches. Immer wieder arbeitest du mit ihnen. Oft kann man anhand einer Karte Entwicklungen feststellen, z. B. wenn die Grenzen eines Landes vor oder nach einem Krieg eingezeichnet sind. Oft kann man aber noch mehr ablesen.

Methodische Arbeitsschritte:

Die vorliegende Karte zeigt den Kontinent Afrika am Ende der Inbesitznahme durch die europäischen Staaten. Sie gibt dir viele Informationen über die Geschichte Afrikas in dieser Zeit:

1. Durch die Farbgebung der Karte und die Legende kannst du erkennen, welche Gebiete zum Kolonialreich eines bestimmten europäischen Staates gehören. Beispielsweise sind alle englischen Kolonien rot eingezeichnet. Vergleichst du die Karte mit modernen Karten in deinem Atlas, kannst du sehen, dass manche Kolonien in mehrere Staaten zerfallen sind und oft auch andere Namen tragen.
2. In der vorliegenden Karte sind viele Jahreszahlen eingezeichnet. An ihnen ist ablesbar, wann das jeweilige Gebiet in Besitz genommen wurde. Du kannst feststellen, wann die ersten Kolonien gegründet wurden und wie schnell manche Staaten ihr Kolonialreich vergrößerten. Vergleiche die Jahreszahlen und überlege, in welchem Zeitraum besonders viele Kolonien in Afrika gegründet wurden.
3. Darüber hinaus findest du noch Zeichen, die aussagen, wann und wo es Aufstände gegen die Herrschaft der Europäer gab. Sie sagen dir, an welchen Orten und gegen welche Kolonialmächte sich die Einheimischen besonders heftig wehrten.

2. Europäische Bündnispolitik zwischen Bismarck und Wilhelm II.

Stabilitätspolitik Bismarcks:

1873	Dreikaiserabkommen (DR–Ö/U–R)
1879	Zweibund (DR–Ö/U)
1881	Dreikaiserbündnis (DR–Ö/U–R)
1882	Dreibund (DR–Ö/U–I)
1887	Rückversicherungsvertrag (DR–R)
1887	Mittelmeerabkommen (GB–I–Ö/U)

„Weltpolitik" unter Wilhelm II.:

1890	Nichtverlängerung des Rückversicherungsvertrages
1894	Russisch-französisches Bündnis
1904	Entente cordiale (GB–F)
1907	Englisch-russisches Bündnis

M 1 Dädalus warnt Ikarus (Karikatur aus der englischen Zeitung Punch vom Oktober 1888)

Die Außenpolitik zur Zeit Bismarcks

Bismarck hatte während seiner Zeit als Reichskanzler bewusst darauf verzichtet, imperialistische Politik zu betreiben. Sein Ziel war es, das Deutsche Reich nach den Einigungskriegen und der Reichsgründung 1871 im Inneren und nach außen zu stabilisieren. Auch wollte er Frankreich keine Chance bieten, die deutsch-französische „Erbfeindschaft" in einen neuen Krieg einmünden zu lassen. Sein Ziel war es vielmehr, Frankreich zu isolieren. Um den anderen europäischen Staaten die Furcht vor Deutschland zu nehmen, erklärte er es für „saturiert" (= zufrieden gestellt), womit er deutlich machte, dass keine weiteren Aggressionen zu erwarten seien. Außerdem versuchte er, Bündnisse mit anderen europäischen Staaten zu schließen, die Deutschland vor einem Mehrfrontenkrieg bewahren sollten. Eine wichtige Rolle spielte dabei Russland. Es galt als möglicher Bündnispartner Frankreichs, ein französisch-russisches Bündnis hätte für Deutschland einen Zweifrontenkrieg bedeuten können. Um diese Konstellation zu vermeiden, regte er ein Bündnis mit Russland an. Bismarcks Strategie ging auf: Die monarchische Staatsform der drei Staaten erleichterte 1873 den Abschluss des Dreikaiserabkommens zwischen Zar Alexander II. (Russland), Kaiser Franz Joseph I. (Österreich-Ungarn) und Kaiser Wilhelm I. (Deutsches Reich). Frankreich war damit ein möglicher Bündnispartner genommen.

Bündnisse mit Österreich, Italien und Russland

Als sich das österreichisch-russische Verhältnis wegen eines Konflikts auf dem Balkan verschlechterte, band Bismarck das Deutsche Reich mit dem Zweibund (1879) enger an Österreich-Ungarn. 1882 kam Italien dazu und der Zweibund erweiterte sich zum Dreibund. Zwar hatte sich zwischendurch das Verhältnis Österreich-Ungarns zu Russland wieder gebessert und zu einem neuen Abkommen, dem Dreikaiserbündnis, geführt, doch als die alten Spannungen erneut auftraten, suchte Bismarck im Rückversicherungsvertrag (1887) ein Zweierbündnis mit Russland.

Das Verhältnis zu England

England war an einem Gleichgewicht der Mächte auf dem Kontinent gelegen, doch dem Konzept der „splendid isolation“ gemäß ging es kein direktes Bündnis mit einer anderen europäischen Großmacht ein. Als Bismarck 1887 zum Schutz der Türkei vor einem russischen Zugriff auf das Mittelmeer ein Abkommen zwischen Österreich und Italien vermittelte, gelang es ihm, auch England einzubeziehen (Mittelmeerabkommen).

Das Bündnissystem Bismarcks – Segen oder Fluch?

1890, als Bismarck als Reichskanzler zurücktrat, war das Deutsche Reich durch Bündnisse gut abgesichert. Diese Bündnisse waren jedoch nicht unproblematisch. Deutschland hatte im „ganz geheimen Zusatzprotokoll“ zum Rückversicherungsvertrag die russischen Interessen am Bosporus anerkannt, zugleich aber mit dem Mittelmeerabkommen, das den russischen Zugriff auf das Mittelmeer verhindern sollte, dagegen gearbeitet. Bismarck verstand das von ihm angeregte Bündnissystem als Beitrag zur Sicherheit in Europa. Seine Nachfolger waren teilweise anderer Ansicht, sie sahen vor allem die Widersprüche, die damit verbunden waren.

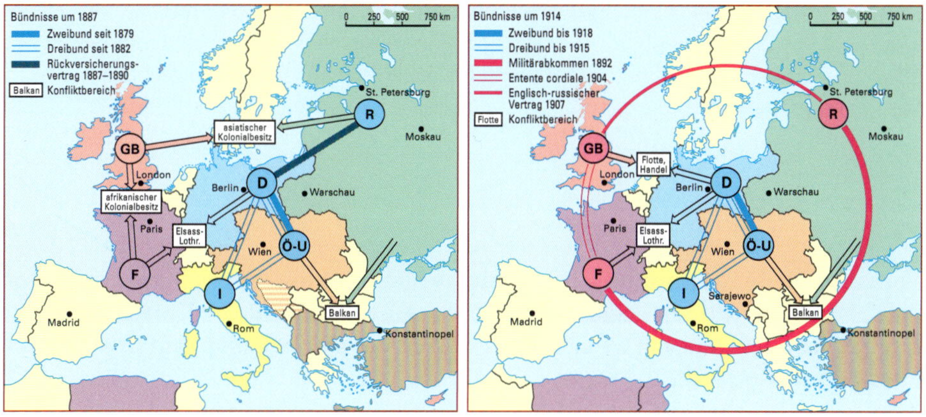

M 2 Bündnissysteme

Deutschland als Weltmacht – eine reale Chance oder ein größenwahnsinniges Unternehmen?

Als Wilhelm II. nach Bismarcks Rücktritt beschloss, „sein eigener Kanzler“ zu sein, gab er die Bündnispolitik Bismarcks jedoch vorwiegend aus einem anderen Grund auf: Er hielt nichts davon, die deutsche Politik durch Sicherheitsbündnisse zu beschränken, er wollte „Weltpolitik“ betreiben. England und Frankreich hatten die letzten „freien“ Gebiete unter sich aufgeteilt, das Deutsche Reich hatte sich aus diesem Wettlauf um Kolonien bewusst herausgehalten. Das sollte sich nun ändern. Wilhelm II. wünschte eine „Politik der freien Hand“, d. h. Bündnisse je nach Bedarf abzuschließen. 1890 wurde der Rückversicherungsvertrag mit Russland nicht verlängert, die enge Bindung an Russland aufgegeben.
Um seinen Weltmachtanspruch deutlich zu machen, mischte sich das Deutsche Reich seit der Mitte der 1890er Jahre immer wieder in internationale Konflikte ein: 1896 beglückwünschte Wilhelm II. in einem Telegramm den Burenführer Paul Krüger zu seinem Erfolg über England in Südafrika (Krügerdepesche). 1897 besetzten deutsche Truppen den Küstenstreifen um Tsingtao in China, im Osmanischen Reich schließlich sollte der Bau einer Bahnlinie bis an den Persischen Golf die deutschen Interessen wahren helfen (Bagdadbahn). Diese Region betrachtete jedoch Großbritannien als seine Einflusssphäre – ein Konflikt war vorhersehbar.

Mit der deutschen Flotte zum „Platz an der Sonne“

Deutschland versuchte nun, durch eine gezielte Flottenpolitik Anschluss an die Weltmachtpolitik der anderen imperialistischen Staaten zu finden. Wilhelm II. hatte die Devise ausgegeben, dass Deutschlands Zukunft auf dem Wasser liege; der Bau einer deutschen Kriegsflotte wurde betrieben. Auch innenpolitisch fand dieses

Kaiser Wilhelm II.

- Wilhelm wird am 27. Januar 1859 als erstes Kind des Prinzen Friedrich Wilhelm von Preußen (später Kaiser Friedrich III.) und seiner Frau Viktoria in Berlin geboren.
- Jurastudium.
- 1888: Wilhelm wird Deutscher Kaiser und König von Preußen.
- 1890–1914: Kaiser Wilhelm II. will Deutschlands Ansehen in der Welt stärken.
- 1914: Deutschland tritt unter der Herrschaft Wilhelms II. in den Ersten Weltkrieg ein.
- 1918: Am 9. November verkündet Reichskanzler Max von Baden eigenmächtig die Abdankung des Kaisers.
- Wilhelm flieht in die Niederlande, wo er Aufnahme findet.
- Wilhelm stirbt am 4. Juni 1941 in Doorn (Niederlande).

M 3 Kaiser Wilhelm II. in Admiralsuniform
(Ausschnitt aus einer Ansichtskarte, 1900)
Mit solchen Darstellungen wurde in der deutschen Bevölkerung für die Flottenaufrüstung geworben.

Vorhaben große Zustimmung, der Deutsche Flottenverein und viele andere „nationale" Verbände wurden gegründet. Ihr Ziel war es, Stimmung zu machen für ein Engagement des Deutschen Reiches in Übersee, das Deutschland zum „Platz an der Sonne" verhelfen sollte.

Das Verhältnis zu England verschlechtert sich

Der von der deutschen Führung gewünschte Bündnispartner Großbritannien fühlte sich durch das deutsche Auftreten in der internationalen Politik und den Bau einer starken Flotte besonders bedroht. Dessen Stellung als führende Weltmacht beruhte auf der Überlegenheit der eigenen Flotte gegenüber möglichen Konkurrenten. Verhandlungen über eine Begrenzung der Flottenrüstung lehnte die Regierung in Berlin mehrfach ab. Sie hoffte, durch die Drohgebärde der Aufrüstung, England in die Knie zwingen und doch noch zu einem Bündnis mit dem Deutschen Reich bewegen zu können.

Zwei Machtblöcke entstehen

Das Auftreten der Deutschen erfüllte die führenden Politiker der anderen Großmächte mit Sorge. Russland musste sich nach dem Auslaufen des Rückversicherungsvertrages einen neuen Partner suchen. Was lag näher, als mit dem Gegner des Deutschen Reiches ein Verteidigungsbündnis abzuschließen? 1894 kam es zum russisch-französischen Bündnis. England und Frankreich regelten ihre kolonialen Differenzen in Afrika und besiegelten dies mit der Entente cordiale (wörtlich „herzliches Einvernehmen", 1904). 1907 einigten sich schließlich England und Russland über ihre Einflusssphären in Asien. Russland trat dem englisch-französischen Bündnis zu einem Dreierbündnis, der Triple-Entente, bei.
Die Bündniskonstellation hatte sich damit nach dem Abtreten Bismarcks bis in die Jahre vor dem Ersten Weltkrieg grundlegend gewandelt: Die Triple-Entente stand dem Dreibund aus Deutschem Reich, Österreich-Ungarn und Italien gegenüber. Nicht Frankreich war isoliert, sondern Deutschland mit seinen schwachen Bündnispartnern.

M 4 Bismarcks Haltung zur kolonialen Frage

1888 äußerte sich Bismarck in einem Gespräch mit dem Afrikaforscher Eugen Wolf zu den kolonialen Interessen des Deutschen Reiches in Afrika so:

Ihre Karte von Afrika ist ja sehr schön, aber meine Karte von Afrika liegt in Europa. Hier liegt Russland. Und hier liegt Frankreich, und wir sind in der Mitte; das ist meine Karte von Afrika.

O. v. Bismarck, Gespräche, hg. von Willy Andreas, Bd. 2. 1926, S. 646.

M 5 Der deutsche Wunsch nach Kolonien

1884 wurde die Gesellschaft für Deutsche Kolonisation gegründet. Sie wandte sich mit einem Aufruf, den der Kolonialpolitiker und politische Schriftsteller Carl Peters verfasst hatte, an die Bevölkerung:

Die deutsche Nation ist bei der Verteilung der Erde, wie sie vom Ausgang des 15. Jahrhunderts bis auf unsere Tage hin stattgefunden hat, leer ausgegangen. Der große Strom deutscher Auswanderer taucht seit Jahrhunderten in fremde Rassen ein, um in ihnen zu verschwinden. In dieser für den Nationalstolz so schmerzlichen Tatsache liegt ein ungeheurer wirtschaftlicher Nachteil für unser Volk! Alljährlich geht die Kraft von etwa 200 000 Deutschen unserem Vaterlande verloren! Diese Kraftmasse strömt meistens unmittelbar in das Lager unserer wirtschaftlichen Konkurrenten ab und vermehrt die Stärke unserer Gegner. Der deutsche Export ist abhängig von der Willkür fremdländischer Zollpolitik. Ein unter allen Umständen sicherer Absatzmarkt fehlt unserer Industrie, weil eigene Kolonien unserem Volke fehlen.

H. Krätschell, Carl Peters 1856–1918. Ein Beitrag zur Publizistik des imperialistischen Nationalismus in Deutschland. Berlin 1959, S. 16 f. (gekürzt)

M 6 Der sozialdemokratische Abgeordnete Wilhelm Liebknecht kritisierte im Reichstag (4. März 1885)

Man hat gerade die Kolonialfrage mit besonderem Eifer von dem Boden nüchterner Erwägung auf den des Chauvinismus, des Patriotismus, des nationalen Enthusiasmus hinüberzuführen gesucht. Das kann nur verwirren. Deutschland ist noch lange nicht übervölkert; bei vernünftiger sozialer Organisation, bei zweckmäßiger Organisation der Industriearbeit und bei wissenschaftlichem Betriebe des Ackerbaus könnte Deutschland eine weitaus größere Bevölkerung ernähren, als dies heutzutage der Fall ist. Und gerade so ist es mit der Überproduktion. Ja, meine Herren, warum haben sie keinen Absatz? Weil das Volk nicht kaufen kann, abermals eine Folge der mangelhaften sozialen Verhältnisse. Sie exportieren einfach die soziale Frage. Darum fällt es mir jedoch durchaus nicht schwer, meine Herren, das gegenwärtige Wettrennen nach Kolonien, an welchem fast alle Kulturnationen sich beteiligen, irgendwie unbegreiflich zu finden. Die bürgerliche Gesellschaft sieht sich am Ende ihres Lateins. Das Missverhältnis zwischen Produktion und Konsumtion macht sich überall geltend. Und weil man im Inneren die Waren nicht loswerden kann, will man nach außen hin sich Märkte verschaffen.

Stenographische Berichte über die Verhandlungen des Reichstages. VI. Legislaturperiode, 1. Session, Bd. 3. Berlin 1 HH5, S. 15401.

M 7 Im Dreadnought-Fieber

Die Karikatur von 1909 illustriert die Gefahren des Wettrüstens. Dreadnought war ein britisches Schlachtschiff.

M 8 Die Welt wird aufgeteilt
Den Kampf um die besten Stücke bei der Verteilung der Welt illustriert diese Postkarte der Zentrumspartei anlässlich des Reichstagswahlkampfes.

M 9 Englands Haltung zur deutschen Flottenpolitik

Der deutsche Botschafter nach einem Treffen mit den britischen Ministern Grey (Außenminister) und Lloyd George (Schatzkanzler), Sommer 1908:

Beide Minister waren der Ansicht, dass die Situation zwischen England und Deutschland sich um die Flottenfrage drehe. Die Auslagen für die englische Flotte würden infolge des deutschen Flottenprogramms und des beschleunigten Flottenbaues dermaßen in die Höhe gehen und das Gefühl von der deutschen Gefahr würde damit dermaßen an Intensität zunehmen, dass die Beziehungen zwischen den Ländern sich nicht bessern könnten, solange sie sich in der Flottenkonkurrenz gegenseitig in die Höhe schraubten. Jeder Engländer würde seinen letzten Pfennig daransetzen, um sich die Überlegenheit zur See zu wahren, von welcher nicht nur die Weltstellung Englands, sondern auch seine Existenz als unabhängiger Staat abhänge. Die ruinösen Ausgaben, zu denen die Flottenkonkurrenz triebe, könnten vertrauensvolle Beziehungen zwischen beiden Nationen nicht aufkommen lassen. Wer auch nur einigermaßen England kenne, wisse, dass hier nicht die Absicht bestehe, Deutschland mit der englischen Flotte zu bedrohen oder gar Deutschland anzugreifen. Eine Landung sei schon in Anbetracht der englischen Armeeverhältnisse gänzlich ausgeschlossen. (...) Für England dagegen sei eine mächtige deutsche Flotte mit einer noch mächtigeren Armee im Hintergrund eine reale Gefahr.

J. Lepsius u. a. (Hg.), Die Große Politik der europäischen Mächte, Bd. 24. Berlin 1925, S. 99 f.

Fragen und Anregungen

1. Erläutere, welche Bündnisse Bismarck anregte und von welchen Überlegungen er sich dabei leiten ließ. (VT, M2, M4)
2. Lege dar, warum Wilhelm II. der deutschen Bündnispolitik einen neuen Schwerpunkt gab und wozu dies führte. (VT, M1, M3)
3. Wie begründet Carl Peters (M5) den Einsatz für deutsche Kolonien? Welche Argumente führt Wilhelm Liebknecht (M6) dagegen an?
4. Stelle dar, wie der „Neue Kurs" Wilhelms II. im Inland und im Ausland aufgenommen wurde. (VT, M8, M9)

3. Die Katastrophe zieht herauf: Europa im Vorfeld des Krieges

M 1 Der vereinigten europäischen Feuerwehr gelang es nicht, den Brand zu löschen
(zeitgenössische Karikatur)

Internationale Krisen durch die Kolonialpolitik

Der Wettlauf um die Verteilung der Erde führte die Kolonialmächte immer wieder an den Rand von bewaffneten Konflikten. Sah ein Staat seine Einflusssphäre verletzt oder bestand die Gefahr, dass ein Konkurrent zu mächtig werden könnte, drohten kriegerische Auseinandersetzungen. Dies war besonders dann der Fall, wenn zwei Mächte auf ein bestimmtes Territorium Anspruch erhoben, das beide schon als ihr Interessengebiet betrachteten. Solche Krisen konnten meist durch Verhandlungen oder auf Kongressen gelöst werden, oft durch Vermittlung oder auf Druck anderer unbeteiligter Staaten. Mittelfristig gelang es England und Frankreich, später auch unter Einbeziehung Russlands, ihre Kolonialstreitigkeiten durch weiterreichende Absprachen beizulegen. Dagegen entwickelte sich das Deutsche Reich immer mehr zum Störfaktor der internationalen Beziehungen.

Deutschland verursacht die Marokko-Krisen von 1905 und 1911

Seit der Entente cordiale mit England (1904) sah Frankreich Marokko als sein legitimes Interessengebiet und begann mit dem Ausbau seines Einflusses. In dieser Situation reiste Kaiser Wilhelm nach Nordafrika und besuchte den marokkanischen Sultan in Tanger. Dort machte er deutlich, dass die deutsche Regierung Marokko als souveränen, unabhängigen Staat ansah. Die Absicht hinter dieser Reise war, Druck auf Frankreich auszuüben und es letztendlich zu einem Bündnis mit dem Deutschen Reich zu bewegen. Bei der anschließend auf deutsches Verlangen einberufenen Konferenz erreichte das Deutsche Reich seine Ziele nicht und erlitt eine diplomatische Niederlage. Durch Ungeschicklichkeit und eine falsche Einschätzung der außenpolitischen Situation beschwor die deutsche Regierung eine Krise herauf, in der Deutschland sich selbst isolierte.
1911 besetzten französische Truppen die marokkanische Hauptstadt, weil ein Aufstand die Herrschaft des Sultans bedrohte. Deutschland entsandte zur Wahrung seiner Interessen in Marokko das Kanonenboot „Panther“ in den Hafen von Agadir. Zum Ausgleich für das französische Vorgehen forderte die deutsche Regierungen Kompensationen. Auf englischen Druck hin gab sich Deutschland mit einer Erweiterung seiner Kolonie Kamerun zufrieden. Auch in diesem Fall erlitt die Politik des Reiches eine Niederlage. Die Zusammenarbeit Englands und Frankreichs wurde gestärkt, das Verhältnis Deutschlands zu Frankreich, aber auch zu anderen Mächten verschlechterte sich hingegen weiter.

Problemfall Balkan

Auch auf dem Balkan kreuzten sich die Interessen mehrerer Mächte. Bereits im Krimkrieg (1853–1856) und im russisch-türkischen Krieg 1877 hatte Russland versucht, von der Schwäche des Osmanischen Reiches zu profitieren, seinen Einfluss in Richtung Balkan auszudehnen und über den Bosporus Zugang zum Mittelmeer zu erhalten, was die anderen Großmächte aber verhindert hatten. Nach der Nieder-

M 2 Der Balkan 1908–1913

M 3 Der kochende Kessel Balkan
(englische Karikatur aus der Zeitschrift „Punch“, 1912)

lage im Krieg gegen Japan wandte das Zarenreich seine Interessen wieder stärker Richtung Westen. Österreich-Ungarn hatte sich nach dem Ende des Deutschen Bundes und dem Ausgleich mit Ungarn nach Südosten orientiert und sah den Balkan ebenfalls als sein unmittelbares Interessengebiet an. 1908 annektierte die Habsburgermonarchie Bosnien-Herzegowina. Verschiedene andere Balkanstaaten hatten inzwischen ihre Unabhängigkeit vom Osmanischen Reich errungen. In zwei Kriegen 1912/1913 kämpften sie nun mit- und gegeneinander um dessen europäische Gebiete. Die Großmächte nahmen an diesen Konflikten nicht direkt teil. Trotzdem verschlechterte sich an der Balkanfrage das Verhältnis Österreich-Ungarns und damit auch seines deutschen Bündnispartners zu Russland stetig.

Die Großmächte rüsten auf

In den Jahren vor dem Weltkrieg häuften sich die diplomatischen Konflikte zwischen den Großmächten. Auch schien es, als würden diese Krisen immer näher an Europa „heranrücken“, sich also nicht weit weg in China oder Afrika ereignen, sondern „vor der Haustür“. In dieser Situation wollten sich alle Staaten eine gute Ausgangsposition verschaffen: Das Wettrüsten begann. Ab 1890 verstärkten sie fast alle ihre Streitkräfte und erhöhten ihre Rüstungsausgaben. Der Bau von Schlachtschiffen, Kriegsgerät und strategisch wichtigen Eisenbahnlinien wurde vorangetrieben. Dabei sollte die Vermehrung des Waffenarsenals nicht zwangsläufig auf einen großen Krieg hinauslaufen. Das Hochrüsten wurde auch als brauchbare Waffe zur Verhinderung eines Konflikts angesehen. Trotzdem wuchs die Kriegsbereitschaft bei den Regierungen und in der Gesellschaft, viele Menschen hielten einen bewaffneten Konflikt zwischen den europäischen Staaten für unausweichlich. Seine deutlichste Ausprägung fand die Aufrüstung im Wettlauf zwischen Großbritannien und Deutschland um die stärkere Kriegsflotte. Großbritannien war seit Jahrhunderten die bedeutendste Seemacht der Welt. 1905 begann es mit dem Bau schwer bewaffneter Schlachtschiffe, der so genannten Dreadnoughts (vgl. S. 129). Als Antwort darauf begannen zahlreiche Staaten, sogar kleine Nationen wie Brasilien, Spanien und Schweden, Großkampfschiffe zu bauen. Der deutsche Flottenbau war dabei jedoch am deutlichsten von der Rivalität zu England geprägt und gefördert.

M4 Rüstungsausgaben (in Millionen Mark)

	1905	1910	1913
Frankreich	991	1 177	1 327
Russland	1 069	1 435	2 050
Großbritannien	1 263	1 367	1 491
Deutschland	1 064	1 377	2 111
Österreich-Ungarn	460	660	720

Nach: Reichsarchiv (Hg.), Kriegsrüstung und Kriegswirtschaft. Anlagenband. S. 530.

M5 Ausgaben der einzelnen Großmächte für Verteidigungslasten pro Kopf der Bevölkerung (1912)

Frankreich	25,60 Mark
Russland	8,60 Mark
Großbritannien	32,91 Mark
Deutschland	21,80 Mark
Österreich-Ungarn	9,15 Mark

Nach: W. Baumgart, Deutschland im Zeitalter des Imperialismus. Grundkräfte, Thesen und Strukturen. Stuttgart 1986.

M6 Der Bau schwerer Kampfschiffe

	1889 bis 1900	1900 bis 1910	1910 bis 1913
Frankreich	15	11	11
Russland	15	6	4
Großbritannien	38	36	20
Deutschland	12	25	13

Nach: W. Kleinknecht/H. Krieger (Hg.), Handbuch des Geschichtsunterrichts, Bd. 5. Frankfurt am Main 1965, S. 119 f.

M7 Panthersprung nach Agadir

Die Rheinisch-Westfälische Zeitung schreibt am 11. Juli 1911 über die Ankunft des deutschen Kanonenbootes „Panther" in Agadir:

Eine Fülle von Demütigungen haben die Caprivi und Hohenlohe und Bülow (= Kanzler des Deutschen Reiches unter Wilhelm II.) auf unser Volk gehäuft, als ob wir nicht die volksstärkste Nation in Europa wären, als ob wir uns mit unseren berechtigten Machtansprüchen nicht auf ein Heer von 5 Mio. Bajonetten stützen könnten und auf eine Flotte, die nicht mehr zu verachten ist, als ob wir nicht ein Volk seien, dessen ungeheurer Tüchtigkeit und höchster Anstrengung es gelungen ist, die jahrhundertealten Weltvölker auf den Märkten aller Erdteile in steigendem Maße zu überbieten. (...)
Die Franzosen haben sich nicht um das Kaiserwort gekümmert, sie schicken sich an, das reiche nordwestafrikanische Land sich vollends anzueignen; über unsere wohlerworbenen Ansprüche, über unsere gerechten Interessen hinweg. Gut! Wenn sie sich unterfangen, in Marokko „Ordnung zu stiften", können wir dergleichen tun. Sie haben uns freie Hand gegeben, wir werden die Aktionsfreiheit benützen! Vor Agadir liegt nun ein deutsches Kriegsschiff. Die Verständigung mit uns über die Aufteilung steht ihnen noch frei. Wollen sie nicht, dann mag der „Panther" die Wirkung der Emser Depesche haben. Das deutsche Volk wird zeigen, dass es seine Ehre zu wahren weiß.
Endlich eine Tat, eine befreiende Tat!

B. Pollmann (Hg.), Lesebuch zur deutschen Geschichte, Bd. 3. Dortmund 1984, S. 97 f.

Fragen und Anregungen

1. Vergleiche die Ausgaben der europäischen Großmächte für Rüstung im Jahrzehnt vor dem Ausbruch des Ersten Weltkrieges. (M4)
Bei welchem Staat steigen sie am stärksten, welcher gibt insgesamt am meisten für die Rüstung aus? Setze diese Zahlen in Beziehung zu den Pro-Kopf-Ausgaben von 1912. (M5)

2. Betrachte die Karikatur (M3) und überlege, warum der Zeichner den Balkan als kochenden Kessel dargestellt hat.

3. Die Rheinisch-Westfälische Zeitung, aus der der Artikel zur 2. Marokko-Krise (M7) stammt, sah sich als nationale Tageszeitung an. Suche Stellen im Text, an denen man die politische Ausrichtung der Zeitung erkennen kann.

4. Der Schreiber des Artikels (M7) vergleicht das Kanonenboot „Panther" mit der Emser Depesche. Erinnere dich, in welchem historischen Zusammenhang die Emser Depesche wichtig war, und überlege dann, was der Journalist mit diesem Vergleich andeuten wollte.

4. Das Attentat von Sarajewo und die Julikrise 1914

28. 6. 1914	Die Ermordung des österreichischen Thronfolgers und seiner Frau in Sarajewo löst die Julikrise aus.
6. 7. 1914	Wilhelm II. sagt Österreich die deutsche Bündnistreue (Blankovollmacht) zu.
23. 7. 1914	Die österreichische Regierung richtet ein Ultimatum mit überzogenen Forderungen an Serbien.
25. 7. 1914	Serbien lehnt das Ultimatum in einem Punkt ab.
28. 7. 1914	Österreich-Ungarn erklärt Serbien den Krieg.
1. 8. 1914	Das Deutsche Reich erklärt Russland den Krieg.
3. 8. 1914	Das Deutsche Reich erklärt Frankreich den Krieg. Deutsche Truppen marschieren in das neutrale Belgien und Luxemburg ein.
4. 8. 1914	Großbritannien erklärt Deutschland den Krieg.

M 1 Germania
(Ausschnitt aus einem Gemälde von Friedrich August von Kaulbach, 1914)

Schüsse eines Attentäters

Am 28. Juni 1914 besuchte der österreichische Thronfolger Franz Ferdinand zusammen mit seiner Frau Sarajewo, die Hauptstadt Bosnien-Herzegowinas. Bosnien und Herzegowina befanden sich seit 1878 unter österreichischer Verwaltung und wurden 1908 annektiert. Anders als die katholischen Kroaten und die muslimischen Bosnier hatte sich die Mehrheit der hier lebenden Serben (ca. 40 % der Bevölkerung) nicht mit der Herrschaft der Habsburger abgefunden und wünschte die Vereinigung mit dem Königreich Serbien. Dieses schürte im eigenen Interesse die Unzufriedenheit der Serben in Bosnien. Ausführendes Organ war der Geheimbund „Schwarze Hand“. Für diesen war der Thronfolger ein verhasster Gegner, denn er plante, dem slawischen Bevölkerungsteil der Donaumonarchie Gleichberechtigung neben Ungarn und Deutsch-Österreichern zuzugestehen. Der Besuch des Erzherzogs in Sarajewo bot die Gelegenheit, diesen Feind zu beseitigen. Mehrere von der „Schwarzen Hand“ ausgebildete Attentäter reisten nach Sarajewo und bereiteten dort das Attentat vor. Auf der Fahrt durch die Stadt wurden Franz Ferdinand und seine Frau Sophie von mehreren Schüssen tödlich getroffen. Die Meldung von der Ermordung des österreichischen Thronfolgers verbreitete sich in ganz Europa.

M 2 Das Attentat von Sarajewo
(Zeichnung nach Schilderungen eines Augenzeugen)
Der serbische Nationalist Gavrilo Princip wollte damit die Unterdrückung der bosnischen Serben durch Österreich rächen.

Krieg statt Diplomatie

Während sich die österreichische Presse in wütenden Hasstiraden gegen die Serben erging, vermutete auch die Regierung in Wien eine Beteiligung der serbischen Regierung an der Vorbereitung des Attentates. Aus Sicht des Generalstabes eignete sich der Vorfall, um Serbien, das Zentrum der antiösterreichischen Agitation, durch einen Krieg auszuschalten. Da aber hinter Serbien Russland als Schutzmacht stand, suchte die österreichische Führung die Unterstützung seines deutschen Bündnispartners, um das Zarenreich durch Drohungen möglicherweise aus dem Konflikt herauszuhalten. Als Antwort aus Berlin erhielt Österreich den so genannten Blankoscheck, in dem Wilhelm II. die bedingungslose Unterstützung durch das Deutsche Reich zusagte. Der österreichisch-ungarische Ministerrat beschloss daraufhin ein umfassendes Ultimatum an Serbien, dessen Forderungen absichtlich so abgefasst waren, dass die serbische Regierung es nicht ohne Gesichtsverlust annehmen konnte. Entgegen den österreichischen Erwartungen gingen die Serben auf das Ultimatum ein – abgesehen von einer einzigen besonders überzogenen Forderung. Die übrigen europäischen Mächte, sogar der deutsche Kaiser, waren nun der Meinung, dass damit der Kriegsgrund entfalle. Trotzdem erklärte die Habsburgermonarchie – im Vertrauen auf die deutsche Unterstützung – den Serben den Krieg.

Der Krieg, den niemand wirklich verhindern will

In der aufgeheizten Stimmung gewannen in allen beteiligten Staaten die vermeintlichen Zwänge der Bündnissysteme und festgelegten Mobilmachungs- und Feldzugspläne Vorrang vor rationaleren Überlegungen. Der französische Präsident Poincaré versicherte bei einem Besuch in Russland bereits im Vorfeld Frankreichs Bündnistreue. Der russische Zar fühlte sich seinerseits gegenüber Serbien verpflichtet und hoffte überdies, durch einen Krieg eine drohende Revolution im eigenen Lande verhindern zu können. In Berlin machte sich die Angst breit, bei einer „verspäteten" Mobilmachung wichtige Zeit gegenüber den Gegnern zu verlieren. Außerdem gab es gar keine Feldzugspläne für einen Krieg nur gegen Russland oder nur gegen Frankreich. Deshalb war man praktisch zu einem Zweifronten-Krieg gezwungen. Als das Zarenreich die österreichische Kriegserklärung mit einer Teilmobilmachung beantwortete, richtete das Deutsche Reich ein Ultimatum an die russische sowie an die französische Regierung. Innerhalb kürzester Zeit begannen nun alle Mächte, ihre Truppen auf den Kriegseintritt vorzubereiten. Deutschland erklärte Frankreich und Russland den Krieg. Als deutsche Truppen im neutralen Belgien einmarschierten, erreichte die englische Kriegserklärung Berlin. Der große Krieg begann.

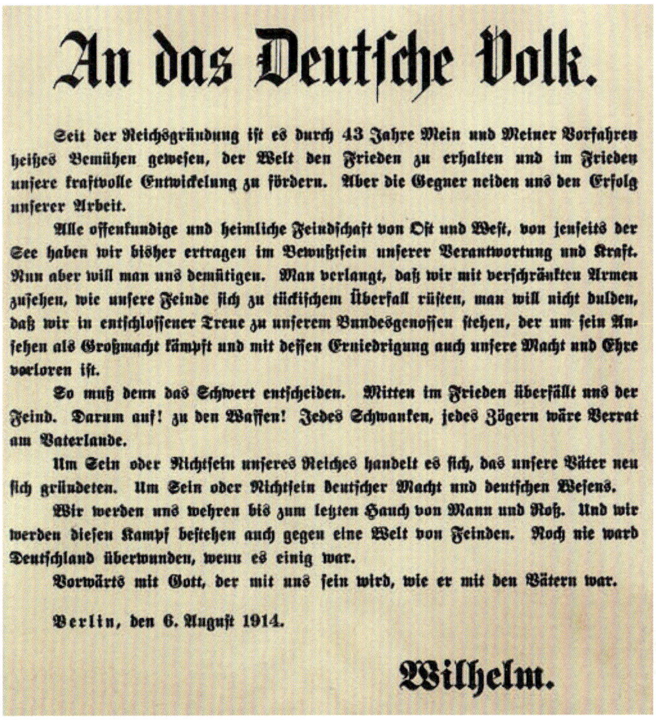

An das Deutsche Volk.

Seit der Reichsgründung ist es durch 43 Jahre Mein und Meiner Vorfahren heißes Bemühen gewesen, der Welt den Frieden zu erhalten und im Frieden unsere kraftvolle Entwickelung zu fördern. Aber die Gegner neiden uns den Erfolg unserer Arbeit.

Alle offenkundige und heimliche Feindschaft von Ost und West, von jenseits der See haben wir bisher ertragen im Bewußtsein unserer Verantwortung und Kraft. Nun aber will man uns demütigen. Man verlangt, daß wir mit verschränkten Armen zusehen, wie unsere Feinde sich zu tückischem Überfall rüsten, man will nicht dulden, daß wir in entschlossener Treue zu unserem Bundesgenossen stehen, der um sein Ansehen als Großmacht kämpft und mit dessen Erniedrigung auch unsere Macht und Ehre verloren ist.

So muß denn das Schwert entscheiden. Mitten im Frieden überfällt uns der Feind. Darum auf! zu den Waffen! Jedes Schwanken, jedes Zögern wäre Verrat am Vaterlande.

Um Sein oder Nichtsein unseres Reiches handelt es sich, das unsere Väter neu sich gründeten. Um Sein oder Nichtsein deutscher Macht und deutschen Wesens.

Wir werden uns wehren bis zum letzten Hauch von Mann und Roß. Und wir werden diesen Kampf bestehen auch gegen eine Welt von Feinden. Noch nie ward Deutschland überwunden, wenn es einig war.

Vorwärts mit Gott, der mit uns sein wird, wie er mit den Vätern war.

Berlin, den 6. August 1914.

Wilhelm.

M 3 Kaiser Wilhelm II.: **„An das deutsche Volk"** vom 6. August 1914

M 4 Kaiser Wilhelm an Kaiser Franz Joseph

Aus dem Handschreiben vom 14. Juli 1914:

Durch Deinen (…) Botschafter wird Dir meine Versicherung übermittelt worden sein, dass Du auch in den Stunden des Ernstes mich und mein Reich in vollem Einklang mit unserer altbewährten Freundschaft und unseren Bundespflichten treu an Eurer Seite finden wirst. Dir dies an dieser Stelle zu wiederholen, ist mir eine freudige Pflicht (…). Ich verschließe mich auch nicht der ernsten Gefahr, die Deinen Ländern und in der Folgewirkung dem Dreibund aus der von russischen und serbischen Panslawisten betriebenen Agitation droht, und erkenne die Notwendigkeit, die südlichen Grenzen deiner Staaten von diesem schweren Druck zu befreien.

J. Hohlfeld (Hg.), Dokumente der Deutschen Politik und Geschichte von 1848 bis zur Gegenwart, Bd. 2. Berlin 1952, S. 276–279.

M 5 Aus dem österreichisch-ungarischen Ultimatum an Serbien

Es erhellt aus den Aussagen und Geständnissen der verbrecherischen Urheber des Attentats vom 28. Juni, dass der Mord von Sarajewo in Belgrad ausgeheckt wurde, dass die Mörder die Waffen und Bomben, mit denen sie ausgestattet waren, von serbischen Offizieren und Beamten erhielten (…) und dass schließlich die Beförderung der Verbrecher und deren Waffen nach Bosnien von leitenden serbischen Grenzorganen (…) durchgeführt wurde. (…)

Die serbische Regierung verpflichtet sich (…):

1. Jede Publikation zu unterdrücken, die zum Hass und zur Verachtung der (Donau-)Monarchie aufreizt und deren allgemeine Tendenz gegen die territoriale Integrität der letzteren gerichtet ist.

(…)

3. Aus dem öffentlichen Unterricht in Serbien, sowohl was den Lehrkörper als auch die Lehrmittel betrifft, alles zu beseitigen, was dazu dient oder dienen könnte, die Propaganda gegen Österreich-Ungarn zu nähren.
4. Aus dem Militärdienst und der Verwaltung im Allgemeinen alle Offiziere und Beamten zu entfernen, die der Propaganda gegen Österreich-Ungarn schuldig sind. (…)
5. Einzuwilligen, dass in Serbien Organe der k.u.k. Regierung bei der Unterdrückung der gegen die territoriale Integrität der Monarchie gerichteten subversiven Bewegung mitwirken.

G. Schönbrunn, Weltkriege und Revolutionen. Geschichte in Quellen, Bd. 5. München 1980, S. 19 f.

Attentat von Sarajewo

Beim Attentat von Sarajewo kommen am 28. 6. 1914 der Thronfolger Österreich-Ungarns und seine Gemahlin Sophie ums Leben. Das Attentat ist der Ausgangspunkt der Julikrise und damit Anlass für den Ausbruch des Ersten Weltkrieges.

M 6 Ein neues Europa
Die Postkarte von 1915 stellte ein Reich vom Kanal bis zum Baltikum in Aussicht.

M7 Kontrovers: Wer trägt die Schuld am Kriegsausbruch?

Über diese Frage ist viel geschrieben worden. Hier die Meinung dreier deutscher Historiker.

a) Thomas Nipperdey, 1992:

Die deutsche Regierung hat (...) ihren erheblichen Anteil am Kriegsausbruch gehabt. Ihre Planungen und Aktionen haben, vom „Blankoscheck" angefangen, das Kriegsrisiko von vornherein einkalkuliert und insoweit schon objektiv die Zuspitzung der Krise zum Krieg mitbewirkt: Aus der Möglichkeit, wenn es sie denn gab, die Krise durch Vermittlung friedlich zu lösen, ist auch wegen des Verhaltens der deutschen Regierung nichts geworden. Sodann gilt (...): Die Reichsleitung ist nicht der alleinige Urheber des Weltkrieges gewesen, nicht auch der Hauptverantwortliche. Die russische Mobilmachung ist so entscheidend wie der Blankoscheck. Im deutschen Fall, wie in den Fällen der andern, greifen Schuld und Verhängnis ineinander. (...) Der Krieg kam, weil alle oder einige am Frieden verzweifelten, nicht weil alle oder einige zum Krieg unter allen Umständen entschlossen waren.

Th. Nipperdey, Deutsche Geschichte 1866–1918. Bd. 2: Machtstaat vor der Demokratie. München 1992, S. 695 ff.

b) Sönke Neitzel, 2002:

Nachdem sich im Sommer 1914 (...) der Handlungsspielraum des Deutschen Reiches weiter verringert hatte, war der Mord von Sarajewo das Signal zu einer Risikopolitik (...). Wenngleich die deutsche und die österreichisch-ungarische Politik in der Julikrise einer defensiven Grundhaltung entsprangen, trugen sie doch die Hauptverantwortung für den Ausbruch des Ersten Weltkrieges. Gewiss darf die Rolle der anderen Mächte, insbesondere diejenige Russlands, nicht außer Acht gelassen werden. Tatsache bleibt jedoch, dass Berlin und Wien gleichermaßen zum Krieg drängten. Für den heutigen Betrachter mutet ihr Handeln, in Kenntnis der Folgen, als unverantwortlich an. In der Tat muss der entscheidende Vorwurf lauten, dass sich weder der österreichische Ministerrat noch die deutsche Reichsleitung ausreichende Gedanken zur Gestalt eines großen Krieges gemacht haben. Beide verließen sich allzu blauäugig auf die optimistischen Versprechungen der Militärs. Insofern kommt diesen eine bedeutende Mitschuld am Ausbruch des Ersten Weltkrieges zu.

S. Neitzel, Kriegsausbruch. Deutschlands Weg in die Katastrophe 1900–1914. München, Zürich 2002.

c) Stig Förster, 2003

Entscheidend war aber auch bei allen anderen Großmächten, dass es den politisch-militärischen Führungsetagen gelang, die Bevölkerung ihrer Länder unter Kontrolle zu behalten, sie über die wirklichen Kriegsursachen im Dunkeln zu lassen und – zu Recht oder zu Unrecht – den Verteidigungskrieg zu propagieren. Dabei hatten die Führungsspitzen aller Großmächte einen mehr oder weniger großen Anteil an der Auslösung des Krieges. (...) Ja, es lässt sich mit guten Gründen behaupten, dass nur wenige von ihnen den Krieg scheuten. Zumindest die Führungen in Wien und St. Petersburg scheinen den Krieg letztendlich sogar gewollt zu haben. Aber sie wären wohl kaum so weit gekommen, wenn die deutsche Politik die Julikrise nicht auf die Spitze getrieben hätte. Von allen beteiligten Großmächten hatte Großbritannien am wenigsten Interesse an einem allgemeinen Krieg. Doch angesichts der Lage auf dem Kontinent konnte die britische Regierung wenig tun, um die Katastrophe zu verhindern.

S. Förster, Die Ursachen des Ersten Weltkrieges. In: B. Wegner (Hg.), Wie Kriege entstehen. Zum historischen Hintergrund von Staatskonflikten. Paderborn 2003, S. 246 f.

Fragen und Anregungen

1. Fasse die Kernaussage des Handschreibens Kaiser Wilhelms II. in eigenen Worten zusammen. Überlege, warum man bei diesem Brief von einer „Blankovollmacht" sprechen kann. (M4)
2. Überlege, warum die europäischen Mächte die Forderungen aus dem Ultimatum an Serbien für überzogen hielten. (M5)
3. Nenne Gründe, warum gerade der letzte Punkt des Ultimatums von Serbien nicht angenommen wurde. Inwiefern unterscheidet er sich von den anderen Punkten? (M5)
4. Der Versailler Friedensvertrag am Ende des Krieges bezeichnete das Deutsche Reich und seine Verbündeten als allein für den Ausbruch des Krieges verantwortlich. Vergleiche diese Behauptung mit den Thesen heutiger Historiker. (M7)

5. Der Erste Weltkrieg: Die „Urkatastrophe des 20. Jahrhunderts"

1914–1918 Der Erste Weltkrieg verändert Europa.

M 1 Deutsche Soldaten fahren an die Front (Fotografie, 1914)

Ein Krieg neuer Art

Der Krieg, der 1914 im August begann, überstieg in seiner Qualität und seinen Auswirkungen alles, was in dieser Hinsicht bis zu diesem Zeitpunkt bekannt und denkbar war. Zwar wurde schon in den Jahren vor dem Krieg von weitsichtigen Zeitgenossen davor gewarnt, dass ein kommender Krieg alles Bekannte übertreffen würde, aber in der fiebrigen Stimmung im Sommer 1914, die von allgemeiner Kriegsbereitschaft, teilweise sogar Begeisterung, aber auch Fatalismus geprägt war, wurden alle Warnungen in den Wind geschlagen.

Die deutschen Feldzugspläne scheitern

Die deutsche Kriegsführung sollte sich nach dem 1905 entworfenen Schlieffen-Plan entwickeln. Dieser sah vor, die Zweifrontenbedrohung durch Frankreich und Russland mit einem schnellen Sieg im Westen und anschließender Konzentration auf den Osten abzuwenden. Obwohl dieser Plan bereits veraltet war und von fal-

M 2 Der Erste Weltkrieg 1914–1918

M 3 Frontabschnitt bei Boesinghe in Belgien an der Westfront (Fotografie)
Neue Waffen verwüsteten weite Landstriche in Belgien und Frankreich.

schen Voraussetzungen ausging, gelang der deutschen Armee im Westen zuerst ein weiter Vorstoß über das neutrale Belgien bis zur Marne kurz vor Paris. Mitte September konnte die französische Armee diesen Vorstoß unter Aufbietung aller Kräfte stoppen. Die deutschen Truppen mussten sich zurückziehen. Bis zu diesem Zeitpunkt hatten bereits über 600 000 Soldaten an der Front im Westen ihr Leben verloren.

Der Stellungskrieg

Um nicht alle eroberten Gebiete in Frankreich wieder zu verlieren, ordnete die deutsche Heeresleitung die Befestigung der deutschen Stellungen an. Die deutsche Infanterie „grub sich ein", ebenso der Gegner. In mit Stacheldraht versehenen, metertiefen Schützengräben begann ein Stellungskrieg, der vier Jahre dauern sollte. Bis 1917 bewegte sich die Front als Ganzes kaum, verlustreiche Kämpfe brachten beiden Seiten nur geringe Gebietsgewinne, die meist genauso schnell wieder verloren gingen, wie sie erworben wurden. Auch die Zermürbungstaktik, den Feind in Materialschlachten „abzunutzen", brachte keinem der Gegner einen Vorteil. Bei den größten dieser Schlachten in Verdun starben fast 700 000 und an der Somme 1,2 Millionen Soldaten.

Gerade in dem Gedanken, den Gegner auszubluten, ihn zu vernichten, zeigte sich eine neue Dimension des Krieges. Zum ersten Mal in der Geschichte standen sich Massenheere gegenüber. Durch das Bevölkerungswachstum der vergangenen Jahrzehnte und die allgemeine Wehrpflicht hatten alle Seiten ein riesiges Potenzial an Soldaten, das von der Militärführung als Kanonenfutter eingesetzt wurde. Aber nicht nur an der Front setzte man alle verfüg-

M 4 Locken für die Kriegswirtschaft
(deutsches Plakat von 1918)

baren Kräfte ein, sondern auch an der „Heimatfront". Die gesamte Bevölkerung wurde in den Krieg einbezogen: Hausfrauen arbeiteten in Munitionsfabriken und übernahmen die Aufgaben ihrer abwesenden Männer, Kriegsanleihen wurden gezeichnet, Lebensmittel rationiert, man sparte und schränkte sich ein, um die Versorgung der Soldaten im Feld zu sichern. Mittels Propaganda wurden die Menschen auf den Krieg eingeschworen. Staat, Gesellschaft und Wirtschaft in Deutschland wurden fast völlig auf den Krieg ausgerichtet.

Der Krieg führt in die Hölle

Der unbedingte Siegeswille führte dazu, dass alle Mittel eingesetzt wurden, die in irgendeiner Weise den Erfolg versprachen. So veränderte sich die traditionelle Kriegsführung radikal. Soldaten, die im Sommer 1914 noch mit bunten Uniformen und Pickelhauben an die Front gereist waren, standen bald in Feldgrau und mit Stahlhelmen in den schlamm- und wassergefüllten Schützengräben, erlebten Hunger, Schmutz, Krankheiten, Verwundungen und den Tod ihrer Kameraden. Auf den französischen Schlachtfeldern setzten deutsche Soldaten zum ersten Mal Giftgas ein. Man entwickelte Gasmasken, Flammenwerfer und Ferngeschütze mit bis zu 120 Kilometern Reichweite. Maschinengewehre mit einer Reichweite von 4000 Metern und einem Ausstoß von 300 Schuss pro Minute machten jeden Angriff auf gegnerische Stellungen zum Selbstmordunternehmen. Feldtelefone und Funkgeräte ermöglichten Nachrichtenübermittlung über weite Strecken. Die bisher von den traditionell eingestellten Militärführungen noch eher belächelten „Tanks" (erste Panzer), Flugzeuge und Untersee-Boote entwickelten sich im Laufe des Krieges zu wirkungsvollen Waffen.
Jede dieser Erfindungen auf dem Gebiet der Technik kostete zahllosen Soldaten das Leben. Allein durch Giftgas starben 90000 Menschen, 1,3 Millionen Soldaten wurden vergiftet, sie erblindeten oder trugen andere lebenslange Schäden davon. Die Materialschlachten, bei denen jeden Tag Tausende ihr Leben ließen, oder monatelanges Ausharren in Schützengräben in ständiger Gefahr traumatisierten die Überlebenden.

M 5 Soldaten im Schützengraben beim Werfen von Handgranaten (Fotografie, 1915)

M 6 Aufruf an Frauen zur Arbeit in der Rüstungsindustrie

M 9 Deutsche Propagandapostkarte aus dem Jahre 1918

M 7 Aus einem Rundschreiben an alle Schulkollegien vom 28. Dezember 1917

Bei der herrschenden Fettnot haben die im Haushalt oder sonst anfallenden, bisher meist achtlos fortgeworfenen Knochen eine große Bedeutung erlangt. Aus den Knochen lässt sich Knochenfett gewinnen, aus dem nicht nur Öle und Fette für technische Betriebe, sondern auch (...) ein völlig einwandfreies, genussfähiges Speisefett sowie Suppenwürze und Knochenextrakt hergestellt werden können. (...) Aber ein erheblicher Teil der Knochen geht immer noch in den Haushalten verloren. Um diese möglichst restlos zu erfassen, ist es (...) unbedingt erforderlich, dass die Schulen auch bei der Sammlung der Knochen nach Kräften mithelfen.

Stadtarchiv Hannover, Schulamt Nr. 553; zit. nach: Praxis Geschichte 3/1995, S. 14.

M 8 Ein deutscher Student schreibt 1915 an seine Familie

Vieles Grausige, was hier beim Sturmangriff passiert ist, vermag ich euch nicht zu erzählen. Der Ekel steigt mir hoch, wenn ich daran denke. Man könnte weinen bei alle dem Unglück, wenn z. B. Kameraden, die eben noch neben uns waren, zusammenbrechen, uns mit einem letzten Blick ansehen. – Als wir dann durch einen engen, hohen Graben weiter vordrangen, bot sich unseren Augen plötzlich ein furchtbarer Anblick. Da lagen an einer Stelle, von einer Mine zerrissen, etwa acht Alpenjäger, Elitesoldaten Frankreichs, ein hoher blutiger Haufen völlig zerschmetterter Menschenleiber, Tote und Verwundete, oben ein Leichnam ohne Kopf und Oberkörper, darunter Lebende mit abgerissenen und zerschmetterten Gliedmaßen. Mit bluttriefenden, todestraurigen Augen sahen sie uns an. Das Wimmern und Jammern dieser armen, dem Tode geweihten feindlichen Soldaten ging uns ans Herz. Heraus aus dem Graben, um dem Haufen aus dem Weg zu gehen, konnten wir nicht. Uns krampfte sich das Herz zusammen, als wir mit unseren Nagelstiefeln hinüberstiegen, aber wir mussten.

Philipp Witkop (Hg.), Kriegsbriefe gefallener Studenten, München 1928, S. 150. Hier zitiert nach: Geschichte Arbeitsheft. Der Erste Weltkrieg – Die Urkatastrophe des 20. Jahrhunderts, Arbeitsmaterial mit Aufgaben zusammengestellt von Ulrich Bongertmann. Freising 1999, S. 6 f.

Fragen und Anregungen

1. Beschreibe die Auswirkungen des Krieges auf den Alltag der Menschen. (M4, M6, M7, M9)
3. Der Erste Weltkrieg wird oft als „Urkatastrophe des 20. Jahrhunderts" bezeichnet. Diskutiert diese Meinung.

6. Die Wende im Krieg – das Epochenjahr 1917

8.–15. März 1917	Revolution in Russland: Der Zar muss abdanken, die Provisorische Regierung setzt den Krieg fort.
6. April 1917	Die USA erklären dem Deutschen Reich den Krieg.
19. Juli 1917	Im Reichstag wird eine Friedensresolution geschlossen.
6.–8. November 1917	„Oktoberrevolution" in Petersburg: Es kommt zur Bildung einer bolschewistischen Regierung unter Lenin.
15. Dezember 1917	Ein deutsch-russischer Waffenstillstand wird vereinbart.

M 1 Ergreift das Schwert der Gerechtigkeit
(amerikanisches Propagandaplakat zum Eingreifen in den Weltkrieg)
Im Hintergrund die nach einem U-Boot-Angriff sinkende „Lusitania". 128 US-Bürger verloren 1915 dabei ihr Leben.

Der Stellungskrieg an der Ostfront

Durch zwei Siege bei Tannenberg und an den Masurischen Seen zu Kriegsbeginn gelang es, an der Ostfront den Vormarsch russischer Armeen auf Reichsgebiet aufzuhalten. Die zurückweichenden russischen Truppen betrieben eine Politik der „verbrannten Erde", die Räumung des Landes löste Flüchtlingsströme aus. In den nächsten Monaten rückten deutsche Verbände weit auf das Territorium des Zarenreiches vor. Dann erstarrte auch hier die Front zum Stellungskrieg. Verlustreiche russische Gegenoffensiven blieben erfolglos.

Die Russische Revolution

Der Krieg machte das Versagen der russischen Führung deutlich: Sowohl die militärischen Fehlschläge als auch die mangelhafte Versorgung der Soldaten und der Zivilbevölkerung wurde dem Zaren angelastet. Die Revolution, der die Regierung 1905/06 noch einmal Einhalt hatte gebieten können, flammte erneut auf, diesmal unter Beteiligung der Armee und der bisher staatstragenden Beamten und Bürger. Der Zar dankte ab. Eine provisorische bürgerliche Regierung übernahm die Staatsgeschäfte und führte den Krieg fort. In dieser Situation sah der deutsche Generalstab die Gelegenheit, den Krieg im Osten zu beenden: Sie verhalfen dem seit 1905 im Schweizer Exil lebenden Wladimir I. Lenin zur Fahrt mit der Eisenbahn über Finnland nach Petrograd (St. Petersburg). Lenin setzte von dort aus die Revolution in Russland fort und führte – nach einigen Rückschlägen – schließlich in der „Oktoberrevolution" die „Bolschewiki" (= „Mehrheitler"; Flügel der Sozialdemokratischen Arbeiterpartei Russlands) zum Sieg über die Gemäßigten. Anfang des Jahres 1918 wurde die zentral gelenkte Diktatur der Kommunistischen Partei Russlands errichtet.

Der Friede von Brest-Litowsk

Im Dezember 1917 wurde der russisch-deutsche Waffenstillstand, am 3. März 1918 der Friedensvertrag von Brest-Litowsk geschlossen. Dieser von den Deutschen diktierte Frieden brachte Deutschland große Gebietsgewinne im Osten: Russland musste die baltischen Länder, Polen, Finnland, die Ukraine, Georgien und Ostanatolien abtreten. Eine Entlastung für die deutsche Kriegsführung war aber nicht gegeben, da zur Sicherung der eroberten Gebiete und der langen Grenze zu Russland etwa eine Million Soldaten gebunden war, die für die Westfront genauso wenig zur Verfügung standen wie vorher.

Englische Seeblockade

Seit dem Kriegseintritt Italiens waren die Kräfte Österreich-Ungarns im Süden gebunden. Die in den letzten Jahren unter hohen Kosten aufgebaute deutsche Schlachtflotte musste – abgesehen von einer einzigen unentschieden endenden Seeschlacht am Skagerrak gegen die englische Flotte – zum eigenen Schutz nutzlos in den Häfen bleiben und konnte gegen die britische Handelsblockade nichts unternehmen. Dafür setzte Deutschland verstärkt U-Boote ein, zuerst gegen Kriegsschiffe, dann auch zunehmend gegen Handelsschiffe mit Versorgungsgütern für England. Aus Übersee kamen nämlich unter anderem große Mengen Kriegsmaterial, die in den USA mithilfe von Kriegskrediten besorgt wurden. Als im Mai 1915 der britische Passagierdampfer „Lusitania“ mit amerikanischen Passagieren von deutschen U-Booten versenkt wurde, drohte die USA mit einer Kriegserklärung. Das Deutsche Reich wich davor zurück und beendete den uneingeschränkten U-Boot-Krieg vorerst.

Uneingeschränkter U-Boot-Krieg und Kriegseintritt der USA

Im „Hunger-Winter“ 1916/17 machten sich im Deutschen Reich die Auswirkungen der englischen Seeblockade immer stärker bemerkbar. Die Versorgung der Bevölkerung verschlechterte sich zusehends, kriegswichtige Rohstoffe wurden knapp. Auf Druck der Obersten Heeresleitung und der Marineleitung gingen ab 1. Februar 1917 deutsche U-Boote erneut dazu über, englische Schiffe ohne Warnung zu torpedieren. Ziel war es, England von seinen überseeischen Ressourcen abzuschneiden und gleichzeitig die Seeblockade zu stören. Die Folge war jedoch, dass die USA an der Seite der Entente in den Krieg eintraten. Als die britische Marine auch noch das Geleitzugsystem einführte, erwies sich der U-Boot-Krieg als stumpfe Waffe. Aufgrund der Verstärkung durch amerikanische Truppen und Material verschob sich das Kräftegewicht weiter zugunsten der Alliierten.

Innere Entwicklung in Deutschland

Der anhaltende Krieg, den viele Menschen mittlerweile für völlig sinnlos hielten, zermürbte auch den innenpolitischen Frieden in Deutschland. Hatten noch 1914 alle Parteien, einschließlich der Sozialdemokraten, einem „Burgfrieden“ zugestimmt, um durch Ruhe im Inneren die Kampfkraft nach außen zu gewährleisten, wuchs nun die Unzufriedenheit. Die von der Regierung versprochenen Reformen blieben aus, die Versorgungslage verschlechterte sich zusehends, Demonstrationen, Streiks und Hungerkrawalle waren die Folge. Der wachsende Friedenswille im Reich fand seine stärkste Ausprägung in der Friedensresolution der Reichstagsmehrheit im Juli 1917.

M 2 Uneingeschränkter U-Boot-Krieg
Der US-Präsident Wilson nannte den Krieg gegen den Handelsverkehr einen „Krieg gegen die Menschheit“.

M 3 **Lenin nach der Erstürmung des Winterpalais**

M 4 Lenins Friedensdekret

Aus dem Bericht des Amerikaners John Reed über die Nachtsitzung des 2. Allrussischen Sowjetkongresses vom 26. auf den 27. Oktober (= 8./9. November) 1917:

Und nun Lenin, die Hände fest an den Rand des Rednerpultes gekrampft, seine kleinen blinzelnden Augen über die Menge schweifen lassend, wartend, bis der minutenlange, ihm offensichtlich gleichgültige Beifallssturm sich gelegt haben würde. Als er endlich beginnen konnte, sagte er einfach: „Wir werden jetzt mit dem Aufbau der sozialistischen Ordnung beginnen." Und wieder raste wilder Begeisterungssturm durch den Saal. „Das erste ist die Durchführung praktischer Maßregeln zur Verwirklichung des Friedens. Wir werden den Völkern aller Krieg führenden Länder den Frieden anbieten auf der Grundlage der Sowjetbedingungen: keine Annexionen, keine Kriegsentschädigungen, Selbstbestimmungsrecht der Völker ..."

G. Schönbrunn, Weltkriege und Revolutionen 1914–1945. Geschichte in Quellen, Bd. 6. München 1979, S. 79 f.

M 5 **„Der Bolschewik", unter ihm die Stadt Moskau**
(Gemälde von Bosis M. Kustodjew, 1920, Öl auf Leinwand)

Wladimir Iljitsch Lenin

Lenin, eigentlich Wladimir Iljitsch Uljanow (4. April 1870 bis 1. Januar 1924), war theoretischer und praktischer Vorkämpfer der Russischen Revolution. Er entwickelte das Konzept einer Kaderpartei, die im Kampf um den Sozialismus die Führung des Proletariats zu übernehmen hat. Am 16. April 1917 verkündete er mit seinen Aprilthesen ein radikales Programm. Nach dem Sieg der „Oktoberrevolution" übernahm Lenin als Vorsitzender im Rat der Volkskommissare die Macht und führte die Kommunistische Partei zum Sieg.

Die wirtschaftliche Notlage im Gefolge des Krieges und das Versagen der Regierung sowie die gesellschaftlichen Missstände des Zarenreiches führten im Februar 1917 zu einer spontanen, vor allem vom Bürgertum getragenen Revolution. Im November (nach russischem Kalender: Oktober) folgte eine planmäßig vorbereitete, von Lenin geführte bolschewistische Revolution auf dem Hintergrund einer breiten revolutionären Grundstimmung in der Bevölkerung. Sie endete mit der Diktatur der Kommunistischen Partei.

M 6 Rede Lenins vor dem Sowjetkongress am 26. Oktober 1917

Was bedeutet diese Revolution? Zunächst bedeutet sie, dass wir eine Sowjetregierung haben werden ohne die geringste Beteiligung der Bourgeoisie. Die unterdrückten Massen werden selbst eine Regierung bilden. Der alte Staatsapparat wird zerschlagen werden und an seiner Stelle wird ein neuer, von Sowjetorganisationen geschaffener Regierungsapparat erstehen. Heute beginnt ein neues Blatt in der Geschichte Russlands, und die gegenwärtige Dritte Russische Revolution wird schließlich zum Sieg des Sozialismus führen. Eine unserer unmittelbarsten Aufgaben ist es, sofort den Krieg zu beenden. Aber um den Krieg, der mit dem jetzigen kapitalistischen System eng verknüpft ist, zu beenden, wird es notwendig sein, den Kapitalismus selbst zu stürzen. (...) Wir besitzen die Macht der Massenorganisation, die über alles gesiegt hat und das Proletariat zu der Weltrevolution führen wird. Wir müssen nun daran gehen, in Russland einen proletarischen, sozialistischen Staat aufzubauen. Hoch lebe die weltumspannende sozialistische Revolution!

H. Michaelis, E. Schraepler (Hg.), Ursachen und Folgen, Bd. 1. Berlin o. J., S. 167 f.

M 7 Präsident Wilson zum Kriegseintritt der USA

Unser Ziel ist, die Grundsätze des Friedens und der Gerechtigkeit im Leben der Welt gegen selbstsüchtige und autokratische Macht zu verteidigen. (...) Wir haben keinen Streit mit dem deutschen Volk. Wir haben gegen dieses nur ein Gefühl der Sympathie und Freundschaft. Seine Regierung hat nicht auf sein Betreiben gehandelt, als sie in den Krieg eintrat. Das geschah nicht mit vorheriger Kenntnis oder Billigung des Volkes. Es war ein Krieg, der mit beschlossen wurde, so wie in alten unglücklichen Zeiten Kriege hervorgerufen und geführt wurden im Interesse von Dynastien oder von kleinen Gruppen Ehrgeiziger, die gewohnt waren, ihre Mitbürger als Pfänder und Werkzeuge zu benutzen. (...) Wir sind jetzt daran, den Fehdehandschuh dieses natürlichen Feindes der Freiheit aufzunehmen, und wir werden, wenn nötig, die ganze Kraft der Nation dazu verwenden, seine Anmaßung und seine Macht im Zaum zu halten und zunichte zu machen. Wir freuen uns (...), so für den endlichen Frieden der Welt und für die Befreiung der Völker mit Einschluss des deutschen Volkes zu kämpfen, für die Rechte der großen und kleinen Nationen und für das Vorrecht der Menschen, überall ihre Art, zu leben und zu gehorchen, zu wählen. Die Welt muss für die Demokratie sicher gemacht werden.

J. Hohlfeld (Hg.), Dokumente der deutschen Politik und Geschichte von 1848 bis zur Gegenwart, Bd. 2. Berlin, München 1951, S. 343 f.

M 8 Immer mehr Menschen wollen Frieden
(Ankündigung einer Veranstaltung mit dem Vorsitzenden der SPD, Friedrich Ebert, am 20. November 1917 in Bremen)

Fragen und Anregungen

1. Welche Ziele verfolgten Lenin und die Bolschewiki in Russland seit dem Frühjahr 1917? (M6)
2. In der Rede vor dem amerikanischen Kongress am 2. April 1917 begründet Präsident Wilson den Kriegseintritt der USA. Untersuche, mit welchen Argumenten er die Beteiligung am Krieg begründet. (M7)

7. Das Ende des Ersten Weltkrieges – eine labile Nachkriegsordnung

11. 11. 1918 Der Waffenstillstand zwischen dem Deutschen Reich und den Alliierten wird durch den Zentrumspolitiker Matthias Erzberger unterzeichnet.

M 1 Gefallene deutsche Soldaten im Schützengraben an der Westfront (englische Fotografie, die während des Krieges nicht veröffentlicht werden durfte)

Das Ende des Krieges

Der Kriegseintritt der USA legte die Grundlage für den Sieg der Alliierten: Sie waren nun sowohl an Material als auch an Truppenstärke den Deutschen und ihren wenigen Verbündeten überlegen. Ohne Erfolg versuchte die militärische Führung mit einer letzten vergeblichen Offensive im Frühjahr 1918 dem Krieg doch noch eine Wende zu geben. Anfang September wurde die Front auf die so genannte Siegfried-Stellung zurückgezogen. Als dann auch noch die Südfront der Verbündeten Türkei, Österreich und Bulgarien vollends zusammenbrach, gestand die Oberste Heeresleitung im September die Niederlage ein und verlangte von der Regierung den sofortigen Waffenstillstand. Da die Alliierten sich weigerten, mit dem Kaiser oder der Militärführung zu verhandeln, wurde – nach der unfreiwilligen Abdankung des Kaisers – eine neue Regierung gebildet. Deren Abgesandte unterzeichneten in der Hoffnung auf die „Vierzehn Punkte“ des amerikanischen Präsidenten Wilson den Waffenstillstand, der den Ersten Weltkrieg beendete. Am 3. November schloss Österreich-Ungarn seinerseits einen Waffenstillstand.

Die Folgen des Krieges

Nun zeigte sich, dass die „Urkatastrophe des Jahrhunderts“ enorme Opfer gefordert hatte: Ungefähr 10 Millionen Soldaten waren an den verschiedenen Fronten gefallen, die Zahl der zivilen Opfer durch Krankheiten und Hunger war schwer zu schätzen, liegt aber bei etwa 6 Millionen. In Frankreich und Deutschland war ein Drittel der Männer der Jahrgänge 1885 bis 1892 umgekommen. Millionen teilweise grausam entstellter und verstümmelter Kriegsversehrter mussten mit den körperlichen und seelischen Kriegsfolgen fertig werden. Die Integration in ihre durch die Situation an der „Heimatfront“ veränderten Familien und die Rückkehr in einen geregelten Alltag fiel ihnen oft schwer. Die materiellen Schäden sind kaum zu beziffern.

Der Vertrag von Versailles

Die Hoffnungen der Deutschen auf einen milden Frieden in Sinne von Wilsons 14 Punkten wurden schnell enttäuscht. Die Siegermächte lehnten jede Verhandlung mit der deutschen Delegation ab, diese durften nur schriftliche Stellungnahmen abgeben. Am 7. Mai übergaben die Sieger den Friedensvertrag. Auf heftige deutsche Proteste antworteten die Alliierten mit einem Ultimatum: Würde der harte Frieden nicht angenommen werden, sollte der Krieg erneut beginnen. Um Schlimmeres zu verhindern, nahmen schließlich Regierungsvertreter den Vertrag an.

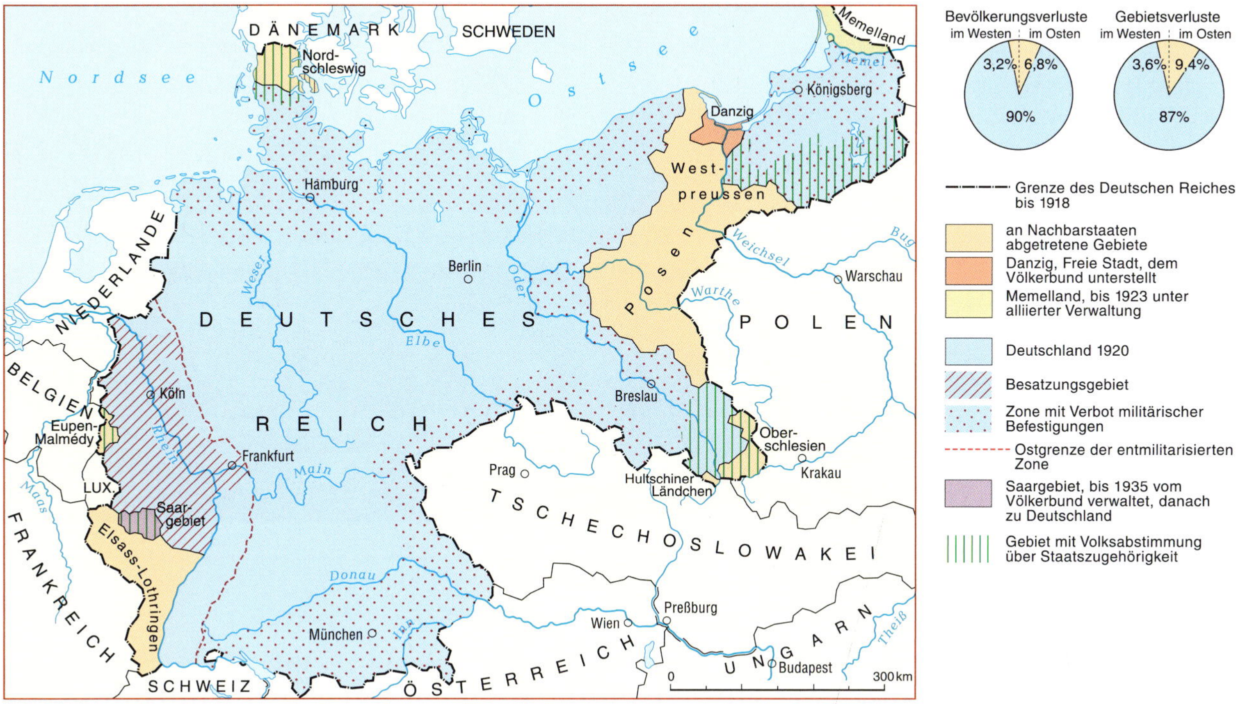

M 2 Der Friedensvertrag von Versailles, Gebietsabtretungen und Besatzungen

Der Vertrag trifft die Deutschen hart

Das Deutsche Reich musste – zusätzlich zu den im Krieg verlorenen Kolonien – an die umliegenden Staaten Gebiete abtreten, insgesamt verlor es 10 % der Gesamtbevölkerung und 13 % an Staatsgebiet, darunter bedeutende landwirtschaftliche Flächen und wirtschaftlich wichtige Industriezentren und Rohstofflager. Vor allem die großen Verluste im Osten – zumal nach den großen Gewinnen im Frieden von Brest-Litowsk – schienen vielen Deutschen unannehmbar. Besonders belastend wirkten auch zwei Vertragsartikel, die den Kaiser als Kriegsverbrecher und das Deutsche Reich als alleinschuldig am Krieg bezeichneten. Ferner mussten Heer und Marine beträchtlich abgerüstet und viele Waffen und Kriegsmaterial zerstört werden. Die Höhe der zu zahlenden Kriegsentschädigungen an die Sieger (Reparationen) sollte noch festgelegt werden. Insgesamt betrachtete man in Deutschland den Versailler Vertrag als unangemessenen und in seiner Härte ungerechtfertigten „Schmachfrieden“.

Neuordnung Europas

Der Versailler Vertrag und die Friedensverträge Österreichs und Ungarns mit den Alliierten veränderten die Landkarte Europas grundlegend. Zwischen dem Deutschen Reich und der Sowjetunion entstand Polen. Österreich-Ungarn wurde in vier Staaten aufgeteilt: Österreich, Ungarn, die Tschechoslowakei und Südslawien (später Jugoslawien). Italien erhielt Südtirol, Triest und Istrien. Österreich war es ausdrücklich verboten, sich mit dem Deutschen Reich zusammenzuschließen. Die neu- und wiedergegründeten Staaten im Osten und Südosten Europas waren außen- und innenpolitisch alles andere als stabil. Vor allem Minderheitenprobleme förderten innere Unruhen, die teilweise bis heute ihre Auswirkungen haben. Das von den Alliierten propagierte Prinzip des nationalen Selbstbestimmungsrechts der Völker wurde durch die Pariser Verträge mehrfach verletzt. Als Instrument zur Wahrung des Friedens sollte der Völkerbund entstehen.

M3 Unterzeichnung des Versailler Vertrages am 28. Juni 1919 (das Vertragswerk wurde von W. Wilson, D. Lloyd George, G. Clemenceau und V. Orlando ausgearbeitet)

M4 Die Pariser Verträge führten in Ostmitteleuropa und Südosteuropa zu einer staatlichen Neuordnung

M 5 Kriegstote

Mittelmächte und Verbündete	Entente-Mächte und Verbündete
rund 7 Millionen Tote, darunter: Deutschland: 2,7 Millionen Österreich-Ungarn: 1,9 Millionen	rund 8 Millionen Tote, darunter: Russland: 1,8 Millionen Frankreich: 1,9 Millionen Großbritannien: 1,4 Millionen

Nach: G. Hirschfeld u. a. (Hg.), Enzyklopädie Erster Weltkrieg, 2. Auflage 2004; hier zit. nach: Spiegel Special: Die Ur-Katastrophe des 20. Jahrhunderts. Nr. 1, 2004, S. 9.

M 6 Die „Vierzehn Punkte" des amerikanischen Präsidenten Wilson am 8. 1. 1918

1. Öfftentliche Friedensverträge und Abschaffung der Geheimdiplomatie
2. Freiheit der Seeschifffahrt
3. Aufhebung sämtlicher wirtschaftlicher Schranken
4. Garantierte Rüstungsbegrenzung
5. Unparteiische Ordnung aller Kolonialfragen
6. Räumung des ganzen russischen Gebietes
7. Wiederherstellung der belgischen Souveränität
8. Räumung Frankreichs, Rückgabe von Elsass-Lothringen und Wiederherstellung der zerstörten Teile
9. Grenzziehung Italiens nach Nationalitätenprinzip
10. Autonomie der Völker Österreich-Ungarns
11. Wiederherstellung Serbiens, Rumäniens und Montenegros
12. Autonomie der Völker des osmanischen Reiches und ungehinderte Durchfahrt durch die Dardanellen und den Bosporus
13. Errichtung eines unabhängigen polnischen Staates
14. Gründung eines Völkerbundes zur „Garantie der Unversehrtheit aller Staaten"

M 7 Der Versailler Vertrag aus der Sicht eines Historikers

In keinem Punkt war sich Nachkriegsdeutschland fortan so einig wie in der Empörung über das „Diktat" der Sieger. Was im Vertrag von Versailles stand, wurde nicht an dem gemessen, was Deutschland selbst an Kriegszielen verfolgt und, im Vertrag von Brest-Litowsk, durchgesetzt hatte. Maßstab der Beurteilung waren allein jene Vorstellungen von einem gerechten Frieden, die sich mit den Vierzehn Punkten Woodrow Wilsons verknüpften. Das Selbstbestimmungsrecht der Völker, Wilsons wirkungsvollste Parole, wurde durch den Frieden von Versailles in der Tat nachhaltig verletzt. Das galt vor allem in Hinblick auf die deutsche Ostgrenze. Aber gab es irgendeine Chance, Polen, dem die staatliche Existenz seit eineinhalb Jahrhunderten brutal verweigert worden war, mit deutscher Zustimmung zu einem lebensfähigen Staat zu machen? War im östlichen Mittel- und Südosteuropa, in Gebieten mit nationaler Gemengelage also, das Selbstbestimmungsrecht eines Volkes überhaupt durchsetzbar, ohne das anderer Völker zu beeinträchtigen? (...)
Die Erwartungen ihrer eigenen Völker setzten die Staatsmänner der Siegerstaaten unter massiven Druck. Für die Kriegskosten würden die Deutschen aufkommen: Das war den Franzosen während des Krieges von der Regierung in Paris immer wieder versichert worden, und dieses Versprechen galt es nun einzulösen. Deutschland fühlte sich durch den Vertrag von Versailles auf den Platz einer Nation zweiten Ranges zurückgeworfen. (...) Aber das Reich bestand fort; es war noch immer das bevölkerungsreichste Land westlich der russischen Grenzen und die wirtschaftlich stärkste Macht Europas.

H. A. Winkler, Weimar 1918–1933. Die Geschichte der ersten deutschen Demokratie. München 1993, S. 96 f.

Vertrag von Versailles

Dabei handelt es sich um den Friedensvertrag zwischen dem Deutschen Reich und den Alliierten am Ende des Ersten Weltkrieges. Der von den Deutschen als ungerecht empfundene Vertrag verlangte von ihnen einschneidende Gebietsabtretungen und später hohe Reparationszahlungen. Seine Revision war das Ziel aller Regierungen der Weimarer Republik.

Völkerbund

Der Völkerbund ist eine internationale Organisation, die 1920 auf Anregung des amerikanischen Präsidenten Wilson gegründet wurde und bis 1946 bestand. Der Völkerbund sollte die Zusammenarbeit unter den Nationen fördern und den Frieden gewährleisten. An dieser Aufgabe scheiterte der Völkerbund letztendlich. Er wurde 1946 nach der Gründung der UN aufgelöst.

Fragen und Anregungen

1. Stelle eine Tabelle auf, welche Teile des Reichsgebietes laut Versailler Vertrag an welche Mächte abgegeben wurden. (M2)
2. Gib die Meinung Hans Günter Winklers zum Versailler Vertrag mit eigenen Worten wieder. Versuche zu beurteilen, inwiefern die Parole vom „Schmachfrieden" gerechtfertigt war. (M7)

DIE WEIMARER REPUBLIK

Frauenwahlrecht, demokratische Verfassung, Arbeitslosenversicherung – vieles, was wir heute als Grundlage einer modernen Gesellschaft kennen, hat seinen Ursprung in der Weimarer Republik.
Die Ausgangsbedingungen der ersten deutschen Republik waren recht schwierig: Der verlorene Krieg, der revolutionäre Umbruch der politischen Ordnung und die Beschlüsse der Siegermächte über Deutschland belasteten den jungen Staat. Auch hatte die Republik von Anfang an politische Gegner, die sie mit Gewalt bekämpften. Mitte der 1920er Jahre allerdings stabilisierten sich die Verhältnisse. Technische Modernisierung brachte einen wirtschaftlichen Aufschwung. Sozialer Fortschritt veränderte die Gesellschaft und ermöglichte ein vielfältiges kulturelles Leben. Trotzdem endete die Republik schließlich in einer totalitären Diktatur.

Die Weimarer Verfassung, 1919

Zeitschrift aus den 1920er Jahren

Revolutionäre Soldaten am Brandenburger Tor, November 1918

Wahlplakat von 1929

Der Kaiser hat abgedankt!

Schlagzeile des „Berliner Tageblatt" vom 9. November 1918

Philipp Scheidemann ruft am 9. November 1918 die Republik aus.

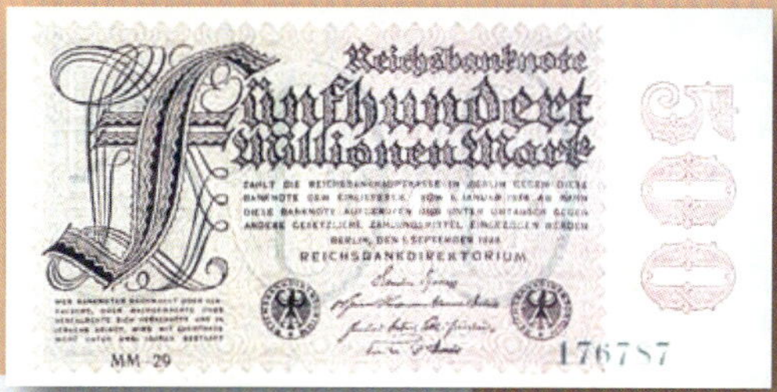

Inflationsgeld, 1923

„Deutschlands Verstümmelung"
In der Weimarer Republik weit verbreitete Karte zu den Folgen des Versailler Vertrages.

Werbeplakat, 1923

1. Der Kaiser muss gehen – Hoch die deutsche Republik!

28. Okt./3. Nov. 1918	In Wilhelmshaven und Kiel kommt es zu Matrosen- und Soldatenaufständen.
7. November 1918	In Bayern ruft Kurt Eisner nach der Abdankung des Königs die Republik aus.
9. November 1918	Die Revolution wird ausgeweitet; in Berlin wird die Republik durch Scheidemann ausgerufen (Novemberrevolution).
Januar 1919	Die Aufstände in Berlin werden niedergeschlagen; Karl Liebknecht und Rosa Luxemburg werden am 15. Januar ermordet.

M 1 Philipp Scheidemann ruft am 9. November 1918 die Republik aus.

Meuterei der Soldaten- und Arbeiterräte

Anfang Oktober 1918 hatte die OHL die deutsche Regierung aufgefordert, bei England, Frankreich und den USA um einen sofortigen Waffenstillstand zu bitten. Dies wirkte auf die Menschen in Deutschland wie ein Schock, denn jahrelang war die Öffentlichkeit durch die kaiserliche Propaganda über die wahre Kriegslage getäuscht worden. So konnten es viele Soldaten und Matrosen nicht verstehen, als sie am 28. Oktober den Befehl erhielten, mit der Kriegsflotte in den Kampf gegen England auszulaufen. In Wilhelmshaven widersetzten sich die Matrosen dem Befehl. Als die Meuterer verhaftet und nach Kiel ins Militärgefängnis gebracht wurden, demonstrierten ca. 3 000 Matrosen für die Freilassung ihrer Kameraden. Am 3. November kam es zu blutigen Straßenschlachten, die am nächsten Tag in einen Aufstand mündeten. Die Soldaten setzten die Offiziere ab und wählten nach dem russischen Vorbild von 1917 Soldatenräte, die die Macht in Kiel übernahmen. Die Arbeiter schlossen sich den Soldaten an und wählten einen Arbeiterrat. In den nächsten Tagen breitete sich der Aufstand auf alle großen Städte aus. Die Arbeiter- und Soldatenräte übernahmen die Stadtverwaltungen und Behörden und übten so die Regierungsgewalt aus.

M 2 „Brüder schießt nicht auf Brüder“
(Fotografie, 1918)
Zu sehen ist eine Arbeiterversammlung in Kiel vor einer Kaserne am 9. 11. 1918.

M 3 Revolutionäre Matrosen und Arbeiter marschieren am 9. November 1918 durch das Brandenburger Tor
(Fotografie, 1918)
Die Matrosen geben auch hier das Signal zum Aufruhr.

M 4 Der Rat der Volksbeauftragten
Von links nach rechts Barth (USPD), Landsberg (SPD), Ebert (SPD), Haase (USPD), Dittmann (USPD), Scheidemann (SPD).

Der Kaiser muss gehen

Bereits am 7. November hatten Arbeiter und Soldatenräte in München den König zur Abdankung gezwungen und unter der Führung von Kurt Eisner von der USPD (vgl. S. 190 ff.) den Freistaat und die Republik Bayern ausgerufen. In den folgenden Wochen wurden in allen Ländern die Fürsten zur Abdankung gezwungen.
Entscheidend waren natürlich die Vorgänge in Berlin. Hier besetzten am 9. November Arbeiter und Soldaten das Schloss; es kam zu Massendemonstrationen, bei denen lautstark die Abdankung des Kaisers gefordert wurde. Auch die SPD und die USPD forderten dies. Wilhelm II. hielt sich in der belgischen Stadt Spa auf und zögerte eine Entscheidung hinaus. Da entschloss sich der Reichskanzler, Prinz Max von Baden, die Abdankung Wilhelms II. eigenmächtig bekannt zu geben, um damit die bedrohlichen Unruhen abzuwenden. Er übergab gleichzeitig die Regierung an Friedrich Ebert, den Vorsitzenden der stärksten Oppositionspartei SPD.

Hoch auf die Republik!

Auch innerhalb der Kräfte, die das Kaiserreich abschaffen wollten, gab es sehr unterschiedliche Pläne für die Zukunft Deutschlands. Während die SPD gemäßigte Ideen hatte, wollten die USPD und der Spartakusbund eine Revolution nach dem Vorbild der Sowjetunion. Um diesen revolutionären Umsturzplänen zuvorzukommen, rief der SPD-Abgeordnete Philipp Scheidemann am Nachmittag gegen 14.00 Uhr die „Deutsche Republik" aus. Rund zwei Stunden später erklärte dagegen der Führer des Spartakusbundes, Karl Liebknecht, Deutschland zur „freien sozialistischen Republik". Damit war deutlich, dass man sich zwar in der Abschaffung der Monarchie einig war, nicht aber darin, wie die Zukunft aussehen sollte, ob parlamentarische Demokratie oder Räterepublik. Am 10. November bildete Friedrich Ebert eine provisorische Regierung, den „Rat der Volksbeauftragten" aus je drei Mitgliedern der SPD und der USPD.

Der Frieden muss organisiert werden – eine undankbare Aufgabe

Die Politiker der nichtsozialistischen Parteien verfolgten diese Ereignisse abwartend, allerdings unternahm niemand etwas, um die Monarchie zu erhalten. Wie aber sollte es nun weitergehen? Das Land war durch Kriegsende und Aufstände in Aufruhr. Die vordringlichste Aufgabe war also, den Menschen den Alltag zu sichern, die Rückführung der Soldaten zu ihren Familien und die Wiedereingliederung ins Berufsleben, die Versorgung der Verwundeten, die Umstellung der Wirtschaft auf Friedensproduktion und die Versorgung der Bevölkerung mit Nahrung und Heizmaterial. Dies allein war eine ungeheure Aufgabe, die die teilweise unerfahrenen Politiker der neuen Regierung von einem Tag auf den anderen bewältigen mussten. Daneben mussten sie aber auch noch die Verhandlungen mit den Siegermächten führen und unterzeichneten am 11. November das unvermeidliche Waf-

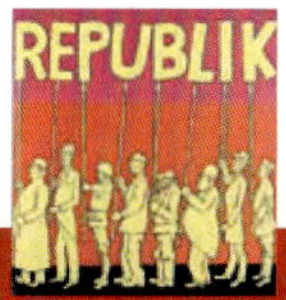

M 5 **Karl Liebknecht** (1871–1919) und **Rosa Luxemburg** (1870–1919)

fenstillstandsabkommen. Für diese Unterschrift wurden sie, ungeachtet ihrer Leistungen, von vielen Anhängern des Kaiserreiches als „Novemberverbrecher" beschimpft.
Andererseits sahen die OHL und Teile der Wirtschaftsführung und Verwaltung die SPD noch als das geringere Übel an und boten aus Angst vor einem kommunistischen Umsturz ihre Zusammenarbeit an. Historiker beurteilen heute die tatsächliche Gefahr einer kommunistischen Revolution in Deutschland als sehr gering. Unabhängig davon war aber die Angst davor in der Bevölkerung sehr groß. Um den Staat funktionsfähig zu erhalten, traf Ebert mit dem Militär geheime Absprachen. Am 15. November vermittelte er ein Bündnis zwischen Gewerkschaften und Unternehmern. Die Gewerkschaften wurden anerkannt und erreichten die Gleichstellung von Männern und Frauen sowie den Achtstundentag. Die Unternehmer retteten sich dadurch vor Enteignung und Vergesellschaftung ihrer Betriebe und bewahrten ihre Macht.
Die SPD, an ihrer Spitze Friedrich Ebert, wollte keine radikale Änderung der Besitzverhältnisse bzw. Revolution, sondern eine parlamentarische Demokratie. Die USPD und der Spartakusbund jedoch wollten sich nicht mit einem Austausch an der Spitze des Staates zufrieden geben und forderten eine Rätedemokratie. Diese Streitfrage beherrschte die politischen Diskussionen. Die Entscheidung brachte der Allgemeine Kongress der Arbeiter und Soldatenräte mit 515 Delegierten aus ganz Deutschland. Er entschied sich mit großer Mehrheit für Wahlen zu einer verfassunggebenden Nationalversammlung im Januar 1919 und damit für eine parlamentarische, repräsentative Demokratie.
Gegen diesen Gang der Dinge unternahm im Januar 1919 die KPD, die sich im Dezember 1918 aus dem Spartakusbund gebildet hatte, einen Aufstand in Berlin. Als es in Berlin zu Straßenschlachten kam, setzte die Regierung neben Truppen auch so genannte Freikorps ein, die den Aufstand blutig niederschlugen. Freikorps waren Gruppen aus ehemaligen Frontsoldaten, manchmal auch Abenteurer, Studenten, Arbeitslose, die in kleinen Privatarmeen zusammen kämpften. Sie waren dabei nur ihrem Kommandeur verpflichtet, meist einem ehemaligen Offizier der kaiserlichen Armee, der auch für den Unterhalt „seiner" Leute sorgte. Die Freikorps verstanden sich als Kämpfer gegen den Bolschewismus und rechtfertigten damit viele Gewalttaten. So wurden am 15. Januar die verhafteten Führer der KPD, Karl Liebknecht und Rosa Luxemburg, auf dem Weg zum Gefängnis von Freikorpssoldaten ermordet.

M 6

Merkmal	Parlamentarische Demokratie	Rätedemokratie
Wer trifft die politischen Entscheidungen?	Die Wahlbürgerinnen und -bürger übertragen ihre Macht durch Wahlen für eine Wahlperiode an Abgeordnete, die von den Parteien zur Wahl gestellt werden und durch die Wahl in ein Parlament entsandt werden. Die politischen Entscheidungen werden im Parlament getroffen.	Die Menschen treffen politische Entscheidungen in Räteversammlungen selbst (z. B. im Betrieb, in Wohneinheiten) und wählen Delegierte in übergeordnete Räte.
Wer kontrolliert die politische Macht?	Die politische Macht wird durch die Gewaltenteilung, durch die Opposition im Parlament, durch die freien Medien und durch die in einem festgelegten Zeitintervall stattfindenden Wahlen kontrolliert. Das Volk übt nach der Wahl keine direkte Kontrolle aus. Die Abgeordneten im Parlament entscheiden nach ihrem Gewissen frei (freies Mandat).	Das Volk kontrolliert sich in den Räten selbst. Es herrscht keine Gewaltenteilung. Die Delegierten werden unmittelbar zur Rechenschaft vor dem entsendenden Rat verpflichtet und durch jederzeit mögliche Abwahl kontrolliert. Die Delegierten müssen die Beschlüsse des entsendenden Rates vertreten (imperatives Mandat).
Wie können die unterschiedlichen Meinungen in der Bevölkerung politisch wirksam werden?	Verschiedene Interessengruppen und Parteien greifen unterschiedliche Meinungen auf, die über das Parlament in den Prozess der staatlichen Willensbildung einfließen und über die im Parlament durch Mehrheitsentscheidung bei Minderheitenschutz entschieden wird.	Die verschiedenen Meinungen werden in die Räte eingebracht. Es herrscht eine permanente öffentliche Diskussion unter gleichgestellten Menschen. Die Abstimmung entscheidet über die Durchsetzungsfähigkeit einer Meinung. Diese wird durch die Delegierten in den nächsthöheren Rat transportiert.

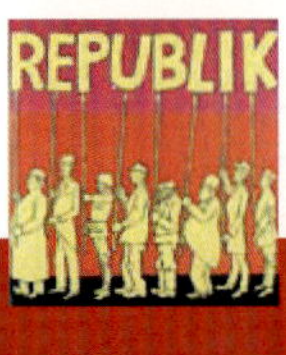

M 7 Aufruf für eine Nationalversammlung, Januar 1919 (Plakat des Rates der Volksbeauftragten)

M 8 Plakat zur Teilnahme an den Wahlen zur Nationalversammlung (1919)

M 9 Was aus Deutschland wird, entscheidet die Nationalversammlung

In seinen Memoiren berichtet Philipp Scheidemann, wie es nach seiner Ausrufung der Republik am 9. November 1918 zu einem Streit mit Ebert kam:

Ebert war vor Zorn dunkelrot im Gesicht geworden, als er von meinem Verhalten (der Ausrufung der Republik) hörte. Er schlug mit der Faust auf den Tisch und schrie mich an: „Ist das wahr?" Als ich ihm antwortete, dass „es" nicht nur wahr, sondern selbstverständlich gewesen sei, machte er mir eine Szene, bei der ich wie vor einem Rätsel stand. „Du hast kein Recht, die Republik auszurufen! Was aus Deutschland wird, ob Republik oder was sonst, das entscheidet eine Konstituante (Verfassunggebende Nationalversammlung)!" Wie konnte ein so kluger Mann die Situation derart falsch einschätzen, dass er selbst am 9. November noch von Regentschaft, Stellvertretung, Reichsverweser und anderem, total erledigtem monarchischen Gerümpel sprach!

Ph. Scheidemann, Memoiren eines Sozialdemokraten, Bd. 2. Dresden 1928, S. 313.

M 10 Konkursverwalter des alten Regimes

Friedrich Ebert führte in seiner Ansprache zur Eröffnung der Nationalversammlung am 6. Februar 1919 in Weimar aus:

Meine Damen und Herren, die provisorische Regierung hat eine sehr üble Herrschaft angetreten. Wir waren im eigentlichsten Wortsinne die Konkursverwalter des alten Regimes: Alle Scheuer, alle Läger waren leer, alle Vorräte gingen zur Neige, der Kredit war erschüttert, die Moral tief gesunken. Wir haben, gestützt und gefördert vom Zentralrat der Arbeiter- und Soldatenräte, unsere beste Kraft eingesetzt, die Gefahren und das Elend der Übergangszeit zu bekämpfen. Wir haben der Nationalversammlung nicht vorgegriffen. Aber wo Zeit und Not drängten, haben wir die dringlichsten Forderungen der Arbeiter zu erfüllen uns bemüht. Wir haben alles getan, um das wirtschaftliche Leben wieder in Gang zu bringen. (...) Wenn der Erfolg nicht unseren Wünschen entsprach, so müssen die Umstände, die das verhinderten, gerecht gewürdigt werden.

W. Michalka, G. Niedhart (Hg.), Deutsche Geschichte 1918–1933. Dokumente zur Innen- und Außenpolitik. Frankfurt am Main 1982, S. 51.

Fragen und Anregungen

1. Beschreibe die Gründe und die Hoffnungen, die zu den Ereignissen im November 1918 führten. (VT, M1–M4)
2. Erstelle eine Liste der Probleme bzw. Aufgaben, die sich der neuen Regierung stellten. Ordne die einzelnen Aufgaben Problemfeldern zu. Beachte, dass es nicht nur sachliche Probleme zu lösen gab. Beurteile, inwiefern sich die Probleme gegenseitig verstärkten und dadurch die Aufgabe, sie zu lösen, schwieriger wurde. (VT, M6–M10)
3. Gib die Inhalte der Plakate M7 und M8 mit eigenen Worten wieder. Das Plakat des Rates der Volksbeauftragten: Welche Gruppen der Bevölkerung spricht es an? Wie lautet seine Botschaft? Das Plakat M8: Welchen Aufruf enthält es?
4. Verfasse anhand von M9 und M10 ein Interview mit Ebert, in dem er seine Haltung in der Revolution begründet.

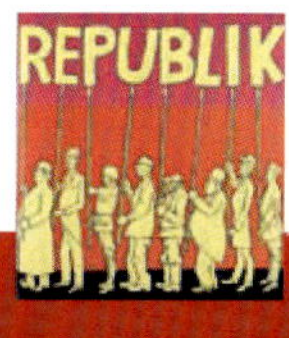

2. Die Weimarer Verfassung – „Die Staatsgewalt geht vom Volke aus!“

19. Januar 1919	Es finden Wahlen zur Nationalversammlung statt.
Ab 6. Februar 1919	Die Nationalversammlung tagt in Weimar.
11. Februar 1919	Friedrich Ebert wird zum Reichspräsidenten gewählt.
14. August 1919	Die Verfassung des Deutschen Reiches tritt in Kraft.

M 1 Plakat der SPD zur Wahl der Nationalversammlung, 19. 1. 1919

Die Nationalversammlung

Am 19. Januar 1919 fanden die Wahlen zur Nationalversammlung statt. In freier, geheimer, gleicher und direkter Wahl konnten alle Deutschen über 20 Jahre wählen. Damit hatten erstmals in Deutschland – und auch noch vor anderen Ländern – die Frauen das aktive und passive Wahlrecht. Die Nationalversammlung trat am 6. Februar in Weimar zusammen, da in Berlin immer noch Unruhen herrschten. Man hoffte bei den Siegermächten, die die Vorgänge in Deutschland genau beobachteten, mit dem Wirkungsort von Goethe und Schiller eine weltweit anerkannte, äußerst positive Seite der Deutschen ins Gedächtnis zu rufen. Dieser Tagungsort gab der Republik den Namen „Weimarer Republik“.
Bei der Wahl, die nach reinem Verhältniswahlrecht durchgeführt wurde, erreichte keine Partei die absolute Mehrheit. So waren von Anfang an Kompromisse notwendig, denn für eine arbeitsfähige Regierung musste man Koalitionen mehrerer Parteien bilden. SPD, DDP und Zentrum waren sich über die Bildung einer demokratischen Republik grundsätzlich einig. Da sie zusammen mehr als 75 % der Mandate hatten, bildeten sie die erste Koalitionsregierung, die so genannte Weimarer Koalition. Mit ihren Stimmen wurde am 11. Februar Friedrich Ebert (SPD) zum ersten Reichspräsidenten gewählt.

Die Parteien – Teilinteressen und Allgemeinwohl

Anders als heute, wo sich alle Parteien bemühen, für jedermann offen zu sein, waren die Parteien am Ende des Kaiserreiches Vertreter bestimmter sozialer, religiöser und wirtschaftlicher Gruppen. Diesen Interessen fühlten sie sich meist mehr verpflichtet, als dem schwieriger zu erfassenden Wohl des ganzen Volkes. Daher standen sich einige der Parteien feindselig gegenüber. Auf der Rechten sammelten

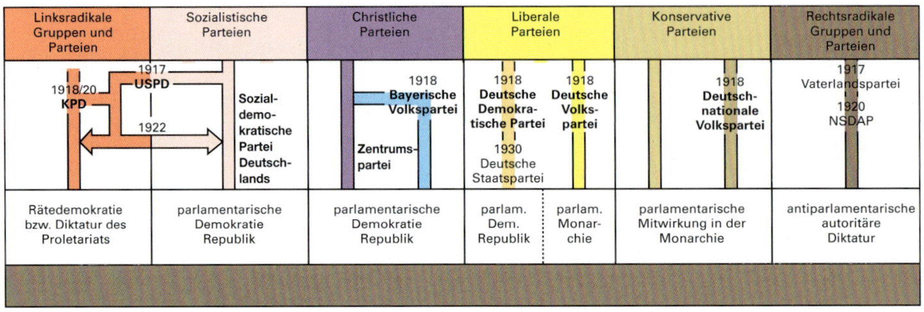

M 2 Die Parteienlandschaft um 1918

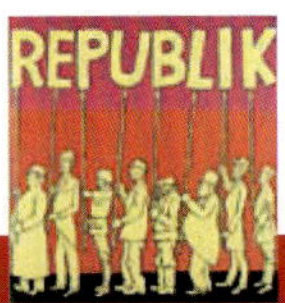

M 3 Wahlrednerin in Berlin (Fotografie, 1919)
Frauen machten in großer Zahl von ihrem Stimmrecht Gebrauch, 82 % nahmen an der Wahl zur Nationalversammlung teil.

sich in der DNVP konservative und kaisertreue Gruppen. Demgegenüber standen auf der Linken die USPD und die im Dezember 1918 gegründete KPD, die beide eine sozialistische Republik nach dem Vorbild der UdSSR anstrebten. Die SPD vertrat die Masse der reformwilligen Arbeiterschaft. Linksliberale schlossen sich in der DDP zusammen, die eher konservativen Liberalen bildeten die DVP, deren Schwerpunkt der Nationalgedanke war. Das Zentrum war die Partei des politischen Katholizismus, als bayerische Abspaltung davon vertrat die Bayerische Volkspartei speziell die bayerischen Interessen. Dass sich in einer so unterschiedlichen Parteienlandschaft die Zusammenarbeit auf Dauer schwierig gestaltete, ist klar. Noch dazu standen nur SPD, DDP und Zentrum voll hinter der neuen Republik und waren bereit, sie zu verteidigen.

Die erste demokratische Verfassung Deutschlands

Nach schwierigen Beratungen, die noch dadurch erschwert wurden, dass gleichzeitig der Friedensvertrag mit den Siegermächten ausgehandelt werden musste, wurde die Weimarer Verfassung am 12. Juli 1919 vom Parlament beschlossen und trat am 14. August 1919 in Kraft. Deutschland war nun eine parlamentarische Demokratie, in der zum ersten Mal in der deutschen Geschichte „alle Gewalt vom Volke" ausgehen sollte. Dieser Grundsatz der Volkssouveränität wurde durch das allgemeine Wahlrecht bestätigt. In reiner Verhältniswahl sollte das Parlament als wichtigstes Organ der Gesetzgebung gewählt werden. Volksbegehren und Volksentscheid kamen als Elemente der direkten Demokratie hinzu.
Zu den garantierten Grundrechten gehörten: Freiheit der Person, Unverletzlichkeit der Wohnung, Rede- und Pressefreiheit, Glaubens- und Gewissensfreiheit, das Recht sich in Interessengruppen und Parteien zusammenzuschließen, der Schutz des Eigentums und die Gleichheit vor dem Gesetz, die Männern und Frauen grundsätzlich die gleichen staatsbürgerlichen Rechte und Pflichten garantierte. Durch gegenseitige Kontrolle von Reichsregierung, Reichstag und Reichspräsident wollte man die Demokratie besonders stabil machen. Allerdings erhielt der Reichspräsident vor allem durch Art. 48 der Reichsverfassung eine so starke Stellung, dass man von einem Ersatzkaiser sprach.

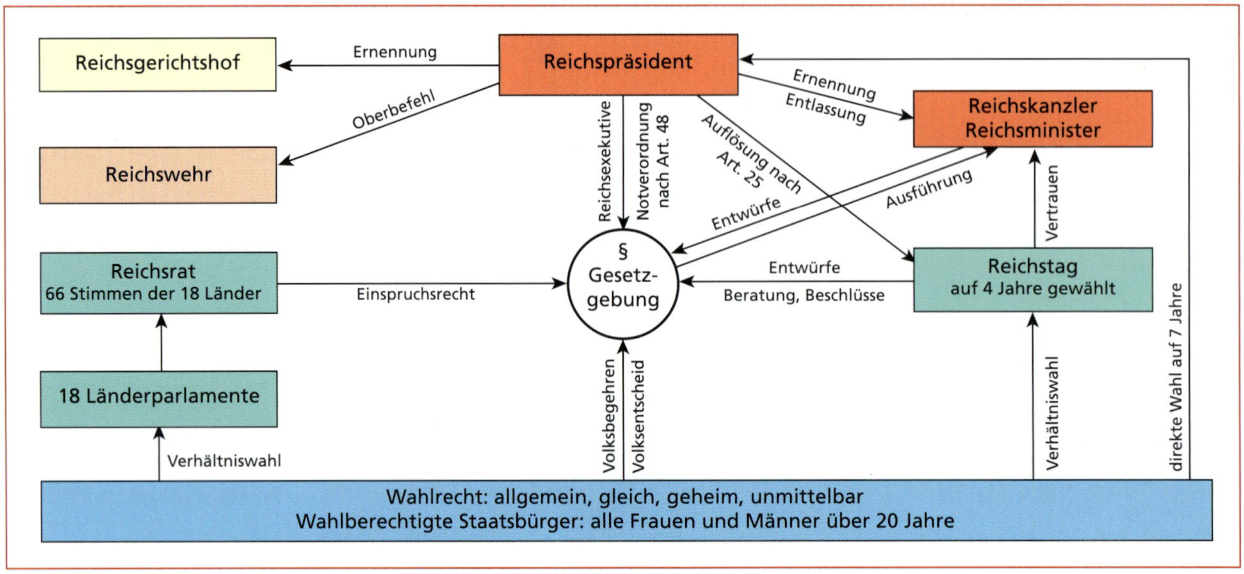

M 4 **Die Weimarer Verfassung**

M 5 **Art. 25 und Art. 48 der Weimarer Verfassung**

Art. 25: Der Reichspräsident kann den Reichstag auflösen, jedoch nur einmal aus dem gleichen Anlass (...).
Art. 48: Der Reichspräsident kann, wenn im Deutschen Reich die öffentliche Sicherheit und Ordnung erheblich gestört oder gefährdet wird, die zur Wiederherstellung der öffentlichen Sicherheit und Ordnung nötigen Maßnahmen treffen, erforderlichenfalls mithilfe der bewaffneten Macht einschreiten. Zu diesem Zweck darf er vorübergehend die (...) Grundrechte ganz oder zum Teil außer Kraft setzen.

P. Longerich (Hg.), Die Erste Republik. Dokumente zur Geschichte des Weimarer Staates. München 1992, S. 104.

M 6 **„Sie tragen die Buchstaben der Firma, wer aber trägt den Geist?“**
(Karikatur von Th. Th. Heine aus dem „Simplicissimus“, 1927)

Weimarer Verfassung

Die Weimarer Verfassung, so benannt nach dem Ort, in dem sie durch die Nationalversammlung beschlossen wurde, ist die erste demokratische Verfassung Deutschlands. Der Reichstag wurde dabei nach dem Verhältniswahlrecht gewählt. Bei der Verhältniswahl werden die Sitze im Parlament im gleichen Verhältnis verteilt, wie die Partei bei der Wahl Stimmen erhalten hat. Ein Vorzug der reinen Verhältniswahl ist die Wahlgerechtigkeit, da keine Stimme verloren geht. Der Nachteil liegt in der möglichen Parteienzersplitterung, da jede noch so kleine Partei im Parlament vertreten ist. Dies war auch ein Problem in der Weimarer Republik, das vor allem in der Endphase die Regierungsarbeit fast unmöglich machte.

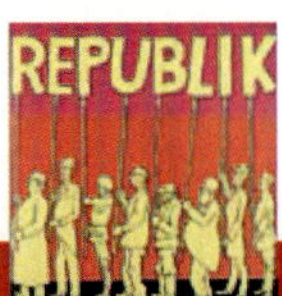

M 7 Politische Grundsätze der wichtigsten Parteien zu Beginn der Weimarer Republik

a) KPD (Kommunistische Partei Deutschlands) 1919:
Die Revolution (...) hat eine zweifache Aufgabe: 1. Die Beseitigung der politischen Unterdrückung und Aufhebung des kapitalistischen Ausbeutungsverhältnisses. 2. Die Ersetzung des kapitalistischen Ausbeutungsverhältnisses durch die sozialistische Produktionsordnung hat zur Voraussetzung die Beseitigung der politischen Macht der Bourgeoisie und deren Ersetzung durch die Diktatur des Proletariats.

b) USPD 1919:
Die Unabhängige Sozialdemokratische Partei setzt der Herrschaftsorganisation des kapitalistischen Staates die proletarische Herrschaftsorganisation auf der Grundlage des politischen Rätesystems entgegen, dem bürgerlichen Parlament, als dem Ausdruck des Machtwillens der Bourgeoisie, den revolutionären Rätekongress. Die Umwandlung der kapitalistischen Wirtschaftsanarchie in die planmäßige sozialistische Wirtschaft erfolgt durch das wirtschaftliche Rätesystem.

c) SPD 1921:
Die Sozialdemokratische Partei (...) betrachtet die demokratische Republik als die durch die geschichtliche Entwicklung unwiderruflich gegebene Staatsform, jeden Angriff auf sie als ein Attentat auf die Lebensrechte des Volkes. (...) Sie kämpft um die Herrschaft des im freien Volksstaat organisierten Volkswillens über die Wirtschaft, um die Erneuerung der Gesellschaft im Geiste sozialistischen Gemeinsinns.

d) Zentrumspartei 1923:
Die Stellung der Zentrumspartei zu den innerstaatlichen Angelegenheiten wird durch die christliche Staatsauffassung und durch den überlieferten Charakter als Verfassungspartei bestimmt. Jeden gewaltsamen Umsturz der verfassungsmäßigen Zustände lehnt sie grundsätzlich ab. (...) Die Zentrumspartei bekennt sich zum deutschen Volksstaat, dessen Form durch den Willen des Volkes auf verfassungsmäßigem Wege bestimmt wird. (...) Die Vorherschaft einer Klasse oder Kaste ist mit dem Wesen des Volksstaates unvereinbar.

e) DDP 1919:
Die Deutsche Demokratische Partei steht auf dem Boden der Weimarer Verfassung; zu ihrem Schutz und zu ihrer Durchführung ist sie berufen. (...) Die Deutsche Republik muss ein Volksstaat sein und (...) zugleich ein Rechtsstaat. Wir erstreben die Einheit des Reiches, aber unter Berücksichtigung und Erhaltung der Eigenart der deutschen Stämme.

f) DVP 1919:
Die Deutsche Volkspartei wird den Wiederaufbau des deutschen Reiches mit allen Mitteln fördern. (...) Die Deutsche Volkspartei fordert den deutschen Einheitsstaat mit weitgehender Selbstverwaltung und Sicherung der Eigenart der einzelnen geschichtlich, kulturell und wirtschaftlich zusammenhängenden Landschaften. (...) Die Deutsche Volkspartei erblickt in dem durch freien Entschluss des Volkes auf gesetzmäßigem Wege aufzurichtenden Kaisertum, dem Sinnbild deutscher Einheit, die für unser Volk nach Geschichte und Wesensart geeignetste Staatsform.

g) DNVP (Deutschnationale Volkspartei) 1920:
Die monarchische Staatsform entspricht der Eigenart und geschichtlichen Entwicklung Deutschlands. Über den Parteien stehend verbürgt die Monarchie am sichersten die Einheit des Volkes, den Schutz der Minderheiten, die Stetigkeit der Staatsgeschäfte und die Unbestechlichkeit der öffentlichen Verwaltung. Die deutschen Einzelstaaten sollten freie Entschließung über ihre Staatsform haben; für das Reich erstreben wir die Erneuerung des von den Hohenzollern aufgerichteten deutschen Kaisertums.

Geschichte in Quellen, Weltkriege und Revolutionen 1914–1945. München 1979, S. 166–169.

Fragen und Anregungen

1. Beschreibe mithilfe der Verfassungsskizze und der Quellentexte die Aufgaben des Reichspräsidenten. Nimm dazu Stellung, inwiefern man diesen als „Ersatzkaiser" bezeichnen kann. Stelle gegenüber die Stellung des Reichskanzlers. (M4, M6)
2. Erarbeite aus den Quellen die Ziele der Partei und ordne die Parteien damit verschiedenen Interessengruppen in der Bevölkerung zu. (M7)
3. Stelle fest, bei welchen Parteien du übereinstimmende Ideen findest und welche wohl Gegner waren. (M7)
4. Erarbeite aus den Quellen die Haltung der Parteien zur Republik. (M7)
5. Erkläre den Begriff „Weimarer Koalition". (VT)

3. Die Republik ist bedroht

Der Kriegsschuldartikel und die Reparationsfrage

So unterschiedlich die Meinungen in Deutschland zu dieser Zeit auch waren, eine große Übereinstimmung herrschte in der Empörung über die harten Friedensbedingungen des Vertrages von Versailles. Der Vertrag war seit Januar 1919 von den Siegermächten ausgearbeitet worden, während in Deutschland um die innere Ordnung und die Gestaltung des neuen Staates gerungen wurde. Deutsche Vertreter hatten die Siegermächte bei den Verhandlungen nicht zugelassen. Besondere Erbitterung empfanden die meisten Deutschen über den so genannten Kriegsschuldartikel. Damit ist der Artikel 231 des Versailler Friedensvertrages gemeint, in dem Deutschland die Hauptschuld am Ausbruch des Krieges und seinen Folgen gegeben wurde. „Die alliierten und assoziierten Regierungen erklären und Deutschland erkennt an, dass Deutschland und seine Verbündeten als Urheber für alle Verluste und Schäden verantwortlich sind, die die alliierten und assoziierten Regierungen und ihre Staatsangehörigen infolge des Krieges, der ihnen durch den Angriff Deutschlands und seiner Verbündeten aufgezwungen wurde, erlitten haben."

M 1 Plakat der DNVP zur Reichstagswahl 1920

Der Kriegsschuldartikel verpflichtete Deutschland, Reparationen für alle Kriegsschäden in den alliierten Staaten zu zahlen, jedoch blieb die Höhe der Zahlungen noch offen. Damit schwebte diese Frage von Anfang an als Problem über dem neuen Staat. Die folgenden Reichsregierungen versuchten, durch möglichst genaue Erfüllung der Reparationen den Siegermächten den guten Willen Deutschlands zu zeigen und auch zu beweisen, dass die Forderungen unerfüllbar waren. Dadurch sollten die Alliierten zu einer Festlegung und Senkung der Reparationen bewegt werden. Genau diese Bemühungen stellten die rechten Gruppen in der Öffentlichkeit als weiteren Verrat der republikanischen Politiker hin. So wurde dieses Problem zwischen Deutschland und den Alliierten zu einer Dauerbelastung für die innenpolitischen Verhältnisse in Deutschland.

Rufmord und Mord

Die neu gegründete Republik war für viele Bürger in Deutschland nur eine Notlösung, nicht der Staat, den sie sich wünschten. Es gab auch einige Gruppen, die jede Art von demokratischer oder republikanischer Ordnung ablehnten. Diese Feinde der Weimarer Republik hatten sehr unterschiedliche Ziele: Die Linksradikalen wollten einen sozialistischen Staat nach dem Vorbild der Sowjetunion. Die alten Führungskreise aus Adel, Militär, Verwaltung und Wirtschaft wollten ein neues deutsches Kaiserreich errichten. Einig waren sie sich nur in dem Hass auf die neue Republik und deren Vertreter. Dabei nutzten sie aus, dass überall in Deutschland die Empörung über die Bedingungen des Friedensvertrages von Versailles groß war. Da aber selbst Hindenburg und die OHL jeden militärischen Widerstand für sinnlos erklärten, stimmte die Mehrheit der Nationalversammlung dem Vertrag nach erbitterten Debatten notgedrungen zu. Eine Delegation deutscher Politiker, darunter auch der Zentrumspolitiker Matthias Erzberger, unterzeichnete den Vertrag am 28. Juni 1919 in Versailles. Diese Zustimmung aber warfen die Rechtsradikalen der Regierung als Verrat an Deutschland vor, Politiker, die sich dafür eingesetzt hatten, beschimpften sie als „Erfüllungspolitiker", die sich auf Kosten des Vaterlandes mit den Alliierten verständigen wollten.
Mit dieser Verdrehung der Tatsachen hetzten nationalistische, antisemitische und konservative Gruppen und Parteien mit Beleidigungen und Verleumdungen in der Öffentlichkeit gegen die junge Republik. Diese Gedanken nahmen terroristische Einzeltäter und Geheimbünde aus ehemaligen Freikorpsmitgliedern auf und verübten Attentate auf republikanische Politiker.

Die Dolchstoßlegende

Ein Instrument dieser Hetze war die so genannte Dolchstoßlegende. Im September 1919 mussten sich Hindenburg und Ludendorff vor einem Untersuchungsausschuss verantworten. Dort verlas Hindenburg eine Erklärung, die der DNVP-Chef Helfferich für ihn vorbereitet hatte. Darin hieß es, dass die „deutsche Armee nicht von feindlichen Truppen besiegt worden“ sei, sondern dass „Verrat und Revolution in der Heimat den deutschen Soldaten von hinten erdolcht“ hätten.
Heute ist eindeutig erwiesen, dass dies eine Lüge war, mit der die OHL den Politikern der neuen Republik die Schuld für die Niederlage in die Schuhe schieben wollte. Dass ihnen dies zum großen Teil gelang, zeigt sich daran, dass die Dolchstoßlegende und das damit verbundene Schimpfwort „Novemberverbrecher“ für demokratische Politiker bis zum Ende der Republik ein Hauptargument in der Propaganda der Rechten blieb.

Der Kapp-Putsch und das republikfeindliche Verhalten der Reichswehr

Als die Reichsregierung Anfang März 1920 die Auflösung des Freikorps „Marine Brigade Ehrhardt“ anordnete, wollten Freikorpsführer, kaisertreue Offiziere und Politiker unter der Führung des hohen Verwaltungsbeamten Kapp die Regierung stürzen. Am 13. März ließ Kapp das Regierungsviertel in Berlin von der Brigade Ehrhardt besetzen und sich zum Reichskanzler ausrufen. In dieser Notsituation weigerte sich die Reichswehrführung, die gewählte Regierung zu schützen. „Reichswehr schießt nicht auf Reichswehr“ war die Begründung des Generals von Seeckt. Damit war klar, dass die Reichswehr nicht hinter der Republik stand. Daraufhin riefen linke Parteien und Gewerkschaften den ersten politischen Generalstreik in Deutschland aus. Die Arbeiter verweigerten die Arbeit, die Beamten führten keine Anweisung der Putschisten aus. Da auch die Reichswehr den Putsch nicht aktiv unterstützte, brach er schließlich zusammen. Gegen den Kapp-Putsch erhoben sich vor allem in Thüringen, Sachsen und im Ruhrgebiet Arbeiteraufstände, die von Kommunisten geführt wurden. Gegen diese „Rote Armee“ war die Reichswehr bereit zu kämpfen. Die Aufstände wurden in bürgerkriegsähnlichen Schlachten niedergeschlagen. Dadurch wurden die Gegensätze zwischen rechts und links weiter verschärft, die Radikalisierung schritt fort.
Diese Ereignisse zeigten, dass die Reichswehr zwar gegen linke Kräfte kämpfte, aber nicht bereit war, die Republik grundsätzlich zu schützen. Viele Offiziere standen innerlich der Republik ablehnend gegenüber und empfanden sich nicht als ein Teil von ihr. Dadurch entwickelte sich die Reichswehr als ein „Staat im Staate“.

M 2 Plakat von KPD/Spartakus zur Reichstagswahl 1920
Angehörige der Partei bekämpften die Republik, weil ihnen die wirtschaftlichen und politischen Veränderungen nicht revolutionär genug waren. Auch die kommunistische Agitation arbeitete mit antisemitischen Klischees (z. B. Gesichtszüge der Figur im Vordergrund links).

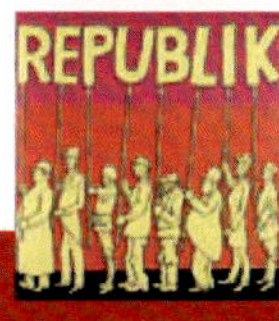

Rufmord ...

M 3 Friedrich der Vorläufige“ (Karikatur, 1919)
Als Friedrich Ebert am 28. 2. 1925 starb, war das die Folge einer verschleppten Blinddarmentzündung. Er hatte die Operation hinausgeschoben, um einen Prozess gegen Beleidigung und Verleumdung zu führen. „Es geht nicht, ich muss um meine Ehre kämpfen, nein, um die des Staatsoberhauptes“, hatte er Freunden gesagt, die ihn bewegen wollten, ins Krankenhaus zu gehen. 150 derartige Prozesse führte Ebert in seiner Amtszeit.
Die Karikatur ist mit „Friedrich der Vorläufige“ betitelt. Beschreibe die Haltung Eberts und die Herrschaftssymbole. Setze dazu den Titel der Karikatur in Beziehung. Suche Begründungen, warum Ebert gegen solche Beleidigungen kämpfte.

M 4 „An die Kurzsichtigen“
(Karikatur von Werner Hahmann, 1919)
Die Karikatur hatte die Legende: „An die Kurzsichtigen. Ihr sucht die Wahrheit? Wenn sie aber erscheint, wünscht Ihr sie zu allen Teufeln!“ Achte auf Einzelheiten der Symbolfigur für Verrat und Revolution.

LITERATURTIPP

Weimarer Republik/Nationalsozialismus. Leipzig, Stuttgart, Düsseldorf: Ernst Klett Schulbuchverlag 2005.
In dem Themenheft finden sich vielfältige Kapitel zur deutschen Geschichte von 1918 bis 1945.

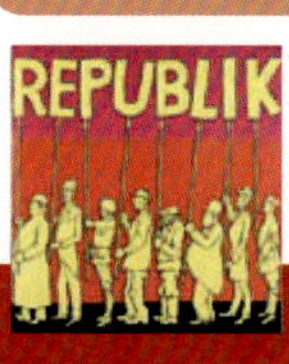

M 5 Politisches Hetzlied
In der Zeit, als Walther Rathenau Reichsaußenminister und Joseph Wirth Reichskanzler waren, wurde das folgende Lied in Studentenverbindungen und Kreisen ehemaliger Frontsoldaten gerne gesungen:
Wenn einst der Kaiser kommen wird,
schlagen wir zum Krüppel den Wirth,
knallen die Gewehre tack, tack, tack,
auf's schwarze und auf das rote Pack.
Haut immer feste auf den Wirth!
Haut seinen Schädel, dass es klirrt!
Knall ab den Walther Rathenau,
die gottverfluchte Judensau!

M 6 Folgende Morde und Mordversuche an bekannten Politikern wurden verübt:

15. 1. 1919 Rosa Luxemburg und Karl Liebknecht (KPD)
21. 2. 1919 Kurt Eisner (USPD), seit 1918 bayerischer Ministerpräsident
26. 8. 1921 Mathias Erzberger (Zentrum), 1919–1920 Reichsfinanzminister
4. 6. 1922 Philipp Scheidemann (SPD), 1919 Ministerpräsident, durch Blausäureattentat verletzt
24. 6 .1922 Walther Rathenau (DDP), 1922 Reichsaußenminister
20. 10. 1922 Attentatversuch auf Joseph Wirth (Zentrum), 1921/1922 Reichskanzler

Gegen Erzberger hatte der VP-Chef Helfferich mit einer Schmähschrift „Fort mit Erzberger" öffentlich gehetzt. Rathenau und Erzberger waren bei den Rechtsradikalen besonders verhasst. Beide hatten sich bemüht, in Verhandlungen mit den Alliierten deren Forderungen zu mildern. Allein dieses Verhalten galt bei den Rechten als Verrat.

Die Verbindung zwischen denen, die mit Worten hetzten, und den Gewalttätern erkannten auch die Zeitgenossen. So machte Reichskanzler Wirth öffentlich den DNVP-Chef Helfferich für den Mord an Rathenau verantwortlich. Bei der Totenfeier für Rathenau rief er ihm zu: „Da steht der Feind, der sein Gift in die Wunden des Volkes träufelt. Da steht der Feind – und darüber ist kein Zweifel: Dieser Feind steht rechts!"

Zusammenstellung d. Verf.

M 7 Gerechte Richter?
Rechtsprechung 1918–1922:

Politische Morde begangen von:	Linksstehenden	Rechtsstehenden
Anzahl der Morde	22	354
Ungesühnte Morde	4	326
Teilweise gesühnte Morde	1	27
Gesühnte Morde	17	1
Verurteilte Mörder	3	24
Freigesprochene Täter	–	23
Hingerichtete Mörder	10	–
Freiheitsstrafe je Mord	15 Jahre	4 Monate

Zit. nach: E. J. Gumbel, Vier Jahre Mord. Berlin 1922, S. 81.

M 8 Politische Morde 1921/1922
(Zeichnung und Gedicht aus einer sozialdemokratischen satirischen Zeitschrift vom 14. Juli 1922)

Fragen und Anregungen

1. Erkläre den Begriff „Dolchstoßlegende" und seine Folgen für die Republik. (VT, M4)
2. Erkläre den Ausdruck, die Reichswehr sei „Staat im Staate" gewesen. (VT)
3. Aufstellungsspiel: Betrachtet die Karikatur auf Seite 158 (M6) und versucht Aussehen und Kleidung der dargestellten Personen den politischen Gruppen und Parteien der Weimarer Republik zuzuordnen. Schneidet aus Karton die Buchstaben aus und stellt die Zeichnung nach. Jede Person beschreibt kurz, zu welcher Gruppe sie gehört und was sie von der Republik hält. Stellt euch nun in verschiedenen Reihenfolgen auf, indem ihr mit anderen Buchstaben um euren Platz streitet. Welches Problem für das Wort und seine Lesbarkeit ergibt sich? Erklärt im Anschluss an diese Szene, welchen Sinn die Überschrift der Karikatur hat.
4. Charakterisiere die Rechtsprechung in Deutschland anhand der Tabelle. (M6, M7)
5. Diskutiert über den Zusammenhang zwischen Rufmord und Mord. (M3–M8)

Politische Plakate untersuchen

Du hast dich bereits öfters mit der Beschreibung und Interpretation von Bildern beschäftigt.
Plakate sind auch Bilder, daher können wir einige Methoden der historischen Bildbeschreibung hier anwenden. Jedoch gibt es einige Besonderheiten zu beachten. So wenden sich Plakate, mehr als andere Bilder, bewusst an den Betrachter. Sie wollen ihn nicht informieren, sondern ihm eine Botschaft vermitteln, ja mehr noch, sie wollen ihn beeinflussen. Das heißt, sie beziehen klar Stellung. Wir müssen also untersuchen, was auf dem Plakat positiv dargestellt ist und welche Feindbilder und Angriffe wir erkennen.

M 1 **Im Regierungsauftrag erstelltes Plakat vom Dezember 1918 für die Wahl zur Nationalversammlung im Januar 1919.**

Doch wie erreichen Plakate diese Wirkung?
Der Grafiker Lüthy beschrieb 1921, welche inhaltlichen und künstlerischen Gesichtspunkte bei der Produktion eines politischen Plakates von Bedeutung sind:

a) „Jeden (...) mit telepathischem Griff **fesseln**,
b) sein **Gehirn** durch ein kurz orientierendes Schlagwort in die gewollte politische Richtung drängen,
c) sein Interesse durch den Witz satirischer Verstellung erhaschen,
d) sein **Herz** durch die **Schönheit** und Anmut des Bildes gewinnen,
e) den **Abscheu** vor der „anderen Richtung" erregen oder
f) durch dekorative und **symbolische** Glorifizierung besonderer politischer Ideen für die eigene Sache **gewinnen** und bestärken."

Diese Kriterien können wir also als Ergänzung zu den schon bekannten Arbeitsfragen der Bildbeschreibung für eine Analyse politischer Plakate verwenden. Wir müssen jedoch bedenken, dass nicht alle gleichermaßen auf jedes Plakat zutreffen.

Methodische Arbeitsschritte:

1. Sachanalyse:

a) Sammeln erster Eindrücke: Wie wirkt das Plakat auf den ersten Blick, was fällt spontan auf?
b) Konkretisierung: Welche Details sind abgebildet, in welcher Anordnung und Größe, welche Farben wurden verwendet, welche anderen grafischen Elemente; welche Textaussagen in welcher Anordnung enthält das Plakat?
c) Vorwissen einbringen: Was weißt du über Entstehungszeit und -anlass, wer ist der Auftraggeber, welches Thema wird angesprochen?

2. Interpretation:

Wodurch gewinnt und fesselt das Plakat? In welche Richtung soll der Betrachter gelenkt werden? Gibt es eine bestimme Adressatengruppe? Gibt es ein Freund- oder Feindbild? Gibt es Symbole, die eine bestimmte Richtung verherrlichen oder Abscheu erregen sollen? Mit welchen Elementen des Plakates, die du in der Sachanalyse festgestellt hast, wird diese Wirkung erreicht?
Am Beispiel des Plakates der DNVP aus dem Wahlkampf von 1924 wollen wir eine solche Analyse

M 2 Plakat der DNVP aus dem Wahlkampf von 1924

üben. Als ersten Schritt stellst du genau fest, was du konkret siehst, wie in einer Bildbeschreibung (Sachanalyse).

a) Wodurch **fesselt** das Plakat? Die Farbgebung, die immer wichtig ist bei Plakaten. Hier sticht grelles Rot und Schwarz auf weißem Hintergrund sofort ins Auge. Überlege, an welcher Stelle, dieser Kontrast besonders auffällt.

b) Das **Gehirn, also das Denken,** wird hier zwar nicht durch ein geschriebenes Schlagwort gelenkt, aber man erkennt in der Szene, besonders in der Tat der roten Figur, ein Schlagwort wieder, dass du auf S. 161 kennen gelernt hast: die Dolchstoßlegende. Damit knüpft das Plakat daran an, was der Betrachter erkennt.

c) **Satirische oder witzige** Elemente fehlen hier.

d) + e) **Das Herz, die Gefühle** des Betrachters werden hier zwar erregt, aber nicht durch **Schönheit**, sondern eher durch das Gegenteil: **Abscheu** wird hervorgerufen. Betrachte neben der Farbgebung die Bewegungen, die Körperhaltung, den Gesichtsausdruck der Figuren und beschreibe sie, so wie du es auch bei anderen Bildquellen tun würdest. Du hast hier ein Opfer, das offensichtlich schmerzverzerrt und überrascht ist, damit erregt es Mitleid. Die kleine, verzerrt gezeichnete Figur in Rot sticht dem Soldaten brutal in den Rücken. Diese Heimtücke erregt den Abscheu des Betrachters.

f) Insgesamt **symbolisieren** die beiden Figuren politische Seiten: Der Soldat steht für die nationalen Soldaten, auch Freikorpsleute, also die Vertreter der DNVP. Der Mörder ist durch die Farbe Rot und die Arbeitermütze klar als Angehöriger der Linken Parteien gekennzeichnet, wobei hier nicht unterschieden wird, zu welcher Partei er gehört. Der Abscheu gegen die Mörderfigur soll auf die Vertreter der linken, „roten" Parteien übertragen werden, die Sympathie für das Opfer soll Stimmen für die DNVP **gewinnen**.

Ein weiteres, bisher nicht genanntes Merkmal politischer Plakate ist also auch die **Vereinfachung von Problemen**. Man kann sogar von „Schwarz-Weiß-Malerei" sprechen.

Fragen und Anregungen

1. Wende nun die vorgestellte Methode bei einem anderen Plakat (M1) an. Achte auf die Symbolfiguren und ihre Attribute.
2. Bildet Gruppen und untersucht die Wahlplakate im gesamten Kapitel. Stellt eine Liste auf, welche Plakate eher für und welche gegen etwas werben.
3. In kaum einer anderen Epochen haben Plakate als Mittel für politische Werbung mehr Bedeutung als in der Weimarer Republik. Warum?
4. Diskutiert, welche Plakate eurer Vorstellung von einer Demokratie widersprechen.
5. Vergleicht politische Plakate unserer Zeit. Wo findet ihr Gemeinsamkeiten und Unterschiede?

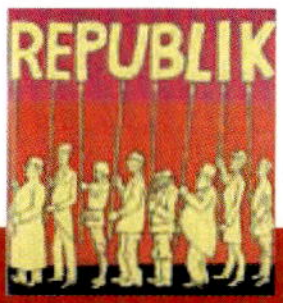

4. Das Krisenjahr 1923

11. Januar 1923	Das Ruhrgebiet wird durch eine französisch-belgische Armee besetzt; Beginn des Ruhrkampfes.
16. September 1923	Reichskanzler Stresemann verkündet den Abbruch des Ruhrkampfes.
November 1923	Die Rentenmark wird nach einer Währungsreform eingeführt.
8./9. November 1923	Der Hitler-Ludendorff-Putsch scheitert in München.

M 1 **Notgeld aus Westfalen** (1923)

Streit um die Reparationen – der Ruhrkampf

Nach langen Verhandlungen, zu denen Deutschland zuerst nicht zugelassen worden war, einigten sich die Siegermächte 1921 auf die Höhe der Reparationszahlungen, die Deutschland leisten sollte: 121 Milliarden Goldmark. Um guten Willen zu zeigen, erbrachte Deutschland 1922 Leistungen im Wert von 1,5 Milliarden Reichsmark. Nur die Lieferungen an Holz und Kohle waren leicht im Rückstand. Dies nahm die französische Regierung jedoch zum Anlass, mit Unterstützung von Belgien und Italien einen vorsätzlichen Bruch des Reparationsabkommens durch Deutschland festzustellen. Am 11. Januar marschierten 60 000 belgische und französische Soldaten ins Ruhrgebiet ein und besetzten dieses wichtigste deutsche Industriegebiet als „Pfand“, bis Deutschland seine Verpflichtungen erfüllte. In ganz Deutschland löste dieser kriegerische Schritt einhellige Empörung aus. Die Regierung rief zum passiven Widerstand auf. Zwar kamen die Menschen im Ruhrgebiet zu ihren Arbeitsplätzen, doch kein Förderband mit Kohle lief, kein Waggon wurde ent- oder beladen, kein Zug verließ den Bahnhof.
Die Besatzungstruppen versuchten den Widerstand mit Gewalt zu brechen, indem sie Leute verhafteten und aus dem Ruhrgebiet auswiesen. Dies schürte die Wut in der Bevölkerung und stachelte Radikale von links und rechts zu Sabotageakten an: Brücken wurden gesprengt, besetzte Häuser flogen in die Luft, Kohleschiffe sanken. Die französischen und belgischen Truppen schossen auf die Demonstranten, ließen Saboteure hinrichten und trennten das Ruhrgebiet durch eine Zollgrenze vom übrigen Reichsgebiet ab. So schaukelte sich der passive Widerstand zu einem kriegsähnlichen Kampf an der Ruhr hoch. Doch trotz der Verbissenheit, mit dem der Ruhrkampf geführt wurde, setzte sich keine der beiden Seiten durch. Frankreich förderte fast keine Kohle. Außerdem hatte es durch sein gewaltsames Vorgehen den Protest der USA und Großbritanniens hervorgerufen, die nun bereit waren, mit Deutschland zu verhandeln. Das ohnehin schon geschwächte Deutschland geriet wirtschaftlich und innenpolitisch in die Krise.

Die Inflation „galoppiert“

Der Ruhrkampf verschärfte die schon bestehenden finanziellen Probleme Deutschlands. Die Weimarer Republik hatte vom Kaiserreich nicht nur die schwierigen Friedensverhandlungen übernommen, sondern auch die Schulden, die der Krieg hinterlassen hatte. Im Krieg hatte die kaiserliche Regierung Kriegsanleihen in Höhe von 154 Milliarden Reichsmark an die Bevölkerung verkauft, um den Krieg zu finanzieren. Nach dem Sieg, so hatte man gehofft, würde man sie durch Eroberungen und Kriegsbeute oder Reparationen der Besiegten zurückzahlen. Auch waren

M 2 Schlange vor einem Berliner Lebensmittelgeschäft
(Fotografie, 1923)
Ein Pfund Butter wird für 30 300 Mark verkauft.

M 3 Millionen werden gestapelt
Kinder spielen mit wertlosen Millionen- und Milliarden-Geldscheinen.

mehr Banknoten gedruckt worden, als das Reich an Gold und Sachwerten besaß. Nach dem verlorenen Krieg war die deutsche Wirtschaft am Boden, es gab kaum noch Steuereinnahmen, dafür waren die Kosten für die Kriegsfolgen ungeheuer. Die Regierung der Weimarer Republik musste zwar die Reparationen in Sachwerten und Gold zahlen, für die anderen Staatsausgaben druckte auch sie immer mehr Papiergeld. Dadurch verlor das Geld rapide an Wert. Während des Ruhrkampfes, für den täglich ungeheure Summen nötig waren, um die Bevölkerung zu unterstützen, beschleunigte sich die Inflation, bis der Wert der Reichsmark ins Bodenlose sank.

Viele Verlierer, wenige Gewinner

Die Folgen für die Masse der Bevölkerung waren verheerend. Wer sein Geld in Sparbüchern, Staatsanleihen oder sonst auf der Bank angelegt hatte, verlor alles. Der Verdienst der Menschen reichte nicht zum Überleben, da das Geld so schnell an Wert verlor, dass z. B. ein Arbeiter sich von einem Wochenlohn nicht einmal ein Pfund Butter kaufen konnte. Bald gab es die meisten Dinge nur noch im Tauschhandel gegen Wertgegenstände. Vorteile hatten Besitzer von Grundstücken, Immobilien, Maschinen oder Waren, also von Sachwerten. Auch wer Schulden hatte, konnte von der Inflation profitieren. Ein besonders „krasses" Beispiel für so einen Inflationsgewinnler war der Großindustrielle Hugo Stinnes. Vor der Inflation hatte er mit Krediten Hotels, Fabriken und Banken gekauft, die er nach der Geldentwertung mit wertlosem Papiergeld schnell zurückbezahlte und dadurch ein riesiges Vermögen erwarb. Auch der Staat zog Nutzen aus der Inflation, da er die Kriegsanleihen an die Bevölkerung ohne Aufwand zurückzahlen konnte. Dies verstärkte das Misstrauen vieler Menschen gegen den neuen Staat.

Inflation

Es handelt sich dabei um die Bezeichnung für eine Geldentwertung durch Vermehrung der umlaufenden Geldmenge in Volkswirtschaften mit Papiergeld. Der Staat lässt Geld drucken, die Warenmenge wird aber nicht vermehrt. Die Störung des Verhältnisses zwischen Geldmenge und Warenwert führt zu steigenden Preisen und damit zu Kaufkraftschwund. Da auch die Sparguthaben an Wert verlieren, kommt es zu Hamsterkäufen und Warenhortung, zur „Flucht in die Sachwerte". Durch Inflation werden Bezieher fester Einkünfte, Sparer und Gläubiger geschädigt, nicht aber Schuldner und Besitzer von Sachwerten. Auf diese Weise vergrößert sich die soziale Ungleichheit zwischen Sachwertbesitzern und Lohnempfängern.

Abbruch des Ruhrkampfes und Unruhen gegen die Republik

Angesichts der katastrophalen Wirtschaftslage brach die Regierung der SPD, DDP und DVP unter Gustav Stresemann von der DVP am 16. 09. 1923 den Ruhrkampf ab. Stresemann wollte die Reparationsfrage durch Verhandlungen vor allem mit Großbritannien lösen. Diese schwierige Lage der Regierung versuchten verschiedene Gruppen für sich zu nutzen. So planten in der Pfalz und im Rheinland die so genannten Separatisten (von lat. separare = trennen), diese Gebiete von Deutschland zu trennen und einen von Frankreich abhängigen eigenen Staat zu gründen. Sie scheiterten am Widerstand der Bevölkerung. In Thüringen versuchten die Kommunisten in der Regierung Einfluss zu gewinnen und durch ihre Kampfverbände den Kampf gegen den Kapitalismus auf die Straße zu tragen. Hier griff die Reichswehr auf Wunsch der Reichsregierung ein und löste die „roten Armeen“ gewaltsam auf.

Der Hitler-Ludendorff-Putsch

Die bayerische Regierung unter Gustav von Kahr hatte von Anfang an Freikorps und rechts gerichteten Gruppen und Parteien in München einen Zufluchtsort vor dem „roten Berlin“ gewährt. Eine dieser Gruppen war die 1919 gegründete und seit 1920 so genannte Nationalsozialistische Deutsche Arbeiter-Partei (NSDAP). Ihr Vorsitzender war seit 1921 Adolf Hitler, der sich durch sein Rednertalent viel Einfluss verschafft hatte. Hitler stand mit General Ludendorff in Kontakt und plante mit ihm einen Umsturz. Als nach dem Abbruch des Ruhrkampfes die bayerische Regierung in München offen von einem „Marsch nach Berlin“ sprach und damit in Anspielung auf Mussolinis „Marsch auf Rom“ zu verstehen gab, dass sie eine rechte Diktatur anstrebte, glaubten Hitler und Ludendorff ihre Stunde für gekommen. Mit der Pistole in der Hand zwang Hitler am 9. 11. 1923 anwesende Regierungsvertreter im Bürgerbräukeller in München, sich ihm anzuschließen. Obwohl Kahr floh und sich noch in der Nacht von Hitler distanzierte, ließen Hitler und Ludendorff am nächsten Tag ihre Anhänger durch München mar-

M 4 **Angeklagte während des Hitler-Ludendorff-Prozesses**

M 5 **Hitler-Ludendorff-Putsch am 9. 11. 1923**

schieren. An der Feldherrnhalle löste die Polizei die Demonstration auf. Bei der Schießerei wurden 16 Menschen getötet, Hitler und Ludendorff wurden verhaftet. Sie fanden allerdings sehr milde Richter. Ludendorff wurde als verdienter Kriegsheld ganz freigeprochen, Hitler zu fünf Jahren Festungshaft verurteilt. Als bevorzugter Häftling schrieb er in der Festung Landsberg am Lech den ersten Band von „Mein Kampf“ und wurde nach nur neun Monaten entlassen.

Das Wunder der Rentenmark bringt Beruhigung

An der Schwelle des Bürgerkrieges, an der sich Deutschland im Herbst 1923 befand, konnte nur eine Neuordnung der Finanzen eine allgemeine Beruhigung bringen. Am 15. November wurde die Rentenmark eingeführt. 1 Billion alte Reichsmark entsprachen 1 Rentenmark. Ab 1924 nannte man sie wieder Reichsmark. Der Staat sparte und überwachte eine deutlich beschränkte Geldmenge. Neben allen finanzpolitischen Maßnahmen war aber das Verhalten der Bevölkerung entscheidend. Sie fasste Vertrauen zu der neuen Währung und begann durch Arbeit und Kauf in sie zu investieren. Im Bewusstsein der Menschen blieb die Inflation zwar eine so schlimme Erfahrung, dass sie sie nicht vergaßen, aber es begannen nun die guten Jahre der Republik.

M 6 Krisenjahr 1923 – Gewalt auf allen Seiten

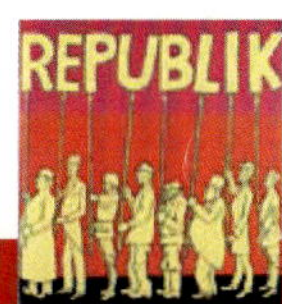

M 7 **Plakat der Reichsregierung zum Ruhrkampf 1923**

M 8 **Motive Frankreichs bei der Ruhrbesetzung**

Der britische Botschafter in Berlin Viscount d'Abernon notiert am 27. 7. 1923 in sein Tagebuch:

Wenn man auf die Ereignisse vom Januar aus der Distanz von einigen Monaten zurückblickt, zwingt sich einem der Eindruck auf, dass die führenden Kreise in Frankreich einen viel größeren Wert auf territoriale, militärische und wirtschaftliche Vorteile als auf Zahlungen von Reparationen legen. Das war ihr wirkliches Ziel: Die vorgebrachten Reparationsforderungen waren so übermäßig, so jenseits aller Erfüllungsmöglichkeiten, dass weitsichtige Politiker wie die Franzosen sie nur in der Hoffnung auf eine Ablehnung und die sich daraus ergebenden Strafmaßnahmen stellen konnten. (...) Diese Auffassung der wirklichen Ziele der Ruhrpolitik wird durch die Ereignisse im Rheinland bestätigt. Einige Wochen nach der Besetzung der Ruhr setzte die Agitation ein, die auf eine Abtrennung des Rheinlands und der Ruhr von Deutschland abzielte. Es lässt sich schwer sagen, wieweit die Bewegung spontan und wieweit sie auf die französischen Einflüsterungen zurückzuführen war; eines ist jedoch sicher, dass sie von Frankreich – offen oder verstohlen – energisch unterstützt wurde.

Viscount d'Abernon, Ein Botschafter der Zeitenwende. Memoiren Bd. 2. Leipzig 1929, S. 262 f.

M 9 **Überreizte Nerven, August 1923**

Der Journalist Friedrich Kroner schildert in der „Berliner Illustrierten Zeitung" seine Beobachtungen während der Inflation, 26. 8. 1923:

Epidemie der Angst, der nacktesten Not: Dem Blick längst entwöhnt gewesene Käuferschlangen stehen wieder vor den Läden, erst vor einem, dann vor allen. (...) Die Stadt, die große, steinerne Stadt wird wieder einmal leer gekauft. Reis, gestern noch das Pfund 80 000 Mark, kostet heute 160 000 Mark, morgen vielleicht das Doppelte, übermorgen zuckt der Mann hinterm Ladentisch die Achseln: „Reis ist alle." Also Nudeln. „Nudeln sind alle." Also Graupen, Grieß, Bohnen, Linsen, nur kaufen, kaufen, kaufen! Dieses Stück Papier, das funkelnagelneue Banknotenpapier, noch feucht von Druck, heute früh als Wochenlohn ausgezahlt, schrumpft an Wert auf dem hastigen Wege zum Kaufmannsladen. Die Nullen, die ständig wachsenden Nullen!

Zit. nach: P. Longerich (Hg.), Die Erste Republik. Dokumente zur Geschichte des Weimarer Staates. München 1992, S. 169 f.

M 10 **Auswirkungen der Inflation**

Der bayerische Schriftsteller Oskar Maria Graf (1894–1967) erinnert sich:

Während die Arbeiter und Angestellten in den Städten sogleich nach ihrer Lohnauszahlung mit den vielen buntbedruckten Geldscheinen laufen mussten, um noch für einen einigermaßen erschwinglichen Preis einige minderwertige, kärgliche Lebensmittel zu bekommen, (...) wurde als einziger der Bauer reich und immer reicher. Er hatte, was die anderen brauchten, und feilschte jetzt gleichsam aus Rachsucht, weil er früher stets zu kurz gekommen war. (...) Nach Jahrhunderten lebten die Bauersleute zum ersten Male aus dem Vollen. (...) Sie spekulierten und soffen, sie stellten ihre heimeligen Stuben mit geschmacklosen, teuren Möbeln voll, kauften Klaviere, Grammofone und Motorräder und ließen ihre Häuser und Ställe von Grund auf renovieren.

O. M. Graf, Das Leben meiner Mutter. München 1993 (erste Auflage 1945), S. 470 f.

M 11 Biografische Daten zu Adolf Hitler

Geb. am 20. April 1889 in Braunau (Österreich) als Sohn eines Zollbeamten.

Ohne Schulabschluss.

Vergebliche Versuche in Wien, an der Kunstakademie aufgenommen zu werden.

1907–1913 Gelegenheitsarbeiter in Wien.

Ab 1913 in München.

1914 Kriegsfreiwilliger, zu Kriegsende mit Gasvergiftung im Lazarett;

Arbeitsloser in München.

September 1919 Eintritt in die Deutsche Arbeiter Partei, die ab 1920 Nationalsozialistische Arbeiterpartei heißt.

Seit Juli 1921 Vorsitzender der NSDAP.

1923 Verbot der NSDAP nach dem Putschversuch Hitler-Ludendorff.

1924 neunmonatige Haft, in der Hitler „Mein Kampf“ scheibt.

1925 Neugründung der NSDAP durch Hitler und Organisation nach dem Führerprinzip.

Zusammenstellung d. Verf.

M 12 Das Jahr 1923 – eine Bilanz

Der britische Botschafter in Berlin Viscount d'Abernon blickt am Ende des Jahres zurück, 31. 12. 1923:

Nun geht das Krisenjahr zu Ende. Die inneren und äußeren Gefahren waren so groß, dass sie Deutschlands ganze Zukunft bedrohten. (…) In den zwölf Monaten vom Januar bis heute hat Deutschland die folgenden Gefahren überstanden: die Ruhrinvasion; den kommunistischen Aufstand in Sachsen und Thüringen; den Hitler-Putsch in Bayern; eine Wirtschaftskrise ohnegleichen; die separatistische Bewegung im Rheinland. Jeder einzelne dieser Faktoren, falls er sich ausgewirkt hätte, würde eine grundlegende Veränderung entweder in der inneren Struktur des Landes oder in seinen Beziehungen nach außen herbeigeführt haben. Jedes dieser Gefahrenmomente, falls es nicht abgewendet worden wäre, hätte jede Hoffnung auf eine allgemeine Befriedigung vernichtet. Politische Führer in Deutschland sind nicht gewohnt, dass ihnen die Öffentlichkeit Lorbeeren spendet. Und doch haben diejenigen, die das Land durch diese Gefahren durchgesteuert haben, mehr Anerkennung verdient, als ihnen zuteil wird.

Viscount d'Abernon, Ein Botschafter der Zeitenwende. Memoiren Bd. 2. Leipzig 1929, S. 337 f.

M 13 Verlust des Geldwertes 1914–1923

Zeitpunkt	Wert eines Guthabens von 100 000 Mark	Wertverlust gegenüber 1914
Juni 1914	100 000,00	
Jan. 1919	47 190,00	52,8 %
Juli 1919	27 855,00	72,1 %
Juli 1920	10 638,00	89,4 %
Jan. 1921	6 468,00	93,5 %
Jan. 1922	2 189,00	97,8 %
Juli 1922	851,00	99,1 %
Jan. 1923	23,46	100 %
Juli 1923	1,19	100 %
Nov. 1923	0,00	100 %

Zit. nach: H. Prokasky, Der Erste Weltkrieg und die Inflation 1914–1923. In: Geschichtsdidaktik 5. Düsseldorf 1980, S. 267.

M 14 Preise in Berlin während der Inflation

In Berlin kosteten am 9./10. Juni 1923:

1 Pfund Rindfleisch	8 500–12 000 Mark
1 Pfund Kartoffeln	112–130 Mark
1 Pfund Zucker	1 400–1 550 Mark
1 Pfund Mehl	1 900–2 600 Mark
1 Ei	800–810 Mark
1 Brot	2 500 Mark
1 Straßenbahnfahrt	600 Mark

Nach: W. Michalka, G. Niedhart (Hg.), Deutsche Geschichte 1918–1933. Dokumente zur Innen- und Außenpolitik. Frankfurt am Main 1992, S. 79.

Fragen und Anregungen

1. Erkläre die Gründe für die Inflation in Deutschland. Stelle ihre Auswirkungen auf die Bevölkerung dar. (VT, M2, M3, M9, M10)
2. Suche Erklärungen, warum die Inflation auch nach der Einführung der Rentenmark noch eine Belastung für die Republik darstellte. (VT)
3. Stellt aus dem Material eine Spielszene zusammen, in der sich zwei Jugendliche in einer Warteschlange vor einem Bäckerladen treffen und über ihre Lebenssituation reden. (VT, M2, M3, M9, M10, M13, M14)
4. Stelle eine Tabelle der Ereignisse des Jahres 1923 zusammen, in die du jeweils die Bedrohung der Republik und die Gegenmaßnahmen einträgst. (VT, M4, M5, M6, M7)
5. Stelle den Zusammenhang zwischen Ruhrkampf, Inflation, Putschversuchen dar. (VT, M1, M2, M3, M4, M5, M8)
6. Beschreibe und erkläre das Plakat zum Ruhrkampf. (M7)

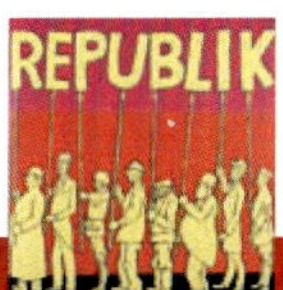

5. Außenpolitische Erfolge in der Ära Stresemann – Verständigung und Versöhnung

1922	Deutschland und die Sowjetunion schließen den Vertrag von Rapallo.
1923–1929	Gustav Stresemann ist als Außenminister maßgeblich an der Stabilisierung der Republik beteiligt.
1925	Die Konferenz von Locarno führt zur Verständigung mit Frankreich.
1926	Deutschland wird Mitglied des Völkerbundes.

M 1 „Retter Stresemann: Er schaut nach rechts, er schaut nach links. – Er wird mich retten!"
(Karikatur von Karl Arnold aus dem Simplicissimus, Nr. 7, München 1923)

Deutschland ist isoliert

Nach dem Krieg war Deutschland in der europäischen Politik ein Außenseiter. Die deutsche Außenpolitik musste die Aufgabe lösen, wieder in die Völkergemeinschaft aufgenommen zu werden und darin die Probleme des Versailler Vertrages zu überwinden. Man nennt diesen Versuch, die politische Situation zu ändern, auch Revisionspolitik (von lat. Revision = Veränderung). Im selben Maße, wie realistische deutsche Politiker diesen Weg gingen, wurden sie von den rechten Kreisen in Deutschland bekämpft. So zieht sich durch die gesamte Weimarer Republik ein Wechselspiel von außenpolitischen Möglichkeiten und innenpolitischer Reaktion wie ein roter Faden.

Schritt aus der Isolation: Rapallo

Die Außenseiterrolle verband Deutschland mit der Sowjetunion, die aus Angst vor einer Verbreitung der kommunistischen Revolution von den Westmächten gemieden wurde. Als 1922 die europäischen Mächte in Genua eine Wirtschaftskonferenz abhielten, ohne Deutschland oder die Sowjetunion zu beteiligen, schlossen die beiden ausgegrenzten Staaten im nahe gelegenen Rapallo zur Überraschung der Welt einen Vertrag. Darin nahmen sie diplomatische Beziehungen auf, verzichteten auf die Erstattung von Kriegskosten und vereinbarten Wirtschafts- und Militärbeziehungen. Rechtsgerichtete Kreise in Deutschland kritisierten die Zusammenarbeit mit dem von ihnen verhassten Bolschewismus, die Militärführung begrüßte jedoch den Vertrag, da sie in der Sowjetunion ohne Kontrolle durch die Westmächte die Reichswehr modernisieren konnte.

In Richtung Verständigung

Gustav Stresemann (DVP) leitete von 1923 bis zu seinem Tod 1929 als Reichsaußenminister die deutsche Außenpolitik. Zwar wollte auch er, wie die meisten deutschen Politiker, eine Revision des Versailler Vertrages, jedoch sah er nur in einer Verständigung mit den Westmächten eine Chance, seine Ziele, die Lösung der Reparationsfrage und eine Wiedergewinnung der Gebiete im Osten, erreichen zu können. Die größte Schwierigkeit lag in Frankreichs Misstrauen gegenüber Deutschland. Um Frankreichs Sicherheitsbedürfnis zu erfüllen, schlug Stresemann einen Sicherheitspakt vor. In dem französischen Staatsmann Aristide Briand fand Stresemann einen Gesprächspartner, der wie er an Verständigung und Versöhnung interessiert war. So kam es im Oktober 1925 zum Vertragsabschluss im Schweizer Kurort Locarno. Deutschland erkannte gegenüber Frankreich und Belgien die Westgrenze endgültig an, was Großbritannien und Italien bestätigten. Gegenüber der Tschechoslowakei und Polen verzichtete Deutschland auf eine gewaltsame Änderung der Ostgrenze, eine friedliche Revision blieb aber damit möglich.

Mitglied im Völkerbund

Sowohl Stresemann als auch Briand wurden von den Nationalisten ihrer Länder als Verräter beschimpft. In der Welt wurde jedoch das Bemühen beider Politiker um Versöhnung als Basis der Politik geehrt. 1926 erhielten beide zusammen den Friedensnobelpreis. Mit der Aufnahme in den Völkerbund im September 1926 wurde Deutschland wieder im Kreis der führenden europäischen Mächte anerkannt. Stresemann nutzte in den folgenden Jahren bis zu seinem Tod 1929 die Verständigungsbemühungen um einen Ausgleich in Europa.

Dawes-Plan und Young-Plan

Stresemanns Versöhnungspolitik schuf das Vertrauensklima, in dem die Reparationsfrage vorangebracht werden sollte. Unter Leitung des amerikanischen Bankiers Dawes legte eine Kommission einen Zahlungsplan fest. In jährlichen Zahlungen sollte Deutschland je 2,5 Milliarden Goldmark zahlen, die Gesamtsumme blieb offen. Dafür sollten eine Anleihe von 800 Millionen Mark und weitere Kredite die deutsche Wirtschaft ankurbeln. Durch beharrliche Verhandlungen und gleichzeitige Erfüllung der Verträge erreichte Stresemann, dass 1929 eine neue Kommission unter dem Finanzmanager Young einen neuen Plan aufstellte. Sie legte fest, dass Deutschland in 59 Jahresraten zu je zwei Milliarden Mark insgesamt 112 Milliarden Mark zahlen sollte. Dafür räumten die Alliierten vorzeitig das Rheinland. Trotz der Riesensumme bedeutete diese Festlegung eine Erleichterung, da nun die Wirtschaft planen konnte. Zudem belebten die wirtschaftlichen Beziehungen zu den USA und Milliardenkredite aus dem Ausland die deutsche Konjunktur. Diese positive Entwicklung konnte aber nichts daran ändern, dass Rechtsparteien die Politik Stresemanns bekämpften. Der Chef der DNVP Hugenberg und Adolf Hitler von der NSDAP erwirkten sogar ein Volksbegehren gegen den Youngplan, das jedoch scheiterte. 1932 wurden durch eine Zahlung von 3 Milliarden Mark die Reparationen von den Westmächten als endgültig abgegolten erklärt.

M 2 Gustav Stresemann, der britische Außenminister Chamberlain und der französische Außenminister Aristide Briand während der Konferenz von Locarno 1925 (kol. Fotografie, Oktober 1925)

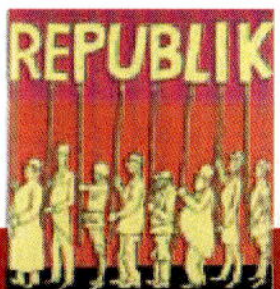

M 3 Plakat der DVP, Reichstagswahl 14. 9. 1930

M 4 Stimme zu Locarno

Der britische Botschafter in Berlin, Lord d'Abernon, schrieb nach dem Vertragsabschluss in Locarno und der Aufnahme Deutschlands in den Völkerbund:

Man kann getrost sagen, dass die Feindseligkeiten zwischen England und Deutschland sich zum großen Teil gelegt haben. Der beste Beweis dafür ist, dass England jetzt die Rolle eines Schiedsrichters und Garants der territorialen Unantastbarkeit nicht nur Frankreichs, sondern auch Deutschlands spielt. Es ist außerdem hauptsächlich dem englischen Einfluss in Genf zu verdanken, dass Deutschland dort eine Stellung eingeräumt wurde, die seiner nationalen Würde entspricht.

Geschichte in Quellen, Bd. 6: Weltkriege und Revolutionen 1914–1945. München 1979, S. 212 f.

M 5 Nationalsozialistische Hetze gegen „Locarno"

Aus einer Rede des NSDAP-Abgeordneten Strasser im Reichstag (24. 11. 1925):

Wir Nationalsozialisten (...) verzichten nie und nimmer auf Elsass-Lothringen. Wir verzichten nie auf Eupen-Malmedy, auf die Saar und auf unsere Kolonien. Wir verzichten auf Nordschleswig so wenig wie auf Memel und Danzig, wie auf Westpreußen und Oberschlesien. (...) Unser Staat, der ein in sich geschlossener geworden ist, wird einst die Verträge von Versailles (...) und Locarno wie Papierfetzen zerreißen können.

D. Junker (Hg.), Deutsche Parlamentsdebatten II: 1919–1933. Frankfurt am Main 1971, S. 180 f.

M 6 Stresemann 1926 vor dem Völkerbund in Genf

M 7 Antrittsrede Stresemanns vor dem Völkerbund am 10. September 1926

Es kann nicht der Sinn einer göttlichen Weltordnung sein, dass die Menschen ihre nationalen Höchstleistungen gegeneinander kehren und damit die allgemeine Kulturentwicklung immer wieder zurückwerfen. Deutschland wünscht mit allen Nationen, die im Rate des Völkerbundes vertreten sind, auf der Grundlage gegenseitigen Vertrauens zusammenzuarbeiten. (...) Deutschland tritt mit dem heutigen Tag in die Mitte von Staaten, die zum Teil im letzten Weltkrieg gegen Deutschland verbündet waren. Es ist von geschichtlicher Bedeutung, dass Deutschland und diese Staaten sich jetzt im Völkerbund zu dauernder und friedlicher Zusammenarbeit zusammenfinden. Denn das sicherste Fundament für den Frieden ist eine Politik, die getragen wird vom gegenseitigen Verstehen und gegenseitiger Achtung der Völker.

Geschichte in Quellen, Bd. 6: Weltkriege und Revolutionen 1914–1945. München 1979, S. 225.

M 8 Deutschlands Aufnahme in den Völkerbund

Ein Augenzeuge berichtet vom Einzug der deutschen Delegation am 10. 9. 1926:

Der Beifall hatte eine wahre Orkanstärke erreicht. Von allen Seiten wurde geklatscht und Bravo gerufen. (...) Inzwischen tobte das Publikum auf den Tribünen, Tücherwinken, Hüteschwenken, „bravo Stresemann“. (...) Eine Szene, wie sie sich im Völkerbund noch nie abgespielt hatte.

Geschichte in Quellen, Bd. 6: Weltkriege und Revolutionen 1914–1945. München 1979, S. 219.

M 9 Die Entwicklung der alliierten Reparationsforderungen

Jahr	Konferenz	Gesamthöhe in Goldmark	Anzahl der Jahresraten
1919	Versailles	Nicht festgelegt	30
1920	Boulogne	269 Mrd.	42
1921	Paris (Jan.) London (Apr.)	226 Mrd. 132 Mrd.	42 66
1924	Paris (Dawes-Plan)	Nicht festgelegt Jahresraten von 1–2,5 Mrd.	Nicht festgelegt
1929	Den Haag (Young-Plan)	112 Mrd.	59
1932	Lausanne	3 Mrd.	1

M 10 Volksbegehren gegen den Young-Plan
(Plakat, Oktober 1929)
Das von der DNVP und der NSDAP veranlasste Volksbegehren erreichte zunächst die notwendigen 10 % der Wählerunterschriften. Den folgenden Volksentscheid unterstützten nur 13,8 % aller Wähler, womit er scheiterte. Mit der finanziellen und publizistischen Unterstützung des Hugenberg-Konzerns (Inhaber Hugenberg, DNVP) wurde der Demagoge Hitler in ganz Deutschland bekannt.

Fragen und Anregungen

1. Welche Vorstellungen hat Stresemann vom Zusammenleben der Völker allgemein? Worin sieht er die besondere Situation für Deutschland? (VT, M7)
2. Welche Rolle spielt England nach Ansicht des Botschafters? (M4)
3. Was bedeutet und worauf bezieht sich der Ausdruck „territoriale Unantastbarkeit Frankreichs“? (M4)
4. Erkläre, wie die Äußerungen des britischen Botschafters mit Stresemanns Plänen über die Lösung der Reparationsfrage zusammenhängen. (M4)
5. Beschreibe die Plakate. Beachte dabei besonders, welche Gefühle die Plakate bei den Betrachtern auslösen sollen. Erkläre, welche Mittel dazu eingesetzt werden. (M3, M10)
6. Stelle eine Liste in Form einer Tabelle auf, welche Probleme die deutsche Außenpolitik dieser Zeit lösen musste, welchen Weg die Regierung ging und welche Reaktionen es in Deutschland und im Ausland gab.

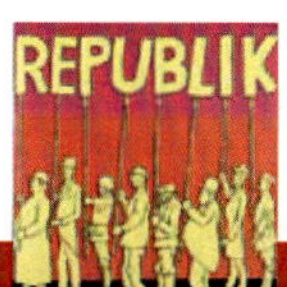

6. Die guten Jahre der Republik

M 1 **Deutsche Lufthansa**
(Plakat, 1931)

Das Leben in der Weimarer Republik war oft hart und überschattet von Gewalt, Sorgen und Krisen. Trotzdem tut man dieser Epoche der deutschen Geschichte unrecht, wenn man sie im Rückblick nur als gescheitert beurteilt. Angeregt durch die USA, aber in einer eigenen Weiterentwicklung entfaltete sich in vielen Bereichen des Lebens in den Jahren nach dem Ersten Weltkrieg eine große Blüte und Vielfalt.

Wirtschaftliche Erholung

Zwischen 1924 und 1929 nahm die deutsche Wirtschaft einen deutlichen Aufschwung. Dazu trugen mehrere Faktoren bei: So war die Bevölkerung willig und in der Lage, hart für eine wirtschaftliche Verbesserung zu arbeiten. Zu dieser Arbeitskraft kamen neue Arbeits- und Produktionsmethoden. Die Fließbandproduktion wurde eingeführt. Auch die Organisation der Wirtschaft veränderte sich. Nach dem Vorbild der USA schlossen sich in Deutschland Unternehmen zu Konzernen zusammen und beherrschten so den Markt: z. B. die IG-Farben, die 90 % der chemischen Industrie Deutschlands erfasste und der größte Konzern in Europa war, Siemens, AEG, aber auch der Film- und Pressekonzern des DNVP-Politikers Hugenberg. Nach den Entbehrungszeiten war bei den Menschen auch ein hoher Bedarf an Gütern vorhanden, was die Nachfrage und damit die Wirtschaft ankurbelte. Die Währungsreform 1923 und Kredite aus dem Ausland, v. a. aus den USA, schufen die finanzielle Basis dafür. Allerdings waren die deutschen Unternehmen und Banken sehr von ausländischen Krediten abhängig, die überwiegend kurze Kündigungszeiten hatten. Der wirtschaftliche Aufschwung stand also gewissermaßen auf tönernen Füßen, was später in der Weltwirtschaftskrise 1929 schlimme Folgen haben sollte.

Das Leben ändert sich

Der wirtschaftliche Aufschwung besserte die Lage der meisten Menschen. Vor allem Kaufleute und Handwerker verdienten. Die Arbeiter erreichten neben vielen sozialpolitischen Verbesserungen auch den Lohn von 1913.
Mit der Rationalisierung der Betriebe, wie z. B. durch das Fließband, das Ford und General Motors (Opel) einführten, veränderte sich die Arbeitswelt. Weniger Menschen arbeiteten in der Produktion, dafür nahm der „Dienstleistungsbereich" zu. Die Angestellten unterschieden sich bewusst von den Arbeiterinnen und Arbeitern, weil sie sich nicht die „Hände schmutzig machen" mussten. So wuchs eine neue Schicht in Deutschland, die unsere Gesellschaft bis in die Gegenwart prägt.

Situation der Frauen

Mit dem Frauenwahlrecht, der Studienfreiheit, der Berufswahl und vielem mehr verwirklichte die Weimarer Republik viele Forderungen der Frauenbewegung. Zwar hatten gerade in den Krisenjahren nach dem Krieg die Frauen die Hauptlast

der Versorgung ihrer Familien zu tragen, aber nun nahm die Zahl der berufstätigen Frauen zu. 1925 waren es 36 %. Vor allem im Dienstleistungsbereich, z. B. als Sekretärinnen, fanden Frauen vermehrt Arbeit (1930 1,2 Millionen). Die Medien propagierten den Typ der „neuen Frau", die selbstbewusst und berufstätig ein unabhängigeres Leben führte. Trotzdem blieb vor allem für Frauen aus der Arbeiterschicht das Leben hart, da die Betriebe die neuen Bestimmungen nicht immer umsetzten. In der Mittel- und Oberschicht aber wuchs das Selbstbewusstsein vieler Frauen und damit ihr Wunsch nach Freiheit.

Kulturelle Blüte in den Großstädten

In den 1920er Jahren setzten sich Künstler mit den Erfahrungen des Krieges, aber auch mit neuen Entwicklungen in der Gesellschaft auseinander. Dabei kam es zu sehr kontroversen Darstellungen der Welt. Neben den Surrealisten und Dadaisten, die die bürgerliche Welt durch Antikunst schockieren wollten, gab es auch an der konkreten Wirklichkeit orientierte Kunst. Die Neue Sachlichkeit wollte durch nüchterne Darstellung auf die Vorzüge, aber auch Probleme der Zeit aufmerksam machen und mit ihrer „Alltagssprache" die einfachen Menschen erreichen. Zwischen diesen Stilrichtungen gab es eine Fülle einzelner Künstler, die ihren eigenen Weg gingen. Diese ungeheuer vielfältige Kunstszene entwickelte sich vor allem in den Großstädten. Daneben entstand hier auch ein Massenangebot an Vergnügungen, wie Bars, Tanzcafés. So entwickelte sich ein Lebensstil, den zu leben wir bis heute von den Metropolen kennen. Wir können daher von der Entstehung einer Großstadtkultur sprechen. Berlin gewann durch Theater, Film und Großveranstaltungen im Sportpalast internationalen Ruf. In München war neben der Theater- und Kunstszene auch das 1925 eröffnete Deutsche Museum für Naturwissenschaft und Technik ein Publikumsmagnet.

Neuen Medien, Wissenschaft und Technik

Gerade die neuen Massenmedien veränderten das Alltagsleben der Bevölkerung. Illustrierte verbreiteten die Vorstellungen von Mode und Luxus, Schallplatten, Nachrichtenübermittlung, Tonfilm und Radio ermöglichten den Menschen Information und vor allem Unterhaltung in nie gekanntem Ausmaß. Dadurch wurden diese Medien aber auch zu entscheidenden Mitteln im politischen Kampf um die öffentliche Meinung.
Basis für diese neuen Medien waren Erfindungen in Elektrotechnik, Chemie, Physik. In den Jahren 1919 bis 1932 gingen 17 Nobelpreise an deutsche Wissenschaftler und Künstler, darunter Albert Einstein, Werner Heisenberg (Physik) und Thomas Mann (Literatur).
Die deutsche Technik, vor allem im Verkehrsbereich, boomte. 1926 wurde die Lufthansa gegründet, das Flugboot Dornier Do X und das Luftschiff Graf Zeppelin erregten Aufsehen. Neben Flugverkehr und Schiffen trat das Auto seinen Siegeszug an. In der Architektur setzte sich der Stil des Bauhauses durch, das Walter Gropius in Weimar gegründet hatte. Es wurde vor allem für neue Sozialbauten angewandt, fand aber auch international Verbreitung.

M 2 Albert Einstein in New York 1930
(geb. 14. 3. 1879 in Ulm, gest. 18. 4. 1955 in Princeton, New York)

M 3 „Von Kopf bis Fuß auf Liebe eingestellt", Marlene Dietrich
(Plakat zu dem 1930 gedrehten Film „Der blaue Engel")

M 4 Fließbandarbeiterinnen bei Siemens
(Fotografie, um 1920)

M 5 Georg Grosz, Stützen der Gesellschaft
(Gemälde, 1926)

M 6 Das neu gewonnene Selbstbewusstsein von Frauen drückte sich auch in kniefreien Kleidern und dem modernen Kurzhaarschnitt „Bubikopf" aus.

M 7 **Otto Dix, Großstadt**
(linke und mittlere Tafel eines Triptychons, 1928)

M 8 **Sonntagsausflug mit dem ersten Auto, bei Berlin**
(Fotografie, 1927)

PROJEKTTIPP

Stellt eine Liste von Lebensbereichen auf, die sich in den Goldenen Zwanzigern verändert haben. Teilt sie unter euch je nach Interessengebieten auf, also z. B. Sport, Technik, Mode, Kino, Literatur, Malerei, Großstadtleben, Wissenschaft, Musik usw. Kopiert die Bilder und sammelt weitere Materialen dazu. Sucht dazu entsprechende Darstellungen aus unserer Zeit und fertigt themengebundene Collagen an, in denen Gemeinsamkeiten und Unterschiede deutlich gemacht werden. In einer Ausstellung in der Schule könnt ihr die Ergebnisse allen vorstellen.
Wenn ihr weitergehen wollt, dann feiert ein Schulfest mit Mode, Musik, Tänzen und Filmen aus dieser Zeit.

Fragen und Anregungen

1. Stellt zusammen, wie sich die Lebenssituation der Frau veränderte. (VT, M1, M3, M4, M6, M8)
2. Beschreibe das kulturelle Leben in der Weimarer Republik. Was hat sich im Vergleich zur Kaiserzeit verändert? (VT, M3, M7)
3. Welche neuen Unterhaltungsmöglichkeiten entstanden? (VT, M3, M7)
4. Informiert euch in Lexika näher über die Kunstrichtungen des Dadaismus und des Surrealismus. Sucht auch entsprechende Bilder dieser Richtungen.

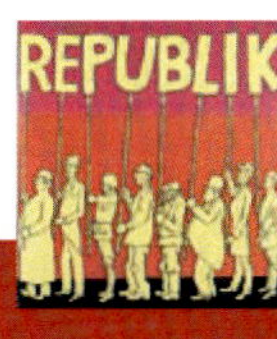

7. Wahlergebnisse im Kaiserreich und in der Weimarer Republik

Der Reichstag

Der Reichstag veränderte seine Rolle in den Jahren seit seiner Gründung bis zum Ende der Weimarer Republik sehr: Während er im Kaiserreich nur wenig Einfluss hatte, die Regierung nicht von ihm abhänigig war und ihn auch teilweise bekämpfte, entwickelte er sich seit 1918 zum Herzstück einer parlamentarischen Demokratie. Der Weg dorthin führte, wie wir gesehen haben, über heftige Auseinandersetzungen bis hin zu bürgerkriegsähnlichen Kämpfen zwischen den Gegnern des neuen Staates. So saßen oft im Reichstag viele Abgeordnete, die die Republik und den Reichstag eigentlich abschaffen wollten. Die Anhänger des Kaiserreiches und die Vertreter einer kommunistischen Räterepublik waren sich ja auf schicksalhafte Art nur darin einig, dass sie keine parlamentarische Demokratie wollten, deshalb bekämpften sie die Weimarer Republik. Dazu benutzten sie auch die Mittel der Demokratie, die Wahlen und Wahlkämpfe. All dies spiegelt sich auch und vor allem in den Ergebnissen der Reichstagswahlen wieder.

Die Parteien

Die meisten Parteien, die in der Weimarer Republik eine Rolle spielten, waren schon im Kaiserreich entstanden bzw. hatten dort Vorläufer. Zwar veränderten sich die Ziele und auch die Bedeutung der Interessengruppen, die hinter den Parteien standen im Laufe der Zeit – vor allem durch die Entwicklung im und nach dem Ersten Weltkrieg –, aber es blieben doch grundsätzliche Zielrichtungen erhalten.

M 1 Herkunft und politische Grundeinstellung der wichtigsten Parteien

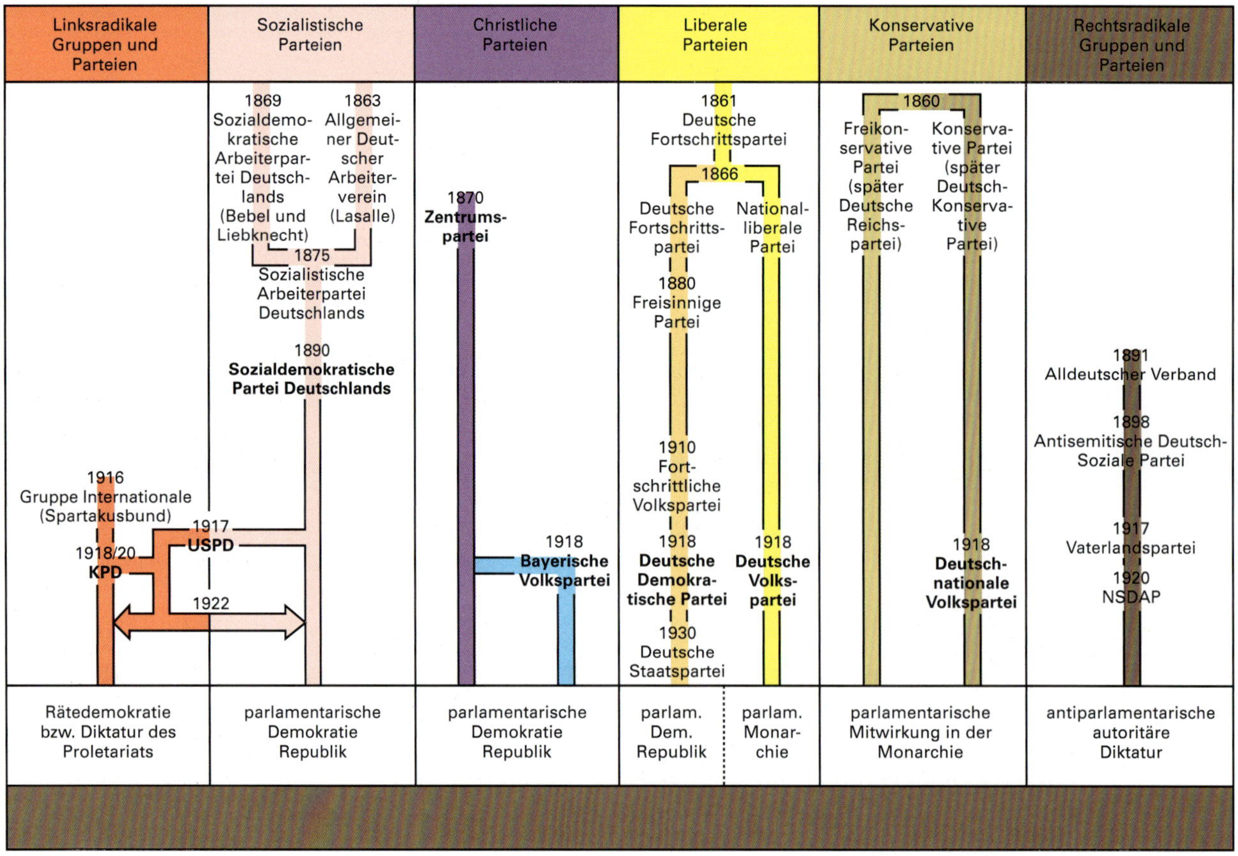

Ergebnisse der Reichstagswahlen

16. Juni 1903

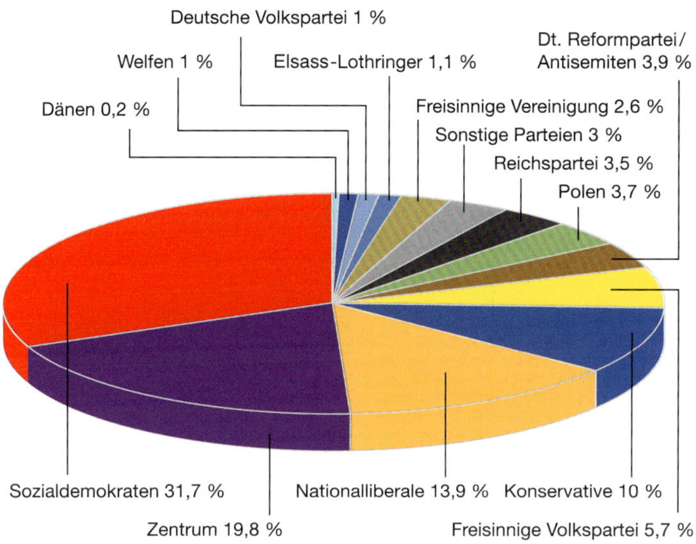

Partei	Stimmen
Sozialdemokraten	31,7 %
Zentrum	19,8 %
Nationalliberale	13,9 %
Konservative	10,0 %
Freisinnige Volkspartei	5,7 %
Deutsche Reformpartei/ Antisemiten	3,9 %
Polen	3,7 %
Reichspartei	3,5 %
Freisinnige Vereinigung	2,6 %
Elsass-Lothringer	1,1 %
Deutsche Volkspartei	1,0 %
Welfen	1,0 %
Dänen	0,2 %
Sonstige Parteien	3,0 %

Zahlen nach StJbDR, 1914, S. 342 (gerundet)

12. Januar 1912

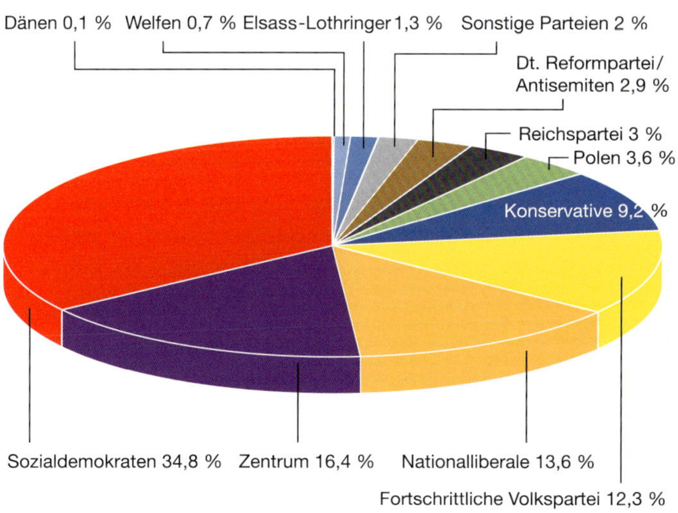

Partei	Stimmen
Sozialdemokraten	34,8 %
Zentrum	16,4 %
Nationalliberale	13,6 %
Fortschrittliche Volkspartei	12,3 %
Konservative	9,2 %
Polen	3,6 %
Reichspartei	3,0 %
Deutsche Reformpartei/ Antisemiten	2,9 %
Elsass-Lothringer	1,3 %
Deutsche Volkspartei	1,0 %
Welfen	0,7 %
Dänen	0,1 %
Sonstige Parteien	2,0 %

Zahlen nach StJbDR, 1914, S. 342 (gerundet)

6. Juni 1920

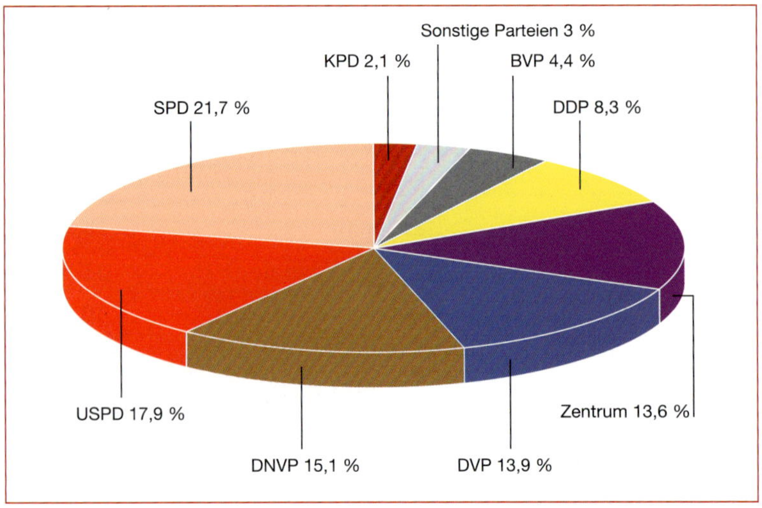

Partei	Stimmen
SPD	21,7 %
USPD	17,9 %
DNVP	15,1 %
DVP	13,9 %
Zentrum	13,6 %
DDP	8,3 %
BVP	4,4 %
KPD	2,1 %
Sonstige Parteien	2,0 %

Zahlen nach StJbDR, 1933, S. 539 (gerundet)

20. Mai 1928

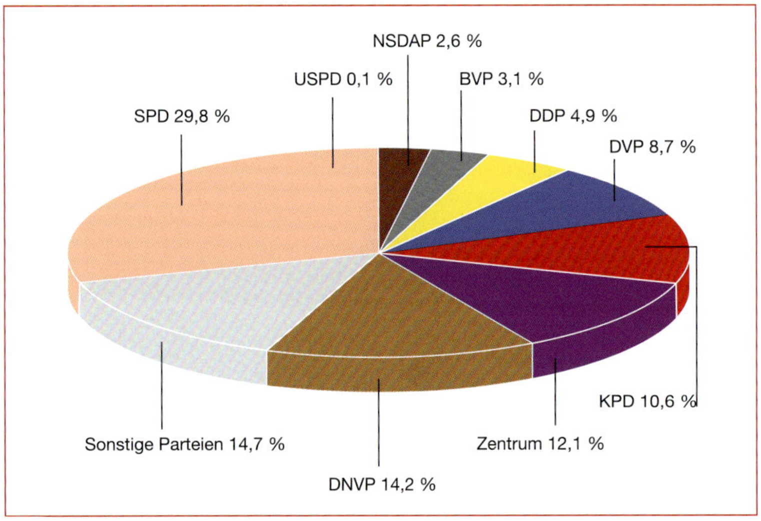

Partei	Stimmen
SPD	29,8 %
DNVP	14,2 %
Zentrum	12,1 %
KPD	10,6 %
DVP	8,7 %
DDP	4,9 %
BVP	3,1 %
NSDAP	2,6 %
USPD	0,1 %
Sonstige Parteien	14,7 %

Zahlen nach StJbDR, 1933, S. 539 (gerundet)

Fragen und Anregungen

1. Erarbeitet für eine von euch gewählte Partei die historische Ausgangsposition, also z. B. innenpolitische Krisen, wirtschaftliche Lage, außenpolitischer Hintergrund, in der jeweils gewählt wird. Haltet dazu Stichpunkte schriftlich fest.
2. Setzt diese historischen Situationen in Beziehung, indem ihr einen oder mehrere Erklärungssätze formuliert.
3. Vergleicht nun die Wahlergebnisse eurer Partei über die vier angegebenen Jahre und stellt fest, ob und wie sich etwas geändert hat.
4. Fasst eure Arbeitsergebnisse zusammen. Formuliert dazu in ganzen Sätzen, in denen ihr die Entwicklung der Wahlergebnisse begründet und die Rolle der Partei beschreibt und beurteilt.
5. Tragt eure Gruppenergebnisse vor und vergleicht abschließend die Parteien.
6. Vergleicht abschließend die Entwicklung der Parteien zurück anhand der Skizze M1. Legt für jede Partei eine Tabelle (Partei im Kaiserreich, in der Weimarer Republik, Interessengruppe) an.

8. Deutsche Außenpolitik zwischen Kaiserreich und Weimarer Republik

M 1 **Otto von Bismarck**
(Fotografie, 1890)

M 2 **Kaiser Wilhelm II.**
(Gemälde von Max Koner, 1890)

M 3 **Gustav Stresemann**
(Fotografie, 1925)

Ausgangspositionen und Ziele

Die Geschichte Deutschlands war in den Jahren zwischen der Reichsgründung und dem Ende der Weimarer Republik äußerst wechselhaft. Dies wird besonders in der Außenpolitik deutlich:

- Nach der Reichsgründung 1871 begegneten die anderen europäischen Staaten – allen voran Frankreich – Deutschland mit Misstrauen; es war aus drei Kriegen hervorgegangen und die Furcht vor einer weiteren Expansion Deutschlands war in Europa groß. Bismarcks Ziel bestand darin, den europäischen Staaten die Sicherheit zu geben, dass Deutschland für sie ein verlässlicher Partner sei.
- Diese Lage fand Wilhelm II. vor, als er Kaiser wurde. Wilhelm begnügte sich jedoch nicht damit, das Erreichte zu bewahren. Im Zeitalter des Imperialismus war ihm daran gelegen, Deutschland zu einer Weltmachtposition zu verhelfen, wie England und Frankreich sie innehatten.
- Nach der Niederlage im Ersten Weltkrieg war Deutschland wieder isoliert. Das Ziel von Außenminister Stresemann war es, Deutschland in den Kreis der europäischen Großmächte zurückzuführen.

Vorgehen und Ergebnisse: Außenpolitik Bismarcks

Bismarck gelang es auf mehrfache Weise, das Vertrauen in ein friedliches Deutschland zu erreichen. Er erklärte das Deutsche Reich für saturiert und machte damit deutlich, dass er keine weiteren Gebietsansprüche erheben würde. Zudem schloss er mit vielen europäischen Staaten Bündnisse, die Deutschland eine wichtige Stellung in Europa sicherten und zugleich Frankreich isolierten, sodass keine Revanche für die Niederlage von 1871 zu erwarten war. Sein Verhalten bei internationalen Konflikten und der Verzicht Deutschlands auf Kolonien trugen zudem dazu bei, dass an der Friedlichkeit Deutschlands keine Zweifel mehr bestanden. Durch die defensive Außenpolitik zwischen 1871 und 1888 gelang es Bismarck, die Stellung Deutschlands so zu stärken, dass es ein anerkannter Partner in Europa wurde.

M 4 Bismarck auf dem Berliner Kongress
(Gemälde von Anton von Werner, 1881)
Um die Friedfertigkeit des Deutschen Reiches zu betonen und um einen Krieg zu verhindern, vermittelte Bismack bei der Orientkrise 1877/78 zwischen den europäischen Großmächten. Seine Bemühungen auf dem Berliner Kongress 1878 trugen ihm den Beinamen „Ehrlicher Makler“ ein.

Außenpolitik unter Kaiser Wilhelm II.

Wilhelm II. fürchtete, Deutschland könnte durch die Grundsätze der Bismarck'schen Außenpolitik international ins Hintertreffen geraten und stellte die Weichen neu. Er erhob Ansprüche auf eine Weltmachtstellung für Deutschland, die er mit einer Kriegsflotte durchsetzen wollte. Deutschland sollte Kolonialmacht werden und bei allen internationalen Konflikten ein Mitspracherecht besitzen. Diese Haltung führte zu Konflikten mit den Kolonialmächten England, Frankreich und Russland.
Zudem löste Wilhelm II. das Deutsche Reich aus dem bewährten Bündnissystem heraus, was dazu führte, dass die Bindung an Österreich-Ungarn umso enger wurde. Als die Balkankrisen schließlich in den Ersten Weltkrieg mündeten, zeigte sich das Scheitern des „Neuen Kurses“ Wilhelms II.: Das Deutsche Reich stand Seite an Seite mit Österreich in einem Krieg gegen die Mächte der Triple-Entente.

Außenpolitik Stresemanns

Die Niederlage des Ersten Weltkrieges führte Deutschland erneut in die Isolation, die sich im Kriegsschuldartikel 231 des Versailler Vertrages ebenso äußerte wie in den Gebietsabtretungen und geforderten Reparationen. Ziel der demokratisch gewählten Politiker der Weimarer Republik war es, eine Revision des Versailler Vertrages zu erreichen und Deutschland in den Kreis der europäischen Großmächte zurückzuführen. Entscheidendes leistete dabei der deutsche Außenminister Gustav Stresemann. Er erreichte durch Zugeständnisse (Abbruch des Ruhrkampfes 1923) und Verhandlungen (Vertrag von Locarno 1925), dass Deutschlands Ansehen stieg. Zur Verärgerung der Anhänger der Rechtsparteien, die Stresemann den Ausverkauf deutscher Interessen vorwarfen und ihn als „Erfüllungspolitiker“ diffamierten, söhnte sich das demokratische Deutschland mit den Siegermächten des Ersten Weltkrieges aus. Auf internationaler Ebene wurde diese Politik honoriert: Deutschland wurde 1926 in den Völkerbund aufgenommen, im gleichen Jahr erhielten Gustav Stresemann und Aristide Briand – die Außenminister Deutschlands und Frankreichs – für ihre Bemühungen um den Frieden in Europa den Friedensnobelpreis.

M 5 Aus einer Reichstagsrede Bismarcks (1887)

Wir haben keine kriegerischen Bedürfnisse, wir gehören zu den – was der alte Fürst Metternich nannte: saturierten (zufrieden gestellten, gesättigten) Staaten, wir haben keine Bedürfnisse, die wir durch das Schwert erkämpfen könnten; und außerdem wenn das der Fall wäre, so blicken Sie doch auf die friedliebende Tätigkeit – und ich sage das ebenso gut nach dem Auslande wie hier zu dem Reichstage – der Kaiserlichen Politik in den letzten sechzehn Jahren.

O. v. Bismarck, Die gesammelten Werke, bearbeitet von Schüßler. Berlin 1930, S. 209.

M 7 Aus einer Rede Wilhelms II. (1900)

Der Ozean ist unentbehrlich für Deutschlands Größe. Aber der Ozean beweist auch, dass auf ihm in der Ferne, jenseits von ihm, ohne Deutschland und ohne den Deutschen Kaiser keine Entscheidung mehr fallen darf.

Ich bin nicht der Meinung, dass unser deutsches Volk vor dreißig Jahren unter der Führung seiner Fürsten gesiegt und geblutet hat, um sich bei großen Entscheidungen beiseite schieben zu lassen. Geschähe das, so wäre es ein für allemal mit der Weltmachtstellung des deutschen Volkes vorbei, und Ich bin nicht gewillt, es dazu kommen zu lassen. Hierfür die geeigneten und, wenn es sein muss, auch die schärfsten Mittel rücksichtslos anzuwenden, ist meine Pflicht.

E. Johann (Hg.), Reden des Kaisers. München 1966, S. 1.

M 6 Rede des französischen Außenministers Aristide Briand anlässlich der Aufnahme Deutschlands in den Völkerbund am 10. 9. 1926

Was bedeutet nun dieser heutige Tag für Deutschland und Frankreich? Das will ich Ihnen sagen: Es ist Schluss mit jener langen Reihe schmerzlicher und blutiger Auseinandersetzungen, die die Seiten unserer Geschichte beflecken, es ist Schluss mit dem Krieg zwischen uns, Schluss mit den langen Trauerschleiern. Keine Kriege, keine brutalen Gewaltlösungen soll es von jetzt ab mehr geben. Ich weiß, dass Meinungsverschiedenheiten zwischen unseren Ländern auch heute noch bestehen, aber in Zukunft werden wir sie genau wie die Einzelpersonen vor dem Richterstuhl in Ordnung bringen. Deshalb sage ich: Fort mit den Gewehren, den Maschinengewehren, den Kanonen! Freie Bahn für die Versöhnung, die Schiedsgerichtsbarkeit und den Frieden!

Geschichte in Quellen, Bd. 6: Weltkriege und Revolutionen. München 1979, S. 219 f.

M 8 Stresemann in seiner letzten Rede vor dem Völkerbund (1929)

Politische Gedanken, namentlich mit irgendeiner Tendenz gegen andere Erdteile, lehne ich mit aller Entschiedenheit ab, ebenso alles, was wie eine wirtschaftliche Autarkie Europas aussehen könnte. (...) Was erscheint denn an Europa vom wirtschaftlichen Gesichtspunkt aus so außerordentlich grotesk? (...) Ist es nicht grotesk, dass Sie (...) die Entfernung von Süddeutschland nach Tokio um 20 Tage verkürzt haben, sich aber in Europa selbst stundenlang mit der Lokomotive irgendwo aufhalten lassen müssen, weil eine neue Grenze kommt, eine neue Zollrevision stattfindet, als wenn das Ganze ein Kleinkrämergeschäft wäre, das wir in Europa innerhalb der gesamten Weltwirtschaft noch führen dürfen? (...) Wo bleibt die europäische Münze, die europäische Briefmarke? (...) Wir in unserem Kreise, wir haben die nüchterne Aufgabe, die Völker einander näher zu bringen, ihre Gegensätze zu überbrücken.

Geschichte in Quellen, Bd. 6: Weltkriege und Revolutionen. München 1979, S. 225 f.

Fragen und Anregungen

1. Vergleiche die Inhalte der Reden Bismarcks (M5) und Wilhelms II. (M7): Welche Zielvorstellungen entwickeln die beiden Staatsmänner, wie wollen sie zur Erreichung dieser Ziele vorgehen?
2. Erkläre, welchen Wandlungen die deutsche Außenpolitik zwischen Kaiserreich und Weimarer Republik unterworfen war (M5, M7, M8). Welche Ereignisse spielten dabei eine Schlüsselrolle?
3. Begründe die Entscheidung, den Friedensnobelpreis an Aristide Briand, den französischen Außenminister, und an seinen deutschen Kollegen Gustav Stresemann zu vergeben. (M6, M8)
4. Beschreibe die Zukunftsvorstellung von Europa, die Stresemann in seiner letzten Rede vor dem Völkerbund entwarf (M8). Vergleiche sie mit dem heutigen Zustand Europas.

9. Arbeiten an Collagen oder mit Quellensammlungen

Arbeiten an Collagen

Eine Variante, ein historisches Thema zu vertiefen, ist die Erstellung einer Wand-Collage, die im Klassenzimmer angebracht werden kann.
Hier eine Auswahl von Materialien zum Thema „neue Geschlechterrolle der Frau ab ca. 1900“: Erstellt zu diesem Thema eine Collage. Vergleicht das dargestellte Frauenbild mit dem des 19. Jahrhunderts.

M 1 Werbeplakat für Damenstrümpfe (Ludwig Hohlwein, um 1920)

M 2 Wahlplakat der DDP, 1919

M 3 Frauen in der Rüstungsindustrie (Fotografie, 1919)

COLLAGE

Eine Collage ist die Verbindung von Bildmaterial, Textausschnitten, eigenen Kommentaren und grafischer Gestaltung (Pfeile, Kästen etc.). Das Ganze kann auf Plakaten oder größeren Flächen („Wandzeitung“) realisiert werden.

M 4 Meilensteine der Frauenbewegung

- 1865 Gründung des Allgemeinen Deutschen Frauenvereins (ADF), der v. a. für das Recht auf Bildung und Erwerbsarbeit für bürgerliche Frauen eintrat.
- 1894 Gründung eines Dachverbands: Bund deutscher Frauenvereine (BDF); die proletarische Frauenbewegung, die die Fabrikarbeiterinnen vertritt, bleibt allerdings ausgeschlossen.
- Zwischen 1900 und 1909 wird die Zulassung von Frauen für Universitätsstudiengänge in den meisten deutschen Ländern durchgesetzt.
- Während des Ersten Weltkrieges spielen Frauen eine wichtige Rolle an der „Heimatfront“ im „Nationalen Frauendienst“; ein anderer Teil der Frauenbewegung engagiert sich im Internationalen Frauenfriedenskongress in Den Haag.
- Mit Gründung der Weimarer Republik 1919 wird das aktive und passive Frauenwahlrecht eingeführt.

Zusammenstellung des Verf.

Achtet beim Erstellen eurer Collagen:

- auf eine ansprechende äußere Gestaltung,
- auf eine gute Mischung zwischen Text und Bildmaterial,
- auf eigene Ideen, die mit eingebracht werden können,
- auf genügend Material,
- auf eine gute Struktur (z. B. bei diesem Thema: Gliederung nach Wandlung im Äußeren; politischer Einfluss; Alltag und Gesellschaft).

Zu einem Thema, das euch besonders interessiert, können Quellensammlungen erstellt werden. Hier sammelt ihr alles, was ihr zu dem Themenbereich an Originalaussagen oder Material recherchieren und in Erfahrung bringen könnt und dokumentiert es entweder in einer Mappe oder einer Wandzeitung im Klassenzimmer. „Internet-Profis“ können eine Homepage gestalten. Als Beispiel, das von euch noch erweitert werden kann, hier eine Auswahl zum Thema „Pazifismus“.

Arbeiten mit Quellensammlungen

M 7 **Bertha v. Suttner auf der österreichischen 2-Euro-Münze**

PAZIFISMUS

Von lat. pax = Frieden; Grundhaltung, die kriegerische Handlungen strikt ablehnt. Kriege kommen für Pazifisten als Lösungsmöglichkeit bei Konflikten niemals in Frage, der Frieden soll unter allen Umständen gewahrt werden. Eine besondere Dynamik bekam die pazifistische Bewegung vor und während des Ersten Weltkrieges.

M 5 Aus dem Roman „Die Waffen nieder“ (1889)

Bertha von Suttner (1843–1914) war eine engagierte Pazifistin und erhielt 1905 – als erste Frau – den Friedensnobelpreis:

Überhaupt, die Geschichte! Die ist, so wie sie der Jugend gelehrt wird, die Hauptquelle der Kriegsbewunderung. Da prägt sich schon dem Kindersinne ein, dass der Herr der Heerscharen unaufhörlich Schlachten anordnet; (...) dass wohl Schrecken und Greuel damit verbunden sind, letztere aber voll aufgewogen werden: für die Gesamtheit durch die Wichtigkeit der Resultate, für den Einzelnen durch den dabei zu erreichenden Ruhmesglanz oder doch durch das Bewusstsein der erhabensten Pflichterfüllung. Gibt es denn einen schöneren Tod als den auf dem Felde der Ehre – eine edlere Unsterblichkeit als die des Helden? Das alles geht klar und einhellig aus allen Lehr- und Lesebüchern „für den Schulgebrauch“ hervor (...).
Man muss (des Kindes) Geist abhärten gegen den natürlichen Abscheu, den die Schrecken des Krieges hervorrufen könnten, indem man von den furchtbarsten Blutbädern und Metzeleien wie von etwas ganz Gewöhnlichem, Notwendigem so unbefangen als möglich erzählt (...).

Bertha von Suttner, Die Waffen nieder, 1889.

M 6 Liste der Friedensnobelpreisträger der letzten Jahre

2005 IAEO (Internat. Atomenergieorganisation)
2004 Wangari Maathai (Beitrag für Umweltschutz und Demokratie)
2003 Shirin Ebadi (Einsatz für Demokratie und Menschenrechte im Iran)
2002 Jimmy Carter (ehemaliger Präsident der USA, Engagement für Frieden und Menschenrechte)
2001 Die UNO und ihr Generalsekretär Kofi Annan
2000 Kim Dae-jung (Beiträge zur Verständigung Südkoreas mit Nordkorea)
1999 Ärzte ohne Grenzen
1998 John Hume und David Trimble (Bemühen im Nordirland-Konflikt)
1997 Internationale Kampagne für das Verbot von Landminen und Jody Williams
1996 Carlos Felipe Ximenes Belo und José Ramos-Horta (Bemühen um Versöhnung im Ost-Timor-Konflikt)
1995 Joseph Rotblat und die Pugwash Conferences on Science and World Affairs (Bemühungen, die Rolle von Atomwaffen in der Politik zu verringern)
1994 Jassir Arafat, Shimon Peres und Yitzhak Rabin (Bemühungen zur Lösung des Nahost-Konflikts)

Zusammenstellung d. Verf.

Fragen zum Thema Pazifismus:

1. Nehmt die oben genannten Persönlichkeiten (M6, M7) als Ausgangspunkt für weitere Recherchen: Stellt einige Persönlichkeiten in Kurzreferaten vor.
2. Sucht zu folgenden Personen Textquellen (z. B. Äußerungen, Ausschnitte aus Reden oder Werken), die ihre pazifistische Grundhaltung verdeutlichen: Jean-Henri Dunant, Carl v. Ossietzky, Mahatma Gandhi, John Lennon.
3. Diskutiert in eurer Klasse: Ist es in der heutigen Zeit realistisch, eine streng pazifistische Grundhaltung einzunehmen? Welche Möglichkeiten gibt es, Konflikte auf der Welt ohne Krieg zu lösen?
4. Erarbeite Argumente, die Suttner für die landläufige „Kriegsbewunderung“ bringt. Inwiefern ist der Textausschnitt M5 pazifistisch?

KULTURGESCHICHTLICHE SPURENSUCHE

Auf den folgenden Seiten begeben wir uns wieder auf Spurensuche. Es gibt Themen in der Geschichte, die immer wieder auftauchen, die Zusammenhänge bleiben dabei aber oft undurchsichtig. Am Beispiel von sechs Themengebieten werden wir mal genauer hinsehen und in die Tiefe gehen, dabei nach bestimmten Verknüpfungspunkten in der Geschichte suchen. Mittels Längs- und Querschnitten werden in der Geschichtswissenschaft so neue Perspektiven möglich.

Geschichte der Umwelt

Vor allem seit der Industriellen Revolution ist unsere nähere Umgebung einer permanenten Veränderung unterworfen. Der Verkehr, die Industrialisierung, damit einhergehende Umweltverschmutzung sind Themen, die uns immer stärker betreffen. Wie hat sich diese Problematik historisch entwickelt? Wir werfen einen Blick darauf.

Geschichte der Medizin

Ähnliches gilt auch für die technische Entwicklung der letzten beiden Jahrhunderte. Die Medizin konnte davon profitieren. Die wissenschaftlichen Grundlagen waren einer permanenten Erweiterung und Umgestaltung unterworfen. Wir schauen uns vor allem die wichtigsten medizinischen Erneuerungen im 18., 19. und 20. Jahrhundert an.

Geschichte zweier Länder – Deutschland und Frankreich
Über viele Jahrezehnte waren Franzosen und Deutsche „Erbfeinde", die sich in Kriegen bekämpften. Das ist aber alles mittlerweile „Geschichte". Freundschaft zwischen Franzosen und Deutschen ist heute eine Selbstverständlichkeit. Wie kam es zu diesem Wandel? Wir schauen genauer hin.

Geschichte symbolträchtiger Orte – z. B. Versailles
Es ist unglaublich, wie oft in historischen Texten „Versailles" vorkommt. Du bist diesem Ort in diesem Schuljahr mehrmals begegnet. An Orte sind Erinnerungen geknüpft. Den Erinnerungen um Versailles ist ein weiteres Kapitel gewidmet.

Geschichte außergewöhnlicher Ereignisse – z. B. politische Attentate
Geschichte wird oft durch markante Ereignisse geprägt. Zu allen Zeiten gab es Morde bzw. Mordversuche an prominenten Persönlichkeiten. Diese Attentate hatten oft enorme politische Auswirkungen. Anhand zweier Bespiele wollen wir dieses Thema genauer unter die Lupe nehmen.

1. Bayerns Weg – Von der Monarchie zur Demokratie

7./8. November 1918	Kurt Eisner führt die Revolution in Bayern an und ruft den „Freien Volksstaat" aus.
13. November 1918	König Ludwig III. dankt ab.
21. Januar 1919	Kurt Eisner wird erschossen.
Mai 1919	Die im April ausgerufene „Räterepublik" wird blutig niedergeschlagen.

M 1 Kurt Eisner, erster bayerischer Ministerpräsident
(7. 11. 1918–21. 02. 1919; Ausschnitt einer Postkarte, Ludwig Welsch, München 1918)

Auch in Bayern: Kriegsmüdigkeit

In Bayern war man gegen Ende des Ersten Weltkrieges genauso kriegsmüde wie in anderen Gebieten Deutschlands. Deshalb nahmen weite Teile der Bevölkerung Münchens die Nachrichten vom Matrosenaufstand in Kiel und der Ausbreitung der Unruhen wohlwollend auf. SPD und USPD veranstalteten am 7. November 1918 auf der berühmten Münchner Theresienwiese eine Kundgebung, an der über 50 000 Menschen teilnahmen. Dort forderte man unter anderem einen sofortigen Waffenstillstand und die Abdankung des Kaisers.

Revolution in Bayern: „Freier Volksstaat"

Nach Ende der Veranstaltung nutzte der Führer der USPD, Kurt Eisner, die Gunst der Stunde und leitete einen Demonstrationszug durch München, der in der Revolution gipfelte. Dem nur wenige Tausend Menschen zählenden Zug schlossen sich – ohne militärische Auseinandersetzungen – Soldaten der Münchner Kasernen an, die die Demonstranten bewaffneten. Daraufhin besetzte man nach und nach weitere für einen Umsturz wichtige Objekte (z. B. die Ministerien, den Landtag, Zeitungsredaktionen, das Telegrafenamt). Schließlich konnte Eisner den „Freien Volksstaat Bayern" ausrufen. Ein Arbeiter- und Soldatenrat übernahm die Regierung, Eisner wurde Ministerpräsident. Plötzlich war Bayern Republik, noch bevor die Revolution im Rest Deutschlands auf ihrem Höhepunkt angelangt war.
Bis dahin hatte in Bayern König Ludwig III. regiert. Die Ereignisse überstürzten sich aber dermaßen schnell, dass die amtierende Regierung keine geeigneten Gegenmaßnahmen ergreifen konnte. Der Kriegsminister war nicht einmal mehr in der Lage, eine Kompanie zur Verteidigung der Monarchie zusammenzutrommeln. Ludwig blieb nichts anderes übrig, als zu fliehen und am 13. November schließlich auf die Regierungsgewalt zu verzichten.

Münchner Neueste Nachrichten

Thronverzicht König Ludwigs III.

München, 13. November 1918

Dem Ministerium des Volksstaates Bayern ging folgende **Erklärung** zu: „Zeit meines Lebens habe ich mit dem Volk und für das Volk gearbeitet. Die Sorge für das Wohl meines geliebten Bayern war stets mein höchstes Streben.

Nachdem ich infolge der Ereignisse der letzten Tage **nicht mehr in der Lage** bin, die **Regierung weiterzuführen,** stelle ich **allen Beamten, Offizieren und Soldaten** die Weiterarbeit unter den gegebenen Verhältnissen frei und **entbinde** sie des mir geleisteten **Treue-Eides.**

Anif, den 13. November 1918. **Ludwig."**

M 2 Zeitgenössischer Zeitungsartikel

Es zeigten sich aber bald erste Probleme für die neue Regierung (USPD und SPD gemeinsam) unter Eisner: Wie sollte dieses neue Bayern regiert werden? Als reines Rätesystem nach sowjetrussischem Vorbild (vgl. S. 154, M6)? Das wollte Eisner selbst nicht. Er wollte auch keine Gewaltanwendung. Andererseits hatten sich in vielen Städten schon Arbeiter-, Soldaten- und Bauernräte gebildet, die natürlich Mitsprache und die Fortführung der Revolution fordern würden. Was sollte mit ihnen geschehen, wenn es zu einer gemäßigten parlamentarischen Demokratie (vgl. S. 154, M6) käme, wie sie die SPD forderte?

Ermordung des Ministerpräsidenten

Diese Frage war noch nicht abschließend geklärt, als am 12. Januar 1919 ein bayerischer Landtag gewählt werden sollte. Spätestens hier zeigte sich die Ablehnung der Bevölkerung gegenüber einem Rätesystem. Eisners Partei (USPD) erlitt in dieser Wahl eine so schwere Niederlage (nur 2,5 % der Stimmen), dass der Ministerpräsident bei der ersten Landtagssitzung am 21. Januar zurücktreten wollte. Doch auf dem Weg dorthin wurde er ermordet: Ein monarchistischer Revolutionsgegner, Graf Arco Valley, erschoss Kurt Eisner.

Unauflösbare Widersprüche

Im Nachhinein lässt sich sagen, dass sich Kurt Eisner in einer verzwickten Situation befunden hatte, die voller Widersprüche war:
- Er war durch Räte an die Macht gekommen, hatte jedoch selbst Bedenken gegen dieses System und wollte eher eine „Mischlösung“.
- Er konnte die Macht nur erringen, weil die politische und wirtschaftliche Situation chaotisch war, schaffte es mit seiner Regierung aber auch nicht, klare Verhältnisse und eine bessere Versorgung der Menschen zu gewährleisten.
- Er als Person war bei den Menschen sehr angesehen und beliebt – das zeigte nicht zuletzt die überwältigende Anteilnahme der Bevölkerung bei seinem Begräbnis –, seine Partei hingegen wurde bei den Wahlen gnadenlos abgestraft.

Die Probleme, die sich daraus ergaben, konnte Eisner nicht lösen, seine Regierung war daher schon früh zum Scheitern verurteilt.

Bürgerkrieg: von der Räterepublik zum Freistaat Bayern

Nach dem Tod Eisners wurden die politischen Verhältnisse noch unübersichtlicher. Erst im März konnte unter dem Ministerpräsidenten Hoffmann (SPD) ein Landtag zusammentreten. Die neue Regierung musste jedoch bald von München nach Bamberg fliehen, weil mittlerweile die Kommunisten die Macht an sich gerissen hatten und am 7. April eine „echte“ Räterepublik ausriefen.
Es kam zu bürgerkriegsähnlichen Kämpfen zwischen den Kommunisten und denen, die eine Räterepublik verhindern wollten, wobei beide Seiten mit großer Grausamkeit vorgingen. Die Regierung Hoffmann nahm schließlich, um München zurückzuerobern, die Hilfe von Reichswehrtruppen und sogar von Freikorps in Anspruch. Im Mai 1919 wurde die Räterepublik gewaltsam beendet. Vor allem Freikorpssoldaten verübten dabei brutale Racheaktionen gegen Kommunisten. Die Regierung Hoffmann kehrte im Mai nach München zurück: Bayern sah sich von nun an als ein demokratischer Freistaat.

M 3 Freikorps ziehen durch München
Auf dem Bild sind Freikorpstruppen nach der gewaltsamen Niederschlagung der Räterepublik zu sehen.

M 4 Stationen der Biografie Eisners

1867 Kurt Eisner wird als Sohn eines jüdischen Fabrikanten geboren. Seine jüdische Abstammung ist später immer wieder Grund für Anfeindungen durch seine Gegner.

1893–1898 Eisner arbeitet als Journalist in Marburg, nachdem er Germanistik und Philosophie studiert hatte.

1897 Eisner sitzt wegen eines kritischen Zeitungsartikels zehn Monate („Majestätsbeleidigung") in Haft.

1898 Eisner tritt in die SPD ein und arbeitet bei sozialdemokratischen Zeitungen.

1910 Kurt Eisner zieht nach München.

1914/15 Eisner entwickelt sich zum scharfen Kritiker der deutschen Kriegspolitik.

1917 Er wird Vorsitzender der USPD.

1918 Im Januar organisiert er als Protestaktion einen Munitionsarbeiterstreik und wird dafür sieben Monate inhaftiert.

7./8. November 1918: Eisner wird Ministerpräsident und Außenminister Bayerns; im selben Monat lässt er Dokumente veröffentlichen, die die deutsche Kriegsschuld beweisen sollen.

1919 Nach der Wahlniederlage der USPD will Eisner zurücktreten und wird auf dem Weg zum Landtag erschossen.

Zusammenstellung d. Verf.

M 5 „Eisner ist tot"

Der Schriftsteller Oskar Maria Graf erinnert sich:

Eines Morgens – ich wollte mir gerade Drahtstifte kaufen – lief wie ein Lauffeuer in alle Winkel und Ecken der aufgepeitschten Stadt: „Kurt Eisner ermordet! Minister Auer schwer verwundet, Zentrumsabgeordneter Osel tot, Major Jareis angeschossen. Schießerei und Panik im Landtag!"

Man schrieb den 21. Februar. Der Landtag sollte heute eröffnet werden. Es war klarkalt. Ich rannte, so wie ich war, ohne Hut und Mantel weiter. Alles in mir war durcheinandergewühlt.

Die Glocken von allen Türmen fingen zu läuten an, die Trambahnen hörten mit einem Male zu fahren auf, da und dort stieß jemand eine rote Fahne mit Trauerflor zum Fenster heraus, und eine schwere, ungewisse Stille brach an. Alle Menschen liefen mit verstörten Gesichtern stadteinwärts. Je weiter ich kam, desto aufgeregter wurde die dumpfe Hast. Vor dem Landtag ballte sich ein schwarzer Menschenknäuel, Soldaten und bewaffnete Zivilisten waren darunter. Ich stürmte weiter in die Promenadestraße, an den Mordplatz. Da hatten sich Hunderte schweigend um die mit Sägespänen bedeckten Blutspuren Eisners zu einem Kreis gestaut. Fast niemand sagte ein lautes Wort, Frauen weinten leis und auch Männer. Etliche Soldaten traten in die Mitte und errichteten eine Gewehrpyramide. Dem einen rannen dicke Tränen über die braunen Backen herunter. „Unser Eisner! Unser einziger Eisner!", klagte eine Frau laut auf, und jetzt wurde das Weinen vernehmbarer. Viele legten Blumen auf den Platz, immer mehr und immer mehr.

Plötzlich fuhr vorne am Promenadeplatz ein vollbesetztes Lastauto mit dichten Fahnen und Maschinengewehren vorüber, und laut schrie es herunter: „Rache für Eisner!" Furchtbar wie ein Sturmsignal klang es, und furchtbar wie ein gellender verzweifelter Aufschrei brach es aus Hunderten: „Rache! Rache für Eisner!" Mir lief es kalt über den Rücken. Ich ging weiter.

T. Dorst (Hg.), Die Münchner Räterepublik. Zeugnisse und Kommentar. Frankfurt am Main 1966, S. 57.

M 6 Der „Thronverzicht" Ludwigs III.

Der Vorsitzende des Ministerrates legte dem König einen Entwurf für eine Thronverzichterklärung vor. Ein Historiker schreibt dazu:

Er (der Entwurf) sah vor, dass Ludwig III. nicht nur für sich, sondern zugleich für alle Familienmitglieder des Hauses Wittelsbach dem Throne und allen dynastischen Ansprüchen entsagte. Dazu war der König jedoch nicht bereit. Die Erklärung, die Ludwig III. schließlich unterzeichnete, war ein Kompromiss, der es dem König formal erlaubte, die Ansprüche auf die Krone aufrechtzuerhalten. Da er jedoch eingestehen musste, nicht mehr in der Lage zu sein, die Regierung weiterzuführen, entband er am 13. November 1918 alle Beamten, Offiziere und Soldaten von dem Treueid, den sie geleistet hatten, und stellte ihnen die Weiterarbeit frei. Der Text seiner Erklärung wurde von Eisner im Wortlaut veröffentlicht, durch einen Zusatz jedoch in einen „Thronverzicht" uminterpretiert.

B. Grau, in: Süddeutsche Zeitung vom 04. 12. 2005.

M 7 Glückwunschtelegramm Lenins zur Revolution

Wir (...) begrüßen unsererseits von ganzem Herzen die Räterepublik in Bayern. Wir bitten, Sie mögen uns häufiger und konkreter mitteilen, welche Maßnahmen Sie zwecks der Bekämpfung der bürgerlichen Henker (...) durchgeführt haben, ob Sie in Stadtbezirken Arbeiterräte und Hausangestelltenräte geschaffen haben, ob Sie die Bourgeoisie entwaffnet haben und die Arbeiter bewaffnet, ob Sie die Reichtümer der kapitalistischen Landwirtschaftsunternehmungen in der Umgebung expropriiert, (...) ob Sie die Löhne der Landarbeiter und der ungelernten Arbeiter verdoppelt und ver-

dreifacht haben, (...) ob Sie den sechsstündigen Arbeitstag (...) eingeführt haben, ob Sie die Bourgeoisie gezwungen haben, weniger Raum zu bewohnen zwecks sofortiger Einführung der Arbeiter in reichen Wohnungen, ob Sie alle Banken in ihre Hände genommen haben (...). Beste Grüße und Wünsche wirklicher Erfolge.
Wladimir Iljitsch Lenin

T. Dorst (Hg.), Die Münchner Räterepublik. Zeugnisse und Kommentar. Frankfurt am Main 1966, S. 109.

M 8 Gewalt und Gegengewalt

Ein Zeitgenosse erinnert sich an eine Geißelerschießung und ihre blutige Vergeltung:

Unter dem Eindruck dieser Gerüchte und Meldungen (gemeint sind willkürliche Erschießungen durch Freikorps), die eine Panik-Stimmung erzeugten, wurden acht Mitglieder eines „Thule-Bundes" (rechte Vereinigung) und zwei Freikorpsleute, die aus Berlin gekommen waren, von einem Standgericht im Luitpold-Gymnasium erschossen. Diese Erschießungen erfolgten am 29. April (...).
Alle Beteiligten am Standgericht und an den Erschießungen wurden zum Tode verurteilt und erschossen. Unbeteiligte Zuschauer erhielten je sechs Jahre Zuchthaus. Es wurden hier Personen nur deswegen verurteilt, weil sie die Erschießungen nicht verhindert hatten (...).
Die Mord- und Plünderungsfreiheit der Freikorpstruppen nach dem Einmarsch in München ist oft geschildert worden. Die im Weltkrieg geschlagenen Truppen durften sich jetzt austoben. Nach amtlichen Angaben wurden vom 1. bis 8. Mai 557 Männer und Frauen erschossen oder erschlagen.

K. Retzlaw, Spartakus. Aufstieg und Niedergang. Erinnerungen eines Parteiarbeiters. Frankfurt am Main 1976, S. 152 ff.

M 9 Kurt Eisner mit seiner Frau und dem bayerischen Minister Unterleitner (rechts) in München
(Fotografie, Februar 1919)
Wenige Tage nach Aufnahme des Bildes wurde Eisner ermordet. Tausende gaben Eisner am 26. Februar 1919 das letzte Geleit.

Fragen und Anregungen

1. Erläutere, warum die Revolution in Bayern anfangs auf so wenig Widerstand stieß. (VT)
2. Erkläre, wodurch Eisner besonders rechte und nationalistische Kreise gegen sich aufgebracht hat. (M4)
3. Beschreibe die Reaktionen auf die Ermordung Eisners. (M5)
4. Erläutere, welche Maßnahmen Lenin in seinem Glückwunschtelegramm für wichtig in der Anfangsphase der Revolution hielt. Begründe deine Ausführungen. (M7)
5. Beurteile die Bestrafung des Eisner-Mörders und erkläre das in M5 vorkommende Zitat. (VT, M5)
6. Erkläre, warum man eigentlich nicht von einem „Thronverzicht" Ludwigs sprechen kann. Ziehe dazu auch M2 heran. (M6)
7. Stelle dar, welche Ereignisse zur Eskalation der Gewalt führten. (VT, M8)

2. Industrialisierung und Umweltzerstörung

M 1 Industrielandschaft
Die Maschinenfabrik Cramer-Klett in Augsburg (Lithografie, 1850) produzierte Eisenbahnwaggons. Beschreibe die Industrieanlage, die Landschaft und die Stadt im Hintergrund. Warum wird in dem Bild der Anfang einer großen Veränderung gezeigt?

Ausbeutung der Natur

Die Industrialisierung und die technischen Neuerungen waren unaufhaltsam und veränderten die Lebensverhältnisse völlig. Natur und Umwelt wurden durch die industrielle Wirtschaftsweise gefährdet und zerstört, denn systematisch wurde die Natur ausgebeutet. Das Wachstum um jeden Preis führte zu äußerst schlechten Lebensumständen in den Großstädten und zu einer unkontrollierten Umweltverschmutzung und -zerstörung. Die Städte fraßen sich ungeplant in das bisher meist landwirtschaftlich genutzte Umland hinein. Das ehemals ruhige Ruhrtal verwandelte sich wegen der dortigen Kohle- und Eisenerzvorkommen in das größte Industriegebiet Mitteleuropas. Der Raum für unberührte Natur nahm mit der Verstädterung und der Industrialisierung stetig ab. Auch die Landschaft außerhalb der neuen Städte veränderte sich grundlegend, denn die neuen Eisenbahnlinien erforderten eine Anpassung der Landschaft an die Bedürfnisse einer möglichst geraden und ebenen Trassenführung. Sogar die Flüsse wurden wirtschaftlichen Zwecken unterworfen. Einerseits wurden sie als Wasserverkehrswege kanalisiert und verloren ihren natürlichen Lauf. Andererseits wurden an Flüssen zur Gewinnung von Elektrizität Wasserkraftwerke mit Stauwehren errichtet.

Dass die Arbeitsverhältnisse in den Fabriken höchst gefährlich und ungesund waren, ist dir bekannt. Gleiches gilt für die Lebensverhältnisse in den Industriestädten. Die Fabriken vergifteten durch die Kohleverfeuerung und die Abgase aus den Schloten die Luft in den Industrierevieren. In London entstand der gefürchtete Nebel, der Rußteilchen der Industriewerke und des Hausrauchs enthielt und zu schweren Erkrankungen der Atemwege wie TBC führte. Chemische Werke leiteten die anfallenden Giftstoffe, die Menschen aus den Elendsvierteln ihren Unrat ungeklärt in die Flüsse. Es gab kein sauberes Trinkwasser, die hygienischen Verhältnisse waren katastrophal, sodass Seuchenkrankheiten wie die Cholera in den Großstädten in immer wiederkehrenden Epidemien Tausenden das Leben kosteten. Erste gezielte Maßnahmen, die extreme Umweltverschmutzung einzudämmen, fanden mit der Bekämpfung von Seuchen statt. 1856 untersuchte Dr. Max von Pettenkofer (1818–1901), Professor der Medizinischen Chemie, die Ausbreitung der Cholera in München. Um diese tödlich verlaufende Seuche zu unterbinden, forderte er die Schließung von undichten Abtrittgruben und die Einführung der Kanalisation. Außerdem wollte er die Städte mit sauberem Trinkwasser versorgt wissen. Tatsächlich gelang es auf diese Weise, die allgemeine Sterblichkeit stark zu senken. 1879 konnte er in München das erste Hygiene-Institut der Welt errichten.

Hygiene gegen das ungesunde Leben in der Stadt

Gegen die Veränderung der Landschaft regte sich um 1900 erster Widerstand. Dem Schutz von bedrohten Pflanzen und Tieren widmete sich ein Naturschutzbund. Großen Anklang fand der 1904 gegründete „Bund Heimatschutz“, dessen Anliegen es war, die alten Dörfer und Städte in ihrer Gestalt zu bewahren. Besondere Aufmerksamkeit fand sein Protest gegen den Bau eines modernen Kraftwerks bei Laufenburg am Rhein, das allerdings doch errichtet wurde. Erst im letzten Drittel des 20. Jahrhunderts setzte sich ein verbreitetes Bewusstsein für den Schutz unserer Umwelt durch. Heute gibt es gewinnbringende Industriezweige, die zu einer ökologisch verträglichen Energie, Produktion und Lebensweise beitragen. Sogar Wasserläufe werden heute wieder „renaturiert“, erhalten ein kurvenreiches Bett und sind durch Kläranlagen von giftigen Belastungsstoffen befreit.

Umweltschutz

M 2 Im Verkehr erstickt
Die englische Karikatur entstand um 1840, als es nur mit Kohle und Dampfkraft angetriebene Lokomotiven gab. Ein Jahrhundert später wurde Erdöl als Kraftstoff für Fahrzeuge verwendet. Die beiden Energieträger sind inzwischen umfassend ausgebeutet worden. Welche Entwicklung und Problematik zeigt diese vorausschauende Karikatur auf?

M 3a Laufenburg mit Rheinbrücke und intaktem Laufen (Stromschnellen, um 1780)
Diskutiert, was den Reiz dieses Städtchens und des Flusses ausmacht. Welche wirtschaftlichen Nachteile bedeuteten die Stromschnellen, welche Chancen boten sie für ein Wasserkraftwerk?

M 4 Die Heimat ist bedroht

Aufruf zur Gründung des Bundes Heimatschutz (1904):
Die Verwüstungen des Dreißigjährigen Krieges haben nicht so verheerend gewirkt, so gründlich in Stadt und Land mit dem Erbe der Vergangenheit aufgeräumt wie die Übergriffe des modernen Lebens mit seiner rücksichtslosen, einseitigen Verfolgung praktischer Ziele. Die Heimat sei ernsthaft von den einheimischen Vandalen bedroht. Dringend sei daher geboten, alle Gleichgesinnten um einen Mittelpunkt zu sammeln.

Zit. nach: Damals. Das aktuelle Geschichtsmagazin, Heft 8/1993, S. 22.

M 5 Friedrich Engels in Manchester

Die Aussicht von dieser Brücke ist überhaupt charakteristisch für den ganzen Bezirk. In der Tiefe fließt oder vielmehr stagniert der Irk, ein schmaler, pechschwarzer, stinkender Fluss, voll Unrat und Abfall, den er ans rechte, flachere Ufer anspült; bei trockenem Wetter bleibt an diesem Ufer eine lange Reihe der ekelhaftesten, schwarzgrünen Schlammpfützen stehen, aus deren Tiefe fortwährend Blasen miasmatischer (= giftig ansteckender) Gase aufsteigen und einen Geruch entwickeln, der selbst oben auf der Brücke, 40 oder 50 Fuß über dem Wasserspiegel, noch unerträglich ist. (...) Oberhalb der Brücke stehen hohe Gerbereien, weiter hinauf Färbereien, Knochenmühle und Gaswerke, die Abflüsse und Abfälle samt und sonders in der Irk wandern, der außerdem noch den Inhalt der anschließenden Kloaken aufnimmt. Man kann sich also denken, welcher Beschaffenheit die Residuen (= Rückstände) sind, die der Fluss hinterlässt. Ein Haus steht immer dicht hinter dem anderen, und wegen der Steigerung des Ufers sieht man von jedem ein Stück – alle schwarz geraucht, bröckelig, mit zerbrochenen Fensterscheiben.

F. Engels, Die Lage der arbeitenden Klasse in England. München 1973, S. 69–70.

M 6 Londoner Armenviertel Whitechapel
(Stich nach Zeichnung von Gustave Doré, 1872)
Die Elendsviertel nannte man „Slums". Welche Eindrücke vom Leben in den Slums vermittelt die Abbildung?

M 7 „Eine unfreundliche Gegend"

Der englische Schriftsteller Charles Dickens schildert in einem Roman von 1840 die Ausläufer einer industriellen Großstadt:
Eine lange Vorstadt aus roten Ziegelhäusern – einige hatten kleine Gärtchen, in denen Kohlenstaub und Fabrikrauch die zusammengeschrumpften Blätter und die dürftigen Schlingpflanzen schwärzten und in

M 3b Laufenburg, Blick vom Unterwasser auf den Bau des Kraftwerks
(Fotografie, 1912)
Im Hintergrund kann man das Städtchen erkennen. Beschreibe genau, welche Arbeiten vorgenommen werden und wie die Menschen die Flusslandschaft verändern.

denen die mühsam um ihr Leben kämpfende Vegetation unter dem heißen Atem der Öfen und Schlote dahinsiechte und erstarb, sodass der Ort nur noch vergifteter und ungesunder aussah als die Stadt selbst. (...) Sie kamen allmählich in eine unfreundliche Gegend, in der auch nicht ein Grashalm wuchs, keine sprossende Knospe aus den Frühling deutete, in der nichts Grünes leben konnte außer auf der Oberfläche der faulenden Sümpfe, die langsam austrocknend, hin und wieder neben der schwarzen Landstraße lagen. (...) Auf jeder Seite, und so weit das Auge durch die dicke Luft schauen konnte, drängten sich hohe Schornsteine aneinander. (...) Und immerfort, vorn, hinten, zur Rechten und zur Linken, war dieselbe unbegrenzte Perspektive von Ziegeltürmen, die unablässig ihren schwarzen Qualm ausspien, alles Lebende und Leblose verpesteten, das Licht des Tages ausschlossen, und all diese Schrecken mit einer dichten Rauchwolke umhüllten.

Ch. Dickens, Alter Raritätenladen. Leipzig 1982, S. 472–474.

M 8 Aufruf gegen einen Kraftwerksbau

Aufruf des „Bundes Heimatschutz" gegen den Bau des Kraftwerkes Laufenburg und die Zerstörung der dortigen Stromschnellen 1905:

Nach Zeitungsnachrichten steht die Genehmigung des derzeitigen Projektes eines Kraftübertragungswerkes bei Laufenburg, durch welches die dortigen Stromschnellen, eines der schönsten Landschaftsbilder Deutschlands, ja der ganzen Welt, zerstört werden soll, unmittelbar bevor.
Wir wissen wohl, dass in der heutigen Zeit scharfen internationalen Wettkampfes auf industriellem Gebiet auf die Ausnützung der hier vorhandenen Wasserkräfte nicht verzichtet werden kann und verlangen daher auch nicht die gänzliche Unterlassung aus Rücksicht auf die Naturschönheit; wohl aber meinen wir, dass es unrichtig ist, etwas zu zerstören, was keine Menschenkunst je wieder bereiten kann, was man heute schon und wahrscheinlich bald in noch weit vollkommenerem Grade aus den häufigsten und gleichartig wiederkehrenden Naturerscheinungen gewinnen kann.
Die Unterzeichnenden wenden sich daher an die öffentliche Meinung von ganz Deutschland und der Schweiz, mit einem Protest nicht gegen das Kraftwerk überhaupt, aber gegen das jetzige Projekt, in der Überzeugung, dass ein Weg gefunden werden kann (...), um dem deutschen Volk dieses Kleinod zu erhalten.

Mitteilungen des Bundes für Heimatschutz I, 1905, S. 13 f.

Fragen und Anregungen

1. Untersucht in Gruppenarbeit anhand der Abbildungen M1 bis M3, wie die Industrialisierung die Landschaft und die Städte verändert.
2. Arbeite anhand der Materialien M5 bis M7 die Folgen der Industrialisierung für das Leben in einer Stadt heraus.
3. Diskutiert die Vor- und Nachteile des Projektes um das Laufenburger Wasserkraftwerk. (M3, M8)
4. Stelle das Anliegen des „Bundes für Heimatschutz" von 1904 vor und entscheide, ob es noch aktuell ist (M4, M8). Suche Beispiele für Umweltzerstörung und Umweltschutz in der Gegenwart.
5. Informiert euch und berichtet über ökologische Industrie und Projekte in eurer näheren Umgebung, die ein verändertes Umweltbewusstsein verdeutlichen.

3. Vom „Erbfeind" zum Partner – Deutsche und Franzosen

1963 Am 22. Januar unterzeichnen der französische Staatspräsident de Gaulle und der deutsche Bundeskanzler Adenauer im Elysée-Palast in Paris den deutsch-französischen Freundschaftsvertrag (Elysée-Vertrag).

M 1 Geschichte und Gegenwart
(Karikatur vom 9. Juli 1962)
Der französische Präsident Charles de Gaulle und der deutsche Bundeskanzler Konrad Adenauer repräsentieren die „Gegenwart". Stelle fest, welche Personen die „Geschichte" vertreten.

Deutsch-französischer Schüleraustausch – heute eine Selbstverständlichkeit

Für viele Schülerinnen und Schüler ist es heute selbstverständlich, an einem Austausch mit einer französischen Schule teilzunehmen. In den letzten 40 Jahren haben etwa sieben Millionen Jugendliche an gemeinsamen Fahrten, Tagungen oder Aufenthalten im Ausland teilgenommen und vielfach dauerhafte Freundschaften geschlossen. Freundschaft zwischen Franzosen und Deutschen – heute eine Selbstverständlichkeit, früher eine seltene Ausnahme. Denn über mehr als eineinhalb Jahrhunderte betrachteten sich Franzosen und Deutsche als „Erbfeinde", die sich in mehreren Kriegen erbittert und mit hohen Opfern bekämpften. Wie war dieser Wandel möglich?

Deutsche und Franzosen – die „Erbfeinde"

Die Ursachen für die Feindschaft der beiden Nachbarstaaten liegen vor allem in den Konflikten zu Beginn des 19. Jahrhunderts. Zwar gab es auch in noch früheren Jahrhunderten Auseinandersetzungen zwischen Frankreich und deutschen Staaten, aber dies waren Schlachten und Kriege zwischen Fürsten, deren Heere sich um Land- oder Machtgewinn bekämpften. Hinter den Fürsten stand aber nicht das Volk Frankreichs oder Deutschlands. Erst die Fremdherrschaft Napoléons und die deutschen Befreiungskriege (vgl. Kap. 1.7) hatten bei den Menschen in den deutschen Staaten das Gefühl entstehen lassen, Angehörige einer gemeinsamen Nation zu sein. Nun standen sich in den Auseinandersetzungen zwischen Frankreich und Deutschland nicht mehr die Fürsten als Feinde gegenüber, sondern zwei Völker. Als sich Frankreich gegen die Verwirklichung eines deutschen Nationalstaates stellte (vgl. Kap. 4.1), sah Bismarck keine andere Möglichkeit, als dieses Problem durch einen Krieg gegen Frankreich zu lösen (vgl. Kap. 4.1). Durch die Niederlage und Abdankung des französischen Kaisers, die Ausrufung des preußischen Königs zum „Deutschen Kaiser" (vgl. Kap. 4.1), ausgerechnet im Spiegelsaal des Schlosses Versailles (vgl. Kap. 7.5), und die Abtretung Elsass-Lothringens fühlten sich die meisten Franzosen tief gedemütigt und riefen nach „revanche", nach Vergeltung. Viele Deutsche sahen sich daher auf Dauer von Frankreich bedroht. Beide Seiten bezeichneten nun das Nachbarvolk als den „Erbfeind".

In der Folge suchten beide Staaten Sicherheit vor dem Nachbarn und schlossen sich mit Bündnispartnern zusammen (vgl. Kap. 5.2). Deutschland fürchtete die Revanchepolitik Frankreichs, aber auch Frankreich fühlte sich von dem geeinten und daher mächtigen Deutschland bedroht. 1870 hatten beide Staaten etwa 40 Millionen Einwohner. Während die Bevölkerung Frankreichs aber bis vor dem Ersten Weltkrieg 1913 etwa unverändert blieb, stieg die Deutschlands auf 67 Millionen an. Frankreich suchte daher Sicherheit durch einen schwachen Nachbarn. Nach dem Ersten Weltkrieg bot sich dazu eine Möglichkeit: Frankreich stand auf der Seite der Sieger und zwang Deutschland den von den Deutschen als „Schanddiktat" empfundenen Versailler Vertrag auf (vgl. Kap. 5.7 und Kap. 7.5). Die Gegensätze verschärften sich weiter, als Frankreich 1923 das Ruhrgebiet besetzte (vgl. Kap. 6.4). Ganz Deutschland reagierte mit Empörung. Um 1925 bemühten sich zwar die beiden Außenminister Aristide Briand und Gustav Stresemann um eine Annäherung, diese scheiterte aber aufgrund des auf beiden Seiten tief verwurzelten Misstrauens. Im Zweiten Weltkrieg musste Frankreich nach wenigen Wochen kapitulieren und 1940 den Einmarsch deutscher Truppen in Paris hinnehmen. Frankreich wurde in ein besetztes nördliches Gebiet und ein unbesetztes südliches Gebiet, dessen Regierung mit Deutschland zusammenarbeitete, geteilt.

Beide Staaten suchen Sicherheit – und bekämpfen sich weiter

Die Aussöhnung

Nach dem Zweiten Weltkrieg wurde Deutschland 1945 in eine amerikanische, britische, französische und russische Besatzungszone eingeteilt. Angesichts der wachsenden Konflikte mit der Sowjetunion wollten die USA und England die drei westlichen Zonen zusammenschließen. Frankreich aber wollte für die Zukunft wieder ein schwaches Deutschland und wehrte sich lange dagegen, stimmte dann aber doch zu. Langsam deutete sich ein Wandel der deutsch-französischen Beziehungen an. Der französische Außenminister Robert Schuman trat 1950 für eine Annäherung der bisherigen „Erbfeinde" ein. Noch aber bestand ein Problem zwischen beiden Nachbarn: das Saargebiet mit seinen Kohlebergwerken und seiner Eisenindustrie. Frankreich hatte es 1945 eng mit dem eigenen Land verbunden. Nach einer Abstimmung der saarländischen Bevölkerung 1955 erklärte sich Frankreich aber bereit, das Saargebiet als zehntes Land der neu gegründeten Bundesrepublik Deutschland zu akzeptieren. Um 1960 verbesserten vor allem der französische Staatspräsident Charles de Gaulle und der deutsche Bundeskanzler Konrad Adenauer durch viele Verhandlungen und gegenseitige Staatsbesuche das Verhältnis der Nachbarstaaten. Am 22. Januar 1963 unterzeichneten beide schließlich einen in zweifacher Hinsicht außergewöhnlichen Vertrag, den so genannten Deutsch-französischen Freundschaftsvertrag. Einerseits verpflichteten sich die beiden Regierungen zu regelmäßigen Beratungen, zu jährlich mindestens zweimaligen Treffen des französischen Präsidenten und des deutschen Bundeskanzlers und zu gegenseitigem Informationsaustausch vor wichtigen Entscheidungen. Andererseits schuf die Bildung eines Deutsch-französischen Jugendwerks die Grundlage für den gegenseitigen Schüleraustausch, gemeinsame Tagungen und Fahrten von Jugendlichen sowie Tausenden von Schulpartnerschaften. Beides zeigt: Aus den früheren „Erbfeinden" sind Partner geworden.

M 2 Versailles (Karikatur von Th. Th. Heine aus der deutschen Zeitschrift „Simplicissimus", 1919)
„Auch Sie haben noch ein Selbstbestimmungsrecht: Wünschen Sie, dass Ihnen die Taschen vor oder nach dem Tode ausgeleert werden?" Dargestellt sind die Staatschefs David Lloyd George (Großbritannien), Georges Clemenceau (Frankreich) und Woodrow Wilson (USA).

M 3 Deutsche und Franzosen (Karikatur von 1988)

M 4 Völkerhass

Der deutsche Dichter und Literaturwissenschaftler Ernst Moritz Arndt (1769–1860) in seiner Schrift „Über Volkshass“ (1813):

Es ist eine unumstößliche Wahrheit, dass alles, was Leben und Bestand haben soll, eine bestimmte Abneigung, einen Gegensatz, einen Hass haben muss; dass, wie jedes Volk sein eigenes, innigstes Lebenselement hat, es ebenso eine feste Liebe und einen festen Hass haben muss, wenn es nicht in gleichgültiger Nichtigkeit und Erbärmlichkeit vergehen und zuletzt mit Unterjochung endigen will. Ich könnte traurig hinweisen, wodurch die letzten Jahre über Deutschland gekommen sind. Wir liebten und erkannten das Eigene nicht mehr, sondern buhlten mit dem Fremden. (...) Ich will den Hass gegen die Franzosen, nicht bloß für diesen Krieg, ich will ihn für lange Zeit, ich will ihn für immer. Dann werden Deutschlands Grenzen auch ohne künstliche Wehren sicher sein, denn das Volk wird immer einen Vereinigungspunkt haben, sobald die unruhigen und räuberischen Nachbarn überlaufen wollen. Dieser Hass glühe als die Religion des deutschen Volkes, als ein heiliger Wahn in allen Herzen und erhalte uns immer in unserer Treue, Redlichkeit und Tapferkeit.

H. Vogt (Hg.), Nationalismus gestern und heute. Opladen 1967, S. 102 f.

M 5 „Es ist ein Kreuzzug ...“

Aus dem Gedicht „Aufruf“ des deutschen Dichters Theodor Körner, 1813:

Frisch auf, mein Volk! Die Flammenzeichen rauchen,
Hell aus dem Norden bricht der Freiheit Licht.
Du sollst den Stahl in Feindesherzen tauchen;
Frisch auf, mein Volk! – Die Flammenzeichen rauchen,
Die Saat ist reif; ihr Schnitter, zaudert nicht!
Das höchste Heil, das letzte, liegt im Schwerte!
Drück dir den Speer ins treue Herz hinein:
Der Freiheit eine Gasse! – Wasch die Erde,
Dein deutsches Land, mit deinem Blute rein!

Es ist kein Krieg, von dem die Kronen wissen;
Es ist ein Kreuzzug, 's ist ein heil'ger Krieg!
Recht, Sitte, Tugend, Glaube und Gewissen
Hat der Tyrann aus deiner Brust gerissen;
Errette sie mit deiner Freiheit Sieg!
Das Winseln deiner Greise ruft: „Erwache!“
Der Hütte Schutt verflucht die Räuberbrut,
Die Schande deiner Töchter schreit um Rache,
Der Meuchelmord der Söhne schreit nach Blut.

Th. Körner, Leyer und Schwerdt. Berlin 1814, S. 169.

M 6 Die Wacht am Rhein ...

Aus Max Schneckenburgers Gedicht von 1840:

Es braust ein Ruf wie Donnerhall,
wie Schwertgeklirr und Wogenprall:
„Zum Rhein, zum Rhein, zum deutschen Rhein!
Wer will des Stromes Hüter sein?“
Lieb Vaterland, magst ruhig sein,
fest steht und treu die Wacht am Rhein!
Durch hunderttausend zuckt es schnell
und aller Augen blitzen hell;
der deutsche Jüngling, fromm und stark,
beschirmt die heilge Landesmark.
Lieb Vaterland, magst ruhig sein,
fest steht und treu die Wacht am Rhein!

Zit. nach: Wolffs Poetischer Hausschatz des Deutschen Volkes. Leipzig o. J., S. 49.

M 7 Der französische Außenminister Briand wirbt für die deutsch-französische Versöhnung und eine Europäische Union (Karikatur)

M 8 François Mitterand und Helmut Kohl bei einer gemeinsamen Pressekonferenz (Fotografie, 1983)

M 10 3. Oktober 1990 (französische Karikatur, November 1990)
Finde heraus, auf welche Vorgänge sich der Karikaturist bei der Darstellung des französischen Präsidenten Mitterand und des deutschen Bundeskanzlers Kohl bezieht.

M 9 Ein Vertrag wird gefeiert ...

Am 20. Januar 1983 feierte der Deutsche Bundestag den Jahrestag des Deutsch-französischen Freundschaftsvertrags. Der französische Staatspräsident François Mitterand sagte:

Wer hätte sich nach so langen Kämpfen vorstellen können, dass in diesem letzten Viertel des 20. Jahrhunderts Deutschland und Frankreich zusammentreffen, (...) um eines Tages zu gedenken, an dem Versöhnung geschlossen wurde? Wie viel Zeit, wie viel Anstrengungen sind aufgebracht worden, wie viele Menschen haben ihr Leben verloren bei Auseinandersetzungen, die mal von der einen, mal von der anderen Seite gewonnen wurden, vergängliche Siege, die den Sieger dazu verdammten, auf Blut aufzubauen, und den Besiegten, von der Zeit der Rache zu träumen. (...) Nachdem wir das traurige Beispiel von Nachbarvölkern gegeben haben, die sich gegenseitig zerfleischten, können wir heute (...) einen Vertrag (feiern), der überall in unserer bedrohten und zerrissenen Welt als Beispiel dienen kann.

Zit. nach: Presseamt der Bundesregierung (Hg.), 20 Jahre Deutsch-Französische Zusammenarbeit. Bonn 1983, S. 11 ff.

M 11 Der Vertrag – ein historischer Einschnitt

Der deutsche Bundeskanzler Helmut Kohl sagte am folgenden Tag:

Wenn wir heute in Paris, wie gestern in Bonn, der 20-jährigen Wiederkehr der Unterzeichnung des Elysee-Vertrages (...) gedenken, so tun wir das vor allem deshalb, weil dieser Vertrag einen historischen Einschnitt in der Geschichte unserer beiden Länder und Völker markiert. Dieser Freundschaftsvertrag (...) hat gezeigt, dass wir durch Vernunft und Einsicht, zielstrebiges und geduldiges Wollen Rivalität und Feindschaft von gestern in Frieden und Versöhnung von heute umwandeln können. (...) Mit Bedacht haben die Väter des Vertrages ein deutsch-französisches Jugendwerk zu einem Kernstück des Vertrages gemacht: Junge Leute aus beiden Völkern sollten zusammengeführt werden. (...) Viele, viele junge Leute in Frankreich wie in Deutschland lernten sich in diesen Jahrzehnten kennen, haben Sympathien füreinander, sind durch Freundschaften verbunden. (...) Und wenn Sie mich fragen, was ist der größte Erfolg in diesen zwei Jahrzehnten, so glaube ich, dass für die Jungen das, was geworden ist, heute so selbstverständlich ist.

Zit. nach: Presseamt der Bundesregierung (Hg.), 20 Jahre Deutsch-Französische Zusammenarbeit. Bonn 1983, S. 52 ff.

Fragen und Anregungen

1. Stelle fest, was sich E. M. Arndt vom Hass (M4) auf die Franzosen verspricht. Vergleiche dies mit der Entwicklung des deutsch-französischen Verhältnisses.
2. Ordne die Gedichte M5 und M6 in den historischen Zusammenhang ein und erläutere, welche Haltung zum Nachbarn beide Gedichte zum Ausdruck bringen.
3. Erläutere, welche Bedeutung der Versailler Vertrag für das deutsch-französische Verhältnis hatte. (M2)
4. Fasse zusammen, wie Mitterand und Kohl die Bedeutung und den Erfolg des deutsch-französischen Freundschaftsvertrages beurteilen. (M9, M11)
5. Erkläre anhand der Karikaturen M1, M2, M3, M7 die Aussage Kohls über den Vertrag als einen „historischen Einschnitt in die Geschichte unserer beiden Länder“ (M11).

4. Das Attentat: Lösung politischer Probleme durch Mord?

Mahatma Gandhi, Papst Johannes Paul II., John F. Kennedy, Kaiserin Elisabeth von Österreich und Julius Caesar: Alle haben eines gemeinsam – sie starben durch die Hand eines Attentäters oder wurden zumindest schwer verletzt. Zu allen Zeiten und in allen politischen Systemen gab es Morde und Mordversuche an prominenten Persönlichkeiten. Nicht selten hatten die Attentate große Auswirkungen, manchmal politisch, aber immer im Bewusstsein der Zeitgenossen.

Was ist ein „Attentat"?

„Attentat" hat sprachgeschichtlich nichts mit „Tat" oder „Täter" zu tun. Der deutsche Begriff kommt über das Französische aus dem spätantiken Latein. Dort bedeutete „attentatio" Rechtsbruch, die zugrunde liegende Bedeutung ist „versuchen, anpacken, angreifen". Der Historiker Alexander Demandt definiert „Attentat" als „der von Einzelnen oder Verschwörergruppen mit geringen Mitteln unternommene, durch Geheimhaltung, List und Überraschung aussichtsreiche und dennoch unkalkulierbare Anschlag auf führende Persönlichkeiten oder eine Versammlung, auf ein repräsentatives Bauwerk oder Fahrzeug, meist mit Tötungsabsicht, selten ohne Todesfolge. Das Motiv ist gewöhnlich im weiteren Sinn politisch, bisweilen Ruhmsucht oder einfach Rache." Attentate werden von Untertanen an echten oder vermeintlichen „Tyrannen" begangen, aber auch von Herrschenden an unliebsamen Bürgern oder Konkurrenten.

Sarajewo, 28. 6. 1914

Franz Ferdinand, ungeliebter Neffe Kaiser Franz Josephs, sollte einmal dessen Nachfolger als Herrscher über den Vielvölkerstaat Österreich-Ungarn werden, in dem acht verschiedene Nationalitäten zusammenlebten. Ende Juni 1914 reiste Franz Ferdinand mit seiner Frau zu Truppeninspektionen mit einem offiziellen Besuchsprogramm auf den Balkan. Am 28. Juni, einem Sonntag, besuchte das Kronprinzenpaar Sarajewo. Entlang der Fahrtroute durch die Stadt standen sechs Atten-

M 1 Das Attentat in Sarajewo (Fotografie, 1914)
Der serbische Student Gavrilo Princip erschoss den Thronfolger Franz Ferdinand und seine Frau in Sarajewo.

täter mit Bomben und Pistolen bereit. Einer von ihnen warf eine Bombe auf den offenen Wagen des Thronfolgers. Der Sprengkörper beschädigte aber nur eines der nachfolgenden Autos und verletzte einen Begleiter Franz Ferdinands schwer. Nach einem Aufenthalt im Rathaus wurde die Route geändert, weil der Erzherzog den Verletzten im Krankenhaus besuchen wollte. Diese Änderung wurde dem Fahrer von Franz Ferdinands Wagen jedoch nicht mitgeteilt. Als der Irrtum bemerkt wurde, hielt das Auto in den Straßen Sarajewos kurz an. Das gab dem Attentäter Gavrilo Princip die Gelegenheit: Er gab zwei Schüsse auf das Kronprinzenpaar ab, beide starben kurze Zeit später an ihren Verletzungen.

Die Bedeutung des Attentates

Das Attentat von Sarajewo symbolisiert zentrale Problemfelder der Jahre vor dem Ersten Weltkrieg: Es fand statt auf dem Balkan, in einer der größten Krisenregionen der damaligen Zeit. Betroffen war der Thronfolger des Vielvölkerstaates Österreich-Ungarn. Die Doppelmonarchie wurde seit Jahrzehnten von Konflikten zwischen den einzelnen Nationalitäten erschüttert. Nur mit Mühe konnten diese überbrückt und die Monarchie zusammengehalten werden. Serbien, der Staat, aus dem die Attentäter und ihre Hintermänner kamen, verfolgte seit seiner Entstehung eine aggressive und offensive Politik gegenüber den umliegenden Staaten. Die proslawischen Ziele des Kronprinzen wurden somit als Hindernisse auf dem Weg zu einem großserbischen Reich gesehen. Dazu zeigen die Morde von Sarajewo im Hinblick auf die mangelnden Sicherheitsvorkehrungen, Fehlplanungen und Pannen im Umfeld des Kronprinzenbesuchs symptomatisch die Schwerfälligkeit und mangelnde Flexibilität der Habsburger-Monarchie in ihrer Endphase.
Trotzdem wird das Attentat auf Franz Ferdinand in seiner Wichtigkeit oft überschätzt. Heute, aber auch im Bewusstsein der Zeitgenossen erhält es seine zentrale Bedeutung aus dem Zusammenhang mit dem Ausbruch des Ersten Weltkrieges. Der Tod des beim Kaiser, aber auch bei weiten Teilen der Bevölkerung unbeliebten Thronfolgers wurde bald vom politischen und militärischen Kalkül in der Julikrise verdrängt. Die Morde von Sarajewo waren für die den Krieg planenden Politiker und viele Militärs nur Mittel zum Zweck. Somit behält das Attentat auch nur symbolischen Gehalt im Bezug auf den Ausbruch des Ersten Weltkrieges.

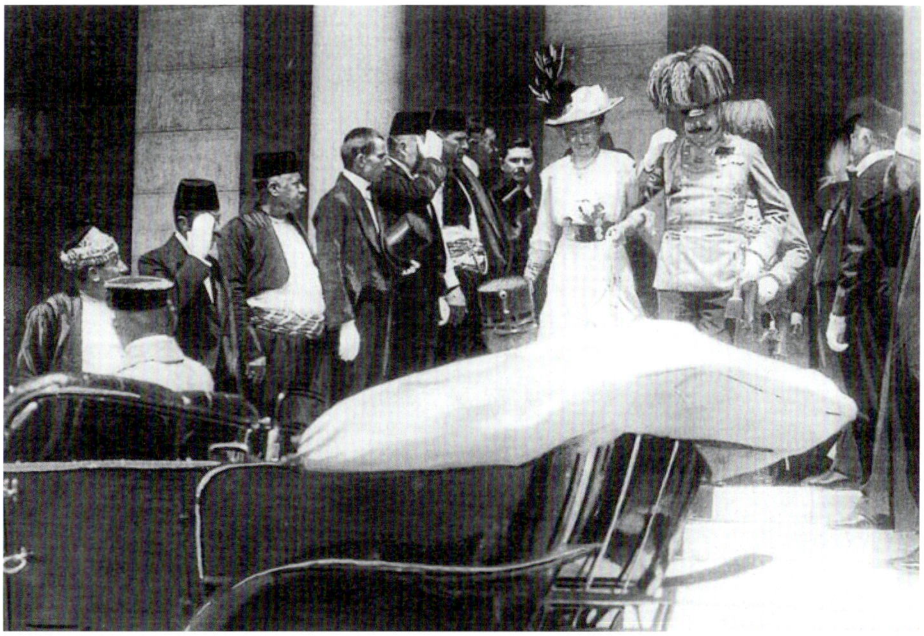

M 2 Das Thronfolgerpaar beim Verlassen des Rathauses von Sarajewo (Fotografie, 1914)

Berlin, 24. Juni 1922

Am Morgen des 24. Juni 1922 fuhr ein offener Wagen vormittags kurz vor 11.00 Uhr die Berliner Königsallee entlang. Auf dem Rücksitz saß Walther Rathenau, seit dem 1. Februar des Jahres Außenminister des Deutschen Reiches. Aus einem überholenden Wagen mit zwei Insassen fielen Schüsse. Rathenau wurde von fünf Schüssen und einer Handgranate tödlich getroffen. Die sofort einsetzende Fahndung nach den Tätern dauerte drei Wochen und erregte in ganz Deutschland großes Aufsehen. Einer der Attentäter wurde von der Polizei erschossen, der andere nahm sich das Leben.
Der Mord an Rathenau gehörte zu einer langen Reihe von Anfeindungen und Anschlägen auf Politiker, denen von rechtsgerichteten Gruppen der Vorwurf der „Erfüllungspolitik" gemacht wurde. Eine davon war die straff organisierte Organisation „Consul", die trotz ihrer scheinbaren Zerschlagung im Gefolge des Attentats auf Matthias Erzberger immer noch tätig war. Ihr Anführer war der ehemalige Korvettenkapitän und Freikorpsführer Hermann Ehrhardt, der sich nach dem Kapp-Lüttwitz-Putsch nach Bayern zurückgezogen hatte und von dort aus gegen die Republik und ihre Repräsentanten agierte. Endziel war der Sturz der Weimarer Demokratie.

Ein Mord erschüttert Deutschland

Walther Rathenau, Wirtschaftsführer und Politiker, Sozialphilosoph und Schriftsteller, war ein vielseitig begabter Mann. Obwohl er nach dem Krieg von vielen Seiten zunächst als „Kriegsgewinnler" beschimpft wurde, gewann er durch sein erfolgreiches Wirken für Deutschland immer mehr Sympathien. Für seine rechtsgerichteten, konservativen Gegner war er jedoch der typische „Erfüllungspolitiker". Zusätzlich wurde er wegen seiner jüdischen Herkunft von antisemitischen Kreisen angefeindet.
Sein Tod erschütterte die deutsche Öffentlichkeit wie kaum ein anderes Ereignis dieser Zeit. Am Tag von Rathenaus Beerdigung vereinte ein eintägiger Generalstreik die Bevölkerung über Parteigrenzen hinaus gegen den gegenrevolutionären Terror. Als Folge des Attentats traten Republikschutzverordnungen in Kraft, die später – in abgemilderter Form – Gesetz wurden, z. B. ein Verbot von republikfeindlichen Vereinen, Versammlungen und Publikationen. Der Mord an Rathenau und die jährlich begangenen Gedenktage am 24. Juni trugen zur wachsenden Akzeptanz der Republik in Deutschland bei. Rathenau wurde von manchen sogar zum Märtyrer stilisiert, der sein Leben für die Weimarer Republik geopfert hatte.

M 3 Walther Rathenau (Fotografie, 1922)
Am 24. Juni 1922 ermordeten ehemalige Offiziere der Reichswehr den jüdischen Unternehmer und Außenminister W. Rathenau (links im Bild) auf offener Straße – ein Schlag sowohl gegen die junge Demokratie als auch gegen die jüdische Bevölkerung.

M 4 Biografische Angaben zu Walther Rathenau

- Geb. am 29. September 1867 in Berlin als Sohn des späteren AEG-Gründers Emil Rathenau
- Steile Karriere bei der AEG und anderen Wirtschaftsunternehmen
- Inhaber von über 80 Aufsichtsratssitzen im In- und Ausland
- Als sozial- und kulturphilosophischer Schriftsteller einer der meistgelesenen Autoren seiner Zeit
- Organisator der deutschen Kriegsrohstoffversorgung im Ersten Weltkrieg, zeitweise Berater Ludendorffs, deshalb nach dem Krieg angefeindet
- Als wirtschaftspolitischer Sachverständiger der Reichsregierung Teilnahme an den Konferenzen in Versailles 1919
- Mai bis Oktober 1921: Wiederaufbauminister, erreicht einen Teilaufschub der deutschen Reparationszahlungen
- Ab 1. Februar 1922: Reichsaußenminister, schließt den Rapallo-Vertrag ab
- 24. Juni 1922: Ermordung durch zwei Offiziere

Zusammenstellung d. Verf.

M 5 Der Mord an Rathenau

Ausschnitte aus der Rede des Kanzlers Wirth in der Reichstagsdebatte nach der Ermordung Rathenaus vom 25. Juni 1922:

Seine Sprachkenntnisse, die formvollendete Art seiner Darstellung machten ihn in erster Linie geeignet, an dieser Anknüpfung von Fäden zwischen den Völkern erfolgreich zu arbeiten. Wenn dann ein Mann wie Rathenau über trennende Grenzpfähle hinaus bei aller Betonung des Deutschen, seines Wertes für die Geschichte, seiner kulturellen Taten, seines Forschungstriebes, seines Wahrheitssuchens, die großen Probleme der Kulturentwicklung Europas und der Wirtschaft organisatorisch durch seine Arbeiten in allen Ländern, dann als Staatsmann im Auswärtigen Amt mit den reichen Gaben seines Geistes und unter Anknüpfen von Beziehungen gefördert hat, die ihm ja das Judentum in der ganzen Welt, das kulturell und politisch bedeutsam ist, gewährt hat, dann hat er damit dem deutschen Volk einen großen Dienst erwiesen.

W. Michalka, G. Nieshard, Die ungeliebte Republik. Dokumente zur Innen- und Außenpolitik. München 1980 (= dtv Dokumente Nr. 2918), S. 86 ff.

M 6 Politische Morde und Attentatsversuche in den Anfangsjahren der Weimarer Republik

Aufgeführt sind nur die Namen der bekanntesten Opfer:

1919 Karl Liebknecht und Rosa Luxemburg, Führer des Spartakusbundes
Kurt Eisner, Mitglied der USPD und Ministerpräsident von Bayern
Erhard Auer, Eisners Nachfolger, überlebt einen Anschlag
Otto Neuring, sozialistischer Kriegsminister von Sachsen
Hugo Haase, ehemaliger Führer der USPD

1921 Matthias Erzberger, Fraktionsvorsitzender der Zentrumspartei und Unterzeichner des Waffenstillstandsabkommens, Finanzminister
Karl Gareis, bayerischer sozialistischer Landtagsabgeordneter

1922 Missglückter Anschlag auf Philipp Scheidemann, den ehemaligen sozialdemokratischen Kanzler der Weimarer Republik
Walther Rathenau, Außenminister
Maximilian Harden, prominenter und umstrittener jüdischer Publizist, überlebt schwer verletzt ein Attentat

Nach: F. L. Ford, Der politische Mord. Von der Antike bis zur Gegenwart. Hamburg 1990, S. 313 f.

Fragen und Anregungen

1. Franz Ferdinand plante, den Slawen in der Donaumonarchie Gleichberechtigung mit den Deutsch-Österreichern und den Ungarn zu geben. Warum standen diese Pläne den Zielen Serbiens im Weg?

2. In den ersten Jahren der Weimarer Republik gab es eine Vielzahl von Attentaten. Stelle auf Basis der Quelle M6 fest, welche Politiker am meisten gefährdet waren.

3. Beschäftigt euch mit anderen Beispielen für politische Attentate. Informiert euch über die Lebensgeschichte der Opfer, über die Ziele der Attentäter und über die Folgen ihrer Taten. Anregungen findet ihr in Büchern oder im Internet. Euer Lehrer bzw. eure Lehrerin kann dazu sicher Hilfestellungen geben. Sucht nicht nur nach Fällen aus vergangenen Epochen, sondern auch nach möglichst aktuellen Beispielen.

4. Veranstaltet eine Diskussionsrunde zum Thema „Gewalt als ein legales Mittel der Politik?“.

5. Versailles: Ort der Erinnerung für Franzosen und Deutsche

Versailles – das war zunächst seit Ludwig XIV. und bis zum Ende des 18. Jahrhunderts das riesige, prächtige Schloss, das den Adeligen Frankreichs und den Fürsten oder Botschaftern anderer Staaten die Macht und den Vorrang der französischen Könige verdeutlichen sollte. Die Pracht von Versailles faszinierte die Fürsten Europas und wurde in den Residenzen von Neapel bis St. Petersburg, von Wien bis Berlin nachgeahmt. Versailles wurde aber auch dreimal zum Ort von Ereignissen, die weitreichende Folgen für die Franzosen und für die Deutschen hatten: 1789, 1871 und 1919.

1789: Frankreich verändert sich in Versailles

Im Schloss von Versailles versammelten sich im Mai 1789 die gewählten Abgeordneten der drei Stände zu den Beratungen der Generalstände – zum ersten Mal seit 175 Jahren. Hier erklärten sich die Vertreter des Dritten Standes im Juni 1789 zur alleinigen Vertretung aller Franzosen, zur Nationalversammlung. Und hier wurden im August 1789 die Privilegien des Adels und des Klerus abgeschafft und die Erklärung der Menschen- und Bürgerrechte verkündet. Versailles war der Mittelpunkt in der glücklichsten Phase der Französischen Revolution.

1871: Deutschland bekommt einen Kaiser in Versailles

Erst nach 1830 erlangte das verlassene Schloss eine neue Bedeutung: als Nationalmuseum für „alle Ruhmestaten Frankreichs". Eine riesige Sammlung von Historiengemälden zeigt seitdem die Geschichte Frankreichs als eine Abfolge militärischer Siege. In diesem, dem siegreichen Frankreich gewidmeten Museum richtete 1870/71 die preußisch-deutsche Armee ihr Hauptquartier ein. Denn Versailles war zugleich ein guter Beobachtungsposten für die noch belagerte französische Hauptstadt und zu weit von Paris entfernt, um von den Belagerten beschossen werden zu können. Hier, und zwar im Spiegelsaal des Schlosses – es war der größte in Versailles verfügbare Raum und diente ansonsten als Lazarett –, fand am 18. Januar 1871 die Ausrufung des preußischen Königs Wilhelm I. zum deutschen Kaiser statt. Der Maler Anton von Werner hielt als Augenzeuge das Ereignis in einem Gemälde fest.

M 1 Die Eröffnung der Generalstände, Mai 1789
Gegenüber dem erhöht sitzenden König die Abgeordneten, noch streng nach Ständen getrennt: rechts der Adel, links der Klerus, in der Mitte der Dritte Stand, dessen Vertreter in dunkler, schmuckloser Kleidung erscheinen mussten.

M 2 Umzug des Königs nach Paris
Am 5. Oktober 1789 zogen Tausende von Pariser Frauen und Nationalgardisten nach Versailles und belagerten das Schloss, um vom König Brot und die Anerkennung der Beschlüsse der Nationalversammlung zu fordern. Ludwig XVI. sagte dies zu und musste aber am nächsten Tag mit seiner Familie nach Paris ziehen. Bald folgte auch die Nationalversammlung. Das Schloss war nun leer und verlassen und wurde in den folgenden Jahrzehnten kaum benützt.

Dessen erste Fassung zeigt im Gegensatz zu späteren Fassungen (siehe nächste Seite), dass es sich um eine durchaus feierliche, aber wenig triumphierende Veranstaltung handelte. Die Wahl des Ortes war ja vor allem aus praktischen Gründen erfolgt. Es fehlte aber nicht an Stimmen, die einen geschichtlichen Zusammenhang zwischen dem Ort und dem Ereignis herstellten. So meinte der preußische Kronprinz Friedrich Wilhelm: „Ich ließ meine Blicke während eines Teils der Feier über die Versammlung und an die Decke schweifen, wo Ludwigs XIV. Selbstverherrlichungen, riesig in Allegorien und erläuternden, prahlenden Inschriften abgebildet, namentlich die Spaltung Deutschlands zum Gegenstand haben und fragte mich mehr als einmal, ob es denn wirklich wahr sei, dass wir uns in Versailles befänden."
Die Kaiserproklamation im Schloss von Versailles als Symbol des Sieges über den französischen „Erbfeind" – diese Sicht des Ereignisses wurde im Rückblick bestimmend. Auf französischer Seite wurde das Ereignis als Provokation empfunden, ja als eine Art „politischer Vergewaltigung" wie ein französischer Historiker formulierte.

1919: Deutschland wird in Versailles gedemütigt

Am 18. Januar 1919 begannen die Bevollmächtigten der Siegerstaaten des Ersten Weltkrieges in Paris und Versailles mit Verhandlungen über die Friedensverträge. Vertreter des besiegten Deutschland und seiner Verbündeten waren nicht zugelassen, sie sollten später nur die Bedingungen unterschreiben. Als diese Bedingungen Anfang Mai mitgeteilt wurden, erklärten die deutsche Regierung und die deutsche Nationalversammlung den Vertrag in der vorgelegten Form als unannehmbar. Mitte Juni forderten die Siegermächte in einem Ultimatum die bedingungslose Annahme und drohten anderenfalls mit der Fortführung des Krieges. Um die Besetzung und Aufteilung Deutschlands zu vermeiden, beugte sich die Nationalversammlung dem Druck der Siegermächte. Am 28. Juni 1919 fuhren der Reichsaußenminister Hermann Müller und ein weiterer Minister nach Versailles, wo sie

im Spiegelsaal des Schlosses zur Unterzeichnung des „Diktats" erwartet wurden. Mehr als tausend Menschen waren anwesend, Vertreter der Presse und Angehörige der alliierten Delegationen. Harold Nicolson, ein Mitglied der britischen Delegation, berichtet:
„Faites entrer les Allemands, sagt Clemenceau in die Stille hinein. Seine Stimme klingt wie von weither, aber scharf durchdringend. Dann wieder Totenstille. Durch die Tür am Ende des Saales erscheinen zwei Huissiers (Amtsdiener) mit Silberketten. Sie marschieren im Paradeschritt. Hinterdrein kommen vier Offiziere, ein französischer, ein britischer, ein amerikanischer und ein italienischer. Und dann, abgesondert und bedauernswert, kommen die beiden deutschen Delegierten. Sie halten die Blicke von diesen zweitausend sie anstarrenden Augen weggerichtet, zum Deckenfries empor. Sie sind totenbleich. Sie schauen nicht aus wie die Repräsentanten eines brutalen Militarismus. Das Ganze ist höchst peinvoll. Wir blieben noch sitzen [nach der Unterzeichnung], während die Deutschen abgeführt wurden wie Sträflinge von der Anklagebank, die Augen noch immer auf irgendeinen fernen Punkt am Horizont gerichtet."

Heute: Gemeinsame Feier und Erinnerung in Versailles

Am 22. Januar 2003 beging man in Deutschland und in Frankreich den 40. Jahrestag der Unterzeichnung des Elysée-Vertrages von 1963, der auch der deutsch-französische Freundschaftsvertrag genannt wird. Aus diesem Anlass lud die französische Nationalversammlung die Abgeordneten des deutschen Parlaments, des Bundestags, zu einem Besuch ein. Im Schloss von Versailles fand eine gemeinsame Sitzung der beiden Parlamente statt. Versailles ist nun auch ein Ort der gemeinsamen Erinnerung für Franzosen und Deutsche.

M 3 Die Kaiserproklamation in Versailles
(Gemälde von Anton von Werner, erste Fassung 1877)
Vergleiche das Gemälde mit seiner späteren Fassung Seite 102/M3, die sehr populär wurde. Benenne und erläutere die Unterschiede.

M 4 Versailles, 22. Januar 2003

Das deutsche Heer der Abgeordneten hat in der Schlachtengalerie getafelt, mit seinen 120 Metern der größte verfügbare Raum. Umgeben von heroischen Großgemälden gewonnener Kämpfe, von Chlodwigs Sieg im Jahre 496 bis hin zum letzten Triumph Napoléons bei der Schlacht von Wagram. Da saßen sie in bunter Runde und zeigten einander die Sonderbriefmarken, die an diesem Tag erschienen sind. Der Parlamentspräsident hat ein schönes, aber kein luxuriöses Mahl auftragen lassen. Der weiße Wein war ein deutscher Riesling, der französische Rote ein Santenay aus Burgund.

Es sind weniger die Reden, die diesen Tag so bemerkenswert machen. Es ist dieses Bild, wie fast tausend Deutsche und Franzosen, Männer und Frauen, bunt gemischt in diesem Prachtsaal beieinander sitzen. Man unterhält sich auf Deutsch oder Französisch, manche haben vorher eingestanden, dass es auf Englisch am einfachsten ist, „no problem". Erst als die Reden beginnen, sind Nationalitäten auszumachen. Wer einen Kopfhörer trägt, gehört zu den anderen.

Am Rande konnte man mit Elsässern oder Lothringern sprechen, die immer einen besonderen Status hatten. Nadine Morano und Yves Bur, beide französische Mitglieder der Nationalversammlung, haben keine eigenen Erinnerungen daran, wie umkämpft ihre Landschaften waren. Aber ihre Väter und Großväter haben gegen die Deutschen gestanden. Und auf der anderen Seite: eine deutsche Sozialdemokratin, Angelika Schwall-Düren, deren Großvater im Ersten Weltkrieg gefallen ist und deren Vater den Zweiten miterlitten hat. „Es ist für mich etwas so Ungewöhnliches", sagt sie, „dass wir nach all den Jahrhunderten von Hass und Krieg nicht nur eine deutsch-französische Kooperation haben, sondern dass wir nun auch die Avantgarde für das Europa der Zukunft sind."

Gerhard Schröder ist am stärksten in seiner Rede, wo er versucht, seine persönliche Beziehung zu Frankreich darzustellen. Und die macht er fest an einer Begegnung mit der in Frankreich so geliebten großen Chanson-Sängerin Barbara. Er hat sie in Göttingen gehört, als junger Mann. Da war sie widerstrebend aufgetreten, wollte eigentlich noch abends abreisen und blieb eine Woche. Schröder zitiert aus dem Chanson „Göttingen". Es handelt davon, dass die Kinder in Paris nicht anders sind als die in Göttingen. Und von ihrer Hoffnung, dass diese Zeiten nie wiederkehren mögen, wo Hass die Welt zerstört und Menschen.

Nach: G. Kröncke, Deutscher Riesling und französischer Burgunder. Vive la Freundschaft. In: Süddeutsche Zeitung, 23. 01. 2003.

M 5, M 6 Versailles – Ort der Erinnerung für Franzosen und Deutsche

Gerhard Schröder wandte sich am 22. 1. 2003 im Schloss Versailles an die ungefähr 900 Mitglieder der französischen Nationalversammlung und des deutschen Bundestages, die zum ersten Mal zu einer gemeinsamen Sitzung zusammenkamen. Das Treffen war der Höhepunkt der Feiern zum 40. Jahrestag des Freundschaftsvertrages.

Fragen und Anregungen

1. Sucht Bilder und Dokumente im Internet und gestaltet Schautafeln zu dem Thema: „Versailles, ein Ort der französischen und der deutschen Geschichte".
2. Überlegt, in welchen Zusammenhängen euch der Ort Versailles bisher im Geschichtsunterricht begegnet ist.

6. Die Entwicklung der Medizin

M 1 Der Quacksalber
(Radierung von Giuseppe Maria Mitelli, 1660)
Quacksalber zogen allein oder mit einer Truppe von Helfern durch die Lande und boten auf Messen und Jahrmärkten mit reißerischen Worten ihre Dienste an. Unter ihnen gab es Heiler mit großer Erfahrung, aber auch viele Hochstapler.

Volksmedizin

Seit dem Mittelalter hatte sich eine Heilkunst herausgebildet, die sich auf Erfahrung, Kenntnis von Heilkräutern und anderen hilfreichen Substanzen gründete. Außerdem wurden religiöse Aspekte und Aberglaube in die medizinischen Kenntnisse einbezogen. Ärzte in unserem Sinn, die ein wissenschaftliches Studium absolvieren mussten, gab es damals noch nicht. Jeder konnte als Heilkundiger auftreten und sein Glück versuchen. Wem es gelang, die Menschen von seinen Fähigkeiten zu überzeugen, hatte großen Zulauf. Ihre Künste boten diese Helfer als Zahnreißer, Starstecher, als Bader oder Quacksalber oft auf Jahrmärkten an, denn meist gehörten sie dem fahrenden Gewerbe an. Es versteht sich von selbst, dass es unter diesen Umständen neben wirklichen Könnern ihres Faches viele Scharlatane gab, deren einziges Ziel darin bestand, ihren eigenen Lebensunterhalt zu sichern.

Neue Methoden im 17. und 18. Jahrhundert

Die Gelehrten des 17. und 18. Jahrhunderts hielten meist nicht viel von diesen fahrenden Gesellen, sie folgten aber auch den überlieferten Theorien von Autoritäten früherer Jahrhunderte nicht mehr. In Anlehnung an den Leitspruch des deutschen Philosophen Immanuel Kant „Habe Mut, dich deines eigenen Verstandes zu bedienen“ forschten sie selbst. Erfahrung hieß das Schlagwort der Zeit: Die Wissenschaftler erkannten nur an, was sie erforschen, erkennen und beweisen konnten. Was vor dem Auge und dem kritischen Verstand nicht Bestand hatte, wurde verworfen. Diese empirische Methode wandten sie auch in der medizinischen Forschung an: Im 18. Jahrhundert war es üblich, Medizinstudenten am Krankenbett auszubilden, wobei diese wichtige anatomische und physiologische Kenntnisse erwarben.

Medizinische Erkenntnisse

Doch auch andere Erkenntnisse stellten die Medizin auf eine immer breitere wissenschaftliche Grundlage. Schon 1628 hatte der Engländer William Harvey den Blutkreislauf und das Herz als seine Antriebspumpe beschrieben. In den folgenden Jahren wurde dann die Lunge erforscht. Man entdeckte die roten Blutkörperchen und erkannte das Ei als Ursprung des Lebens. 1796 fand Edward Jenner am Beispiel des Pockenvirus heraus, dass der Körper durch Gabe von bestimmten Stoffen gegen Krankheiten immun gemacht werden konnte. Die Idee der Impfung war geboren.

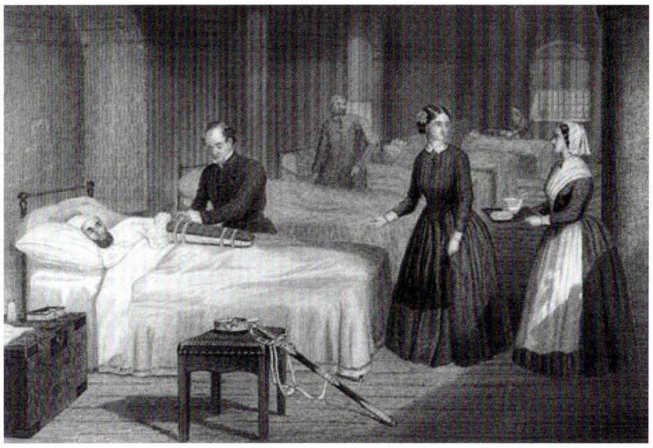

M 2 Florence Nightingale (1820–1910; Stahlstich 1854)
Sie arbeitete nach ihrer Schulausbildung in der Krankenpflege. Während des Krimkrieges (1853–1856) meldete sie sich freiwillig zum Dienst in englischen Lazaretten in der Türkei. Dort, wo Wasser, Seife und Einzelbetten knapp waren, half sie die Seuchenerkrankungen deutlich zu senken, indem sie sich für eine Verbesserung der hygienischen Verhältnisse einsetzte. Nach ihrer Rückkehr nach England gründete sie die erste Schwesternschule der Welt.

Medizin als Wissenschaft

Im 19. Jahrhundert wurde die Medizin schließlich zur Wissenschaft, die an Universitäten gezielt erforscht wurde. An den Universitäten entstanden Lehrstühle, die sich mit Teilbereichen der Medizin befassten, und es wurden Universitätskliniken eingerichtet, an denen geforscht und die Ergebnisse der Forschung nachgeprüft werden konnten. Das bedeutete vielerorts das Ende der Spitäler, die es seit dem Mittelalter gab. Sie hatten vorwiegend die Aufgabe, Alte zu pflegen, Witwen, Waisen und Pilger zu versorgen, nur nebenbei dienten sie der Aufnahme und Pflege von Kranken. Das Personal, das oft einem geistlichen Orden angehörte, war dafür auch nicht ausreichend geschult. In den frühen Krankenhäusern wurden oftmals alle Patienten, unabhängig von ihrer Erkrankung, zusammen in einer Abteilung, bei kleineren Spitälern in einem Saal untergebracht.
Die Aufwertung der Medizin zu einer Wissenschaft veränderte auch die Bedeutung der Krankenhäuser. Krankenhäuser mit geschultem Personal gibt es seit der Mitte des 19. Jahrhunderts. Ein herausragendes Beispiel dafür ist die Engländerin Florence Nightingale; sie hat das Berufsbild der Krankenschwester grundlegend verändert.

Deutschland als Wissenschaftsnation

Nach der Reichsgründung 1871 nahm das wirtschaftliche und wissenschaftliche Leben in Deutschland einen Aufschwung. Schon um 1900 war Deutschland die führende Wissenschaftsnation in Europa. Entscheidend dafür war, dass sich die Forschung veränderte: Hatten bisher einzelne Persönlichkeiten in ihren Labors medizinischen Phänomenen nachgespürt und Arzneien entwickelt, geschah das nun in Verbindung qualifizierter Wissenschaftler, der Großindustrie und staatlichen Forschungseinrichtungen. Hinzu kommt, dass solche Einrichtungen alle naturwissenschaftlichen Disziplinen, neben der Medizin auch die Chemie, Physik und die Biologie, förderten und ihr Zusammenwirken verbesserten. Als Beispiel dafür kann die 1911 gegründete „Kaiser-Wilhelm-Gesellschaft zur Förderung von Wissenschaft und Forschung" (seit 1948: Max-Planck-Gesellschaft) gelten, die solche innovativen Kräfte bündelte.

Louis Pasteur und Robert Koch

Große Erfolge der Medizin im späten 19. Jahrhundert sind mit den Namen Louis Pasteur und Robert Koch verbunden. Louis Pasteur war Chemiker und Mikrobiologe. Er bewies die Existenz von Keimen und zeigte, dass Bakterien in die Existenz von Organismen eingreifen. Bislang war es üblich, Menschen, die von tollwütigen Hunden oder Füchsen gebissen wurden, dadurch zu behandeln, dass man die Risswunden mit einem heißen Eisen ausbrannte. Dies führte jedoch nie zum gewünschten Ergebnis, die Menschen starben. Als man Pasteur einen Jungen brachte, der sich mit Tollwut infiziert hatte, impfte er diesen und er überlebte.

M 3 (Bild links)
„Der Tod als Cholera“
(Zeichnung von A. Rethel, allegorische Darstellung, 1848, Totentanztradition)

M 4 (Bild rechts)
Trinkwasserverkauf von gekochtem Wasser nach der Choleraepidemie in Hamburg 1892 (Fotografie, 1892)

Unabhängig von Pasteur fand der ostdeutsche Landarzt Robert Koch den Erreger des Milzbrandes. Mithilfe von leistungsstarken Mikroskopen entdeckte er den Erreger der Tuberkulose (1882) und der Cholera (1883). Damit war der Weg frei für die gezielte Suche nach Vorbeuge- und Behandlungsmaßnahmen von Infektionskrankheiten.
Die Forschungsergebnisse von Pasteur und Koch zeigten, wie notwendig hygienische Maßnahmen waren. Seuchen wie Pest, Cholera und Typhus konnten eingedämmt werden, indem man die hygienischen Verhältnisse verbesserte. Dies war eine Aufgabe für die Städte und Kommunen: Sie waren angehalten, ein Abwasserkanalsystem anzulegen bzw. auszubauen und für eine Trinkwasseraufbereitung zu sorgen. Wurden diese Maßnahmen nicht ergriffen, konnte es überall wieder zu Katastrophen kommen: Noch 1892 starben in Hamburg über 8 000 Menschen an den Folgen einer Choleraepidemie.

Die Entdeckung der Röntgenstrahlen

Ein Beispiel für das Zusammenspiel von Medizin und anderen Naturwissenschaften ist die Entdeckung der kurzwelligen X-Strahlen durch Wilhelm Conrad Röntgen (1845–1923). Bald wurde der Wert dieser Entdeckung aus dem Bereich der Physik für die Medizin deutlich: Die Röntgenmethode führte dazu, dass Dinge, die dem Auge bislang verborgen waren, nun sichtbar gemacht werden konnten. Dies verbesserte die Diagnosemethoden und bedeutete einen enormen Fortschritt für die Medizin, z. B. bei Herzschäden, Krebs- und Tuberkuloseerkrankungen. 1901 erhielt Röntgen für seine Entdeckung den erstmals vergebenen Nobelpreis für Physik.

Alternative Heilmethoden um 1900

Schon um 1800 hatte sich Samuel Hahnemann gegen die medizinischen Praktiken seiner Zeit gewandt. Die von ihm angeregte Homöopathie beruhte auf dem Grundsatz, durch eine stark reduzierte Gabe der schädlichen Stoffe die körpereigenen Abwehrkräfte anzuregen und damit den Organismus in die Lage zu versetzen, sich selbst gegen Krankheiten zur Wehr zu setzen. Dieses Konzept wurde nun in einer Zeit, als die Apparatemedizin von ihren Kritikern als zunehmend unmenschlich betrachtet wurde, wieder ins Bewusstsein der Öffentlichkeit gebracht. Eine andere Strömung war die „Naturheilkunde“. Ihre Anhänger knüpften an die Tradi-

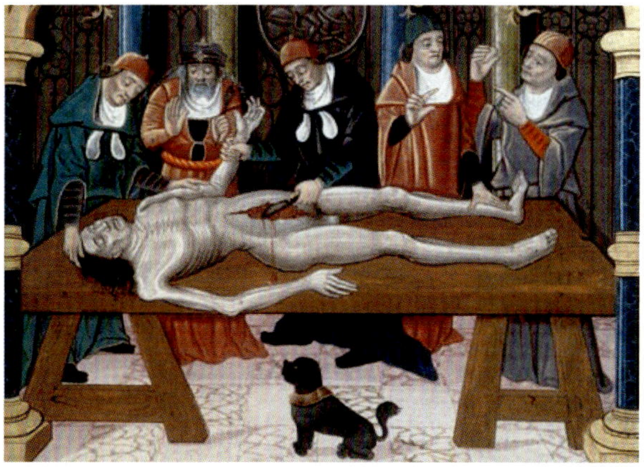

M 5 Sezieren von Leichen (kol. Druck, 1545)
Der englische Arzt Vesal (1514–1546) erweiterte seine Kenntnisse der Anatomie durch Experimente an Leichen.

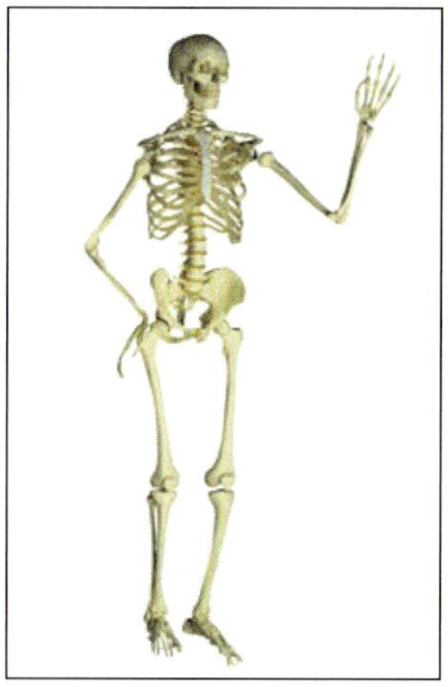

M 6 Skelett des menschlichen Körpers

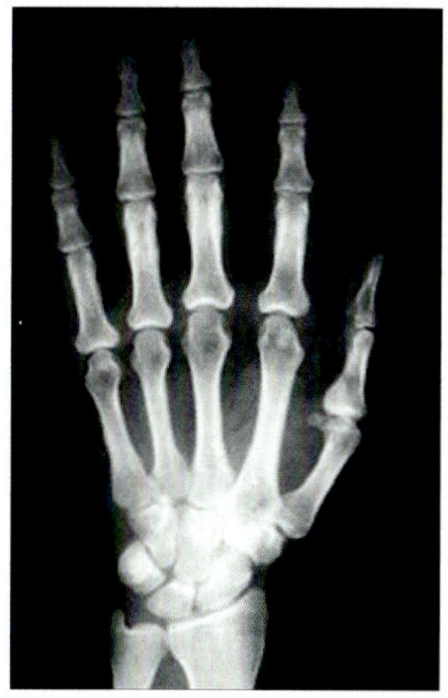

M 7 Röntgenbild einer Hand

tion der Volksmedizin an und setzten sich für arzneimittelfreie Therapien ein. Noch immer aktuell ist auch die Theorie des Bad Wörishofener Pfarrers Sebastian Kneipp (1821–1897), der die heilende Wirkung des Wassers betont.
Alle alternativen Heilmethoden beruhen auf dem Grundgedanken, dass der Mensch ein ganzheitliches Individuum ist, dessen Körper mit der richtigen Methode Krankheiten selbstständig bekämpfen kann.

Gründung von Standesvertretungen

Die akademischen Mediziner hatten im Kaiserreich ein hohes Sozialprestige und einen gehobenen wirtschaftlichen Status erreicht. Diesen versuchten sie gegen Kritiker und gegen die Vertreter der alternativen Heilmethoden zu sichern. Deshalb gründeten sie zur Durchsetzung ihrer Interessen Standesvertretungen wie den „Deutschen Ärztevereinsbund“ (1873) und den „Leipziger Wirtschaftlichen Verband“ (1900), später nach seinem Gründer „Hartmannbund“ genannt.

M 8	**Wichtige medizinische Entdeckungen im 18., 19. und 20. Jahrhundert**	
1796	Erste Impfung gegen das Pockenvirus	E. Jenner (GB)
1819	Erfindung des Stethoskops	H. Laennec (F)
1846	Erste öffentliche Narkose (mit Lachgas) beim Ziehen eines Zahns	W. Morton (USA)
1847	Blutvergiftung wird als Erreger des Kindbettfiebers erkannt	I. Semmelweiß (A)
1882	Entdeckung des Tuberkuloseerregers	R. Koch (D)
1883	Immunisierung gegen Tollwut	L. Pasteur (F)
1897	Erste Impfung gegen Typhus	A. Wright (GB)
1912	Vitamine werden entdeckt und benannt	C. Funk (Polen)
1928	Entdeckung des ersten Antibiotikums (Penicillins)	A. Fleming (GB)

Fragen und Anregungen

1. Erläutere, welche Neuerung die Aufklärung für die Medizin brachte. (VT)
2. Erkläre und beurteile, warum im 19. Jahrhundert – wie auch heute noch – sowohl die akademisch-wissenschaftliche Medizin als auch die alternative Heilkunde Anhänger hat. (VT)
3. Zu Beginn des 20. Jahrhunderts waren viele Ärzte und Wissenschaftler davon überzeugt, alle Seuchen ausrotten zu können (M8). Informiere dich, ob dieser Optimismus berechtigt war bzw. an welche Grenzen die medizinische Forschung gestoßen ist.

Die Französische Revolution und Napoléon

14. 7. 1789 Beginn der Französischen Revolution
1806 Ende des Heiligen Römischen Reiches

Aufklärung
Es war eine Bewegung, die im 17. und 18. Jahrhundert ganz Europa erfasste und die bis in unsere Zeit weiterwirkt. Als Grundsatz der Aufklärung kann die Aufforderung gelten: „Habe Mut, dich deines eigenen Verstandes zu bedienen!" Man geht dabei von der Voraussetzung aus, dass jeder Mensch Vernunft besitzt und fähig ist, diese Vernunft selbstständig zu gebrauchen. Die Menschen sollen vernunftbestimmt handeln.

Bürgertum
Wir bezeichnen mit diesem Begriff einen großen Teil der Bevölkerung der Städte: Kaufleute, Händler, selbstständige Handwerker, Ärzte, Rechtsanwälte. Ihre Lebensweise ist gekennzeichnet durch einen gewissen Wohlstand und durch ihre Beteiligung am technischen und wirtschaftlichen Fortschritt in den Städten. Das Bürgertum tritt als Stand neben Adel und Geistlichkeit und fordert allmählich die Gleichberechtigung mit diesen beiden privilegierten, d. h. mit besonderen Rechten ausgestatteten, Ständen.

Code civil
Dieses Bürgerliche Gesetzbuch wird auch Code Napoléon genannt. Es ist noch heute die Grundlage der meisten Gesetze in Frankreich. Mit einigen Abänderungen gilt es auch in Belgien und Luxemburg. Der Code civil diente als Vorbild für die Gesetzgebung in zahlreichen Staaten Südeuropas, Lateinamerikas und Ägyptens.

Gewaltenteilung
Die Trennung der Staatsgewalt in drei Teilgewalten: gesetzgebende Gewalt (Legislative), rechtsprechende Gewalt (Judikative), ausführende Gewalt (Exekutive). Jede dieser Teilgewalten wird einem anderen Staatsorgan zugeteilt: Parlament, Gerichte, Regierung. Diese Staatsorgane sollen voneinander unabhängig sein.

Kaisertum Napoléons
Napoléons Kaisertum wurde möglich durch seine Person und durch das Bedürfnis nach Ordnung in der französischen Bevölkerung nach den Unruhen der Revolutionsjahre. Seine militärischen Siege und die Sicherung von Errungenschaften der Revolution–wie schon sein Titel „Kaiser der Franzosen" zeigt–sicherten ihm lange die Unterstützung, ja die Bewunderung der Franzosen. Er regierte mit einer streng durchorganisierten Verwaltung, aber auch mit einer Verfassung, von der ein Historiker sagte: „Sie schuf eine Militärdiktatur, die absoluter war, als es jemals die monarchische Regierungsform unter Ludwig XIV. war."
Als Kaiser sah sich Napoléon in der unmittelbaren Nachfolge Karls des Großen, weshalb er den Papst zur Kaiserkrönung nach Paris kommen ließ. Er schuf einen neuen französischen Adel, indem er zum Beispiel verdiente Generäle in den Fürstenstand erhob, machte Mitglieder seiner Familie zu Königen in von ihm besetzten oder abhängigen Staaten und andere Fürsten durch Rangerhöhung zu Verbündeten. In den 12 Jahren des Kaisertums Napoléons gab es kaum Frieden für die Franzosen.

Menschenrechte
Darunter sind jene Rechte zu verstehen, die jedem Einzelnen von Natur aus zustehen und die der Staat zu garantieren hat, so u. a. die Glaubens-, Presse- und Versammlungsfreiheit, die Unverletzlichkeit der Person, der Wohnung und des Eigentums. Ihre Grundlagen bilden die Ideen der Aufklärung. Die Verfassung der USA ist die erste, die die Grund- und Menschenrechte aufgenommen hat.

Montgelas
Trotz seines französisch klingenden Namens war Montgelas ein gebürtiger Münchner. Sein Vater stammte aus Frankreich, hatte aber als General in der bayerischen Armee gedient. König Max I. Joseph vertraute Montgelas so sehr, dass er ihm zeitweilig drei Ministerämter gleichzeitig übertrug: Außenpolitik, innere Angelegenheiten und Finanzen. König und Minister teilten die Auffassung, dass man den bayerischen Staat nach französischem Vorbild formen müsse. Die französische Staatsverwaltung unter Napoléon wurde damals als sehr fortschrittlich angesehen. Montgelas gilt als der „Vater des modernen Bayerischen Staates".

Nation
Wir nennen „Nation" die Menschen, die auf einem bestimmten Gebiet leben, sich zu einer gemeinsamen Geschichte, zu gemeinsamen Traditionen und Zielen bekennen und auf dieser Grundlage eine politische Gemeinschaft bilden. Zuweilen gilt die gemeinsame Sprache als wichtigstes Merkmal der Nation.

Nationalismus
Mit der Französischen Revolution war der Begriff der Nation aufgekommen. Nicht die Treue zum Fürsten machte nun den Staatsbürger aus, sondern die Zugehörigkeit zur Nation. Zunächst konnte jeder ein Angehöriger dieser neuen Gemeinschaft sein. Franzosen, Deutsche, Italiener und andere Völker empfanden sich aber vor allem auch durch die gemeinsame Sprache und Kultur als Angehörige einer Gemeinschaft. Diese Auffassung wurde nun bestimmend. Die Kriege führten dazu, dass man die eigene Nation als die höchste bewertete und die anderen gering schätzte. Eine solche vereinfachende Haltung diente oft den Mächtigen. Diese Übertreibung der Nationalidee nennt man Nationalismus: Der Nationalismus hatte im 19. und 20. Jahrhundert einen ungeheuren Einfluss und war schuld an vielen Ungerechtigkeiten und Kriegen.

Nationalversammlung
So wird eine Versammlung gewählter Volksvertreter bezeichnet. Sie tritt oft als Folge einer Revolution zusammen, um dem Land eine Verfassung zu geben. Nach dem französischen Vorbild von 1789 gab es auch in Deutschland 1848/49 und 1919 Nationalversammlungen. Auch heute tragen viele Parlamente diese Bezeichnung.

Verfassung
In der Verfassung werden vor allem die Grundsätze festgehalten, die die Form (z. B. Monarchie, Demokratie) und den Aufbau (z. B. zentralistisch, föderalistisch) eines Staates, die Art der politischen Willensbildung der Bürger (z. B. Wahl, Parlament) sowie die Rechtsstellung von Regierung und Staatsbürgern bestimmen.

Volkssouveränität
Der Grundsatz der Volkssouveränität leitet alle Macht des Staates aus dem Willen des Volkes ab. Das ist der Sinn des Satzes „Alle Staatsgewalt geht vom Volke aus". Das Volk bestimmt selbst als Zusammenschluss freier Staatsbürger seine Regierungsform und übt auch die Herrschaft aus, meist durch gewählte Vertreter (repräsentative Demokratie).

Restauration und Revolution in Deutschland

1815 Wiener Kongress
1832 Hambacher Fest
1848/49 Revolution in Deutschland

Deutscher Bund
Der Deutsche Bund ist ein auf dem Wiener Kongress 1815 gegründeter Staatenbund aus 35 souveränen Fürstentümern und vier freien Städten. Preußen und Österreich waren als größte Staaten nur mit ihren deutschen Gebieten beteiligt. Mitglieder waren auch fremde Herrscher wie die Könige von Großbritannien als Fürsten von Hannover. Organ des Bundes war die Bundesversammlung, auf der Gesandte der Mitgliedstaaten tagten. Da entweder Zweidrittelmehrheiten oder Einstimmigkeit für Entscheidungen gefordert waren, erwies sich dieses Organ als nicht sehr handlungsfähig.

Liberalismus
Der Liberalismus ist eine politische Bewegung, die sich aus den Gedanken der Aufklärung entwickelt hat. Die Vertreter des Liberalismus fordern die Freiheit und Selbstbestimmung des Individuums. Sie wenden sich gegen die staatliche Bevormundung der Bürger und gegen die Privilegien des Adels.

Industrialisierung und Soziale Frage

Arbeiterbewegung

Wegen ihrer Benachteiligung organisierten sich die Arbeiter in Gewerkschaften, um ihre wirtschaftliche Lage in den Betrieben und ihre soziale Absicherung gegenüber den Unternehmern und dem Staat zu verbessern. Die Sozialdemokratische Partei, die zunächst reine Arbeiterpartei war, strebte darüber hinaus die politische Gleichberechtigung der Arbeiter in einer Demokratie und die Umwandlung der kapitalistischen in eine sozialistische Wirtschaft an. In der Arbeiterbewegung und ihren vielen Vereinen fanden Arbeiterfamilien eine eigene Lebenswelt.

Industrielle Revolution

Der Einsatz von Kraft- und Arbeitsmaschinen führte zu einer enormen Steigerung von Energie und Produktivität. Die handwerkliche Güterherstellung wich der billigen Massenproduktion. Die Arbeit musste in Fabriken nach dem Tempo der Maschinen verrichtet werden. Alle Lebensbereiche waren einem raschen Wandel unterworfen. Als Industrielle Revolution bezeichnet man die sehr schnelle Anfangsphase der Industrialisierung. Seit dem 18. Jahrhundert verbreitete sich diese von England auf fast alle Länder der Erde.

Soziale Frage

Mit dem Begriff bezeichnet man die wachsenden Missstände, die durch die Industrielle Revolution entstanden: das enorme Anwachsen der Lohnarbeiter, die wirtschaftliche Unsicherheit der Bevölkerungsmehrheit, die Ohnmacht der Massen, die Härte und Unmenschlichkeit der Fabrikarbeit und die Ungleichheit des Besitzers. Die Soziale Frage lautete: Wie kann allen Menschen ein menschenwürdiges Dasein in Freiheit und materieller Sicherheit geboten werden? Eine gerechte Lösung dieser Probleme wurde zur zentralen Aufgabe der Staaten.

Sozialismus

Darunter versteht man eine Gesellschaftsordnung, in der Kapital und Produktionsmittel, also Grund und Boden, Maschinen und Fabriken, sich in Gemeineigentum und nicht mehr im Privateigentum befinden. Die Gewinne gehören nicht mehr den privaten Unternehmen, sondern stehen der Gesellschaft zum allgemeinen Nutzen zu. Der Sozialismus wurde auch als Durchgangsphase zum Kommunismus, der klassenlosen Gesellschaft, verstanden.

Leben im Deutschen Kaiserreich

1871 Reichsgründung

Bismarck

- Geboren am 1. April 1815 in Schönhausen an der Elbe.
- Jurastudium.
- Rechtsreferendar in Aachen und Potsdam (abgebrochen).
- Gutsbesitzer und Kavaliersleben in Pommern („der tolle Bismarck").
- 1847: Heirat mit Johanna von Puttkammer.
- 1848: Bismarck versucht eine Gegenrevolution zu organisieren.
- 1849–1851: Abgeordneter im preußischen Landtag.
- 1851: preußischer Gesandter beim Bundestag in Frankfurt.
- Ab 1859: Gesandter in St. Petersburg und Paris.
- Ab 1862: preußischer Ministerpräsident.
- Ab 1871: preußischer Ministerpräsident und Kanzler des deutschen Reiches.
- 1890: Entlassung Bismarcks durch Kaiser Wilhelm II.
- Gestorben am 30. Juli 1898 in Friedrichsruh.

Deutsches Kaiserreich
Als Deutschland nach dem Krieg gegen Frankreich 1870/71 geeint wurde, erhielt es die Form einer konstitutionellen Monarchie. Das so genannte Zweite Deutsche Kaiserreich sah sich in der Tradition des Heiligen Römischen Reiches deutscher Nation (962–1806).
Es bestand bis zum Ende des Ersten Weltkrieges 1918. Hitler knüpfte an diese Zählung an, indem er das nationalsozialistische Deutschland das „Dritte Reich" nannte.

Kulturkampf
Auslöser für den Kulturkampf, der ein Kampf gegen die Zentrumspartei war, war das Unfehlbarkeitsdogma von Papst Pius IX. Dadurch sah Bismarck den Bestand des neu geschaffenen Deutschen Reiches bedroht und versuchte, den Einfluss der katholischen Kirche zurückzudrängen. Der Kulturkampf dauerte von 1873 bis 1878.

Parteien
Der Begriff Partei leitet sich aus dem Lateinischen „pars" her, was Teil, Anteil, Gruppe bedeutet. In Deutschland gibt es seit der Revolution von 1848 politische Parteien. Diese lassen sich in vier große Gruppen einteilen: Konservative, Liberale, Sozialisten und das Zentrum, die Partei des politischen Katholizismus. Im Kaiserreich konnten die Parteien aufgrund der Verfassung nur in wenige Bereiche der Politik gestaltend eingreifen. Das änderte sich in der Weimarer Republik: Nun lag die politische Verantwortung ganz bei den Parteien und den Abgeordneten. Sie wählten den Reichskanzler und bildeten die Regierung.

Reichstag
Der Reichstag hat eine lange Geschichte: Er existierte schon im Mittelalter als Zusammenkunft geistlicher und weltlicher Fürsten und der Vertreter der Reichsstädte. Somit steht er für die föderalistische Tradition im Deutschen Reich.
Mit der Verfassung von 1871 wurde der Reichstag zur parlamentarischen Vertretung des deutschen Volkes, dessen Interessen die Abgeordneten vertraten. Dem Reichstag im Kaiserreich und in der Weimarer Republik entspricht heute der Deutsche Bundestag.

Sozialgesetzgebung
Die Sozialversicherungen wurden eingeführt, um die Arbeiterschaft in Notsituationen wie Krankheit, Unfall und im Alter finanziell abzusichern. Zudem wollte Bismarck mit ihnen die Arbeiter an den Staat binden und von der sozialdemokratischen Partei fern halten. Die Sozialgesetzgebung gilt deshalb als Gegenstück zu den Sozialistengesetzen.

Sozialistengesetz
Es handelt sich dabei um ein Gesetz Bismarcks zur Bekämpfung der Sozialdemokratie, der er reichsfeindliche Tendenzen vorwarf. Da es die Öffentlichkeit nicht akzeptiert hätte, wenn Bismarck die Sozialdemokratische Partei verboten hätte, verbot er nur ihre Organisationen. Nach Bismarcks Entlassung wurden die Sozialistengesetze zurückgenommen.

Imperialismus und Erster Weltkrieg

1914–1918 Erster Weltkrieg
1917 Russische Revolution

Attentat von Sarajewo
Beim Attentat von Sarajewo kommen am 28. 6. 1914 der Thronfolger Österreich-Ungarns und seine Gemahlin Sophie ums Leben. Das Attentat ist der Ausgangspunkt der Julikrise und damit Anlass für den Ausbruch des Ersten Weltkrieges.

Imperialismus
Imperialismus nennt man die Errichtung von direkter oder indirekter Herrschaft über ein anderes Land, oft mit gewaltsamen Mitteln. Machtstreben, religiöses oder kulturelles Sendungsbewusstsein, wirtschaftliche und innenpolitische Gründe veranlassten die Industriestaaten, vor allem im Zeitraum von 1870 bis 1918 in Asien und Afrika Kolonialreiche zu errichten. Im Wettstreit um diese Gebiete kam es zu zahlreichen Konflikten und Kriegen, die letztendlich im Ersten Weltkrieg mündeten.

Lenin
Lenin, eigentlich Wladimir Iljitsch Uljanow (4. April 1870 bis 1. Januar 1924), war theoretischer und praktischer Vorkämpfer der Russischen Revolution. Er entwickelte das Konzept einer Kaderpartei, die im Kampf um den Sozialismus die Führung des Proletariats zu übernehmen hat. Am 16. April 1917 verkündete er mit seinen Aprilthesen ein radikales Programm. Nach dem Sieg der „Oktoberrevolution" übernahm Lenin als Vorsitzender im Rat der Volkskommissare die Macht und führte die Kommunistische Partei zum Sieg.
Die wirtschaftliche Notlage im Gefolge des Krieges und das Versagen der Regierung sowie die gesellschaftlichen Missstände des Zarenreiches führten im Februar 1917 zu einer spontanen, vor allem vom Bürgertum getragenen Revolution. Im November (nach russischem Kalender: Oktober) folgte eine planmäßig vorbereitete, von Lenin geführte bolschewistische Revolution auf dem Hintergrund einer breiten revolutionären Grundstimmung in der Bevölkerung. Sie endete mit der Diktatur der Kommunistischen Partei.

Vertrag von Versailles
Dabei handelt es sich um den Friedensvertrag zwischen dem Deutschen Reich und den Alliierten am Ende des Ersten Weltkrieges. Der von den Deutschen als ungerecht empfundene Vertrag verlangte von ihnen einschneidende Gebietsabtretungen und später hohe Reparationszahlungen. Seine Revision war das Ziel aller Regierungen der Weimarer Republik.

Völkerbund
Der Völkerbund ist eine internationale Organisation, die 1920 auf Anregung des amerikanischen Präsidenten Wilson gegründet wurde und bis 1946 bestand. Der Völkerbund sollte die Zusammenarbeit unter den Nationen fördern und den Frieden gewährleisten. An dieser Aufgabe scheiterte der Völkerbund letztendlich. Er wurde 1946 nach der Gründung der UN aufgelöst.

Wilhelm II.
- Wilhelm wird am 27. Januar 1859 als erstes Kind des Prinzen Friedrich Wilhelm von Preußen (später Kaiser Friedrich III.) und seiner Frau Viktoria in Berlin geboren.
- Jurastudium.
- 1888: Wilhelm wird Deutscher Kaiser und König von Preußen.
- 1890–1914: Kaiser Wilhelm II. will Deutschlands Ansehen in der Welt stärken.
- 1914: Deutschland tritt unter der Herrschaft Wilhelms II. in den Ersten Weltkrieg ein.
- 1918: Am 9. November verkündet Reichskanzler Max von Baden eigenmächtig die Abdankung des Kaisers.
- Wilhelm flieht in die Niederlande, wo er Aufnahme findet.
- Wilhelm stirbt am 4. Juni 1941 in Doorn (Niederlande).

Weimarer Republik

1918 Novemberrevolution
1923 Hitlerputsch

Inflation
Es handelt sich dabei um die Bezeichnung für eine Geldentwertung durch Vermehrung der umlaufenden Geldmenge in Volkswirtschaften mit Papiergeld. Der Staat lässt Geld drucken, die Warenmenge wird aber nicht vermehrt. Die Störung des Verhältnisses zwischen Geldmenge und Warenwert führt zu steigenden Preisen und damit zu Kaufkraftschwund. Da auch die Sparguthaben an Wert verlieren, kommt es zu Hamsterkäufen und Warenhortung, zur „Flucht in die Sachwerte". Durch Inflation werden Bezieher fester Einkünfte, Sparer und Gläubiger geschädigt, nicht aber Schuldner und Besitzer von Sachwerten. Auf diese Weise vergrößert sich die soziale Ungleichheit zwischen Sachwertbesitzern und Lohnempfängern.

Weimarer Verfassung
Die Weimarer Verfassung, so benannt nach dem Ort, in dem sie durch die Nationalversammlung beschlossen wurde, ist die erste demokratische Verfassung Deutschlands. Der Reichstag wurde dabei nach dem Verhältniswahlrecht gewählt. Bei der Verhältniswahl werden die Sitze im Parlament im gleichen Verhältnis verteilt, wie die Partei bei der Wahl Stimmen erhalten hat. Ein Vorzug der reinen Verhältniswahl ist die Wahlgerechtigkeit, da keine Stimme verloren geht. Der Nachteil liegt in der möglichen Parteienzersplitterung, da jede noch so kleine Partei im Parlament vertreten ist. Dies war auch ein Problem in der Weimarer Republik, das vor allem in der Endphase die Regierungsarbeit fast unmöglich machte.

Textquellen beurteilen
1. Wer hat den Text geschrieben?
2. Wann wurde der Text geschrieben?
3. Was ist Thema, Inhalt und wesentliche Aussage des Textes?
4. Werden besonders auffallende Begriffe verwendet? Was bedeuten sie heute, was bedeuteten sie zur Zeit der Abfassung des Textes?
5. Für wen war der Text bestimmt?
6. Was für Absichten könnten mit der Abfassung des Textes verbunden gewesen sein? Wird ein Sachverhalt parteiisch wiedergegeben, wird eine Person einseitig beurteilt?
7. Findet der Text Bestätigung durch andere Texte aus der Zeit oder auch durch Quellen anderer Art?

Bilder lesen
1. Beschreibe möglichst genau, was du auf dem Bild siehst. Vor der Erklärung brauchst du eine sachliche und genaue Beschreibung.
2. Lege dar: Welche Figuren, Personen, Tiere usw. sind abgebildet?
3. Beschreibe ihre Größe, Kleidung, Körperhaltung etc.
4. Was sagt uns das Bild über das Verhältnis der Figuren zueinander?
5. Welche der Personen kannst du an Merkmalen erkennen?
6. Beschreibe die Tätigkeiten und Gegenstände, die zu erkennen sind, möglichst sachlich genau.
7. Ist die Darstellung naturgetreu oder gibt es Dinge, die so in der Wirklichkeit nicht vorkommen?

Geschichtskarten verstehen
1. Man unterscheidet zwischen Karten, die einen Zustand wiedergeben, und solchen, die eine Entwicklung verdeutlichen.
2. Informationen einer Karte werden durch die Legende, die Maßstabsangabe, die unterschiedliche Farbgebung, Begriffe, Zeichen und Symbole vermittelt.
3. Stelle das Thema der Karte fest, das durch die Überschrift und einen Text ausgegeben wird.
4. Beachte den Maßstab, der die Größe des dargestellten Raums verdeutlicht.
5. Lies die Legende, die mit ihren Symbolen über die Einzelheiten geographischer und geschichtlicher Art informiert.
6. Beachte den Ausschnitt, der den Raum, dessen Geschichte dargestellt wird, begrenzt.
7. Beachte, dass Karten einen Zustand zu einem bestimmten Zeitpunkt oder eine Entwicklung während eines Zeitraums darstellen.

Gegenständliche Zeugnisse als Quellen
1. Klärung der Fakten: Wann wurde der Gegenstand gefunden? Wo wurde er gefunden? Bei welcher Gelegenheit wurde er gefunden?
2. Beschreibung des Gegenstandes: Was erkenne ich? Welche Form hat der Gegenstand? Welche Farbe hat er? Was ist an ihm besonders auffällig?
3. Vergleich mit Bekanntem: Woran erinnert mich dieser Gegenstand? Kenne ich etwas, was ähnlich aussieht? Worum handelt es sich dabei? Welche Unterschiede zu dem bekannten Gegenstand fallen mir auf? Was könnten diese Unterschiede bedeuten?

Textquellen verstehen
1. Was kann ich über den Verfasser erfahren?
2. Um was für eine Art von Text handelt es sich? Zum Beispiel um einen Bericht, einen Brief, einen Vertrag, eine Anekdote, einen Romanauszug?
3. Welche Ausdrucksformen benützt der Verfasser? Zum Beispiel kühl berichtend, beschreibend, ironisch, belehrend?
4. Will der Verfasser mit seinem Text etwas Bestimmtes erreichen?
5. An wen wendet sich der Verfasser?

Bilder als Meinungsmacher
1. Informiere dich über das Entstehungsjahr des Bildes, über damalige Ereignisse, über die dargestellten Personen oder Gruppen (Bildlegende, Lexikon, Internet).
2. Verwendete der Zeichner bzw. der Maler eine Vorlage? Wenn ja, veränderte er sie? Was übernahm er?
3. Ist ein Bildteil oder ein Detail besonders wichtig? Wie drückt der Zeichner bzw. der Maler dies aus?
4. Welche Aussage will das Bild machen?

Statistiken als Geschichtsquellen
1. Kläre die Herkunft des statistischen Materials:
   - Wer hat es aus welchen Gründen zusammengestellt?
   - Beruhen die Zahlen auf Schätzungen oder Zählungen?
2. Untersuche den Sachverhalt:
   - Welcher Sachverhalt wird von den Zahlen angesprochen?
   - Reicht das Material aus?
   - Welcher Zeitraum ist betroffen?
   - Kann man Zusammenhänge mit anderen Informationen oder Entwicklungen erkennen?
3. Du kannst statistisches Material nicht nur in Tabellen, sondern auch anschaulich in Kurven, Säulen oder Kreissegmenten darstellen. Verschaffen die grafischen Mittel einen besseren Überblick?
4. Bleibe vorsichtig, denn Zahlen können lügen:
   - Sind die Zahlen vollständig oder einseitig ausgewählt?
   - Wird bei den Grafiken ein Maßstab gewählt, der bestimmte Entwicklungen verzerrt darstellt?

Politische Plakate untersuchen
1. Sachanalyse:
a) Sammeln erster Eindrücke: Wie wirkt das Plakat auf den ersten Blick, was fällt spontan auf?
b) Konkretisierung: Welche Details sind abgebildet, in welcher Anordnung und Größe, welche Farben wurden verwendet, welche anderen grafischen Elemente? Welche Textaussagen in welcher Anordnung enthält das Plakat?
c) Vorwissen einbringen: Was weißt du über Entstehungszeit und -anlass, wer ist der Auftraggeber, welches Thema wird angesprochen?

2. Interpretation:
Wodurch gewinnt und fesselt das Plakat? In welche Richtung soll der Betrachter gelenkt werden? Gibt es eine bestimme Adressatengruppe? Gibt es ein Freund- oder Feindbild? Gibt es Symbole, die eine bestimmte Richtung verherrlichen oder Abscheu erregen sollen? Mit welchen Elementen des Plakates wird diese Wirkung erreicht?

Verzeichnis der Namen, Sachen und Begriffe

Fett gesetzt sind historische Grundwissensbegriffe, die im Buch in einem Kastentext erläutert werden. Bei Herrschern finden sich in Klammer die Regierungsdaten, ansonsten die Lebensdaten.

Bildnachweis

3, Kokarde: AKG, Berlin; Siegessäule Berlin: AKG, Berlin (Foto: Hoppe); Eisenbahn: BPK, Berlin; Wappen Deutsches Reich: AKG, Berlin; Soldaten; „Sie tragen die Buchstaben der Firma, wer aber trägt den Geist?", Karikatur zur Weimarer Republik: Thomas Theodor Heine, VG Bild-Kunst, Bonn 2005; Lupe: Mönnich, Andreas, Ellighofen
4, 5, Kokarde: AKG, Berlin; Siegessäule Berlin: AKG, Berlin (Foto: Hoppe); Eisenbahn: BPK, Berlin; Wappen Deutsches Reich: AKG, Berlin; Soldaten: Klett-Archiv, Stuttgart; „Sie tragen die Buchstaben der Firma, wer aber trägt den Geist?", Karikatur zur Weimarer Republik: Thomas Theodor Heine, VG Bild-Kunst, Bonn 2005; Lupe: Mönnich, Andreas, Ellighofen; Montgolfier: AKG, Berlin; „Vor der Vollendung": Museum für Verkehr und Technik, Berlin; „Take Up The Sword Of Justice": Corbis GmbH, Düsseldorf; Deutsche Lufthansa: AKG, Berlin
6, 7, Screenshots: Studio Scheuner; Symbole CD-ROM, Internet usw.: Klett-Archiv, Stuttgart
8/9, Kokarde: AKG, Berlin; „1789: Der Dritte Stand erwacht!": AKG, Berlin; Menschenrechte: AKG, Berlin; Terrorherrschaft: AKG, Berlin; Napoléon Bonaparte: AKG, Berlin; „Neuverteilung der Welt": AKG, Berlin; „Millionen Tote": Victoria and Albert Museum, London
10, M1: Österreichische Nationalbibliothek, Wien
11, John Locke: AKG, Berlin; Charles de Montesquieu: AKG, Berlin; Jean-Jacques Rousseau: AKG, Berlin
13, M1: Sturm, Klaus, Stadtbergen
14, M1: AKG, Berlin; M2: Silye, Adam, Wien
15, M3: Silye, Adam, Wien
16, M5: Aus: Manceron, Claude, L' Album des Hommes de la liberté, Paris 1989, S. 83; Museé de Bélancourt/Fonds ERL
17, M8: AKG, Berlin
18, M1: Sturm, Klaus, Stadtbergen
19, M2: AKG, Berlin
20, M3: AKG, Berlin
22, M1: AKG, Berlin
23, M2: Bulloz, Paris; M3: BPK, Berlin
24, M4: Bridgeman Art Library, London; M5: AKG, Berlin
25, M6: AKG, Berlin; M7: BPK, Berlin; M8: AKG, Berlin
27, M1: AKG, Berlin
28, M2: AKG, Berlin
29, M3: AKG, Berlin; M4: Bayerisches Armeemuseum Ingolstadt (Foto: Scheuerer, Ingolstadt)
30, M5: Skizze: RMN: Agence Photographique de la Réunion des Musées Nationaux, Paris; Gemälde: AKG, Berlin
33, M2: Klett-Archiv, Stuttgart
34, M3: Stich (Porträt Montgelas): AKG, Berlin; Karte: Silye, Adam, Wien
36, M1: Silye, Adam, Wien; M2: AKG, Berlin
38, M5: BPK, Berlin
39, M6: BPK, Berlin; M7: AKG, Berlin
40, M1: Gemälde (Ludwig XIV.): AKG, Berlin; Karikatur („Le Masque levé"): BPK, Berlin; M2: Musée Carnavalet, Paris
41, M3: AKG, Berlin
42, M1: AKG, Berlin
43, M3: AKG, Berlin
45, M2: Silye, Adam, Wien
47, M1: BPK, Berlin
48, M4: Klett-Archiv, Stuttgart
49, M1: Silye, Adam, Wien; M2: AKG, Berlin; M3: Silye, Adam, Wien
50, M4: AKG, Berlin
51, M5: Silye, Adam, Wien
52/53, Denker-Klub: AKG, Berlin; Der Wiener Kongress tagt, BPK, Berlin; „Den europäischen Königen und Fürsten erscheint die große Seeschlange": AKG, Berlin; Barrikadenbau: AKG, Berlin; „Die Grundrechte des deutschen Volkes": AKG, Berlin
54, M1: AKG, Berlin
55, M2: Klett-Archiv, Stuttgart
56, M5: Klett-Archiv, Stuttgart
58, M1: AKG, Berlin
59, M2: AKG, Berlin
60, M3: BPK, Berlin
61, M6: BPK, Berlin
62, M1: Aus: Blos, Wilhelm, Die Deutsche Revolution. Geschichte der Deutschen Bewegung von 1848 und 1840. Ill. v. Lau, Otto E. Stuttgart 1892, S. 203
63, M2: BPK, Berlin; M3: BPK, Berlin
64, M4: Dietz Verlag Berlin, Bildarchiv
65, M8: BPK, Berlin
66, M1: BPK, Berlin
67, M2: Klett-Archiv, Stuttgart
68, M3: BPK, Berlin
70, M1: BPK, Berlin
72, M3: a: Historisches Museum, Frankfurt am Main (Foto: Seitz-Gray, Ursula); b: Dietz Verlag Berlin, Bildarchiv; c: AKG, Berlin; d: Dietz Verlag Berlin, Bildarchiv
75, M1: AKG, Berlin
76, M1: Picture Alliance/dpa; M2: Picture Alliance/akg-images/Hilbich
77, M3: Picture Alliance/dpa; M4: Memminger, Sepp, Regensburg
78, M1: Stadtarchiv Regensburg
80/81, Eisenbahn: BPK, Berlin; „The Nineteenth Century – Iron and Coal": The Bridgeman Art Library, London; „Capital and Labour": inter topics, Hamburg, Mansell Collection; „Das eiserne Jahrhundert": Museen der Stadt Nürnberg; Gottlieb Daimler und sein Sohn: Daimler Chrysler AG; Die Industrielle Revolution in Europa 1870 bis 1914: Klett-Archiv, Stuttgart
82, M1: Museum für Verkehr und Technik, Berlin; M2: Museen der Stadt Nürnberg
84, M3: AKG, Berlin
85, M1, M2, M3: Studio Scheuner, Wien
86, M1, M2: Hochbauamt Stadt Nürnberg
87, M3: Aus: Kellen, Tony, Friedrich Alfred Krupp und sein Werk, 1904
88, M4: Ullstein Bild, Berlin; M5: Ullstein Bild, Archiv Gerstenberg, Berlin
89, M6: BPK, Berlin; M9: BPK, Berlin
90, M1: Van Soeren, Johan B., Erlangen
91, M2: Deutsches Historisches Museum, Berlin
92, M6: BPK, Berlin
93, M1: BPK, Berlin; M2: Siemens-Museum, München
94, M3: BPK, Berlin
95, M5: Siemens AG
96, M1: Deutsches Museum München
97, M2: Deutsches Museum München
98/99, Wappen des Deutschen Reiches: AKG, Berlin; Berlin 1908: AKG, Berlin; Parade der Gardetruppen im Berliner Lustgarten 1909: BPK, Berlin; „Aber ich bitt Sie, mit so einem lieben G'sichterl studiert man doch nicht!": BPK, Berlin; Auflösung einer Arbeiterversammlung: Interfoto, München; Kaiserproklamation: BPK, Berlin; Antisemitische Postkarte, nach 1909: Deutsches Historisches Museum, Berlin
100, M1: BPK, Berlin
101, M2: Deutsches Historisches Museum, Berlin
102, M3: BPK, Berlin
103, M4: Klett-Archiv, Stuttgart
105, M1: AKG, Berlin; M2: Klett-Archiv, Stuttgart
107, M3, M4: Silye, Adam, Wien
108, M6: BPK, Berlin
109, M1: AKG, Berlin
110, M2: AKG, Berlin; M3: BPK, Berlin
111, M7: Silye, Adam, Wien
112, M9: AKG, Berlin
113, M1: AEG Firmenarchiv, Frankfurt am Main; M2: BPK, Berlin
114, M4: AKG, Berlin; M5: Deutsches Historisches Museum, Berlin
115, M8: AKG, Berlin
116, M10: Stöckle, Wilhelm, Filderstadt; M13: VG Bild-Kunst, Bonn, BPK, Berlin
117, M14: Reklameprospekt: Unbekannter Lieferant; Telefonistin: AKG, Berlin
118/119, Karte Kolonialreiche 1914: Klett-Archiv, Stuttgart; „Deutsche Tüchtigkeit in den Kolonien": BPK, Berlin; Soldatenfrau verabschiedet 1914 ihren Mann in den Ersten Weltkrieg: Bundesarchiv Koblenz; Otto Dix: Der Krieg, VG Bild-Kunst, Bonn 2005: AKG, Berlin; Ausbeutung: Ullstein Bild, Berlin; „Genosse Lenin säubert die Erbe von Unrat": Bibliothéque nationale de France

120, M1: AKG, Berlin
121, M2: Stehle, Karl, München; M3: Spiegel-Verlag, Hamburg
122, M4: Ullstein Bild, Berlin
123, M5: Getty Images, München
125, Karte Afrika 1914: Silye, Adam, Wien
126, M1: AKG, Berlin
127, M2: Klett-Archiv, Stuttgart
128, M3: BPK, Berlin
129, M7: AKG, Berlin
130, M8: Stehle, Karl, München
131, M1: AKG, Berlin
132, M2: Klett-Archiv, Stuttgart; M3: Corbis Stock Market
133, M4, M5, M6: öbvhpt, Wien
134, M1: AKG, Berlin; M2: BPK, Berlin
136, M6: Stehle, Karl, München
138, M1: Ullstein Bild, Berlin; M2: Klett-Archiv, Stuttgart
139, M3: aus: H. Strachan, Der Erste Weltkrieg. Eine illustrierte Geschichte. C. Bertelsmann, München 2004, S. 289, Abb. 18; M4: Snark/Art Ressource, Geo Nr. 14/2004
140, M5: AKG, Berlin
141, M6: AKG, Berlin; M9: AKG, Berlin
142, M1: Corbis GmbH, Düsseldorf
143, M2: Ullstein Bild, Berlin
144, M3: Ullstein Bild, Berlin; M5: AKG, Berlin
145, M8: Stiftung Reichspräsident-Friedrich-Ebert-Gedenkstätte, Heidelberg
147, M2: Klett-Archiv, Stuttgart
148, M3: AKG, Berlin; M4: Silye, Adam, Wien
150/151, „Sie tragen die Buchstaben der Firma, wer aber trägt den Geist?“, Karikatur zur Weimarer Republik: Thomas Theodor Heine, VG Bild-Kunst, Bonn 2005; Die Weimarer Verfassung: AKG, Berlin; Revolutionäre Soldaten am Brandenburger Tor, November 1918: BPK, Berlin; Wahlplakat von 1929: Bundesarchiv Koblenz; „Der Kaiser hat abgedankt!“: AKG, Berlin; Philipp Scheidemann ruft am 9. November 1918 die Republik aus: AKG, Berlin; Inflationsgeld: Ullstein Bild, Berlin; Werbeplakat, 1923: AKG, Berlin
152, M1: AKG, Berlin; M2: BPK, Berlin; M3: Süddeutscher Verlag Bilderdienste, München
153, M4: AKG, Berlin
154, M5: AKG, Berlin
155, M7, M8: BPK, Berlin
156, M1: Deutsches Historisches Museum, Berlin; M2: Silye, Adam, Wien
157, M3: BPK, Berlin
158, M4: Klett-Archiv, Stuttgart; M6: Thomas Theodor Heine, VG Bild-Kunst, Bonn 2005
160, M1: AKG, Berlin
161, M2: AKG, Berlin
162, M3, M4: BPK, Berlin
163, M8, VG Bild-Kunst, Bonn 2005: BPK, Berlin
164, M1: AKG, Berlin
165, M2: Langewiesche-Brandt KG Verlag
166, M1: Klett-Archiv, Stuttgart
167, M2: BPK, Berlin; M3: Süddeutscher Verlag Bilderdienste, München
168, M4: AKG, Berlin; M5: BPK, Berlin
169, M6: Klett-Archiv, Stuttgart
170, M7: AKG, Berlin
172, M1: AKG, Berlin
173, M2: AKG, Berlin
174, M3: BPK, Berlin; M6: AKG, Berlin
175, M10: AKG, Berlin
176, M1: AKG, Berlin
177, M2: AKG, Berlin
178, M3: BPK, Berlin; M4: Siemens AG; M5: AKG, Berlin
179, M7: AKG, Berlin; M8: Süddeutscher Verlag Bilderdienste, München
180, M1: Silye, Adam, Wien
181, Reichstagswahlen 1903 und 1912: Silye, Adam, Wien
182, Reichstagswahlen 1920 und 1928: Silye, Adam, Wien
183, M1: AKG, Berlin; M2: BPK, Berlin; M3: AKG, Berlin
184, M4: AKG, Berlin
186, M1: AKG, Berlin; M2: Picture Alliance/dpa; M3: AKG, Berlin
187, M7: Picture Alliance/dpa
188/189, Lupe: Mönnich, Andreas, Ellighofen; „Im Verkehr erstickt“, Karikatur, 1840: Mary Evans Picture Library; „Der Tod als Cholera“, Zeichnung, 1848: AKG, Berlin; „Deutsche und Franzosen“, Karikatur: Behrendt, Fritz/CCC/www.c5.net; Eröffnung der Generalstände, 1789: AKG, Berlin; Attentat auf Walther Rathenau: Landesarchiv Berlin
190, M1: Picture Alliance/dpa; M2: Österreichische Nationalbibliothek, Wien
191, M3: Aus: Weimarer Republik. Hg. v. Kunstamt Kreuzberg und dem Institut für Theaterwissenschaften der Universität Köln. Berlin 1977, S. 164
193, M9: Picture Alliance/AKG, Berlin
194, M1: MAN AG, Archiv Augsburg
195, M2: Mary Evans Picture Library
196, M3a: Kraftwerk Laufenburg, Archiv; M6: AKG, Berlin
197, M3b: Kraftwerk Laufenburg, Archiv
198, M1: Fritz Behrendt, Amstelveen (NL)
199, M2: BPK, Berlin
200, M3: Behrendt, Fritz/CCC/www.c5.net
201, M8: Picture Alliance
202, M1: AKG, Berlin
203, M2: Österreichische Nationalbibliothek, Wien
205, M3: Landesarchiv Berlin
206, M1: AKG, Berlin
207, M2: AKG, Berlin
208, M3: AKG, Berlin
209, M5, M6: Picture Alliance/dpa
210, M1: AKG, Berlin
211, M2: AKG, Berlin
212, M3: AKG, Berlin; M4: BPK, Berlin
213, M5: AKG, Berlin; M6: MEV
214, Kokarde: AKG, Berlin
215, Siegessäule Berlin: AKG, Berlin (Foto: Hoppe)
216, Eisenbahn: BPK Berlin; Wappen Deutsches Reich: AKG, Berlin
217, Soldaten: Klett-Archiv, Stuttgart
218, „Sie tragen die Buchstaben der Firma, wer aber trägt den Geist?“, Karikatur zur Weimarer Republik: Thomas Theodor Heine, VG Bild-Kunst, Bonn 2005